14일 완성 프로그램

성정혜
우선순위 기출 문법 OX

· 7개년 기출 DATA 완전 분석
· 우선순위 & Random 1+1 구성
· 좌문제+우해설 구성으로 편리한 학습

PREFACE

문법은 반드시 여러분의 합격 전략이 됩니다.

"우리 학생들은 문법을 틀리지 않아요."

문법 수업을 개강하는 첫날, 첫 번째로 드리는 말씀입니다.
우리는 감에 의존하는 문제 풀이, 즉 운이 좋으면 맞히고 그렇지 않으면 놓쳐버리는 그런 문법을 가르치지도 배우지도 않습니다.
문법 영역은 출제 범위가 명료합니다. 자고 일어나면 생겨나는 독해 소재와 다르게, 출제 범위와 그 요소가 매우 정확합니다.
여러분에게 이 콘텐츠를 통해 그 범위를 한정하고 정확하고 빠르게 풀이할 수 있도록 학습 방향을 제시합니다.
시작 단계의 눈으로 이해하는 영어 〈Visual G〉부터 최종 단계인 파이널 〈입실 5분 전〉까지 진행하며 제대로 시작하고 탄탄하게 실력을 쌓아 올릴 것입니다. 그 중심에 「성정혜 우선순위 기출 문법 OX」가 있습니다.

합격을 결정합니다.

문법을 잡으면 합격을 잡을 수 있습니다. 각종 시험의 통계가 이미 이 사실을 입증하고 있습니다. 공무원 영어 시험은 어휘, 생활영어, 문법, 독해로 구성되어 있습니다. 이 중 가장 높은 오답률을 가지고 있는 영역은 단연코 문법입니다. 즉 오답률 1위인 문법을 잡을 수 있다면 수험 속 경쟁에서 최우선에 서게 됩니다. 그 경쟁력을 확보하기 위해 문법 풀이 전략을 「성정혜 우선순위 기출 문법 OX」를 통해 반드시 잡아냅니다.

Opinion이 아닌 Fact를 말합니다.

주관적인 개인의 관점을 나열하지 않았습니다. 객관적인 기출 DATA 전문항 전체 선택지를 100% 분석하였습니다. 단순한 DATA의 나열이 아닌 통계가 말해주는 우선순위 출제 요소를 활용해 학습 방법을 차별화했습니다. 수험생이 가장 흡수하기 쉬운 형태인 OX 문제 풀이로 반드시 이기는 습관을 「성정혜 우선순위 기출 문법 OX」로 만듭니다.

문법은 반드시 잡을 수 있습니다.

풀이 전략과 정확한 기출 DATA가 있다면 문법은 잡힐 수밖에 없는 영역입니다. 이해가 필요한 문제와 확실한 암기가 필요한 문제를 분류해 학습합니다. 문법을 틀리지 않는 우리 수험생분들과 한 단계씩 형상화한 그 과정을 이 교재가 명료하게 보여주고 있습니다. 여러분이 어떤 상황이든 정확한 정답을 찾아낼 수 있도록 단계별 & 영역별 풀이 전략으로 「성정혜 우선순위 기출 문법 OX」를 구성하였습니다.

수험생에게 힘이 되는 콘텐츠를 만들겠습니다.
수험생 여러분께 경의를 표합니다.

당신의 동행자, **성정혜**

성정혜 우선순위 기출 문법 OX 시스템

우리는 앞으로 무작정 문제를 푸는 것이 아닌, 체계적이고 효율적인 문제풀이 훈련을 할 것입니다.
모든 7개년 기출 문제를 우선순위 별로 풀이하고 Random 배열로 2회독 문제풀이가 진행됩니다.

7개년 기출 DATA 출제 비중

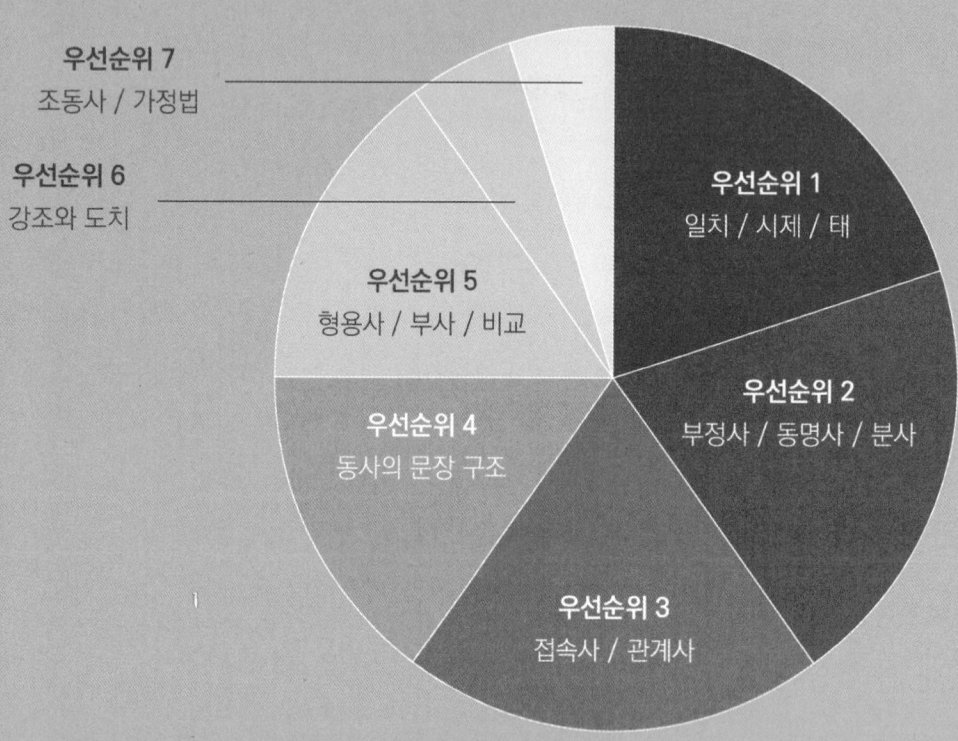

우선순위 7
조동사 / 가정법

우선순위 6
강조와 도치

우선순위 5
형용사 / 부사 / 비교

우선순위 4
동사의 문장 구조

우선순위 3
접속사 / 관계사

우선순위 1
일치 / 시제 / 태

우선순위 2
부정사 / 동명사 / 분사

Part 1. 우선순위 + 밑줄 제시 OX

· 7개년 기출 DATA 기준, 1순위부터 7순위까지 시험에 많이 출제된 포인트부터 학습
· 밑줄이 제시된 풀이로 학습한 개념을 활용해 출제포인트를 빠르고 정확하게 잡는 훈련 진행
· 짧고 간단한 문장에서 길고 복잡한 문장으로 이어지는 문제 배열로 단계별 학습 진행
· 관용표현 암기과 해석으로 풀어야 할 문제를 분류하여 효율적으로 학습 (8순위 관용표현 / 해석 불일치)

Part 2. Random OX

· 2주에 7개년 기출을 회독하는 효율적인 훈련으로 구성
· Part 1에서 풀이한 문제를 밑줄이 없는 무작위 배열의 Random OX로 2회독 풀이
· Part 1에서 학습한 우선순위 출제포인트를 Part 2에서 복습하며 빠르고 효율적인 문제풀이를 할 수 있도록 설계
 (Part 2는 밑줄이 없는 주관식 형태이므로 Part.1에서 학습한 내용을 복습하는 데 목적을 두고 해설함)

학습자 편의를 우선시한 좌문제 + 우해설 구성

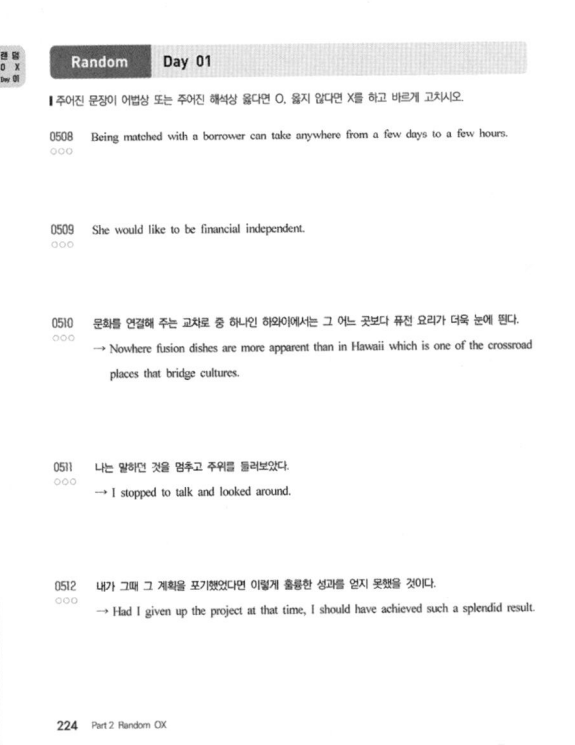
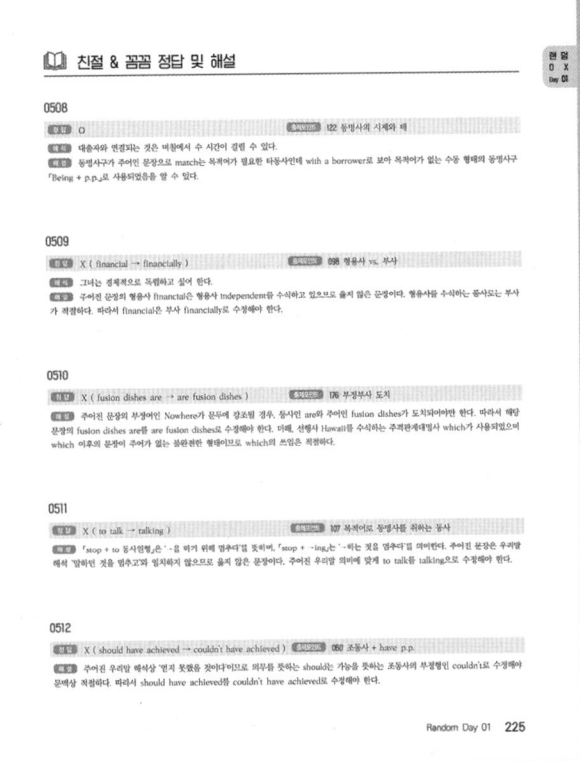

- 해설시 찾는 시간손실 절약! 효율적인 학습을 위한 좌문제 + 우해설 구성
- 각 문제별 주요 출제포인트 제시, 「빈출문법 4주 완성」 교재 출제포인트 연계 학습 가능
- 문제를 푸는 사고 과정까지 정리하는 친절 & 꼼꼼한 해설

7개년 최대 10개 직렬, 전수 문항 분석

시행년도	직렬						
2023년	국가직 9급	지방직 9급	법원직 9급	-	-	-	-
2022년	국가직 9급	지방직 9급	법원직 9급	지역인재 9급	지방 간호 8급	-	-
2021년	국가직 9급	지방직 9급	법원직 9급	지역인재 9급		-	-
2020년	국가직 9급	지방직 9급	법원직 9급	지역인재 9급	지방직 7급	-	-
2019년	국가직 9급	지방직 9급	법원직 9급	서울시 9급	지방직 7급		
2018년	국가직 9급	지방직 9급	법원직 9급	서울시 9급	서울시 기술 9급	지방직 7급	서울시 7급
2017년	국가직 9급	지방직 9급	법원직 9급	서울시 9급	국가직 9급 (추)	지방직 9급 (추)	-

- 7개년 주요 직렬 및 기타 직렬 전문항 수록
- 2019년 이후 기타 직렬 및 구 직렬 시험은 미실시되었음.

성정혜
우선순위
기출
문법 OX

Training Course

Part 1. 우선순위 OX

우선순위 1 일치 / 태 / 시제 ········ 010
우선순위 2 부정사 / 동명사 / 분사 ········ 054
우선순위 3 접속사 / 관계사 ········ 096
우선순위 4 동사의 문장 구조 ········ 134
우선순위 5 형용사 / 부사 / 비교 ········ 154
우선순위 6 강조와 도치 ········ 174
우선순위 7 조동사 / 가정법 ········ 186
우선순위 8 관용표현 / 해석 불일치 ········ 196

Part 2. Random OX

Day 1 ········ 224
Day 2 ········ 240
Day 3 ········ 256
Day 4 ········ 272
Day 5 ········ 288
Day 6 ········ 306
Day 7 ········ 318
Day 8 ········ 334
Day 9 ········ 350
Day 10 ········ 366
Day 11 ········ 380
Day 12 ········ 394
Day 13 ········ 410
Day 14 ········ 426

성정혜 우선순위 기출 문법 OX

Part 01

우선순위 OX

우선순위 1   일치 / 태 / 시제

▎다음 밑줄 친 부분이 문법적으로 옳다면 O, 틀리면 X를 하고 바르게 고치시오.

0001  She never so much as <u>mention</u> it.

0002 I'<u>m going to</u> a party tomorrow night.

0003 You can write on both <u>side</u> of the paper.

0004 The whole family <u>is suffered from</u> the flu.

0005 The number of car accidents <u>are</u> on the rise.

 친절 & 꼼꼼 정답 및 해설

0001

정답 X (mention → mentioned 또는 mentions) **출제포인트** 180 주어 - 동사 수일치

해석 그녀는 그것을 언급조차 하지 않았다[않는다].

해설 주어진 문장의 「never so much as」는 '~조차 하지 않는'을 뜻하는 부사구로, 주어와 동사 사이에 삽입된 형태로 해당 문장의 동사는 mention에 해당이 된다. 주어인 She는 3인칭 단수 표현이므로 동사 형태는 mention을 과거 시제인 mentioned 또는 현재시제인 mentions 로 수정해야 한다.

0002

정답 O **출제포인트** 041 시간의 부사구에 따른 시제 판단

해석 나는 내일 밤 파티에 갈 것이다.

해설 주어진 문장의 시간의 부사구 tomorrow night를 통해서 미래의 예정을 나타냄을 알 수 있다. 해당 문장의 시제는 현재진행형으로, 가까운 미래를 나타낼 때 미래를 나타내는 부사구와 함께 쓰여 미래를 표현할 수 있으므로, 주어진 문장은 옳게 쓰였다.

0003

정답 X (side → sides) **출제포인트** 185 수량형용사 - 명사 수일치

해석 당신은 종이의 양면에 써도 된다.

해설 주어진 문장의 both는 복수 가산명사 앞에 사용되므로, 주어진 문장의 side를 sides로 수정해야 한다.

0004

정답 X (is suffered from → is[are] suffering from 또는 suffers[suffer] from)

출제포인트 054 수동태로 쓸 수 없는 동사

해석 가족 모두가 독감으로 고생하는 중이(었)다.

해설 suffer from(~으로 고통받다)은 수동형으로 쓸 수 없는 동사이다. 따라서 주어진 문장의 is suffered from은 is suffering from이나 suffers from이 옳다. 이에 더해, family는 군집 명사로 가족 구성원들 하나하나를 의미하는 경우 복수로 취급할 수 있으므로 are suffering from 또는 suffer from으로 수정해도 무방하다. 참고로, suffer가 타동사로 쓰이는 경우 '~을 경험하다'라는 의미이며 대개 수동형으로 사용하지는 않는다.

0005

정답 X (are → is) **출제포인트** 183 a number of vs. the number of 수일치

해석 자동차 사고의 수가 증가하고 있다.

해설 주어진 문장의 주부에 사용된 「the number of + 복수 가산명사」는 '~의 숫자'를 의미하며 단수 취급한다. 따라서 해당 문장에서는 '자동차 사고의 수'를 나타내는 단수 명사로 사용되어 are를 is로 수정해야 한다.

0006 She <u>destined to live</u> a life of serving others.

0007 Bees <u>are exposed</u> to many dangerous things.

0008 It is not you but he that <u>are</u> responsible for it.

0009 The picture <u>looked at</u> carefully by the art critic.

0010 John promised Mary that he <u>will</u> clean his room.

친절 & 꼼꼼 정답 및 해설

0006

정답 X (destined to live → is[was] destined to live) **출제포인트** 048 능동태 vs. 수동태

해석 그녀는 남을 돕는 삶을 살아갈 운명이다[이었다].

해설 주어진 문장의 destine은 '~을 예정해 두다'라는 의미의 타동사이며 수동태로 쓰여 '(운명으로) 정해지다, 운명 짓다'의 의미를 나타낸다. 따라서 destined to live를 is[was] destined to live로 수정해야 한다.

0007

정답 O **출제포인트** 048 능동태 vs. 수동태

해석 벌은 많은 위험한 것들에 노출되어 있다.

해설 expose(~에 노출시키다)는 타동사이며, 해당 문장에서는 주어인 벌이 '노출되는' 대상이므로 수동형인 are exposed가 적절하게 사용되었다. be exposed to는 '~에 노출되다'를 뜻하는 표현이며 해당 표현에서 to는 전치사로 이후에 명사 또는 동명사가 온다.

0008

정답 X (are → is) **출제포인트** 189 관계대명사의 선행사와 관계절 동사와의 수일치

해석 그것에 책임이 있는 사람은 당신이 아니라 (바로) 그이다.

해설 주어진 문장의 주격관계대명사 that이 수식하는 선행사는 not you but he라는 상관 접속사 구문이다. 「not A but B」 구문이 주어일 때 동사는 B에 해당하는 대상에 수일치를 해야 하므로, 해당 문장에서는 you가 아니라 he가 수식을 직접적으로 받는 대상이다. 따라서 관계대명사절의 동사 are는 단수형인 is로 수정해야 한다. 더해, 해당 문장은 'it ~ that' 강조 용법으로 'not you but he'를 강조하고 있으며 이때 해석은 '당신이 아니라 (바로) 그'라는 의미로 해석된다.

0009

정답 X (look at → was looked at) **출제포인트** 053 군동사의 수동태

해석 그 그림은 예술 비평가에 의해 면밀히 살펴보아졌다.

해설 주어진 문장의 주어인 The picture는 문맥상 '살펴보아진 것'이며, 전명구인 by art critic을 통해서 관찰자는 critic인 것을 알 수 있다. 즉, 능동태 문장 The art critic looked at the picture carefully.를 수동태로 변환한 The picture was looked at carefully by the art critic.이 옳다. 따라서 주어진 문장의 looked at은 was looked at으로 수정되어야 한다.

0010

정답 X (will → would) **출제포인트** 042 시제 일치

해석 John은 그의 방을 청소할 것이라고 Mary에게 약속했다.

해설 주어진 문장의 promise는 「promise + 간접목적어 + 직접목적어」 형태로 사용할 수 있으며, 직접목적어 절로 that절을 사용할 수 있다. 그러나 해당 문장의 주절에 과거시제 promised를 사용했으므로 종속절인 that절의 시제도 과거 형태로 시제 일치해야 한다. 시제 일치는 주종과 종속절 동사의 형태를 반영해서, 현재 형태의 will을 과거 형태인 would로 수정해야 한다.

1순위 OX

0011 The speaker said a few <u>thing that was</u> interesting.

0012 Toys children wanted all year long <u>has recently discarded</u>.

0013 Hardly had I <u>close</u> my eyes when I began to think of her.

0014 I'll think of you when <u>I'll be lying</u> on the beach next week.

0015 Squid, octopuses, and cuttlefish are all <u>types</u> of cephalopods.

친절 & 꼼꼼 정답 및 해설

1순위
O X

0011

| 정답 | X (thing that was → things that were) | 출제포인트 | 185 수량형용사 - 명사 수일치 |

해석 발표자는 흥미로운 몇 가지를 이야기했다.

해설 주어진 문장에서 a few는 복수 가산명사를 수식하는 수량형용사이다. 따라서 주어진 문장의 a few thing을 a few things로 수정해야 하며, 선행사 a few things를 수식하는 주격관계대명사절의 동사 was 또한 복수 형태인 were로 수정해야 한다.

0012

| 정답 | X (has recently discarded → have recently been discarded) |
| 출제포인트 | 180 주어 - 동사 수일치 049 완료시제의 수동태 |

해석 아이들이 일 년 내내 원했던 장난감들이 최근 버려졌다.

해설 주어진 문장의 주어는 복수형 명사 Toys로 children wanted all year long은 주어를 수식하는 목적격관계대명사절이다. 따라서 단수형 동사 has는 복수 형태의 주어 Toys에 맞춰 복수형 동사 have로 수정해야 한다. 또한, 문맥상 Toys는 discard(버리다)되는 대상이므로 수동형이 되어야 한다. 따라서 has recently discarded는 have recently been discarded가 되어야 옳다.

0013

| 정답 | X (close → closed) | 출제포인트 | 040 '~하자마자' 구문 |

해석 나는 눈을 감자마자 그녀를 생각하기 시작했다.

해설 해당 문장에 사용된 표현인 '~하자마자 ...했다'는 「Hardly + had + 주어 + p.p. ~ when[before] + 주어 + 과거동사....」로 나타낼 수 있다. 따라서 동사 close는 과거분사 형태인 closed로 수정해야 한다. 더해, 주어진 문장은 부정어 Hardly가 문두에 쓰였으므로 이어지는 문장의 어순이 의문문 형태로 쓰인 것은 옳다.

0014

| 정답 | X (I'll be lying → I'm lying 또는 I lie) | 출제포인트 | 039 시간, 조건의 부사절에서의 시간의 표현 |

해석 내가 다음 주에 해변에 누워 있을 때 나는 네 생각을 할 거야.

해설 시간이나 조건을 나타내는 부사절에서는 현재가 미래를 대신한다. 따라서 주어진 문장의 시간을 나타내는 접속사 when이 이끄는 부사절의 주어, 동사 I'll be lying은 I'm lying 또는 I lie로 수정해야 한다.

0015

| 정답 | O | 출제포인트 | 185 수량형용사 - 명사 수일치 |

해석 오징어, 문어, 갑오징어는 모두 두족류이다.

해설 주어진 문장의 주어가 squid, octopuses, and cuttlefish로 복수 명사이므로 보어로 복수 명사 types가 오는 것이 적절하다. 또한, type이 '종류, 유형'이라는 의미일 때는 가산명사로 사용되므로, 가산명사를 all이 수식할 때 복수형이 오는 것을 통해서도 types가 옳게 쓰였음을 알 수 있다.

우선순위 1 일치 / 태 / 시제 15

0016 A week's holiday <u>has been promised</u> to all the office workers.

0017 Insects are often attracted by scents that <u>isn't</u> obvious to us.

0018 <u>Upon arrived</u>, he took full advantage of the new environment.

0019 She is someone who <u>are</u> always ready to lend a helping hand.

0020 I'll take over the cooking from you while you <u>will walk</u> the dog.

친절 & 꼼꼼 정답 및 해설

0016

정답 O   **출제포인트** 049 완료시제의 수동태

해석 일주일간의 휴가가 모든 사무직 근로자들에게 약속되었다.

해설 주어진 문장의 주어인 A week's holiday(일주일간의 휴가)는 직원들에게 '약속된' 것이므로 완료 수동태인 has been promised로 적절하게 사용되었다.

0017

정답 X (isn't → aren't)   **출제포인트** 189 관계대명사의 선행사와 관계절 동사와의 수일치

해석 곤충들은 종종 우리에게는 분명치 않은 냄새에 이끌린다.

해설 주어진 문장의 scents를 수식하는 주격관계대명사절의 동사인 isn't는 선행사인 복수 명사 scents와 수일치 해야 하므로, isn't를 aren't로 수정해야 한다. 더해서 문장의 주어인 Insects(곤충)는 문맥상 '이끌리는 객체'이므로 수동태 are often attracted가 적절하게 사용되었다.

0018

정답 X (Upon arrived → Upon arriving)   **출제포인트** 040 '~하자마자' 구문

해석 도착하자마자, 그는 새로운 환경을 충분히 이용했다.

해설 upon은 전치사로 명사 또는 동명사를 목적어로 취하며 「upon ~ing」는 '~하자마자'를 뜻하는 관용표현이다. 따라서 주어진 문장의 Upon arrived는 Upon arriving으로 수정해야 한다.

0019

정답 X (are → is)   **출제포인트** 189 관계대명사의 선행사와 관계절 동사와의 수일치

해석 그녀는 항상 도움을 줄 준비가 되어 있는 사람이다.

해설 주어진 문장의 someone을 수식하는 주격관계대명사절의 동사인 are는 선행사인 단수 명사 someone과 수일치 해야 하므로, are를 is로 수정해야 한다. 더해, 「be ready to + 동사원형」은 '~할 준비가 되어 있다'를 뜻하며 lend[give] a hand는 '도움을 주다'라는 표현으로 주어진 문장에서 hand는 비유적으로 '도움, 도움의 손길'을 의미한다.

0020

정답 X (will walk → walk)   **출제포인트** 039 시간, 조건의 부사절에서의 시간의 표현

해석 네가 강아지를 산책시키는 동안 내가 요리를 맡을게.

해설 시간이나 조건을 나타내는 부사절에서는 현재가 미래를 대신한다. 주어진 문장은 시간을 나타내는 접속사 while이 이끄는 부사절에 미래시제인 will walk가 사용되었으므로 옳지 않다. 따라서 will walk는 walk로 수정해야 한다.

0021 My final exams <u>are starting</u> next week, so I've got to study hard.

0022 The extent of Mary's knowledge on various subjects <u>astound</u> me.

0023 I must leave right now because I <u>am starting</u> work at noon today.

0024 I regret to inform you that your loan application <u>has not approved</u>.

0025 I was born in Taiwan, but I <u>had lived</u> in Korea since I started work.

친절 & 꼼꼼 정답 및 해설

0021

| 정답 | O | 출제포인트 | 042 시제 일치 |

해석 기말고사가 다음 주에 시작되므로, 나는 열심히 공부해야 한다.

해설 왕래발착동사는 실현 가능성이 큰 미래의 약속, 계획 등을 미래 부사와 함께 현재진행형으로 나타낼 수 있으므로, 주어진 문장의 are starting next week는 적절하게 사용되었다. 또한, 해당 문장의 have got to는 '~해야 한다'를 뜻하며 have to와 동일하게 사용될 수 있다.

0022

| 정답 | X (astound → astounds) | 출제포인트 | 180 주어-동사 수일치 |

해석 다양한 주제들에 대한 Mary의 지식의 범위는 나를 놀라게 한다.

해설 주어진 문장의 주어는 The extent로 3인칭 단수이다. 따라서 동사 astound는 주어에 수일치 해 astounds로 수정해야 한다.

0023

| 정답 | O | 출제포인트 | 042 시제 일치 |

해석 나는 오늘 정오에 일을 시작할 것이기 때문에 지금 당장 떠나야만 한다.

해설 왕래발착동사 start는 현재 진행 중인 상황을 나타낼 때뿐만 아니라, 실현 가능성이 큰 미래의 약속이나 계획 등에 대해 언급할 때 미래시제 대신 현재진행시제로 사용될 수 있다. 따라서 주어진 문장의 am starting은 문맥상 적절하게 사용되었다.

0024

| 정답 | X (has not approved → has not been approved) | 출제포인트 | 049 완료시제의 수동태 |

해석 당신의 대출 신청서가 승인되지 않았음을 알리게 되어 유감입니다.

해설 approve는 타동사로 '~을 승인하다'를 뜻한다. 주어진 문장은 문맥상 '대출 신청서가 승인되지 않았다'라는 수동의 의미가 되도록 동사는 has not been approved가 되어야 옳다. regret은 '유감스럽게 생각하다'라는 의미의 동사로, 목적어로 동명사가 오면 이미 지난 일에 대한 후회를, to부정사가 오면 앞으로 일어날 일에 대한 유감을 나타내므로 regret to inform you는 옳게 사용되었다. 이에 더해, 「inform + 목적어 + that + 주어 + 동사」의 형태도 적절하게 사용되었다.

0025

| 정답 | X (had lived → have lived) | 출제포인트 | 047 since 구문 |

해석 나는 대만에서 태어났지만, 일을 시작한 이래로 한국에 살고 있다.

해설 주어진 문장의 since는 '~ 이래로'를 뜻하며, 「주어 + have p.p.(현재완료시제) ~ , since 주어 + 과거시제」로 사용되어 since 절에는 과거시제가, 주절에는 현재완료시제가 쓰인다. 따라서 주어진 문장의 had lived를 have lived로 수정해야 한다.

0026　<u>Hardly did she enter</u> the house when someone turned on the light.

0027　This story was about the incidents that <u>were happened</u> in the 1920s.

0028　Undergraduates are not allowed <u>to using equipments</u> in the laboratory.

0029　In the USA, this <u>is referring</u> to as the preponderance of the evidence.

📖 친절 & 꼼꼼 정답 및 해설

0026

정답 X (Hardly did she enter → Hardly had she entered)　**출제포인트** 040 '~하자마자' 구문

해석 그녀가 그 집에 들어가자마자 누군가 불을 켰다.

해설 '~하자마자 …했다'를 뜻하는 표현은 「Hardly[Scarcely] had + 주어 + p.p. ~ when[before] + 주어 + 과거동사 …」로 표현한다. 따라서 주어진 문장에 시제를 반영해서, Hardly did she enter는 Hardly had she entered로 수정해야 한다.

0027

정답 X (were happened → happened)　**출제포인트** 054 수동태로 쓸 수 없는 동사

해석 이 이야기는 1920년대에 발생한 사건들에 관한 것이다.

해설 happen은 자동사이므로 수동태로 사용할 수 없다. 따라서 주어진 문장의 수동태 were happened를 능동태인 happened로 수정해야 한다. 더해, that ~ 1920s는 incidents를 수식하는 주격관계대명사절로 적절하게 사용되었다.

0028

정답 X (using → use / equipments → equipment)　**출제포인트** 051 불완전타동사의 수동태

해석 학부생들은 실험실에서 장비를 사용하도록 허용되지 않는다.

해설 「be allowed to + 동사원형」은 '~하는 것이 허용[허락]되다'라는 의미이다. 주어진 문장에서 to는 전치사가 아니므로 주어진 문장의 to using을 to use로 수정해야 한다. 또한, equipment는 불가산명사이므로 복수형이 불가능하다. 따라서 equipments는 equipment로 수정해야 한다.

0029

정답 X (is referring → is referred)　**출제포인트** 048 능동태 vs. 수동태

해석 미국에서, 이것은 증거의 우세라고 지칭된다.

해설 「refer to A as B」는 'A를 B라고 지칭하다[일컫다]'라는 의미를 뜻하는 표현이다. 주어진 문장에 'A'에 해당하는 목적어가 없으므로 수동태가 되도록 is referring을 is referred로 수정해야 한다.

💡 정해쌤's Tip 「be referred to as ~」를 '~라고 지칭되다[일컬어지다]'라는 의미로 숙어처럼 기억하세요.

0030 Deciding on a way of recording and analysing the data <u>are</u> important.

0031 The oceans contain many forms of life that <u>has</u> not yet been discovered.

0032 She <u>has known primarily as</u> a political cartoonist throughout her career.

0033 I was just going to clean the office, but someone <u>has already done</u> it.

0034 If the prosecutor fails to prove this, a verdict of not guilty <u>is rendered</u>.

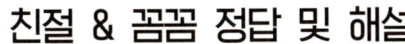 친절 & 꼼꼼 정답 및 해설

0030

정답 X (are → is)   **출제포인트** 182 명사구-명사절 주어 수일치

해석 기록 방식과 데이터 분석 방식을 결정하는 것이 중요하다.

해설 주어진 문장에서 주어는 문맥상 동명사인 Deciding이며, 이를 on a way가 전명구로서 수식하고 있다. 또한 이 전명구 내에 a way는 다시 전명구 of ~ data가 수식하고 있는데 이때 이 전명구 내에 a way를 동명사 recording과 analysing이 병렬구조로 수식하고 있음을 문맥상 알 수 있다. 따라서 동명사 주어 Deciding을 단수 취급해 동사 are를 is로 수정해야 한다. 해당 문장에서 Deciding은 자동사로 쓰인 decide의 동명사 형태임에 유의해야 한다.

정해쌤's Tip 주어를 Deciding~과 analysing~으로 '결정하는 것'과 '분석하는 것' 두 가지로 보는 경우 복수 형태의 주어로 볼 수 있으나, 주어진 문장은 문맥상 '결정하는 것'으로 보는 것이 가장 적절하니 주의하세요.

0031

정답 X (has → have)   **출제포인트** 189 관계대명사의 선행사와 관계절 동사와의 수일치

해석 바다에는 아직 발견되지 않은 많은 생명체들이 있다.

해설 주어진 문장에서 주격관계대명사절 that has ~ discovered가 수식하는 선행사는 문맥상 life가 아니라 forms로 '아직 발견되지 않은 많은 생명체'에 해당된다. 따라서 관계사절의 동사 has는 복수 형태의 동사 have로 수정해야 한다.

0032

정답 X (has known primarily as → has been primarily known as)

출제포인트 049 완료시제의 수동태

해석 그녀는 경력 내내 정치 만화가로 주로 알려져 왔다.

해설 주어진 문장의 주어인 She가 문맥상 정치 만화가로 '알려져 있는' 대상이므로 동사가 수동태로 쓰여야 한다. 따라서 has known primarily as를 has been primarily known as로 수정해야 한다. 이때 부사 primarily가 수동태 동사를 수식해 과거분사 앞에 위치함에 유의해야 한다.

0033

정답 X (has already done → had already done)   **출제포인트** 042 시제 일치

해석 나는 막 사무실을 청소하려고 했지만, 누군가 이미 했다.

해설 주어진 문장에서 '사무실을 청소하려는 것'을 과거시제로 제시하였고, 문맥상 그보다 더 과거에 '누군가 이미 청소를 마친 상태'임을 유추할 수 있다. 과거시제보다 더 앞선 시제는 had p.p.로 표현하므로, but 이후의 절의 has already done은 had already done으로 수정해야 한다.

0034

정답 O   **출제포인트** 048 능동태 vs. 수동태

해석 만약 검사가 이를 입증하지 못하면, 무죄 판결이 내려진다.

해설 render는 '(판결을) 내리다, 언도하다'를 뜻하는 타동사이다. 주절의 주어인 a verdict of not guilty는 판결이 '내려지는' 것이므로 수동태가 적절한 표현이다.

0035 Jamie learned from the book that World War I had broken out in 1914.

0036 Of the billions of stars in the galaxy, how much are able to hatch life?

0037 Bakers have been made come out, asking for promoting wheat consumption.

0038 The laptop allows people who is away from their offices to continue to work.

0039 Children who enjoy writing are often interested in seeing their work in print.

친절 & 꼼꼼 정답 및 해설

0035

정답 X (had broken out → broke out)　　**출제포인트** 046 불변의 시제

해석 Jamie는 제1차 세계 대전이 1914년에 발발했다고 책에서 배웠다.

해설 제1차 세계 대전과 같은 과거의 역사적 사실은 항상 단순 과거시제로 표현해야 한다. 따라서 주어진 문장의 대과거 시제로 표현된 had broken out은 과거시제인 broke out으로 수정해야 한다.

0036

정답 X (much → many)　　**출제포인트** 092 수량형용사

해석 은하계에 있는 수십억 개의 별들 중, 얼마나 많은 것들이 생명체를 부화시킬 수 있는가?

해설 주어진 문장의 동사 are는 주어로 복수 명사를 취해야 한다. 주어진 문장은 문맥상 '얼마나 많은 별들'이 주어가 되어야 하므로 how many (stars)가 적절하다. 따라서 해당 문장의 stars는 복수형 가산 명사로 수를 나타내는 형용사 many(많은)로 수식해야 하므로 양을 나타내는 형용사 much를 many로 수정해야 한다.

0037

정답 X (come out → to come out)　　**출제포인트** 051 불완전타동사의 수동태

해석 제빵업자들은 밀 소비 장려를 요구하며 밖으로 나오게 되었다.

해설 사역동사로 쓰인 make가 「make + 목적어 + 목적격 보어[원형부정사]」의 능동태에서 목적어를 주어로 사용하는 수동태가 될 때 「목적어 + be made + 목적격 보어[to부정사]」로 쓰여 목적격 보어가 to부정사로 바뀐다. 따라서 주어진 문장의 come out은 to come out으로 수정해야 한다.

0038

정답 X (is → are)　　**출제포인트** 189 관계대명사의 선행사와 관계절 동사와의 수일치

해석 노트북은 사무실 밖에 있는 사람들이 일을 계속해서 할 수 있게끔 한다.

해설 주격관계대명사 who가 이끄는 절의 동사는 선행사인 people과 수를 일치시켜야 한다. 따라서 복수 명사 people에 수일치 해 is는 are로 수정해야 한다. 더해, 「allow + 목적어 + to부정사」는 '목적어가 ~하게끔 허락하다'를 뜻하며 주어진 문장은 allows의 목적격 보어로 to continue가 알맞게 쓰였다.

0039

정답 O　　**출제포인트** 181 명사 - 대명사 수일치

해석 글쓰기를 즐기는 아이들은 종종 인쇄된 자신들의 작품을 보는 것에 관심이 있다.

해설 주어진 문장의 대명사 their가 가리키는 대상은 문장의 주어 Children으로 적절하다. 더해, 주격관계대명사절 who enjoy writing이 주어 Children을 수식하고 있으며, Children은 복수 명사이므로 관계사절의 동사 enjoy와 주절의 동사 are가 복수 형태의 동사로 적절하게 사용되었다.

0040 Scarcely we had finished our project when the manager gave us another one.

0041 Each year, more than 270,000 pedestrians lose their lives on the world's roads.

0042 By 1955 Nikita Khrushchev had been emerged as Stalin's successor in the USSR.

0043 Word processors were considered to be the ultimate tool for a typist in the past.

0044 The world's first digital camera created by Steve Sasson at Eastman Kodak in 1975.

친절 & 꼼꼼 정답 및 해설

0040

정답 X (we had → had we)   **출제포인트** 040 '~하자마자' 구문

해석 우리가 프로젝트를 끝내자마자 매니저가 우리에게 다른 것을 주었다.

해설 주어진 문장은 '~하자마자 …했다'를 뜻하는 「Scarcely had + S + p.p. ~ when[before] + S + 과거형 동사 ~」의 구조로 쓰여, 부정어인 Scarcely가 문두에 위치하므로 뒤따라오는 문장의 어순은 의문문 어순으로 도치되어야 한다. 따라서 we had를 had we로 수정해야 한다.

0041

정답 O   **출제포인트** 180 주어 - 동사 수일치

해석 매년, 27만 명이 넘는 보행자들이 전 세계의 도로에서 그들의 목숨을 잃는다.

해설 주어진 문장에서 매년(Each year) 일어나는 일이라고 서술하고 있으므로 현재시제 동사 lose(잃는다)는 적절하게 사용되었다. 더해 주어는 복수 명사 more than 270,000 pedestrians이므로 복수 형태의 동사 lose가 적절하다.

0042

정답 X (had been emerged → had emerged)   **출제포인트** 054 수동태로 쓸 수 없는 동사

해석 1955년경 Nikita Khrushchev는 구소련에서 Stalin의 후계자로서 등장했다.

해설 emerge(나타나다, 등장하다)는 수동태로 사용할 수 없는 완전자동사이다. 따라서 had been emerged를 had emerged로 수정해야 한다.

0043

정답 O   **출제포인트** 051 불완전타동사의 수동태

해석 워드프로세서는 과거에 타이피스트에게 궁극의 도구로 여겨졌다.

해설 「be considered to be + 명사/형용사」는 '~로 여겨지다'를 뜻한다. 주어진 문장은 「to be + 명사」 형태인 to be the ultimate tool이 보어로 적절하게 사용되었다. ultimate는 명사 tool을 수식하는 형용사이다.

0044

정답 X (created → was created)   **출제포인트** 048 능동태 vs. 수동태

해석 세계 최초의 디지털카메라는 1975년 Eastman Kodak사의 Steve Sasson에 의해 만들어졌다.

해설 주어진 문장의 주어인 '디지털카메라'는 '만들어진' 대상이며, 전명구인 'by Steve Sasson'으로 행위자를 나타내고 있으므로 수동태를 쓰는 것이 적절하다. 따라서 created를 was created로 수정해야 한다.

0045 When we and others <u>does</u> this together, we are able to communicate with one another.

0046 Included in this series <u>are</u> "The Enchanted Horse," among other famous children's stories.

0047 However, the inability to remember your name and identity <u>are</u> exceedingly rare in reality.

0048 A huge research fund <u>was given</u> to a local private university by the Ministry of Education.

0049 <u>Hardly has the violinist finished</u> his performance before the audience stood up and applauded.

# 친절 & 꼼꼼 정답 및 해설

0045

정답 X (does → do)　　　　**출제포인트** 180 주어-동사 수일치

해석 우리와 다른 사람들이 이것을 함께 할 때, 우리는 서로 의사소통할 수 있다.

해설 주어진 문장의 When이 이끄는 종속절의 주어가 we and others로 복수 명사에 해당되므로 복수형 동사 do가 옳다. 따라서 does는 do로 수정해야 한다.

0046

정답 X (are → is)　　　　**출제포인트** 188 도치 구문의 수일치

해석 이번 시리즈에는 다른 유명한 동화들 중에서도 "The Enchanted Horse"가 포함되어 있다.

해설 주어진 문장은 "The Enchanted Horse," among other famous children's stories, is included in this series.에서 보여진 'included ~ series'를 강조하여 문두로 위치시킨 후, 뒤 문장의 어순이 도치된 형태이다. 이때 주어는 작품명인 "The Enchanted Horse,"이므로 단수 취급하여 도치된 동사는 단수 동사로 제시해야 한다. 따라서 are를 is로 수정해야 한다.

0047

정답 X (are → is)　　　　**출제포인트** 180 주어-동사 수일치

해석 하지만, 당신이 당신의 이름과 신분을 기억하지 못하는 것은 현실에서는 매우 드물다.

해설 주어진 문장에서 주어는 the inability이며 to remember ~ identity는 the inability를 수식하는 to부정사구이다. 따라서 동사 are는 단수 주어에 수일치 해 단수 형태의 동사 is로 수정해야 한다.

0048

정답 O　　　　**출제포인트** 050 수여동사류의 수동태

해석 거액의 연구 기금이 교육부에 의해 한 지방 사립대에 주어졌다.

해설 주어진 문장은 능동태 문장인 'The Ministry of Education gave a huge research fund to a local private university'에서 수동태로 변환한 문장으로 올바르게 사용되었다.

0049

정답 X (Hardly has the violinist finished → Hardly had the violinist finished)

출제포인트 040 '~하자마자' 구문

해석 그 바이올리니스트가 그의 연주를 끝내자마자 청중들은 일어나서 박수쳤다.

해설 '~하자마자 …했다'는 「Hardly[Scarcely] + had + 주어 + 과거분사 ~ before[when] + 주어 + 과거 동사 ….」의 구조로 나타낸다. 따라서 주어진 문장의 Hardly has the violinist finished는 Hardly had the violinist finished로 수정해야 한다.

0050 The Aswan High Dam has been protected Egypt from the famines of its neighboring countries.

0051 She has worked as my secretary for the last three years and has been an excellent employee.

0052 Supplements on the market today includes those that use natural herbs or synthetic ingredients.

0053 Not only have the number of baseball players increased but so have the values of the players.

0054 This belief may reflect the way amnesia is usually portraying in movies, television, and literature.

친절 & 꼼꼼 정답 및 해설

1순위
O X

0050

정답 X (has been protected → has protected)   **출제포인트** 048 능동태 vs. 수동태

해석 Aswan High 댐은 주변 국가들의 기근으로부터 이집트를 보호해 오고 있다.

해설 주어진 문장의 문맥상 'Aswan High 댐'이 이집트를 능동적으로 '보호한' 것이며, 목적어인 Egypt가 존재하기 때문에 능동태 동사를 사용해야 한다. 따라서 주어진 문장의 has been protected는 has protected로 수정해야 한다.

0051

정답 O   **출제포인트** 041 시간의 부사구에 따른 시제 판단

해석 그녀는 지난 3년간 제 비서로 근무했고, 뛰어난 직원이었습니다.

해설 「for the past/last + 숫자 + 단위 복수 명사」로 나타낸 시간의 부사구는 현재완료시제와 함께 사용할 수 있다. 주어진 문장은 '지난 3년간'이라는 의미로 for the last three years와 현재완료시제 has worked가 함께 사용되었으므로 적절하다.

0052

정답 X (includes → include)   **출제포인트** 180 주어-동사 수일치

해석 오늘날 시판되는 보조식품에는 천연 허브나 합성 재료를 사용한 것들이 포함된다.

해설 주어진 문장의 주어는 복수 명사인 Supplements이므로 수일치에 따라 동사는 복수형 동사를 사용해야 한다. 따라서 includes는 include로 수정해야 한다.

0053

정답 X (have → has)   **출제포인트** 188 도치 구문의 수일치

해석 야구 선수들의 수가 증가해 왔을 뿐만 아니라 선수들의 가치도 증가해 왔다.

해설 주어진 문장의 부정어 Not only가 강조되어 문장 맨 앞에 위치하고 있으므로, 이후의 문장의 어순은 의문문 어순으로 도치되어야 한다. 이때 주어가 단수인 the number of baseball players이므로 단수 동사로 has increased로 수일치가 되어야 한다. 따라서 have를 has로 수정해야 한다. 더해 but 이후의 문장에서도 so가 강조되어서 이후의 문장의 어순은 의문문 어순이어야 한다. 주어는 the values of the players로 복수이므로 복수 동사 have가 적절하게 도치되었다.

0054

정답 X (portraying → portrayed)   **출제포인트** 048 능동태 vs. 수동태

해석 이러한 믿음은 보통 영화, 텔레비전, 문학에서 기억 상실증이 묘사되는 방법을 반영할 수 있다.

해설 주어진 문장은 관계부사절 amnesia is ~ literature가 선행사 the way를 수식하고 있으며, 관계부사절의 amnesia는 문맥상 '묘사되는' 대상이므로 수동태로 나타내야 한다. 따라서 portraying은 과거분사인 portrayed로 수정해야 한다. 더해, 빈도 부사 usually는 be동사 뒤에 옳게 위치하고 있다.

0055 The future and the long-term relationship should be kept in mind when a decision <u>is being made</u>.

0056 Performing from memory is often seen <u>have</u> the effect of boosting musicality and musical communication.

0057 The volcano <u>locates</u> in the center of Gulf National Park, where many people come to camp and climb.

0058 In recent years, peer－peer (P2P) lending <u>has become</u> the poster child of the alternative finance industry.

0059 I <u>convinced</u> that making pumpkin cake from scratch would be even easier than making cake from a box.

친절 & 꼼꼼 정답 및 해설

0055

| 정답 | O | 출제포인트 | 048 능동태 vs. 수동태 |

해석 결정할 때는 미래와 장기적 관계를 염두에 두어야 한다.
해설 주어진 문장의 when절의 주어인 a decision은 결정이 '되는' 것이므로 수동태가 오는 것이 적절하다. 현재진행시제의 수동태는 「be동사 + being p.p」로 표현하므로 is being made는 적절하게 사용되었다.

0056

| 정답 | X (have → to have) | 출제포인트 | 051 불완전타동사의 수동태 |

해석 암기하여 연주하는 것은 종종 음악성과 음악적 소통을 향상시키는 효과가 있는 것으로 여겨진다.
해설 지각동사 see는 「see + 목적어 + 목적격 보어[원형부정사]」의 능동 형태에서 수동태로 변환하면 「주어 + be seen + 목적격 보어[to부정사]」로 쓰인다. 주어진 문장은 불완전타동사 see의 수동태로 쓰이면서 목적격 보어의 형태가 원형부정사 형태이므로, have를 to have로 수정해야 한다.

0057

| 정답 | X (locates → is located) | 출제포인트 | 048 능동태 vs. 수동태 |

해석 그 화산은 많은 사람들이 캠핑하고 오르기 위해 오는 Gulf National Park의 중심에 위치하고 있다.
해설 주어진 문장의 locate는 타동사로 '~을 위치시키다'를 뜻한다. 해당 문장의 문맥처럼 '위치하다'의 뜻으로 locate를 사용하려면 수동태가 적질하다. 따라서 locates는 is located로 수정해야 한다.

0058

| 정답 | O | 출제포인트 | 041 시간의 부사구에 따른 시제 판단 |

해석 최근에, P2P 대출은 대체 금융 산업의 전형이 되어 왔다.
해설 주어진 문장의 in recent years는 과거의 어느 시점에서 현재까지를 나타내는 시간 부사구로 현재완료시제인 has become의 쓰임은 적절하다.

0059

| 정답 | X (convinced → was convinced) | 출제포인트 | 048 능동태 vs. 수동태 |

해석 나는 처음부터 호박 케이크를 만드는 것이 (믹스) 상자로부터 케이크를 만드는 것보다 훨씬 쉬울 것이라고 확신했다.
해설 convince는 4형식으로 「convince + 사람(대상) + that ~」의 형태로 사용될 수 있다. 주어진 문장은 convinced가 목적어 없이 바로 that절을 취했으므로 옳지 않으며, 문맥상 '(주어)가 ~라고 설득되다'라는 의미이므로, convinced는 수동형인 was convinced로 수정되어야 한다. 이에 더해, 주어진 문장의 from scratch는 '처음부터'라는 의미를 지니며 even은 비교급을 강조하는 부사로 적절하게 사용되었다. than 뒤의 making은 앞서 제시된 that 뒤의 making과 병렬구조를 이루므로 적절하다.

0060 It interprets fear, helps distinguish friends from foes, and identifies social rewards and how to attain it.

0061 She is seeing her family doctor tomorrow to check the result of the medical check-up she had a month ago.

0062 Typically, there are social rules that governs how we interact with those around us and with the media product.

0063 Valuable vacant land rarely sits idle and is often taken over — either formally, or informally — and made productive.

0064 American men are generally bigger than Japanese men so it's very difficult to find clothes in Chicago that fits me.

친절 & 꼼꼼 정답 및 해설

1순위
O X

0060

| 정답 | X (it → them) | 출제포인트 | 181 명사 - 대명사 수일치 |

해석 그것은 두려움을 해석하고 적과 친구를 구별하도록 돕고, 사회적 보상과 그것들을 어떻게 얻는지를 확인한다.

해설 주어진 문장의 마지막에 있는 it은 social rewards를 지칭하므로 복수를 나타내는 대명사인 them으로 수정해야 한다. 더해, 등위접속사 and를 활용해 동사 interprets, helps, identifies를 「A, B, and C」 구조로 적절하게 사용되었다. 또한, help는 완전타동사로 「help + 동사원형」 또는 「help + to 동사원형」으로 사용될 수 있으므로 주어진 문장의 helps distinguish는 「help + 동사원형」 형태로 적절하게 사용되었다.

0061

| 정답 | O | 출제포인트 | 041 시간의 부사구에 따른 시제 판단 |

해석 그녀는 내일 그녀가 한 달 전에 했던 건강 검진의 결과를 확인하기 위해 그녀의 주치의를 보러 갈 예정이다.

해설 예정되어있는 가까운 미래시제를 의미하는 표현으로 현재진행형을 사용할 수 있다. 따라서 주어진 문장의 is seeing은 적절하게 사용되었다. 이때 see her family doctor는 '의사의 진찰을 받다'의 의미에 해당된다. 또한, 주어진 문장의 the medical check-up과 she had ~ ago 사이에는 목적격관계대명사 that 또는 which가 생략되어있으며, 목적격관계대명사절 she had ~ ago가 선행사 the medical check-up을 적절하게 수식하고 있다.

0062

| 정답 | X (governs → govern) | 출제포인트 | 189 관계대명사의 선행사와 관계절 동사와의 수일치 |

해석 전형적으로, 우리가 우리 주변의 사람들과 그리고 미디어 제품과 어떻게 상호 작용하는지를 지배하는 사회적 규칙들이 있다.

해설 주어진 문장에서 주격관계대명사절 that govern ~ product가 유도부사구문의 주어인 선행사 social rules를 수식하고 있다. 주어인 social rules가 복수 명사이므로 유도부사 이후의 동사인 are 올바르게 수일치 하고 있다. 그러나 주격관계대명사 that 이후의 동사 governs는 선행사 social rules와 옳지 않게 수일치 되어 있으므로, 단수 동사 governs를 복수 동사 govern으로 수정해야 한다. 더해, how we interact는 govern의 목적어로 사용된 간접의문문으로 적절하게 사용되었다.

0063

| 정답 | O | 출제포인트 | 051 불완전타동사의 수동태 |

해석 귀중한 공지는 좀처럼 놀고 있지 않으며, 공식적으로든 비공식적으로든 종종 점유되어 있고, 생산적이 된다.

해설 주어진 문장의 and made productive는 made 앞에 중복되는 be동사 is가 생략된 형태이다. 불완전타동사 make가 수동태로 전환될 때 목적격 보어로 쓰인 형용사는 그대로 동사 뒤에 위치하므로, 형용사 형태인 productive는 적절하다.

0064

| 정답 | X (fits → fit) | 출제포인트 | 189 관계대명사의 선행사와 관계절 동사와의 수일치 |

해석 미국 남성들은 일반적으로 일본 남성들보다 몸집이 크기 때문에, 시카고에서는 나에게 맞는 옷을 찾기가 매우 어렵다.

해설 주어진 문장의 주격관계대명사 that의 선행사는 문맥상 Chicago가 아니라 복수 명사인 clothes이다. 관계사절의 동사는 선행사로 수일치 해야 하므로, fits를 fit으로 수정해야 한다. 더해, 해당 문장의 it's very ~ me는 가주어 it이 사용된 문장으로 진주어 to find ~ me가 적절하게 사용되었다.

0065 Because of <u>their</u> perfect cone shape and proximity to the beautiful Albay Gulf, Mount Tarn is a popular tourist attraction.

0066 Bone and ivory needles found at archaeological sites indicate that clothes have been sewn for some 17,000 years <u>ago</u>.

0067 In fact, there have always been <u>a number of</u> important policy issues which Nyerere has had to argue through the NEC.

0068 Many lost pets likewise <u>found</u> and reclaimed by distraught owners simply because they were brought into animal shelters.

0069 I had to isolate <u>me</u> emotionally to survive when I was a child, and I still operate on the assumptions I had as a child.

# 친절 & 꼼꼼 정답 및 해설

0065

정답 X (their → its)   **출제포인트** 181 명사-대명사 수일치

해석 그것의 완벽한 원뿔 모양과 아름다운 Albay Gulf에 대한 근접성 때문에 Tarn 산은 인기 있는 관광명소이다.

해설 주어진 문장의 Because of 뒤의 소유격 대명사는 고유명사인 Mount Tarn을 나타내는 표현으로 단수 형태의 소유격 대명사를 사용해야 한다. 따라서 their를 its로 수정해야 한다.

0066

정답 X (ago → 삭제)   **출제포인트** 041 시간의 부사구에 따른 시제 판단

해석 고고학 유적지에서 발견된 뼈와 상아 바늘들은 옷이 약 1만 7천 년 동안 만들어져 왔다는 것을 나타낸다.

해설 ago는 '~ 전에'를 뜻하는 과거를 나타내는 부사로 과거시제와 함께 쓰이며, 현재완료시제와 함께 사용될 수 없다. 주어진 문장에서 for some 17,000 years로 현재완료시제에 사용되는 기간 표현이 명확히 제시되어 있으므로 부사 ago는 삭제되어야 한다. 더해, needles는 '발견되는' 대상이므로 수동의 의미를 갖는 과거분사 found가 적절하게 사용되었으며, 타동사 indicate는 명사절 접속사 that이 이끄는 절을 목적어로 취하고 있다. that절의 주어인 clothes가 복수형이므로 복수형 동사 have의 쓰임도 적절하다.

0067

정답 O   **출제포인트** 183 a number of vs. the number of 수일치

해석 사실, Nyerere가 NEC를 통해 논의해 왔어야 하는 많은 중요한 정책 이슈들이 항상 있었다.

해설 주어진 문장의 가산명사 policy issues를 '많은 ~'이라는 뜻의 a number of가 수식하고 있으므로 적절하다. 또한, which Nyerere ~ NEC는 policy issues를 선행사로 하는 목적격관계대명사절로 적절하게 사용되었다.

0068

정답 X (found → are found)   **출제포인트** 048 능동태 vs. 수동태

해석 마찬가지로 길을 잃은 많은 반려동물들이 그저 동물 보호소로 데려와지는 것만으로 당황한 주인들에 의해 발견되고 되찾아진다.

해설 주어진 문장의 주어는 Many lost pets에 해당되며, 문맥상 동물들은 '발견되고 되찾아지는' 것이므로 능동태인 found를 are found로 수정해야 한다. 더해, found와 reclaimed는 등위접속사 and로 연결된 병렬구조 관계이다.

0069

정답 X (me → myself)   **출제포인트** 080 재귀대명사

해석 어릴 때 나는 살아남기 위해 감정적으로 나 자신을 고립시켜야 했고, 여전히 나는 내가 아이였을 때 가지고 있었던 가정대로 움직인다.

해설 주어진 문장은 문장의 주어가 I이며 주어의 동작이 자기 자신에게 미치고 있으므로 재귀대명사 myself가 had to isolate의 목적어로 사용되어야 한다. 따라서 me를 myself로 수정해야 한다.

우선순위 1 일치/태/시제 37

0070 Italian Alessandro Volta found that a combination of silver, copper, and zinc <u>were</u> ideal for producing an electrical current.

0071 By some estimates, deforestation <u>has been resulted in</u> the loss of as much as eighty percent of the natural forests of the world.

0072 In a 2015 report Morgan Stanley predicted that such marketplace lending <u>will</u> command $150 billion to $490 billion globally by 2020.

0073 According to this definition, the Iliad and the Odyssey, the Koran, and the Old and New Testaments can all <u>refer to as</u> myths.

0074 Some people think that the central dichotomy in life is whether you're positive or negative about the issues <u>that interest or concerns you</u>.

친절 & 꼼꼼 정답 및 해설

1순위
O X

0070

| 정답 | X (were → was) | 출제포인트 | 180 주어 - 동사 수일치 |

해석 이탈리아인 Alessandro Volta는 은, 구리, 그리고 아연의 조합이 전류를 발생시키는 데 이상적이라는 것을 발견했다.

해설 주어진 문장의 found의 목적어인 that절의 주어는 단수형인 a combination으로 전명구인 of silver, copper, and zinc에 의해 수식받고 있다. 수식어구를 제외한 명사 주어는 a combination인 단수명사이기 때문에 were를 was로 수정해야 한다.

0071

| 정답 | X (has been resulted in → has resulted in) | 출제포인트 | 054 수동태로 쓸 수 없는 동사 |

해석 몇몇 추정에 따르면, 삼림 벌채는 전 세계 천연 숲의 80퍼센트에 달하는 손실을 가져왔다.

해설 「result in + 결과」는 '결과를 낳다, 야기하다'를 뜻하며 수동태로 사용하지 않는다. 따라서 has been resulted in은 has resulted in으로 수정해야 한다.

정해쌤's Tip 「result from + 원인」은 '~이 원인이다'를 뜻합니다. 「result in + 결과」와 비교해 기억해두세요.

0072

| 정답 | X (will → would) | 출제포인트 | 042 시제 일치 |

해석 2015년의 한 보고서에서 Morgan Stanley는 그러한 시장 대출이 2020년까지 세계적으로 1,500억 달러에서 4,900억 달러까지 장악할 것이라고 예측했었다.

해설 주어진 문장의 주절에 과거시제 predicted를 사용했으므로 종속절인 that절의 시제도 과거 형태로 시제 일치해야 한다. 시제 일치는 주절과 종속절의 동사 형태를 반영해 현재 형태의 will을 과거 형태인 would로 수정해야 한다.

0073

| 정답 | X (refer to as → be referred to as) | 출제포인트 | 048 능동태 vs. 수동태 |

해석 이러한 정의에 따르면, 『Iliad』와 『Odyssey』, 코란 그리고 구약과 신약은 모두 신화로 불릴 수 있다.

해설 「refer to + 명사 + as…」는 '~을 …라고 부르다, 언급하다'를 뜻한다. 주어진 문장은 전치사 to 다음에 목적어가 필요한데 목적어가 없으므로 수동태로 사용되어야 하는 것을 알 수 있다. 따라서 refer to as를 be referred to as로 수정해야 한다.

0074

| 정답 | X (that interest or concerns you → that interest or concern you) |
| 출제포인트 | 189 관계대명사의 선행사와 관계절 동사와의 수일치 |

해석 삶에 있어서 중심이 되는 이분법이란 당신에게 흥미를 주거나 심려를 끼치는 문제들에 대해 당신이 긍정적인지 부정적인지에 관한 것이라고 어떤 사람들은 생각한다.

해설 주어진 문장의 that interest ~ you는 선행사 the issues를 수식하는 주격관계대명사절로 사용되었다. 선행사 the issues가 복수이므로, 관계사절의 동사는 복수 동사로 interest와 concern이 제시되어야 하며 등위접속사 or로 연결된 병렬구조이므로 수일치를 해야 한다. 따라서, 주격관계대명사 수일치와 병렬구조를 반영해 that interest or concerns you는 that interest or concern you로 수정해야 한다.

우선순위 1 일치 / 태 / 시제 39

0075 The selection of the appropriate protective clothing for any job or task <u>are</u> usually dictated by an analysis or assessment of the hazards presented.

0076 The idea that nature in the form of landscapes, plants, and animals <u>are</u> good for our well-being is old and can be traced to Charles Darwin or earlier.

0077 Blanc was extremely protective of his work — screen credits reading "Voice Characterization by Mel Blanc" <u>was</u> always under the terms of his contracts.

0078 Each of these animals has special cells under its skin that <u>contains</u> pigment, a colored liquid. A cephalopod can move these cells toward or away from its skin.

0079 The idea that justice in allocating access to a university has something to do with the goods that universities properly pursue <u>explain</u> why selling admission is unjust.

 친절 & 꼼꼼 정답 및 해설

0075

정답 X (are → is) **출제포인트** 180 주어-동사 수일치

해석 어떠한 직업 또는 직무를 위한 적절한 보호복의 선택은 대개 주어진 위험에 대한 분석 또는 평가에 의해 좌우된다.

해설 주어진 문장의 주어는 단수 명사 The selection이며 of the appropriate protective clothing for any job or task는 주어를 수식하는 전명구이므로 복수형 동사 are는 적절하지 않다. 따라서 are는 단수형 동사 is로 수정해야 한다.

0076

정답 X (are → is) **출제포인트** 180 주어-동사 수일치

해석 풍경, 식물, 그리고 동물 형태의 자연은 우리의 행복에 유익하다는 관념은 오래된 것이며, Charles Darwin 혹은 그 이전으로 거슬러 올라갈 수 있다.

해설 주어진 문장의 주어 The idea를 동격으로 수식하는 that절의 주어는 nature로 3인칭 단수이며 in the form of landscapes, plants, and animals는 nature를 수식하는 전명구이다. 따라서 that절의 동사인 are는 3인칭 단수 형태의 주어 nature에 수일치 해 is로 수정해야 한다.

0077

정답 X (was → were) **출제포인트** 180 주어-동사 수일치

해석 Blanc는 자신의 작품을 극도로 지키려고 했는데 "Mel Blanc에 의한 목소리 연기"라고 읽히는 스크린 크레디트는 항상 그의 계약 조건에 있었다.

해설 주어진 문장에 속한 절인 screen credits ~ contracts의 주어가 복수 명사인 screen credits이므로 동사는 복수 형태의 동사 were를 사용해야 한다. 따라서 was를 were로 수정해야 한다.

0078

정답 X (contains → contain) **출제포인트** 189 관계대명사의 선행사와 관계절 동사와의 수일치

해석 이 동물들 각각은 피부 아래에 색소, 즉 유색 액체가 들어 있는 특별한 세포를 가지고 있다. 두족류는 이 세포들을 피부 쪽으로 또는 피부로부터 멀어지게 이동시킬 수 있다.

해설 주어진 문장의 'A cephalopod can move these cells toward or away from its skin(두족류는 이 세포들을 피부 쪽으로 또는 피부로부터 멀어지게 이동시킬 수 있다)'을 통해서 '색소'가 '피부'가 아니라 '세포'에 있다는 문맥을 파악할 수 있다. 따라서 관계대명사 that의 선행사는 its skin이 아니라 special cells에 해당된다. 주격관계대명사절의 동사는 선행사인 special cells에 수를 일치시켜야 하므로 contains를 contain으로 수정해야 한다. 이에 더해, 문장의 주어가 항상 단수 취급하는 대명사 Each이므로 단수 형태의 동사 has도 적절하다.

0079

정답 X (explain → explains) **출제포인트** 180 주어-동사 수일치

해석 대학교에의 입학을 할당하는 것에 있어서의 정당성이 대학교들이 철저히 추구하는 재화(재산)와 관련이 있다는 생각은 입학증을 판매하는 것이 왜 부당한지를 설명해 준다.

해설 주어진 문장의 주어는 The idea이므로 동사 explain을 단수 형태인 explains로 수정해야 한다. 더해 that justice ~ goods는 주어 the idea의 동격절에 해당된다. 또한, the goods를 선행사로 that ~ pursue가 목적격관계사절의 역할을 하고 있다. explains 이후의 why ~ unjust는 간접의문문으로 「의문사 + 주어 + 동사 ~」 어순으로 적절하게 사용되었다.

0080 It is doubtful that the village of Rome, when it started its expansion in the seventh century BC, has a master plan for conquering the Mediterranean world five hundred years later.

0081 In addition, the necessary calculations that we make about the probability of some form of harm resulting from an action that we take is generally a given in our decision processes.

0082 This may be partially because emotional experiences elicited by music and everyday behaviors shares overlapping neurological pathways responsible for positive emotions and motivations.

0083 There are dozens of salient differences between first and second language learning; the most obvious difference, in the case of adult second language learning, are the tremendous cognitive and affective contrast between adults and children.

친절 & 꼼꼼 정답 및 해설

0080

정답 X (has → had)　　　**출제포인트** 042 시제 일치

해석 BC 7세기에 확장을 시작했을 때 로마라는 마을이 500년 후에 지중해 지역을 정복할 종합 계획을 품고 있었을지는 의문이다.

해설 주어진 문장에서 that절이 포함하고 있는 종속절 when ~ BC의 동사가 started로 과거시제인 것으로 보아, that절의 동사 또한 과거 시제로 수일치 해야 한다는 것을 알 수 있다. 따라서 has는 과거시제인 had로 수정해야 한다. 이에 더해, 가주어 It이 문두에 쓰였으므로, 진주어 that절을 사용한 것은 적절하다.

0081

정답 X (is → are)　　　**출제포인트** 180 주어 - 동사 수일치

해석 게다가, 우리가 취하는 행동에서 기인한 어떤 형태의 손해의 가능성에 대해 우리가 하는 필요한 계산은 일반적으로 우리의 의사 결정 과정에서 기정사실이 된다.

해설 주어진 문장의 주어는 수식어구를 모두 제외하면 the necessary calculations에 해당된다. 주어가 복수 명사이므로 문장의 본동사로 복수 형태의 is를 are로 수정해야 한다. 더해, 주어인 calculations를 수식하는 that we make ~ action은 목적격관계대명사절이며, action을 수식하는 that we take도 역시 목적격관계대명사절로 적절하게 사용되었다.

0082

정답 X (shares → share)　　　**출제포인트** 180 주어 - 동사 수일치

해석 이는 부분적으로 음악과 일상적 행동에 의해 끌어내진 감정적 경험이 긍정적인 감정과 동기 부여를 초래하는 중복되는 신경 경로를 공유하기 때문일지도 모른다.

해설 주어진 문장에서 부사절 접속사 because가 이끄는 절의 주어 emotional experiences가 복수형 명사이며 이는 과거분사구인 elicited by music and everyday behaviors에 의해서 수식받고 있다. 따라서 복수형 명사 주어인 experiences에 맞추어 shares는 share로 수정해야 한다.

0083

정답 X (are → is)　　　**출제포인트** 180 주어 - 동사 수일치

해석 제1 언어 학습과 제2 언어 학습 사이에는 수십 가지의 두드러진 차이가 있다. 성인의 제2 언어 학습의 경우, 가장 분명한 차이는 성인 과 아동 사이의 엄청난 인지적, 정서적 차이이다.

해설 주어진 문장의 ;(세미콜론) 이후의 문장은 앞선 문장에 대한 추가적인 설명이 이어질 때 사용한다. 해당 문장의 the most ~ children 에서 주어는 단수 명사 the most obvious difference이므로 are를 단수 형태의 동사 is로 수정해야 한다.

0084 It is argued that the biomedical view of organ transplantation as a bounded event, which ends once a heart or kidney is successfully replaced, <u>conceal</u> the complex and dynamic process that more accurately represents the experience of receiving an organ.

■ 다음 밑줄 친 부분을 보아 우리말 영작이 문법적으로 옳다면 O, 틀리면 X를 하고 바르게 고치시오.

0085 모든 정보는 거짓이었다.
→ All of the information <u>were</u> false.

0086 당신은 런던에 가본 적이 있나요?
→ Have you ever <u>gone</u> to London?

0087 많은 다른 선택권이 있었다.
→ There <u>was</u> a number of different options.

0088 나는 은퇴 후부터 내내 이 일을 해 오고 있다.
→ I <u>had been doing</u> this work ever since I retired.

친절 & 꼼꼼 정답 및 해설

0084

정답 X (conceal → conceals) **출제포인트** 180 주어-동사 수일치

해석 일단 심장이나 신장이 성공적으로 이식되면 종료되는 경계성 사건으로 장기 이식을 보는 생물 의학적인 관점은 장기를 받아들이는 경험을 더욱 정확하게 나타내는 복잡하고 역동적인 과정을 숨기고 있다는 주장이 있다.

해설 주어진 문장에 사용된 conceal은 that이 이끄는 명사절 that the biomedical view ~ an organ의 문장 중 동사에 해당되며, 이때 주어는 the biomedical view로 단수형 명사이다. 주어인 view 이후의 of organ ~ replaced는 단지 수식어구 해당되므로 동사의 수에 영향을 미치지 않는다. 따라서 conceal은 3인칭 단수형인 conceals로 수정해야 한다. 더해, It is argued that ~ an organ은 「가주어 - 진주어」 구조로 주어 자리에 가주어인 It이 쓰였으므로 진주어를 이끄는 명사절 접속사 that이 쓰인 것은 알맞다. 마지막으로 부사 accurately는 관계대명사 that절의 동사 represents를 적절하게 수식하고 있다.

0085

정답 X (were → was) **출제포인트** 180 주어-동사 수일치

해설 주어진 문장의 information은 불가산명사이므로 단수 취급한다. 따라서 were를 was로 수정해야 한다.

0086

정답 X (gone → been) **출제포인트** 036 과거 vs. 현재완료

해설 「have been to」는 '~에 가본 적이 있다'를 뜻하며 경험을 나타낸다. 반면에 「have gone to」는 '~에 가버리다(그래서 없다)'를 뜻하며 결과를 나타내며, 주어로는 1인칭과 2인칭을 사용하지 못한다. 주어진 문장은 2인칭 you의 '경험'을 묻고 있으므로 gone을 been으로 수정해야 한다.

0087

정답 X (was → were) **출제포인트** 183 a number of vs. the number of 수일치

해설 주어진 문장의 a number of는 '많은 ~'를 뜻하며 복수 가산명사를 수식하므로 options는 옳게 사용되었다. 단, 주어진 문장은 유도부사구문인 「there + be동사」이므로, 복수형 주어 options에 수일치 해 동사 was를 were로 수정해야 한다.

0088

정답 X (had been doing → have been doing) **출제포인트** 047 since 구문

해설 「since 주어 + 동사(과거시제), 주어 + 현재완료(진행)시제」는 과거에서부터 지금까지 진행되고 있는 동작이나 상태를 나타낼 때 사용한다. 이때 주절에는 현재완료나 현재완료진행형으로 표현할 수 있다. 종속절인 since 이하에서 과거시제가 사용되었고, 주어진 우리말 해석에서 '은퇴 후부터 내내' 이 일을 하고 있다고 하였으므로 had been doing은 have been doing으로 수정해야 한다.

0089 우리가 도착했을 때 영화는 이미 시작했었다.
→ The movie has already started when we arrived.

0090 너는 비가 올 경우에 대비하여 우산을 갖고 가는 게 낫겠다.
→ You had better take an umbrella in case it will rain.

0091 거의 모든 식물의 씨앗은 혹독한 날씨에도 살아남는다.
→ The seeds of most plants are survived by harsh weather.

0092 그가 말한 것의 많은 부분이 이 분야에서 사실로 여겨진다.
→ Many of what he says are considered true in this field.

0093 그는 며칠 전에 친구를 배웅하기 위해 역으로 갔다.
→ He goes to the station a few days ago to see off his friend.

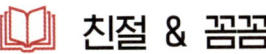 친절 & 꼼꼼 정답 및 해설

0089

정답 X (has → had)　　　　**출제포인트** 042 시제 일치

해설 주어진 문장은 문맥상 '영화가 시작한 것'이 '우리가 도착하기' 이전에 일어난 일이므로 과거완료로 표현해야 한다. 따라서, has already started는 had already started로 수정해야 한다. 더해, 부사인 already가 had와 과거분사 started 사이에 위치한 것은 적절하다.

0090

정답 X (will rain → rains)　　　　**출제포인트** 039 시간, 조건의 부사절에서의 시간의 표현

해설 주어진 문장의 in case (that)은 '~에 대비해서'를 뜻하는 조건의 부사절을 이끄는 접속사로 that은 생략할 수 있다. 그러나 시간과 조건을 나타내는 부사절에서는 현재가 미래를 대신하므로 will rain은 rains로 수정해야 한다. 이에 더해, 「had better + 동사원형」은 '~하는 것이 낫다'를 뜻하는 조동사 표현으로 동사원형 take가 알맞게 쓰였다.

0091

정답 X (are survived by → survive / most → almost all (the))　　　　**출제포인트** 048 능동태 vs. 수동태　102 most vs. almost

해설 survive는 타동사로 쓰일 때 능동태로 사용되어 '~에도 살아남다, 견뎌 내다'를 뜻한다. 주어진 문장의 우리말 해석이 '~에도 살아남는다'라고 제시되었으므로 수동태로 쓰인 are survived by는 능동태인 survive로 수정해야 한다. 또한, 주어진 해석이 '거의 모든'이므로 most를 almost all (the)로 수정해야 한다. The seeds of almost all (the) plants survive harsh weather.가 되어야 한다.

정해쌤's Tip almost all plants는 '거의 모든 식물'을 나타내며, 99%의 비율을 나타낼 수 있습니다. 그에 비해 most plants는 '대부분의 식물'을 나타내며, 51%의 비율을 나타낼 수 있습니다. 두 표현은 비슷한 의미를 가지고 있지만 백분율적인 차이가 있습니다.

0092

정답 X (Many of what he says are → Much of what he says is 또는 Many of the things that[which] he says are)

출제포인트 180 주어 - 동사 수일치

해설 주어진 문장의 주어인 '그가 말한 것의 많은 부분'을 표현하기 위해서 선행사를 포함한 관계대명사인 what을 이용하고 있다. 이때 문맥상 what이 이끄는 절은 단수 취급하는 '그가 말한 것'이므로, 복수를 지칭하는 대명사인 Many와 복수동사인 are는 사용될 수 없다. 따라서 Many of what he says are는 Much of what he says is로 수정해야 하며, 만약 복수 대명사 Many를 그대로 사용하고자 한다면 전치사 of의 목적어 what he says를 복수형인 the things that[which] he says로 수정해야 하며, 이때는 동사 are를 그대로 사용할 수 있다.

0093

정답 X (goes → went)　　　　**출제포인트** 041 시간의 부사구에 따른 시제 판단

해설 주어진 문장에는 과거를 나타내는 시간의 부사구 a few days ago가 제시되었으므로, 동사는 3인칭 단수의 현재시제 동사인 goes가 아니라, 과거시제 동사인 went로 수정해야 한다. 더해, to see off his friend는 to부정사의 부사적 용법으로 적절하게 사용되었다.

0094 그 식당은 진짜 소고기 맛이 나는 채식 버거를 판다.
→ The restaurant sells veggie burgers that <u>tastes</u> like real beef.

0095 나는 그가 그렇게 유명한 음악가가 되리라고는 전혀 생각하지 못했다.
→ Hardly did I dream <u>before</u> he became such a famous musician.

0096 보증이 만료되어서 수리는 무료가 아니었다.
→ Since the warranty <u>has expired</u>, the repairs were not free of charge.

0097 상어로 보이는 것이 산호 뒤에 숨어 있었다.
→ What <u>was appeared</u> to be a shark was lurking behind the coral reef.

0098 그들은 한 시간에 40마일이 넘는 바람과 싸워야 했다.
→ They had to fight against winds that <u>will blow</u> over 40 miles an hour.

0099 지난여름 나의 사랑스러운 손자에게 일어난 일은 놀라웠다.
→ What <u>was happened</u> to my lovely grandson last summer was amazing.

친절 & 꼼꼼 정답 및 해설

0094

정답 X (tastes → taste)　　**출제포인트** 189 관계대명사의 선행사와 관계절 동사와의 수일치

해설 주어진 문장의 주격관계대명사절 that tastes ~ beef가 선행사 veggie burgers를 수식하고 있다. 이때 선행사와 주격관계사절의 동사는 수일치 해야 한다. 따라서, 선행사인 veggie burgers는 복수형이므로 tastes를 taste로 수정해야 한다.

0095

정답 X (before → that)　　**출제포인트** 040 '~하자마자' 구문　176 부정부사 도치

해설 주어진 문장은 「Hardly + had + 주어 + p.p., 주어 + 과거동사」의 '~하자마자 ...하다' 표현으로 착각할 수 있으나, 해당 문장은 주어진 우리말 해석으로 보아 '하자마자'구문이 아님을 알 수 있다. 주어진 문장은 주어진 우리말 해석에 맞게 Hardly가 강조된 도치 구문으로 보는 것이 적절하다. 따라서 before를 dream의 목적어 역할을 하는 명사절의 접속사 that으로 수정해야 한다.

0096

정답 X (has expired → had expired)　　**출제포인트** 047 since 구문

해설 과거 시점보다 더 이전에 발생한 사건을 언급할 때 대과거(과거완료, had p.p.)를 사용한다. 주어진 문장은 '보증이 만료된 것'이 '수리를 한' 시점보다 더 이전에 발생한 일이므로 대과거로 표현하는 것이 적절하다. 따라서 has expired를 had expired로 수정해야 한다. 이때 사용된 since는 '~이래로'가 아니라 '~ 때문에'의 의미로 쓰임에 유의하자.

0097

정답 X (was appeared → appeared)　　**출제포인트** 054 수동태로 쓸 수 없는 동사

해설 appear(~처럼 보이다)는 불완전 자동사로 쓰여서 「appear + to 동사원형」의 형태로 사용되며, 이때 수동태가 불가하다. 주어진 우리말 해석에서 '상어로 보이는 것'이라고 하였고 문장의 시제는 과거이므로 was appeared를 appeared로 수정해야 한다. 더해, 주어진 문장의 주어는 명사절 What appeared ~ shark이며 명사절은 단수 취급하므로 주절의 동사 was는 적절하게 사용되었다.

0098

정답 X (will blow → blew)　　**출제포인트** 042 시제 일치

해설 주어진 문장에서 주절의 시제가 had to fight로 과거이므로, 선행사인 winds를 수식하는 관계대명사절 that will blow ~ an hour의 시제도 문맥상 과거가 되어야 한다. 따라서 will blow를 blew로 수정해야 한다.

0099

정답 X (was happened → happened)　　**출제포인트** 054 수동태로 쓸 수 없는 동사

해설 주어진 문장에 사용된 happen(일어나다)은 자동사이므로 수동태를 사용할 수 없다. 따라서, was happened는 happened로 수정해야 한다. 이에 더해, 주어진 문장의 주어는 명사절인 What happened ~ summer로 절이 주어로 사용될 때 단수 취급하므로 단수 형태의 동사 was의 쓰임은 적절하다. 또한 amazing은 감정형 분사로, 감정을 제공하는 사물에 대해서는 현재분사를 사용하므로 적절하게 사용되었다.

0100 이 편지를 받는 대로 곧 본사로 와 주십시오.
→ Please come to the headquarters as soon as you will receive this letter.

0101 식사를 마치자마자 나는 다시 배고프기 시작했다.
→ No sooner I have finishing the meal than I started feeling hungry again.

0102 내가 축구 경기를 시청하는 동안, 내 남편은 다른 TV로 영화를 보았다.
→ While I watched a soccer match, my husband watches a movie on the other TV.

0103 너는 내게 전화해서 일에 늦을 거라고 알렸어야 했다.
→ You supposed to phone me and let me know you were going to be late for work.

0104 대다수의 기관에서 가장 중요한 것은 유능한 관리자들을 두는 것이다.
→ What matters most in the majority of organizations are having competent managers.

 친절 & 꼼꼼 정답 및 해설

1순위 O X

0100

정답 X (will receive → receive)   **출제포인트** 039 시간, 조건의 부사절에서의 시간의 표현

해설 주어진 문장의 as soon as는 시간의 부사절을 이끄는 접속사로, 해당 종속절의 동사가 미래를 나타내는 경우 현재시제로 반드시 표현해야 한다. 따라서 해당 절의 will receive는 receive로 수정해야 한다. 또한 주절인 'Please ~ headquarters'는 명령문으로 쓰였음에 주의해야 한다.

0101

정답 X (I have finishing → had I finished)   **출제포인트** 040 '~하자마자' 구문

해설 부정어가 문두에 사용되면 뒤따라오는 문장의 어순이 의문문 어순으로 도치된다. '~하자마자 …했다'는 「No sooner had + S + p.p. ~ than + S + 과거 동사….」의 형태로 나타내며 시제, 어순 그리고 접속사의 종류에 유의해야 한다. 주어진 문장은 부정어 No sooner가 문두에 위치하나 뒤따라오는 어순이 의문문 어순이 아니며, 시제 또한 had p.p. 형태가 아니므로 옳지 않은 문장이다. 따라서 No sooner I have finishing을 No sooner had I finished로 수정해야 한다.

0102

정답 X (watched → was watching / watches → watched)   **출제포인트** 042 시제 일치

해설 주어진 문장의 종속절인 I watched a soccer match(내가 축구 경기를 시청했다)는 과거시제인데, 동시상황을 나타내는 접속사 while절 이후에 주절의 동사는 현재시제 watches에 해당되므로 시제 일치가 되지 않았다. 과거에 두 가지 사건이 동시에 발생할 때 종속절은 주로 과거진행시제로, 주절은 과거시제로 표현하므로 while절에 watched는 was watching으로, 주절의 watches는 watched로 수정해야 한다.

0103

정답 X (supposed → were supposed)   **출제포인트** 048 능동태 vs. 수동태

해설 「be supposed to + 동사원형」은 '~해야 한다, ~하기로 되어 있다'라는 뜻을 가진 표현이다. 주어진 문장은 '전화해서 알렸어야 했다'는 의미이므로 supposed를 were supposed로 수정해야 한다. 더해, 사역동사 let은 「let + 목적어 + 목적격 보어[원형부정사]」의 구조로 사용하므로 let me know는 적절하게 쓰였다.

0104

정답 X (are → is)   **출제포인트** 182 명사구 - 명사절 주어 수일치

해설 주어진 문장의 What matters ~ organizations는 명사절이므로 3인칭 단수 취급을 한다. 따라서 동사는 단수 동사가 되어야 하므로 are를 is로 수정해야 한다. 이에 더해, 주어진 문장의 having competent managers는 동사의 진행형이 아닌 '유능한 관리자를 두는 것'을 뜻하는 동명사구로 사용되었음에 주의해야 한다.

0105 월급을 두 배 받는 그 부서장이 책임을 져야 한다.
○○○
→ The head of the department, who receives twice the salary, <u>have</u> to take responsibility.

0106 네가 말하고 있는 사람과 시선을 마주치는 것은 서양 국가에서 중요하다.
○○○
→ Making eye contact with the person you are speaking to <u>are</u> important in western countries.

 친절 & 꼼꼼 정답 및 해설

0105

정답 X (have → has)   **출제포인트** 180 주어-동사 수일치

해설 주어진 문장의 주격관계대명사 who가 이끄는 절이 선행사 The head를 수식하고 있는 형태이다. The head는 '우두머리, 부서장'의 의미로 사람을 의미하므로 who를 사용하였으며, 이어지는 3인칭 단수 동사 receives로 옳게 수일치 되었다. 그러나 문장의 주어이기도 한 The head에 따른 본동사 역시 3인칭 단수 동사여야 하므로, have를 has로 수정해야 한다.

0106

정답 X (are → is)   **출제포인트** 182 명사구-명사절 주어 수일치

해설 주어진 문장의 주어는 동명사구인 Making ~ to이므로 단수 취급하여 동사는 3인칭 단수 동사인 is로 쓰여야 한다. 따라서 are를 is로 수정해야 한다. 더해, the person과 you are speaking to 사이에는 목적격관계대명사 whom[that]이 생략되었다. 생략된 관계대명사 whom이 이끄는 절은 반드시 불완전한 형태여야 하므로, you are speaking to에서 전치사 to의 목적어가 없는 불완전한 형태로 적절하게 쓰였다.

정혜쌤's Tip 「speak to + 대상」은 '~에게 말하다'를 뜻하며 전치사 to가 반드시 함께 쓰여야 목적어를 가질 수 있다는 점에 주의하세요.

우선순위 2   부정사 / 동명사 / 분사

다음 밑줄 친 부분이 문법적으로 옳다면 O, 틀리면 X를 하고 바르게 고치시오.

0107 A <u>drowning</u> man will ask for help.

0108 He went out, with his dog <u>following</u> behind.

0109 I'm <u>pleasing</u> that I have enough clothes with me.

0110 All assignments are expected <u>to turn</u> in on time.

0111 A few words <u>catching</u> in passing set me thinking.

친절 & 꼼꼼 정답 및 해설

0107

정답 O   **출제포인트** 125 현재분사 vs. 과거분사

해석 물에 빠진 사람은 도움을 요청할 것이다.

해설 주어진 문장의 현재분사 drowning은 주어인 man을 수식해서 '물에 빠진 사람'을 나타내며, 또한 ask for는 '~을 요청하다'의 의미로 적절하게 사용되었다.

0108

정답 O   **출제포인트** 131 with 분사구문

해석 그는 밖으로 나갔고 그의 개가 뒤따라왔다.

해설 주어진 문장에 사용된 with 분사구문은 「with + 목적어 + 분사」 형태로 나타내며 '~한 채로'라는 의미로 동시 상황을 나타낸다. 이때 목적어와 분사의 관계가 능동이면 현재분사를, 수동이면 과거분사를 사용한다. 주어진 문장에서 목적어인 dog는 '따라가는 중'이므로 능동의 의미로 알맞게 사용되었다.

0109

정답 X (pleasing → pleased)   **출제포인트** 125 현재분사 vs. 과거분사

해석 나는 내가 충분한 옷을 가지고 있어서 기쁘다.

해설 감정형분사가 사람의 감정 상태를 나타낼 때 과거분사형(-ed)을 사용하며 감정을 제공하는 사물 또는 사람의 상태를 나타낼 때는 현재분사형(-ing)을 사용한다. 주어진 문장에서는 I의 감정 상태인 '기쁜'을 나타내야 하므로, pleasing을 pleased로 수정해야 한다.

0110

정답 X (to turn → to be turned)   **출제포인트** 117 to부정사의 태

해석 모든 과제는 제시간에 제출되어야 한다.

해설 주어진 문장에 사용된 부정사의 turn in(제출하다)은 「타동사 + 부사」 형태의 타동사구이며 문장의 주어인 All assignments(모든 과제)는 '제출되는' 대상이므로 수동 형태의 부정사를 사용해야 한다. 「타동사 + 부사」 형태의 타동사구가 수동태가 될 때 부사는 그대로 남아 수동태를 이루는 것에 유의해야 한다. 따라서 to turn을 to be turned로 수정해야 한다. 더해서 「be expected to 동사원형」은 '~할 것으로 기대되다'라는 표현으로 불완전타동사 expect의 능동태 문장인 「expect + 목적어 + to 동사원형」의 수동태 형태로 옳게 사용되었다.

0111

정답 X (catching → caught)   **출제포인트** 125 현재분사 vs. 과거분사

해석 지나가면서 들은 몇몇 말들이 나를 생각하게 만들었다.

해설 주어진 문장에서 catching이 주어인 A few words를 수식하는 현재분사라면 catch가 타동사이므로 목적어를 필요로 한다. 해당 문장에서는 문맥상 '붙잡힌 몇몇 말들(들은 몇몇 말들)'의 의미로 사용되어야 하므로, catching을 caught로 수정해야 한다.

정혜쌤's Tip set은 5형식 동사로 「set + 목적어 + 현재분사」로 사용되어 '~이 …(상태로) 만들다, 되게 하다'의 의미로 사용된다는 것을 기억하세요.

0112 I walked along the hall, keeping close to the side.

0113 I have never had reason to doubt her complete integrity.

0114 There is a more serious problem than maintaining the cities.

0115 We were absolutely amazing at the response to our appeal.

0116 Burning fossil fuels is one of the lead cause of climate change.

친절 & 꼼꼼 정답 및 해설

0112

| 정답 | O | 출제포인트 | 127 분사구문 |

해석 나는 측면에 가까이 붙은 채로 복도를 따라 걸었다.

해설 주어진 문장의 keeping close ~ side는 동시 동작을 나타내는 분사구문으로 문맥상 주어 I와 능동의 관계인 만큼 현재분사 구문으로 적절하게 사용되었다.

0113

| 정답 | O | 출제포인트 | 112 to부정사의 형용사적 용법

해석 나는 그녀의 완전한 진실성을 의심할 이유가 있던 적이 한 번도 없다.

해설 주어진 문장의 to doubt ~ integrity는 to부정사의 형용사적 용법으로 앞선 명사 reason을 적절하게 수식하고 있다.

0114

| 정답 | O | 출제포인트 | 121 동명사의 역할

해석 도시를 유지하는 것보다 더 심각한 문제가 있다.

해설 유도부사구문과 비교급이 사용된 문장이다. 전치사로 사용된 than의 목적어로 동명사 maintaining이 적절하게 사용되었다.

0115

| 정답 | X (amazing → amazed) | 출제포인트 | 125 현재분사 vs. 과거분사

해석 우리는 우리의 호소에 대한 반응에 굉장히 놀랐다.

해설 주어진 문장의 amazing은 보어로서 주어인 We를 수식하는 감정형분사로 사용되었다. 그러나 해당 문장에서 주어인 We는 문맥상 the response(반응)에 '놀라움의 감정을 느끼는 주체'에 해당된다. 감정형분사는 사람의 감정 상태를 나타낼 때 과거분사 형태를 사용해 '~한 감정 상태의'로 사용되므로 amazing은 amazed로 수정해야 한다.

0116

| 정답 | X (one of the lead cause → one of the leading causes) | 출제포인트 | 132 분사 복합어

해석 화석 연료를 연소시키는 것이 기후 변화의 가장 중요한 원인들 중 하나이다.

해설 「one + of + the 복수 명사」는 '~중에서 하나'의 의미로 one of the 이후에는 복수 명사를 사용한다. 또한 '주요한'이라는 의미로 명사인 causes를 수식할 수 있는 것은 형용사이므로 lead를 분사 형태로 고쳐야 한다. 따라서 주어진 문장의 one of the lead cause를 one of the leading causes로 수정해야 한다.

0117 Julie's doctor told her to stop to eat so many processed foods.

0118 This allows it to change the pattern and color of its appearance.

0119 Harry's decision retire from politics was not completely unexpected.

0120 Cars and planes have made it easy and comfortably for us to travel.

0121 The Christmas party was really excited and I totally lost track of time.

친절 & 꼼꼼 정답 및 해설

0117

| 정답 | X (to eat → eating) | 출제포인트 | 107 목적어로 동명사를 취하는 동사 |

해석 Julie의 담당의는 그녀에게 너무 많은 가공식품을 섭취하는 것을 중단하라고 말했다.

해설 「stop + ~ing」는 '~하는 것을 멈추다'라는 의미이고 「stop + to 동사원형」은 '~하기 위해 멈추다'를 뜻한다. 「stop + to 동사원형」 표현에서 to부정사는 목적어가 아닌 to부정사의 부사적 용법 중 목적에 해당되는 것으로 '~하기 위해서'라는 의미로 해석된다. 따라서 주어진 문장의 문맥상 '의사가 권고하는 내용'이라면 '섭취를 멈추는 것'을 의미하므로, to eat을 eating으로 수정해야 한다.

0118

| 정답 | O | 출제포인트 | 111 목적격 보어로 to부정사를 취하는 동사 |

해석 이것은 그것이 자신의 외모의 무늬와 색을 바꿀 수 있게 한다.

해설 allow는 목적격 보어로 to부정사를 갖는 동사이다. 주어진 문장은 「allow + 목적어 + to부정사」 구문으로 '목적어가 ~하게 허용하다, 허락하다'라는 의미로 적절하게 사용되었다.

0019

| 정답 | X (retire → to retire) | 출제포인트 | 112 to부정사의 형용사적 용법 |

해석 정계에서 은퇴하겠다는 Harry의 결정은 완전히 뜻밖은 아니었다.

해설 주어진 문장의 본동사는 was이므로, 문맥상 retire는 decision을 수식하는 준동사로 '정계에서 은퇴하겠다는 Harry의 결정'의 의미를 갖는 to부정사의 형용사적 용법으로 수정해야 한다. 따라서 retire는 to retire로 수정해야 한다.

0120

| 정답 | X (comfortably → comfortable) | 출제포인트 | 110 to부정사의 가목적어 |

해석 자동차와 비행기는 우리가 여행하는 것을 쉽고 편안하게 해주었다.

해설 make는 불완전타동사로 쓰일 때 목적어 자리에 가목적어 it을 사용하고 진목적어는 문장의 뒤로 이동시킨다. 주어진 문장은 가목적어 it과 진목적어 to travel이 적절하게 사용되었으며 for us는 to부정사의 의미상 주어이다. 그러나 목적격 보어 자리에 형용사 easy가 쓰인 것으로 보아 and 이후의 품사도 병렬구조로 형용사여야 하므로, comfortably는 comfortable로 수정해야 한다.

0121

| 정답 | X (excited → exciting) | 출제포인트 | 125 현재분사 vs. 과거분사 |

해석 크리스마스 파티는 정말 재미있었고 나는 시간 가는 것을 완전히 잊었다.

해설 감정형분사에는 감정을 제공하는 사람 또는 사물을 수식하는 현재분사형(-ing)과 감정의 상태를 나타내 사람을 수식하는 과거분사형(-ed)이 있다. 주어진 문장의 주어인 The Christmas party(크리스마스 파티)는 감정을 제공하는 주체이므로 현재분사 형태의 감정형 분사가 사용되어야 한다. 따라서 excited는 exciting으로 수정해야 한다.

0122 The novel was so <u>excited</u> that I lost track of time and missed the bus.

0123 He realized this was the design feature he needed <u>to solve</u> his problem.

0124 My hat was blown off by the wind <u>while walking down a narrow street</u>.

0125 Top software companies <u>are finding increasingly</u> challenging to stay ahead.

0126 Many leave their homes as they would on any given day never <u>to return</u>.

친절 & 꼼꼼 정답 및 해설

0122

정답 X (excited → exciting)　　**출제포인트** 125 현재분사 vs. 과거분사

해석 그 소설이 너무 재미있어서 나는 시간 가는 줄 몰랐고 버스를 놓쳤다.

해설 감정형분사에는 감정을 제공하는 사람 또는 사물을 수식하는 현재분사형(-ing)과 감정의 상태를 나타내 사람을 수식하는 과거분사형(-ed)이 있다. 주어진 문장에서는 사물인 novel은 문맥상 감정을 제공하는 주체이므로 excited를 exciting으로 수정해야 한다.

0123

정답 O　　**출제포인트** 113 to부정사의 부사적 용법

해석 그는 이것이 그의 문제를 해결하기 위해 필요한 디자인적 특징이라는 것을 깨달았다.

해설 주어진 문장의 to solve는 목적을 나타내는 to부정사의 부사적 용법으로 적절하게 사용되었다. 주어진 문장의 he needed는 원래 that he needed에서 목적격관계대명사가 생략된 관계사절에 해당된다. 이때 선행사 the design feature를 수식하고 있으므로 to solve가 needed의 목적어로 쓰인 to부정사가 아님에 유의해야 한다.

0124

정답 X (while walking down a narrow street → while I was walking down a narrow street)

출제포인트 127 분사구문

해석 내가 좁은 길을 걷고 있을 때, 바람 때문에 모자가 날아갔다.

해설 문장의 종속 접속사절의 주어와 주절의 주어가 같은 경우 종속절의 주어와 be동사를 생략하고 「접속사 + 분사」 형태로 쓸 수 있다. 그러나 주어진 문장에서 주절의 주어는 My hat이고 while이 이끄는 종속절의 주어는 문맥상 I로 서로 다르므로 종속절의 주어와 be동사를 생략할 수 없다. 따라서 while walking down a narrow street를 while I was walking down a narrow street로 수정해야 한다.

0125

정답 X (are finding increasingly → are finding it increasingly)　　**출제포인트** 110 to부정사의 가목적어

해석 최고의 소프트웨어 회사들은 앞서 나가는 것이 점점 더 힘들다는 것을 알아 가고 있다.

해설 find는 3형식 완전타동사로 사용할 수 있으나, 주어진 문장처럼 「find + 형용사」 형태의 불완전자동사로 쓸 수 없다. 해당 문장은 문맥상 find의 진목적어로 to stay ahead를, find의 목적격 보어로 형용사 challenging을 볼 수 있다. 이에 가목적어 it을 사용해 「find + 가목적어(it) + 목적격 보어 + 진목적어(to부정사)」 형태로 볼 수 있다. 따라서 are finding increasingly를 are finding it increasingly로 수정해야 한다.

0126

정답 O　　**출제포인트** 113 to부정사의 부사적 용법

해석 많은 사람들이 어느 날 그러하듯 집을 떠났다가 결국 다시는 돌아오지 못한다.

해설 주어진 문장의 never to return은 to부정사의 부사적 용법 중 결과를 의미하는 표현으로 '~했으나 결국 …하지 못하다'를 뜻한다.

0127 It would be difficult imagine life without the beauty and richness of forests.

0128 The requiring reports are a burden on a company's administrative staff.

0129 The paper charged her with use the company's money for her own purposes.

0130 Being matched with a borrower can take anywhere from a few days to a few hours.

0131 Many people refuse to visit animal shelters because they find it too sad or depressed.

친절 & 꼼꼼 정답 및 해설

0127

정답 X (imagine → to imagine 또는 imagining)   **출제포인트** 114 to부정사의 가주어

해석 숲의 아름다움과 풍요로움이 없는 삶을 상상하기는 어렵다.

해설 주어진 문장은 가주어 It이 사용된 문장으로 진주어로 to부정사나 동명사를 사용할 수 있다. 따라서 해당 문장의 imagine은 to imagine 또는 imagining으로 수정해야 한다. imagining은 명사로 쓰여 '이미지화'를 뜻하고 있으며, image의 동명사 형태가 아님에 유의해야 한다.

0128

정답 X (requiring → required)   **출제포인트** 125 현재분사 vs. 과거분사

해석 요구되는 보고서들은 회사 관리 직원들의 부담이다.

해설 주어진 문장에서 주어인 reports를 수식하는 분사는 문맥상 '요구되는 보고서'를 의미해야 하므로, 현재분사 requiring을 과거분사 required로 수정해야 한다.

0129

정답 X (use → using)   **출제포인트** 121 동명사의 역할

해석 그 신문은 자신의 목적을 위해 회사의 돈을 사용했다고 그녀를 비난했다.

해설 「charge A with B」는 'A를 B로 비난하다'를 뜻하며 with는 전치사이므로 목적어로 명사나 동명사를 갖는다. 주어진 문장은 명사구 the company's money ~가 문맥상 use의 목적어 역할을 하고 있다. 따라서 전치사 with의 명사 목적어 기능과 동사로서 목적어를 갖는 역할을 동시에 할 수 있도록 동사와 명사의 기능을 함께하는 동명사가 필요하므로 use를 동명사 using으로 수정해야 한다.

0130

정답 O   **출제포인트** 122 동명사의 시제와 태

해석 대출자와 연결되는 것은 며칠에서 수 시간이 걸릴 수 있다.

해설 동명사구가 주어인 문장으로 match는 목적어가 필요한 타동사인데 with a borrower로 보아 목적어가 없는 수동 형태의 동명사구 「Being + p.p.」로 사용되었음을 알 수 있다.

0131

정답 X (depressed → depressing)   **출제포인트** 125 현재분사 vs. 과거분사

해석 많은 사람들은 동물 보호소를 방문하는 것이 너무 슬프거나 우울하다고 생각하기 때문에 그곳을 방문하는 것을 거부한다.

해설 감정형분사에는 감정을 제공하는 사람 또는 사물을 수식하는 현재분사형(-ing)과 감정의 상태를 나타내 사람을 수식하는 과거분사형(-ed)이 있다. 주어진 문장의 they find it too sad or depressed에서 it은 문맥상 to visit animal shelters를 의미한다. 해당 문장의 it은 감정을 제공하는 사물에 해당하므로 현재분사형 감정형분사를 사용하는 것이 적절하다. 따라서 과거분사형인 depressed를 현재분사형 depressing으로 수정해야 한다.

0132 Two factors have made scientists difficult to determine the number of species on Earth.

0133 It was also a very busy river at that time, with hundreds of ships constantly sailed on it.

0134 Millions of pedestrians are non-fatally injuring — some of whom are left with permanent disabilities.

0135 But for children who are truly dedicated and ambitious, submit a poem for publication is a worthy goal.

0136 All children, given a normal developmental environment, acquire their native languages fluently and efficiently.

친절 & 꼼꼼 정답 및 해설

0132

정답 X (made scientists difficult → made it difficult for scientists) **출제포인트** 110 to부정사의 가목적어

해석 두 가지 요인이 과학자들로 하여금 지구상에 있는 종의 수를 결정하는 것을 어렵게 만들었다.

해설 가목적어 it을 갖는 make 동사는 「make + 가목적어(it) + 목적격 보어 + 의미상 주어 (for + 목적격) + 진목적어[to부정사]」의 구조로 쓰일 수 있다. 따라서, 해당 문장의 have made의 진목적어는 to determine ~ Earth이므로 가목적어인 it을 made 뒤에 위치시켜야 하며, 문맥상 scientists는 의미상 주어이므로 전치사 for와 함께 「for + 의미상 주어」의 형태로 사용해야 한다. 따라서, made scientists difficult를 made it difficult for scientists로 수정해야 한다.

0133

정답 X (sailed → sailing) **출제포인트** 131 with 분사구문

해석 수백 척의 배가 끊임없이 그 위를 항해하는, 그 당시 그곳은 또한 매우 혼잡한 강이었다.

해설 주어진 문장의 with hundreds ~ it은 「with + 목적어 + 분사」 형태의 '~한 상태로'의 동시 상황을 나타내는 with 분사구문으로 사용되었다. 목적어인 hundreds of ships가 '항해하는' 것이므로 능동의 의미를 갖는 현재분사 sailing이 적절하다. 따라서 sailed를 sailing으로 수정해야만 한다.

0134

정답 X (injuring → injured) **출제포인트** 125 현재분사 vs. 과거분사

해석 수백만 명의 보행자들은 치명적이지 않은 부상을 당하는데, 그들 중 일부에게는 영구적 장애가 남는다.

해설 주어진 문장에 제시된 'some of whom are left with permanent disabilities(그들 중 일부에게는 영구적 장애가 남는다)'의 문맥으로 보아 해당 문장의 주어인 Millions of pedestrians는 '부상을 당하다'의 의미가 되도록 수동태를 사용해야 한다. 따라서 injuring을 injured로 수정해야 한다.

0135

정답 X (submit → submitting 또는 to submit) **출제포인트** 121 동명사의 역할

해석 그러나 진정으로 열심이고 야심 있는 아이들에게는 출판을 위해 시를 제출하는 것이 훌륭한 목표이다.

해설 한 문장에는 본동사가 한 개만 존재해야 하는데, 주어진 문장 내에 이미 본동사 is가 있으므로 동사 형태인 submit은 알맞지 않다. 따라서 목적어 a poem을 가지며 동시에 주어 역할을 할 수 있는 명사 상당어구가 필요하므로 submit은 준동사 submitting 또는 to submit으로 수정해야 한다.

0136

정답 O **출제포인트** 127 분사구문

해석 모든 아이들은, 정상적인 발달 환경이 주어지면, 그들의 모국어를 유창하고 효율적으로 습득한다.

해설 주어진 문장의 given은 분사구문으로 조건절을 이끄는 접속사 if와 주어, be동사가 생략된 구조이다. 즉, All children, if they are given a normal developmental environment ~.에서 주절과 종속절의 주어가 동일하므로 접속사, 주어, be동사를 생략한 분사구문으로 사용된 것이다. 따라서 주어진 문장은 적절히 사용되었다.

💡 **정해쌤's Tip** given은 전치사로도 볼 수 있습니다. '~을 고려해볼 때'의 의미로 사용되니 주의하세요.

우선순위 2 부정사 / 동명사 / 분사

0137 Through tales of gods and supernatural beings, myths <u>try to make sense of</u> occurrences in the natural world.

0138 There's a lot of attention <u>paying to this question</u> of whether it's better to have an optimistic or pessimistic lens.

0139 In 2000, scientists at Harvard University suggested a neurological way of <u>being explained</u> Mona Lisa's elusive smile.

0140 Unfortunately, because of the East River's great width and rough tides, <u>it</u> would be difficult to build anything on it.

0141 Currently, deforestation is a global problem, <u>affected</u> wilderness regions such as the temperate rainforests of the Pacific.

친절 & 꼼꼼 정답 및 해설

0137

정답 O   **출제포인트** 109 목적어의 형태에 따라 의미가 달라지는 동사

해석 신들과 초자연적 존재들에 관한 이야기들을 통해, 신화는 자연 세계 내의 사건들을 이해하도록 시도한다.

해설 「try + to부정사」는 '~하려고 애쓰다, 노력하다'를 뜻한다. 주어진 문장은 문맥상 적절하게 사용되었다. 더해 make sense of는 '~을 이해하다, ~의 뜻을 알다'의 의미로 사용되었다.

0138

정답 X (paying to this question → paid to this question)   **출제포인트** 125 현재분사 vs. 과거분사

해석 낙관적인 시선을 가지는 것이 나은지 비관적인 시선을 가지는 것이 나은지에 대한 이 질문에 쏟아지는 관심은 많다.

해설 주어진 문장의 paying to this question은 attention을 수식하는 분사구로 문맥상 attention과 pay는 수동의 관계로 '쏟아지는 관심'의 의미로 사용되어야 한다. 따라서 수동의 의미로 attention을 수식할 수 있도록 현재분사 paying을 과거분사 paid로 수정해야 한다.

0139

정답 X (being explained → explaining)   **출제포인트** 122 동명사의 시제와 태

해석 2000년에, Harvard 대학교의 과학자들은 모나리자의 알아볼 수 없는 미소를 설명하는 신경학적인 방법을 제안했다.

해설 주어진 문장의 전치사 of는 동명사 목적어를 가질 수 있다. 단, 전치사 of의 목적어로 수동형 동명사인 being explain을 사용할 때 explain 뒤에 목적어를 가질 수 없다. 그러나 해당 문장에서는 동명사 이후에 목적어 역할을 하는 Mona ~ smile이 제시되어 있으므로, 수동형 동명사가 아닌 능동형 동명사를 사용해야 한다. 따라서 being explained를 explaining으로 수정해야 한다.

0140

정답 O   **출제포인트** 114 to부정사의 가주어

해석 불행하게도, East River의 엄청난 너비와 거친 조류 때문에 그 위에 무엇을 짓기는 어려울 것이었다.

해설 주어진 문장의 it would ~ it에서 it은 가주어로 사용되었으며 진주어는 to build anything on it으로 적절하게 사용되었다.

0141

정답 X (affected → affecting)   **출제포인트** 127 분사구문

해석 현재, 삼림 벌채는 세계적인 문제이며, 태평양의 온난한 열대 우림과 같은 원생 지역에 영향을 미치고 있다.

해설 주어진 문장에서 affected ~ Pacific은 과거분사로 시작하는 분사구문으로 사용되었으나, 문맥상 분사구문의 생략된 문장의 주어인 deforestation이 영향을 '미치는' 능동의 의미이므로 현재분사구문으로 수정해야 한다. 따라서 affected는 affecting으로 수정해야 한다.

0142 TV commercials show them climbing rocky mountain roads and crossing rivers, which seems <u>excited</u> to many people.

0143 Most of the time journalism cannot possibly offer anything but a fleeting record of events <u>compiling</u> in great haste.

0144 Advances in transplant technology have made <u>it</u> possible to extend the life of individuals with end-stage organ disease.

0145 I believe that she meets all the requirements <u>mentioning</u> in your job description and indeed exceeds them in many ways.

0146 Humans have continuously selected and bred such mutants, through breeding technology, in order <u>to these phenomena</u> to occur.

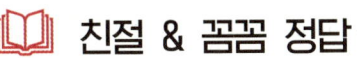
친절 & 꼼꼼 정답 및 해설

0142

정답 X (excited → exciting)　　**출제포인트** 125 현재분사 vs. 과거분사

해석 TV 광고들은 그것들이 바위투성이의 산악도로를 오르고 강을 건너는 것을 보여주는데, 이것은 많은 사람들에게 흥미진진해 보인다.

해설 주어진 문장에서 계속적 용법의 관계대명사 which의 선행사는 앞 문장 전체이므로 절을 단수 취급한 동사 seems는 적절하게 사용되었다. 그러나 주어진 문장은 문맥상 '~한 감정을 일으키는'의 의미가 되도록 감정형 분사 excited는 exciting으로 수정해야 한다. 이에 더해, commercial은 '상업의'라는 형용사가 아닌 '(텔레비전·라디오의) 광고'를 뜻하는 가산명사로 사용되었으며 climbing과 crossing은 능동의 의미로 them을 수식하는 현재분사로 문맥상 적절하게 사용되었다.

0143

정답 X (compiling → compiled)　　**출제포인트** 125 현재분사 vs. 과거분사

해석 대부분의 경우 저널리즘은 아마도 몹시 서둘러 수집된 사건의 순간적인 기록을 제공할 수 있을 것이다.

해설 주어진 문장의 동사 compile은 타동사로 '수집하다, 편집하다'를 뜻한다. 주어진 문장의 compiling 뒤에 목적어가 없고 문맥상 '수집된 사건'으로 events와 compile이 수동 관계에 있으므로 현재분사 compiling은 수동의 의미를 갖는 과거분사 compiled로 수정해야 한다.

0144

정답 O　　**출제포인트** 110 to부정사의 가목적어

해석 이식 기술의 진보가 말기 장기(臟器) 질병 환자의 생명 연장을 가능하게 한다.

해설 주어진 문장의 made it possible to extend~에서 사용된 made는 5형식 동사로 사용되었으며 5형식에서 목적어가 to부정사일 때 목적어 자리에 가목적어 it을 쓰고 진목적어인 to부정사구는 문장 끝으로 이동시킬 수 있다. 따라서 주어진 문장은 목적어 자리에 가목적어 it이 사용된 적절한 문장이다.

0145

정답 X (mentioning → mentioned)　　**출제포인트** 125 현재분사 vs. 과거분사

해석 저는 그녀가 당신의 직무 기술서에 언급된 모든 자격 요건에 부합하며, 실제로 여러 방면에서 그 이상이라고 생각합니다.

해설 주어진 문장의 requirements를 후치 수식하는 분사와의 관계가 문맥상 수동 관계로 '언급된 자격 요건'을 뜻하므로 mentioning을 mentioned로 수정해야 한다.

0146

정답 X (to these phenomena → for these phenomena)　　**출제포인트** 115 to부정사의 의미상 주어

해석 인간은 이러한 현상이 발생하도록 품종 교배 기술을 통해 지속적으로 그러한 돌연변이를 선택하고 길러 왔다.

해설 주어진 문장의 to부정사인 to occur의 의미상 주어는 'for + 목적격'으로 사용하므로, 해당 문장에서 to these phenomena를 for these phenomena로 수정해야 한다. 「in order to 동사원형」은 '~하기 위해서'를 뜻하는 부정사의 '부사적 용법에 목적'에 해당하나 to부정사의 의미상의 주어를 포함하여 「in order (for + 목적격) to 동사원형」으로 표현함에 유의해야 한다.

0147 The banks are very competitive in services to do payroll and related tax bookkeeping, <u>started</u> with even the smallest of businesses.

0148 In fact, UA is about food self-reliance: it involves <u>to create</u> work and is a reaction to food insecurity, particularly for the poor.

0149 In 1984, Wilson published Biophilia, which was followed by another book, The Biophilia Hypothesis, <u>edited</u> by Kellert and Wilson, in 1995.

0150 Princeton University offers a tuition-free, nine-month "Bridge Year" in which students can elect <u>doing</u> a service project outside of the U.S.

0151 Urban agriculture (UA) has long been dismissed as a fringe activity that has no place in cities; however, its potential is beginning <u>to realize</u>.

 친절 & 꼼꼼 정답 및 해설

0147

정답 X (started → starting)　　**출제포인트** 125 현재분사 vs. 과거분사

해석 심지어 가장 작은 사업체들과의 서비스에서부터 시작하여, 은행들은 급여 지불과 그에 관련된 세금 부기 서비스에 매우 경쟁적이다.

해설 주어진 문장에서 분사인 started가 수식하고 있는 것은 services이며, 제공되는 services가 '가장 작은 사업체들을 대상으로 시작'한다는 능동의 의미이므로 현재분사가 쓰이는 것이 옳다. 따라서 started는 starting으로 수정해야 한다.

0148

정답 X (to create → creating)　　**출제포인트** 107 목적어로 동명사를 취하는 동사

해석 사실, UA는 식량 자립에 관한 것이다. 그것은 일자리 창출을 수반하며, 특히 빈곤한 사람들에게 있어서 식량 불안정에 대한 대응이다.

해설 주어진 문장의 involve는 동명사를 목적어로 취하는 완전타동사이므로 부정사 to create를 동명사 creating으로 수정해야 한다.

0149

정답 O　　**출제포인트** 125 현재분사 vs. 과거분사

해석 1984년에 Wilson은 Biophilia를 출간하였고, 이어서 1995년에 Kellert와 Wilson에 의해 편집된 The Biophilia Hypothesis라는 또 다른 책이 출간되었다.

해설 주어진 문장의 edited는 과거분사로서 수식 대상인 another book, The Biophilia Hypothesis는 '편집된' 대상이므로 수동을 나타내는 과거분사 edited가 적절하게 사용되었다

0150

정답 X (doing → to do)　　**출제포인트** 106 목적어로 to부정사를 취하는 동사

해석 Princeton University는 학생들이 미국 밖에서 봉사 프로젝트를 하는 것을 선택할 수 있게 하는, 학비가 무료인 9개월간의 "Bridge Year"를 제공한다.

해설 주어진 문장의 elect는 「elect + to 동사원형」 형태로 목적어로 to부정사를 취하는 동사이므로 doing을 to do로 수정해야 한다. 더해, in which 이후의 문장은 완전한 형태이므로 「전치사 + 관계대명사」는 적절하다.

0151

정답 X (to realize → to be realized)　　**출제포인트** 117 to부정사의 태

해석 도시 농업(UA)은 오랫동안 도시에서 설 곳이 없는 비주류 활동으로 치부되어왔다; 그러나 그것의 잠재력이 인식되기 시작하고 있다.

해설 주어진 문장의 주어는 its potential이며 동사는 is beginning에 해당된다. 해당 동사는 다시 목적어로 to부정사인 to realize를 갖고 있다. 그러나 문맥상 문장의 주어와 동사 realize의 관계는 수동이므로 to부정사의 수동태로 써서, to realize를 to be realized로 수정해야 한다.

0152 Many New Yorkers wanted to have a bridge directly <u>connected</u> Manhattan and Brooklyn because it would make their commute quicker and safer.

0153 Strange as it may seem, the Sahara was once an expanse of grassland <u>supported</u> the kind of animal life associated with the African plains.

0154 There he stands, <u>waved his arms in time with the music</u>, and the orchestra produces glorious sounds, to all appearances quite spontaneously.

0155 After lots of trial and error, Richard finally created a system of flashing LED lights, <u>powered</u> by an old car battery that was charged by a solar panel.

0156 Amnesia most often results from a brain injury that leaves the victim unable to form new memories, but with most memories of the past <u>intact</u>.

친절 & 꼼꼼 정답 및 해설

0152

정답 X (connected → connecting)   **출제포인트** 125 현재분사 vs. 과거분사

해석 많은 뉴욕 사람들은 Manhattan과 Brooklyn을 직통으로 연결하는 다리를 원했는데, 그것이 자신들의 통근을 더 빠르고 더 안전하게 해줄 것이기 때문이었다.

해설 주어진 문장의 connected는 a bridge를 수식하는 분사이며 connect는 목적어가 필요한 타동사이다. connected의 목적어 역할을 하는 Manhattan and Brooklyn이 목적어로 위치하고 있으므로 connected를 능동의 의미를 갖는 현재분사 connecting으로 수정해야 한다.

0153

정답 X (supported → supporting)   **출제포인트** 125 현재분사 vs. 과거분사

해석 이상하게 보일지 모르지만, 사하라 사막은 한때 아프리카 평원과 관련된 종류의 동물의 삶을 지탱하는 광활한 초원이었다.

해설 주어진 문장의 support는 '~을 지원하다, 지탱하다'의 의미의 타동사이다. 문맥상 grassland는 support가 분사로 쓰여서 '동물의 삶을 지탱하는 초원'이라는 능동적 의미로 수식하는 것이 적절하다. 따라서 과거분사 supported를 능동의 의미를 가진 현재분사 supporting으로 수정해야 한다.

0154

정답 X (waved → waving)   **출제포인트** 127 분사구문

해석 그는 그곳에 서서 음악에 맞춰 팔을 흔들고 오케스트라는 장엄한 소리를 만들어 내는데, 어느 모로 보나 아주 자연스럽게 보인다.

해설 주어진 문장의 waved his arms in time with the music은 분사구문으로 생략된 주어는 분사구문 앞에 위치한 he에 해당된다. 이때 he와 waved는 수동의 관계가 아니라, '팔을 흔드는' 능동 관계이므로 능동 분사구문이 적절하다. 따라서 waved를 waving으로 수정해야 한다.

0155

정답 O   **출제포인트** 125 현재분사 vs. 과거분사

해석 많은 시행착오 후에, Richard는 마침내 태양 전지판에 의해 충전된 낡은 자동차 배터리에 의해 작동되는 반짝이는 LED 불빛 시스템을 완성했다.

해설 주어진 문장에서 powered는 앞의 a system of flashing LED lights를 수식하고 있는데, 이는 ' ~ a system of flashing LED lights, which was powered ~'에서 주격관계대명사와 be동사가 생략된 구조이다. 즉, a system of flashing LED lights는 '작동되는' 대상이므로 수동을 의미하는 과거분사가 알맞게 쓰였다. 더해, powered 다음에 'by an old car battery that was charged by a solar panel(태양 전지판에 의해 충전된 낡은 자동차 배터리에 의해)'로 보아 수동의 의미를 가지는 과거분사 'powered(작동되는, 동력이 있는)'가 옳게 사용되었다는 것을 판단할 수도 있다.

0156

정답 O   **출제포인트** 131 with 분사구문

해석 기억 상실증은 과거의 기억의 대부분은 손상되지 않은 채, 환자가 새로운 기억을 형성할 수 없게 하는 뇌손상으로 나타나는 경우가 가장 흔하다.

해설 「with + 목적어 + 분사」는 '목적어가 분사인 채로'를 뜻하는 with 분사구문 표현이다. 이때 분사가 being인 경우 being이 생략되어 「with + 목적어 + 수식어(형용사, 부사구, 전명구)」로 사용되기도 한다. 주어진 문장의 with most memories of the past intact는 past 이후에 분사 being이 생략된 표현으로 형용사 intact의 쓰임은 적절하다.

0157 The enhanced design, called a Voltaic pile, was made by stacking some discs made from these metals between discs made of cardboard soaked in sea water.

0158 Elizabeth Taylor had an eye for beautiful jewels and over the years amassed some amazing pieces, once declaring "a girl can always have more diamonds."

0159 Experts point out that when choosing between multivitamins, those contained natural herbs may not necessarily be better than those with synthetic ingredients.

0160 In the last five years, the idea has been gained more traction in the U.S. — particularly among Americans admitted to selective colleges and universities.

친절 & 꼼꼼 정답 및 해설

0157

| 정답 | O | 출제포인트 | 125 현재분사 vs. 과거분사 |

해석 볼타의 전지라고 불리는 이 향상된 디자인은 바닷물에 적신 판지로 만들어진 판지 사이에 금속으로 만들어진 판지를 쌓아서 만들어졌다.

해설 과거분사구 called ~ pile이 주어 The enhanced design을 수식하고 있다. The enhanced design은 볼타의 전지라고 '불리는' 대상이므로 수동의 의미를 갖는 과거분사 called가 문맥상 적절하게 쓰였다. 또한, 문장 전체의 동사는 was made로 옳게 사용되었으며, 더해 해당 문장의 some discs는 과거분사구인 made ~ metals가 수식받아 '이러한 금속으로 만들어진 몇 개의 판'으로 적절하게 사용되었다.

0158

| 정답 | O | 출제포인트 | 127 분사구문 |

해석 Elizabeth Taylor는 아름다운 보석을 보는 안목이 있었고 수년 동안 몇몇 놀라운 보석들을 모았으며, 한 번은 "여자는 언제나 더 많은 다이아몬드를 가질 수 있죠."라고 단언했다.

해설 주어진 문장의 declaring ~ diamonds는 동시상황을 나타내는 분사구문이다. a girl can always have more diamonds라고 말한 주체가 Elizabeth Taylor 자신이므로 능동의 의미를 가진 현재 분사구문으로 declaring ~은 적절하다.

0159

| 정답 | X (contained → containing) | 출제포인트 | 125 현재분사 vs. 과거분사 |

해석 전문가들은 복합 비타민 중에서 선택할 때 천연 허브를 함유한 것이 합성 성분을 함유한 것보다 반드시 낫다고는 할 수 없다고 지적한다.

해설 주어진 문장에서 contained는 문맥상 multivitamins를 지칭하는 those를 수식하고 있다. those contained 이후 목적어인 natural herbs가 있으며 those(멀티 비타민)는 천연 허브를 '함유하는' 것이므로 능동의 의미를 갖는 현재분사 containing이 적절하다. 따라서 contained는 containing으로 수정해야 한다.

0160

| 정답 | X (has been gained → has been gaining) | 출제포인트 | 048 능동태 vs. 수동태 |

해석 지난 5년 동안, 그 아이디어는 미국 내에서, 특히 선발제 대학과 대학교에 입학 허가를 받은 미국인들 사이에서 점점 더 호응을 얻고 있다.

해설 주어진 문장에서 in the last five years라는 기간을 나타내는 전치사구가 사용되었으므로 현재완료가 사용되어야 한다는 것을 알 수 있으나 동사구 이후에 more traction이라는 목적어가 왔으므로 목적어를 가질 수 있는 능동으로 사용되어야 함을 알 수 있다. 그러나 해당 문장의 동사는 has been gained로 현재완료의 수동태이므로 현재완료의 진행형인 has been gaining으로 수정해야 한다. 더해, admit은 '입학을 허가하다'를 뜻하는 타동사인데 해당 문장에서 admitted 다음에 목적어 없이 전명구인 to selective colleges and universities가 제시되었으므로 수동의 의미를 나타내는 과거분사 admitted로 사용되어 앞선 Americans를 옳게 수식하고 있다.

우선순위 2 부정사 / 동명사 / 분사

0161 <u>Having reached</u> these conclusions, rightly or wrongly, he now has a set of prototypes and constructs for understanding and interpreting Ann-Chinn's behavior.

0162 For instance, it is considered rude in our culture, or at least aggressive, <u>read</u> over another person's shoulder or to get up and change TV channels in a public setting.

0163 These mutant seeds have been spread intentionally, which means that the plants have become artificial species not found in nature, <u>having bred</u> to keep their seeds intact.

0164 During the first half of their three-thousand-year reign, the Mayans continued to build larger underground artificial lakes and containers <u>stored</u> rainwater for drought months.

0165 Moreover, when performers receive and react to visual feedback from the audience, a performance can become truly interactive, <u>involving</u> genuine communication between all concerned.

친절 & 꼼꼼 정답 및 해설

0161

| 정답 | O | 출제포인트 | 129 완료 분사구문 |

해석 옳든 그르든 이러한 결론에 도달한 그는 이제 Ann-Chinn의 행동을 이해하고 해석하기 위한 일련의 초기 모델과 구조를 가지고 있다.

해설 주어진 문장의 Having reached는 완료 분사구문으로 주절의 현재 시제 동사인 has보다 이전에 있었던 동작을 나타낼 때 사용한다. 해당 문장의 문맥상 주절의 '초기 모델과 구조를 갖는 것' 이전에 '이러한 결론에 도달한 것'이므로 적절하게 사용되었다.

0162

| 정답 | X (read → to read) | 출제포인트 | 114 to부정사의 가주어 |

해석 예를 들어, 우리 문화에서는 다른 사람의 어깨 너머로 책을 읽거나, 공공장소에서 일어나서 TV 채널을 바꾸는 것은 무례하거나, 적어도 공격적으로 여겨진다.

해설 주어진 문장의 문맥상 read가 포함된 문장의 주어 it은 가주어이며 read over ~ to get up and change TV channels in a public setting이 진주어이다. 따라서 read는 진주어 형태인 to read로 수정해야 하며 to get up and change와 병렬구조를 이루어야 한다.

0163

| 정답 | X (having bred → having been bred) | 출제포인트 | 127 분사구문 |

해석 이러한 돌연변이 씨앗은 의도적으로 퍼져 나갔는데, 이는 식물이 자연에서 발견되지 않는 인위적인 종이 되어 자신들의 씨앗을 온전히 유지하도록 재배됨을 의미한다.

해설 breed(~을 재배하다, 키우다)는 타동사로 목적어를 갖는 동사이다. 그러나 having bred to keep에 목적어가 없으므로 수동형 분사구문이 되어야 한다. 따라서 having bred를 having been bred로 수정해야 한다. to keep ~ intact는 문맥상 부정사가 부사적 용법으로 사용되었음에 유의해야 한다. 이에 더해, which는 계속적 용법의 관계대명사로 앞 절 These mutant ~ intentionally를 선행사로 하며 뒤따라 오는 문장 means that ~ nature가 불완전한 문장이므로 적절하다.

0164

| 정답 | X (stored → to store) | 출제포인트 | 112 to부정사의 형용사적 용법 |

해석 3천 년 통치의 전반부 동안 마야인들은 건기에 대비해 빗물을 저장하는 더 큰 규모의 지하 인공 호수와 수조를 계속 만들었다.

해설 주어진 문장의 stored는 문맥상 to build의 목적어인 larger underground artificial lakes and containers를 수식하면서 목적어 rainwater를 취할 수 있는 것으로 수정해야 한다. 즉 '빗물을 저장하는 더 큰 규모의 지하 인공 호수와 수조'의 의미로 사용되기 위해서는 부정사를 사용해서, stored는 to store로 수정해야 한다.

0165

| 정답 | O | 출제포인트 | 127 분사구문 |

해석 또한, 공연자가 청중의 시각적 피드백을 받고 그것에 반응할 때, 공연은 당사자 일동 사이에서 진정한 의사소통을 포함하여, 진정으로 상호 작용을 하게 된다.

해설 주어진 문장의 involving genuine ~ concerned는 분사구문으로 사용되었으며 involving 이후에 목적어 genuine communication이 따라오고 문맥상 '~을 포함하여'가 적절하므로 현재분사 involving을 사용한 것은 적절하다.

0166 The first coffeehouse in western Europe opened not in a center of trade or commerce but in the university city of Oxford, in which a Lebanese <u>man naming Jacob</u> set up shop in 1650.

0167 It's the only fortress city in India still functioning, with one quarter of its population <u>lived</u> within the walls, and it's just far enough off the beaten path to have been spared the worst ravages of tourism.

0168 Designed as a serpent to coil around the wrist, with its head and tail <u>covering</u> with diamonds and having two hypnotic emerald eyes, a discreet mechanism opens its fierce jaws to reveal a tiny quartz watch.

0169 <u>Utilizing</u> with other techniques, animals can raise human living standards very considerably, both as supplementary foodstuffs (protein in meat and milk) and as machines to carry burdens, lift water, and grind grain.

친절 & 꼼꼼 정답 및 해설

0166

정답 X (man naming Jacob → man (who was) named Jacob)   **출제포인트** 125 현재분사 vs. 과거분사

해석 서유럽 최초의 카페는 무역 혹은 상업의 중심지가 아니라 옥스퍼드 대학 도시에서 문을 열었는데, 그곳에서 Jacob이라는 이름을 가진 레바논 남성이 1650년에 가게를 차렸다.

해설 name은 '이름을 지어 주다, 명명하다'라는 의미의 타동사이다. 주어진 문장의 a Lebanese man은 Jacob이라는 '이름이 붙여지는' 관계로 수식 대상과 수식어의 관계가 수동의 관계에 해당된다. 따라서 man naming Jacob은 man (who was) named Jacob으로 수정해야 한다.

0167

정답 X (lived → living)   **출제포인트** 131 with 분사구문

해석 그곳은 인구의 4분의 1이 성벽 안에 살면서 여전히 제 기능을 하는 인도 내의 유일한 요새 도시이고, 그곳은 (사람들이 많이 밟아) 다져진 길에서 벗어나 충분히 멀리 있어서 관광업으로 인한 최악의 파괴를 면했다.

해설 with 분사구문은 「with + 명사 + 분사」의 구조로 사용하며 명사와 분사의 관계가 능동일 때 현재분사를 사용하며, 수동일 때 과거분사를 사용한다. 주어진 문장은 명사 one quarter of its population과 live가 능동의 관계이므로 현재분사를 사용하는 것이 적절하다. 따라서 lived는 현재분사 living으로 수정해야 한다.

0168

정답 X (covering → covered)   **출제포인트** 131 with 분사구문

해석 다이아몬드로 뒤덮인 머리와 꼬리, 그리고 최면을 거는 듯한 두 개의 에메랄드 눈을 가진 뱀이 손목 주위를 휘감도록 디자인된 잘 볼 수 없는 기계 장치가 작은 수정 시계를 드러내 보이기 위해 강력한 턱을 벌린다.

해설 with 분사구문은 「with + 명사 + 분사」의 구조로 사용하며 명사와 분사의 관계가 능동일 때 현재분사를 사용하며, 수동일 때 과거분사를 사용한다. 주어진 문장에서 its head and tail(그것의 머리와 꼬리)이 diamonds(다이아몬드)로 '뒤덮여 있는' 수동의 관계를 의미하므로, 과거분사가 적절하다. 따라서 covering을 covered로 수정해야 한다.

0169

정답 X (Utilizing → Utilized)   **출제포인트** 127 분사구문

해석 다른 기술들과 함께 이용되면서, 동물들은 보조적인 음식 재료(고기와 우유의 단백질)로서 그리고 짐을 실어 나르고 물을 끌어 올리고 곡식을 가는 기계로서 모두 인간의 생활 수준을 아주 상당히 올릴 수 있다.

해설 주어진 문장의 분사구문 Utilizing with other techniques의 주어는 주절의 주어 animals와 의미상 동일해 생략되었다. utilize(~을 이용하다)는 타동사이므로 목적어를 수반해야 하는데 Utilizing 이후에 목적어가 없으므로 수동 분사구문이 되어야 한다. 또한, 문맥상으로도 주어 animals는 인간에 의해 '이용되는' 객체이므로 수동 분사구문이 사용되어야 한다는 것을 알 수 있다. 따라서 Utilizing은 Utilized로 수정해야 한다. 이에 더해 to carry는 to부정사의 형용사적 용법으로 사용되었으며 명사 machines를 수식하고 있다.

0170 Whether the risk assessment involves decisions about a major corporate initiative or just making the decision <u>walk</u> down the street, we are always anticipating, identifying, and evaluating the potential risks involved.

0171 P2P lending is the practice of lending money to individuals or businesses through online services that match lenders-investors directly with borrowers, <u>enabled</u> both parties to go around traditional providers such as banks.

0172 When you find your tongue twisted as you seek to explain to your six-year-old daughter why she can't go to the amusement park that has been advertised on television, then you will understand why we find it difficult <u>wait</u>.

0173 <u>Knowing</u> as the Golden City, Jaisalmer, a former caravan center on the route to the Khyber Pass, rises from a sea of sand, its 30-foot-high walls and medieval sandstone fort <u>shelters</u> carved spires and palaces that soar into the sapphire sky.

친절 & 꼼꼼 정답 및 해설

0170

정답 X (walk → to walk)   **출제포인트** 112 to부정사의 형용사적 용법

해석 위험 평가가 주요 기업의 주도권에 대한 결정 또는 단지 거리를 따라 걸어갈지를 결정하는 것과 관련되든 간에, 우리는 항상 관련된 잠재적 위험을 예상하고 확인하고 평가하고 있다.

해설 사역동사 make는 목적어와 목적격 보어의 관계가 능동일 때 「make + 목적어 + 목적격 보어[원형부정사]」 형태로 쓰인다. 주어진 문장에서 사역동사의 make가 포함된 making the decision은 이어지는 walk와 문맥상 능동의 관계로 목적격 보어로 쓰였다면 '결정이 걸어가도록 만드는 것'의 의미이므로 문맥상 어색하다. 따라서 walk가 명사 decision을 to부정사의 형용사적 용법으로 수식하여 'just making the decision to walk down the street'이 되어 '단지 거리를 따라 걸어갈지를 결정하는 것'으로 보는 것이 문맥상 적절하다. 따라서 walk는 to walk로 수정해야 한다. 더해 Whether절의 동사 involves는 decisions와 making the decision ~ street을 문맥상 목적어로 취하고 있다.

0171

정답 X (enabled → enabling)   **출제포인트** 127 분사구문

해석 P2P 대출은 채권자 및 투자자를 대출자와 직접적으로 연결해 주는 온라인 서비스를 통해 개인 혹은 사업체에 돈을 빌려주는 관행으로, 양 당사자들이 은행과 같은 전통적인 대출 공급자들을 피해 가는 것을 가능하게 해준다.

해설 주어진 문장에서 enabled가 접속사 없이 연결되어 있으므로 분사구문이라는 것을 알 수 있다. 「enable + 목적어 + to부정사」는 '목적어가 ~하는 것을 가능하게 하다'를 뜻하며 enabled 다음에 목적어인 both parties가 나오므로 능동형 분사구문을 사용해야 함을 알 수 있다. 따라서 enabled는 enabling으로 고쳐야 한다.

0172

정답 X (wait → to wait)   **출제포인트** 110 to부정사의 가목적어

해석 당신이 6살짜리 딸에게 TV에서 광고된 놀이공원에 왜 갈 수 없는지 설명할 이유를 찾으며 당신의 혀가 꼬이는 것을 깨닫게 될 때, 당신은 왜 우리가 기다리기 어렵다고 생각하는지 이해할 것이다.

해설 불완전타동사 find는 「find + 가목적어(it) + 목적격 보어 + 진목적어[to부정사]」 형태로 사용될 수 있다. 주어진 문장의 will understand의 목적어인 간접의문문 why가 이끄는 절의 동사 find는 가목적어 it을 취하고 있으므로, 진목적어 wait를 to wait로 수정해야 한다. 또한, when 부사절의 twisted는 5형식 동사로 사용된 find의 목적격 보어로 목적어인 tongue과 목적격 보어가 수동 관계이므로 과거분사 twisted가 적절하며, six years old는 명사를 수식할 경우 six-year-old처럼 year를 단수형으로 쓰는 것이 옳다. 마지막으로 that has ~ television은 선행사 amusement park를 수식하는 주격관계대명사절로 뒤따라오는 문장이 주어가 없는 불완전한 형태이므로 적절하게 사용되었다.

0173

정답 X (Knowing → Known / shelters → sheltering)   **출제포인트** 127 분사구문

해석 황금 도시로 알려진 Jaisalmer는 Khyber 고개로 가는 길에 있는 과거 캐러밴(대상 행렬)의 중심지였던 곳으로, 모래 바다 위에 솟아 있으며, 그곳의 30피트 높이의 성벽과 중세의 사암으로 된 요새는 사파이어 빛 하늘로 솟아오른 조각된 첨탑과 궁전을 보호한다.

해설 주어진 문장의 주어인 Jaisalmer는 Golden City(황금 도시)로 '알려진' 것이므로 Knowing을 수동의 의미를 나타내는 과거분사 Known으로 수정해야 한다. 더해, 주어진 문장에서 본동사는 rises이고 its 30-foot-high walls 앞에 접속사가 없으므로 또 다른 동사인 shelters가 나오는 것은 올바르지 않다. 따라서 shelters는 its 30-foot-high walls and medieval sandstone fort를 주어로 하는 독립분사구문이 되어야 하는데 주어와 shelter가 능동 관계이므로 현재분사 sheltering으로 수정해야한다.

0174 Lewis Alfred Ellison, a small-business owner and a construction foreman, died in 1916 after an operation to cure internal wounds <u>suffering</u> after shards from a 100-lb ice block penetrated his abdomen when it was dropped while being loaded into a hopper.

■ 다음 밑줄 친 부분을 참고해 우리말 영작이 문법적으로 옳다면 O, 틀리면 X를 하고 바르게 고치시오.

0175 우리는 내일 여기서 그녀를 만나기로 되어있다.
→ We <u>are to meet</u> her here tomorrow.

0176 나는 말하던 것을 멈추고 주위를 둘러보았다.
→ I stopped <u>to talk</u> and looked around.

0177 그는 다시는 담배를 피우지 않겠다고 약속했다.
→ He made a promise <u>not smoke</u> again.

0178 나는 네 열쇠를 잃어버렸다고 네게 말한 것을 후회한다.
→ I regret <u>to tell</u> you that I lost your key.

친절 & 꼼꼼 정답 및 해설

0174

정답 X (suffering → suffered)   **출제포인트** 125 현재분사 vs. 과거분사

해석 작은 회사의 소유자이면서 건설 현장 감독이었던 Lewis Alfred Ellison은, 호퍼에 실리던 도중에 떨어진 100파운드 무게의 얼음덩어리에서 떨어져 나온 파편 조각이 그의 복부를 관통한 후에 입은 내상을 치료하는 수술 후 1916년에 사망했다.

해설 suffer는 '(상해를) 입다'라는 뜻의 타동사이다. 주어진 문장에서 suffering의 수식을 받는 명사 wounds는 suffer와 수동의 관계이므로 suffering은 과거분사인 suffered로 수정해야 한다. 또한, penetrated는 접속사 after가 이끄는 절의 동사로 적절하게 사용되었다. 더해, while being ~ hopper는 접속사가 살아있는 분사구문으로 부사절인 while it was loaded into a hopper가 분사구문으로 올바르게 사용되었다.

0175

정답 O   **출제포인트** 112 to부정사의 형용사적 용법

해설 「be to + 동사원형」은 to부정사의 형용사적 용법으로 예정, 의무, 가능, 운명, 의도를 나타낸다. 주어진 문장은 우리말 해석에 맞게 '~하려고 하다'를 뜻하는 '예정'의 의미로 적절하게 사용되었다.

0176

정답 X (to talk → talking)   **출제포인트** 107 목적어로 동명사를 취하는 동사

해설 「stop + to 동사원형」은 '~을 하기 위해 멈추다'를 뜻하며, 「stop + ~ing」는 '~하는 것을 멈추다'를 의미한다. 주어진 문장은 우리말 해석 '말하던 것을 멈추고'와 일치하지 않으므로 옳지 않은 문장이다. 주어진 우리말 의미에 맞게 to talk를 talking으로 수정해야 한다.

0177

정답 X (not smoke → not to smoke)   **출제포인트** 112 to부정사의 형용사적 용법

해설 주어진 문장은 문맥상 명사 promise가 이후 smoke에 의해 수식받는 구조이므로 smoke는 준동사인 to부정사로 수정해야 한다. to부정사의 부정형은 「not to + 동사원형」으로 나타내므로 not smoke를 not to smoke로 수정해야 한다.

0178

정답 X (to tell → telling)   **출제포인트** 109 목적어의 형태에 따라 의미가 달라지는 동사

해설 regret은 to부정사와 동명사를 둘 다 목적어로 취할 수 있으나 목적어에 따라 의미가 다르다. regret이 동명사를 목적어로 취하는 경우 '(과거에) ~한 것을 후회하다'라는 의미가 되고 to부정사를 목적어로 취하는 경우 '(미래에) ~하게 되어 유감이다'라는 의미가 되므로 주의해야 한다. 주어진 문장은 우리말 해석이 '~한 것을 후회한다'이므로 to tell을 telling으로 수정해야 한다.

0179 나는 내 아들이 읽을 책을 한 권 사야 한다.

→ I should buy a book for my son to read.

0180 우리는 그의 연설에 감동하게 되었다.

→ We were made touching with his speech.

0181 나는 책 읽는 것을 멈추고 산책을 했다.

→ I stopped to read a book and took a walk.

0182 그들은 뜨거운 차를 마시는 동안에 일몰을 보았다.

→ They watched the sunset while drank hot tea.

0183 친절한 사람이어서, 그녀는 모든 이에게 사랑받는다.

→ Been a kind person, she is loved by everyone.

0184 기다리게 해서 제가 무례했습니다.

→ It was rude for me to have kept you waiting.

친절 & 꼼꼼 정답 및 해설

0179

| 정답 | O | 출제포인트 | 112 to부정사의 형용사적 용법 |

해설 주어진 문장에서 to read가 to부정사의 형용사적 용법으로 명사인 a book을 적절하게 수식하고 있다. 또한, to부정사 앞의 for my son은 의미상의 주어로 사용되었다.

0180

| 정답 | X (touching → touched) | 출제포인트 | 125 현재분사 vs. 과거분사 |

해설 주어진 문장의 감정형분사는 사람의 감정 상태를 나타낼 때 과거분사 형태를 사용해 '~한 감정 상태의'의 의미로 사용된다. 해당 문장은 문맥상 주어인 We가 감동을 받은 주체이므로 밑줄 친 touching(감동적인)을 touched(감동한)로 수정해야 한다.

0181

| 정답 | X (to read → reading) | 출제포인트 | 107 목적어로 동명사를 취하는 동사 |

해설 '~하는 것을 멈추다'는 「stop + ~ing」로 표현하며 「stop + to부정사」는 '~하기 위해 멈추다'를 뜻한다. 따라서 주어진 문장은 우리말 해석에 맞게 to read를 reading으로 수정해야 한다.

0182

| 정답 | X (drank → drinking) | 출제포인트 | 127 분사구문 |

해설 해당 문장의 접속사절은 while they were drinking hot tea에서 접속사가 생략되지 않은 분사구문으로 변환된 형태로 볼 수 있다. 생략된 주어인 they와 동사 drink의 관계가 능동이므로, drank를 현재분사구문인 drinking으로 수정해야 한다.

0183

| 정답 | X (Been → Being) | 출제포인트 | 127 분사구문 |

해설 주어진 문장은 'As she is a kind person, she is loved by everyone.'에서 As절이 분사구문으로 변환된 형태이다. 여기서 주절의 주어 she는 문맥상 '친절한'의 주체이므로 분사는 능동을 나타내는 현재분사가 사용되어야 한다. 따라서 Been은 Being으로 수정되어야 옳다.

0184

| 정답 | X (for me → of me) | 출제포인트 | 115 to부정사의 의미상 주어 |

해설 to부정사의 의미상 주어는 보통 「for + 목적격」으로 나타내지만, rude와 같이 사람의 성질을 나타내는 형용사 뒤에서는 의미상 주어로 「of + 목적격」을 사용한다. 따라서 주어진 문장은 의미상의 주어 for me를 of me로 수정해야 한다. 더해, 가주어 it과 진주어 to have ~ waiting은 적절하게 사용되었다.

0185 그는 승진을 위하여 열심히 일했으나 결국 실패했다.

→ He worked hard for the promotion only to fail.

0186 나는 그를 전에 어디에서도 본 기억이 없다.

→ I don't remember to see him anywhere before.

0187 그 장난감 자동차를 조립하고 분리하는 것은 쉽다.

→ It is easy to assemble and take apart the toy car.

0188 바깥 날씨가 추웠기 때문에 나는 차를 마시려 물을 끓였다.

→ Being cold outside, I boiled some water to have tea.

0189 나는 5년 후에 내 사업을 시작할 작정이다.

→ I'm aiming to starting my own business in five years.

0190 식사가 준비됐을 때, 우리는 식당으로 이동했다.

→ The dinner being ready, we moved to the dining hall.

친절 & 꼼꼼 정답 및 해설

0185

| 정답 | O | 출제포인트 | 113 to부정사의 부사적 용법 |

해설 「only to + 동사원형」은 결과를 나타내는 to부정사구로 '그 결과[결국] ~했다'를 뜻한다. 주어진 문장은 우리말 해석에 맞게 적절하게 사용되었다.

0186

| 정답 | X (to see → seeing) | 출제포인트 | 109 목적어의 형태에 따라 의미가 달라지는 동사 |

해설 「remember + ~ing」는 '(과거에) ~한 것을 기억하다'를 뜻하며, 「remember + to 동사원형」은 '(미래에) ~할 것을 기억하다'를 뜻한다. 주어진 문장은 우리말 해석과 부사 before(전에)에 맞게 to see를 seeing으로 수정해야 한다.

0187

| 정답 | O | 출제포인트 | 114 to부정사의 가주어 |

해설 주어가 구 또는 절로 길어질 때 주어 자리에 가주어 It을 쓰고 진주어는 뒤로 이동시킨다. 주어진 문장은 가주어 It과 진주어 to assemble ~ car가 적절하게 사용되었다.

0188

| 정답 | X (Being cold outside → It being cold outside) | 출제포인트 | 127 분사구문 |

해설 주어진 문장은 부사절이 포함된 Because it was cold outside, I boiled some water to have tea.에서 부사절을 분사구문으로 변환한 문장이다. 부사절을 분사구문으로 바꿀 때 주절의 주어와 부사절의 주어가 같지 않으면 생략할 수 없다. 따라서 주어진 문장의 부사절의 비인칭 주어 it은 생략할 수 없으므로 분사구문으로 만들 때 주어를 그대로 명시하여 It being cold outside가 되어야 한다. 이를 독립분사구문이라고 한다. 따라서, Being cold outside를 It being cold outside로 수정해야 한다.

0189

| 정답 | X (starting → start) | 출제포인트 | 120 to부정사 주요 표현 |

해설 「aim + to 동사원형」은 '~할 작정이다, ~하는 것을 목표로 하다'를 뜻하는 표현이다. 따라서 주어진 문장의 starting은 start로 수정되어야 한다. 더해, 시간의 경과를 나타내어 '~ 후에'라고 말할 때 전치사 in을 사용할 수 있다.

0190

| 정답 | O | 출제포인트 | 127 분사구문 |

해설 주어진 문장의 The dinner ~ ready는 부사절 When the dinner was ready를 분사구문으로 바꾼 것이다. 접속사 When은 생략하고 주절과 종속절의 주어가 다르므로 종속절의 주어 The dinner는 그대로 남아 있다. was는 주절의 동사 moved와 시제가 일치하기 때문에 being이 된다. 따라서 주어진 문장은 독립분사구문으로 적절하게 사용되었다.

0191 나의 어머니는 종종 영화를 보는 중에 잠이 드신다.

→ My mother often falls asleep while <u>watched</u> a movie.

0192 가난한 사람들을 위하여 자선 바자회를 열자는 그의 아이디어는 성공을 거두었다.

→ His idea <u>to hold</u> a charity bazaar for the poor paid off.

0193 커피 세 잔을 마셨기 때문에, 그녀는 잠을 이룰 수 없다.

→ <u>Having drunk</u> three cups of coffee, she can't fall asleep.

0194 예산은 처음 기대했던 것보다 약 25퍼센트 더 높다.

→ The budget is about 25% higher than originally <u>expecting</u>.

0195 시스템 업그레이드를 위해 해야 될 많은 일이 있다.

→ There is a lot of work <u>to be done</u> for the system upgrade.

0196 그는 옷을 모두 입은 채 물속으로 곧장 걸어갔다.

→ He walked straight into the water <u>with all of his clothes on</u>.

친절 & 꼼꼼 정답 및 해설

0191

정답 X (watched → watching)　　　**출제포인트** 127 분사구문

해설 주절과 접속사절의 주어가 동일할 때 접속사절을 분사구문으로 변환할 수 있다. 주어진 문장의 우리말 해석처럼 '~ while she was watching ~'을 단순 분사구문 'watching ~', 또는 접속사가 살아있는 분사구문인 'while watching ~'으로 변환할 수 있다. 따라서 해당 문장의 watched는 watching으로 수정해야 한다.

0192

정답 O　　　**출제포인트** 112 to부정사의 형용사적 용법

해설 주어진 문장의 주어는 His idea, 동사는 paid off이다. paid off는 pay off(성공하다)의 과거형으로「자동사 + 부사」형태의 구동사이다. 이에 더해, to hold는 idea를 수식하는 to부정사의 형용사적 용법으로 적절하게 사용되었으며「the + 형용사」는 '~하는 사람들'을 뜻하므로 주어진 문장의 the poor는 '가난한 사람들'이라는 의미로 적절하게 사용되었다.

0193

정답 O　　　**출제포인트** 129 완료 분사구문

해설 주어진 문장의 문맥상 커피를 마신 것은 과거의 일이고 그 결과 현재 잠을 이룰 수 없는 것이므로, 완료 분사구문 'Having drunk ~'가 적절하게 사용되었다.

0194

정답 X (expecting → expected)　　　**출제포인트** 125 현재분사 vs. 과거분사

해설 주어진 문장의 than 이하의 문맥상 예산이 '원래 기대되었던 것'이므로 원문은 than it(=the budget) was originally expected로 수동태 문장이다. 이때 접속사 than 뒤에 주어와 be동사가 생략되어서 expecting은 expected로 수정해야 한다.

0195

정답 O　　　**출제포인트** 112 to부정사의 형용사적 용법

해설 주어진 문장의 to be done은 명사 work를 수식하는 to부정사의 형용사적 용법으로 사용되었다. work는 의미상 '행하여지는' 대상이므로 to부정사의 수동태 to be done이 적절하다.

0196

정답 O　　　**출제포인트** 131 with 분사구문

해설 「with + 명사 + 분사」는 상태를 설명해 주는 with 분사구문 표현이다. 주어진 문장은 분사 being이 생략됨에 따라「with + 명사 + 수식어(형용사, 부사구, 전명구)」가 남아 with all of his clothes on으로 표현되었다. 이는 '그의 옷을 모두 입은 채'로 라는 표현으로 동시동작을 나타낸다. 해당 문장에서 on은 '입고'라는 의미의 부사로 쓰였다.

0197 제 예산이 빠듯합니다. 제가 쓸 수 있는 돈은 15달러뿐입니다.
→ I am on a tight budget. I only have fifteen dollars <u>to spend</u>.

0198 다행히 그녀는 지난 밤 트럭에 치이는 것을 모면했다.
→ Luckily, she escaped from <u>running over</u> by a truck last night.

0199 그 영화가 너무 지루해서 나는 삼십 분 후에 잠이 들었어.
→ The movie was so <u>bored</u> that I fell asleep after half an hour.

0200 그 회사는 그가 부회장으로 승진하는 것을 금했다.
→ The company prohibited him from <u>promoting</u> to vice-president.

0201 그녀의 감정을 상하게 하지 않으려고, 그는 독감으로 매우 아팠다고 말했다.
→ He said he was very sick with a flu, so as not <u>hurting</u> her feelings.

0202 그는 10년 동안 외국에 있었기 때문에 영어를 매우 유창하게 말할 수 있다.
→ <u>Having been</u> abroad for ten years, he can speak English very fluently.

친절 & 꼼꼼 정답 및 해설

0197

| 정답 | O | 출제포인트 | 112 to부정사의 형용사적 용법 |

해설 주어진 문장의 to spend는 명사 fifteen dollars를 수식하는 to부정사의 형용사적 용법으로 옳게 사용되었다. 더해, on a tight budget은 '예산이 빠듯한, 돈이 없는'을 뜻하는 관용표현으로 적절하게 사용되었다.

0198

| 정답 | X (running over → being run over) | 출제포인트 | 122 동명사의 시제와 태 |

해설 주어진 문장의 전치사 from의 목적어로 능동 형태의 동명사구 running over가 사용되었으나 수식 대상인 she(그녀)는 '트럭에 치일 뻔한 대상'임을 알 수 있다. 또한, 전명구인 by a truck이 '치는 주체'로 사용된 점을 통해서 주어인 she가 포함된 문장이 수동형이 되어야 함을 유추할 수 있다. 따라서 running over를 being run over로 수정해야 한다.

0199

| 정답 | X (bored → boring) | 출제포인트 | 125 현재분사 vs. 과거분사 |

해설 감정형분사에는 감정을 제공하는 사람 또는 사물을 수식하는 현재분사형(-ing)과 감정의 상태를 나타내 사람을 수식하는 과거분사형(-ed)이 있다. 주어진 문장은 사물 주어인 The movie가 지루함을 '유발하는' 주체이므로 과거분사인 bored는 현재분사 boring으로 수정해야 한다.

0200

| 정답 | X (promoting → being promoted) | 출제포인트 | 122 동명사의 시제와 태 |

해설 주어진 문장의 promote(승진시키다)는 타동사이며, 이를 전치사 from의 목적어인 동명사 형태로 사용하고 있다. 그러나 문맥상 '그(him)'는 부회장으로 '승진되는' 대상이므로 수동태 동명사 형태로 나타내야 한다. 따라서 promoting을 being promoted로 수정해야 한다.

0201

| 정답 | X (hurting → to hurt) | 출제포인트 | 113 to부정사의 부사적 용법 |

해설 「so as not + to 동사원형」은 '~하지 않기 위해서'를 뜻하는 부정사의 부사적 용법 표현이다. 따라서 주어진 문장은 so as not 이후 hurting을 to hurt로 수정해야 한다.

0202

| 정답 | O | 출제포인트 | 129 완료 분사구문 |

해설 주어진 문장의 Having been은 완료 분사구문으로 주절의 현재시제 동사인 can speak보다 이전에 있었던 상태를 나타낼 때 사용한다. 해당 문장의 문맥상 '10년 동안 외국에 있었던 것'이 주절의 '영어를 매우 유창하게 말할 수 있는 것'보다 이전에 있었던 원인이므로 완료 분사구문으로 옳게 사용되었다.

0203 모든 점이 고려된다면, 그녀가 그 직위에 가장 적임인 사람이다.
→ Considering all things, she is the best-qualified person for the position.

0204 나는 아직 오늘 신문을 못 읽었어. 뭐 재미있는 것 있니?
→ I have not read today's newspaper yet. Is there anything interested in it?

0205 다리를 꼰 채로 오랫동안 앉아 있는 것은 혈압을 상승시킬 수 있다.
→ Sitting with the legs crossing for a long period can raise blood pressure.

0206 내 컴퓨터가 작동을 멈췄을 때, 나는 그것을 고치기 위해 컴퓨터 가게로 가져갔어.
→ When my computer stopped to work, I took it to the computer store to get it fixed.

친절 & 꼼꼼 정답 및 해설

0203

정답 X (Considering all things → All things (being) considered)　　**출제포인트** 127 분사구문

해설 주어진 문장에 제시된 해석에 따르면, '모든 것이 고려된다면'의 의미이므로 독립분사구문인 All things considered를 사용해야 한다. 해당 독립분사구문은 주절의 주어인 she와 종속절의 주어인 All things가 동일하지 않으므로 그대로 남겨두고, 해석상 All things는 '고려되는' 대상이므로 수동의 의미를 나타내는 과거분사 considered를 사용한다. 따라서 Considering all things는 All things (being) considered로 수정해야 한다.

정해쌤's Tip Considering all things는 '모든 것을 고려하자면'을 뜻하므로 해석상 차이에 주의하세요.

0204

정답 X (interested → interesting)　　**출제포인트** 125 현재분사 vs. 과거분사

해설 주어진 문장에서 감정 상태를 나타내는 과거분사 interested(흥미 있는)는 수식 대상인 anything을 수식하는 것은 적절하지 않다. 문맥상 anything은 감정을 유발하는 대상이므로 현재분사 interesting(흥미로운)의 감정 유발 분사로 수식하는 것이 적절하다. 따라서 interested는 현재분사 interesting으로 수정해야 한다.

0205

정답 X (crossing → crossed)　　**출제포인트** 131 with 분사구문

해설 주어진 문장에 사용된 with 분사구문은 「with + 목적어 + 분사」 형태로 나타내며 '~한 채로'라는 의미로 동시 상황을 나타낸다. 이때 목적어와 분사의 관계가 능동이면 현재분사를, 수동이면 과거분사를 사용한다. 주어진 문장에서 목적어인 the legs(다리)는 '꼬여지는' 대상이므로 수동의 의미가 알맞다. 따라서 현재분사 crossing을 과거분사 crossed로 수정해야 한다.

0206

정답 X (to work → working)　　**출제포인트** 107 목적어로 동명사를 취하는 동사

해설 「stop + to 동사원형」은 '~을 하기 위해 멈추다'를 뜻하며, 「stop + ing」는 '~하는 것을 멈추다'를 의미한다. 주어진 문장은 컴퓨터가 '작동하던 것을 멈추었다'라는 내용이므로 동명사 목적어를 사용해 stopped working이 적절하다. 따라서 to work는 working으로 수정해야 한다. 더해, 준사역동사 get의 목적어인 it(=computer)과 목적격 보어인 fix는 서로 수동 관계에 있으므로 과거분사 fixed로 목적어를 수식하는 것이 적절하다.

0207 동물학자들은 그 개가 집으로 어떻게 성공적으로 돌아올 수 있었는지 여전히 혼란스러워하고 있다.
→ Zoologists are still <u>confusing</u> about how the dog managed to find its way back home.

0208 상층의 공기에 일단 끌려 들어가면 곤충, 씨앗 등은 쉽게 다른 곳으로 운반될 수 있다.
→ Once <u>drawing</u> into the upper air, insects, seeds, and the like can easily be carried to other parts.

 친절 & 꼼꼼 정답 및 해설

0207

정답 X (confusing → confused)　　　**출제포인트** 125 현재분사 vs. 과거분사

해설 주어진 문장의 주어인 Zoologists는 사람으로 감정을 느끼는 주체이므로 감정형분사는 과거분사 형태인 confused가 사용되어야 한다. 따라서 confusing을 confused로 수정해야 한다.

0208

정답 X (drawing → drawn)　　　**출제포인트** 127 분사구문

해설 주어진 문장의 우리말 해석상 '일단 끌려 들어가면'으로 제시되어 있으므로, 종속절의 Once (insects, seeds, and the like are) drawn into the upper air에서 주어와 be동사가 생략되어, 접속사가 살아있는 분사구문이 됨을 알 수 있다. 따라서 drawing은 drawn으로 수정해야 한다. 더해, 주절의 주어인 insects, seeds, and the like는 '운반되는' 대상이므로 수동태 be carried가 알맞게 쓰였다.

우선순위 3 접속사 / 관계사

다음 밑줄 친 부분이 문법적으로 옳다면 O, 틀리면 X를 하고 바르게 고치시오.

0209 You haven't given me <u>that</u> I asked for.

0210 The sport in <u>that</u> I am most interested is soccer.

0211 <u>That</u> is a medium size in Japan is a small size here.

0212 Language is an amazing thing <u>what</u> we take for granted.

0213 My home offers me a feeling of security, <u>warm</u>, and love.

친절 & 꼼꼼 정답 및 해설

0209

정답 X (that → what)   **출제포인트** 152 that vs. what

해석 당신은 내가 요청한 것을 내게 주지 않았다.

해설 give는 간접목적어와 직접목적어를 갖는 수여동사이다. 주어진 문장은 give의 간접목적어로 me가 왔고 직접목적어 자리에 명사절이 온 형태이지만 that 이하의 절이 불완전하므로 접속사 that은 옳지 않다. 따라서 that은 선행사를 포함한 관계대명사 what으로 수정해야 한다.

0210

정답 X (that → which)   **출제포인트** 149 전치사 + 관계대명사

해석 내가 가장 관심 있는 스포츠는 축구이다.

해설 주어진 문장에서 I ~ interested는 앞선 선행사 The sport를 수식하여 '내가 가장 관심 있는 스포츠'의 의미로 쓰인다. 단, 이때 관계대명사 that은 전치사 in과 함께 사용할 수 없으므로, 전치사와 함께 사용할 수 있도록 관계대명사 that을 which로 수정해야 한다. 단, in that은 '~라는 점에서'라는 의미로 쓰이나 주어진 문장의 문맥상 어색하므로 적절하지 않다.

0211

정답 X (that → what)   **출제포인트** 152 that vs. what

해석 일본에서는 중간 사이즈인 것이 여기에서는 작은 사이즈이다.

해설 주어진 문장의 That 이하는 주어가 없는 불완전한 문장이며, 선행사가 없는 구조이므로 접속사 또는 관계대명사 that으로 볼 수 없다. 따라서, That은 선행사를 포함한 관계대명사 What으로 수정해야 한다. 이때 What은 The thing which[that]로 보아 단수 취급되어, 관계사절의 단수 동사 is 그리고 본동사 is와 적절하게 수일치 하였다.

0212

정답 X (what → which 또는 that)   **출제포인트** 152 that vs. what

해석 언어는 우리가 당연하게 여기는 놀라운 것이다.

해설 주어진 문장의 관계대명사 what은 선행사를 포함하며 뒤따라오는 문장이 불완전하다. 주어진 문장에서 what 이하의 문장 we take for granted에서 take의 목적어가 없는 불완전한 형태이나, what 앞에 선행사 an amazing thing이 존재하므로 관계대명사 what을 사용하는 것은 옳지 않다. 따라서 what은 사물을 나타내는 선행사를 수식하는 목적격관계대명사 which 또는 that으로 수정해야 한다.

0213

정답 X (warm → warmth)   **출제포인트** 161 등위(상관)접속사의 병렬구조

해석 나의 집은 내게 안전함, 따뜻함, 그리고 사랑의 느낌을 준다.

해설 주어진 문장의 등위접속사 and는 같은 품사의 단어를 연결해야 하므로 명사 security, love를 나열하는 중간에 형용사 warm이 쓰인 것은 옳지 않다. 따라서 warm은 warmth로 수정해야 한다.

0214　This is my number just <u>in case of</u> you would like to call me.

0215　He is the person <u>whose</u> I need to talk to about my daughter.

0216　It's about how well we have invested <u>those</u> we have been given.

0217　<u>Whichever</u> way you choose, you will need to compare like for like.

0218　The author <u>whom</u> you criticized in your review has written a reply.

친절 & 꼼꼼 정답 및 해설

0214

정답 X (in case of → in case)   **출제포인트** 160 접속사 vs. 전치사

해석 혹시 내게 전화하고 싶은 경우에 이게 내 번호야.

해설 주어진 문장의 in case of는 '만일 ~한다면'을 뜻하는 전치사구로 목적어로 명사 또는 명사구를 갖는다. 그러나 해당 문장의 you ~ me는 절에 해당되므로 옳지 않다. 따라서 조건을 나타내는 부사절 접속사 in case로 수정해야 한다. 더해 「would like + to부정사」는 '~하기를 원한다'의 의미로 적절하게 사용되었다.

0215

정답 X (whose → whom 또는 who)   **출제포인트** 148 목적격관계대명사

해석 그는 내가 딸에 관해 이야기해보아야 할 사람이다.

해설 해당 문장의 관계사절 I need to talk to about my daughter에서 전치사 to의 목적어가 없는 불완전한 한 문장으로서 선행사로는 문맥상 the person을 지칭하고 있다. 따라서 소유격 관계대명사 whose 대신 목적격관계대명사인 whom 또는 who로 수정해야 한다. 현대영어에서는 목적격관계대명사로 who를 사용하기도 함에 유의해야 한다.

0216

정답 O   **출제포인트** 148 목적격관계대명사

해석 그것은 우리에게 주어진 것들에 우리가 얼마나 잘 투자해왔느냐에 관한 것이다.

해설 주어진 문장의 대명사 those (people)이 목적격관계대명사가 생략된 관계사절 we have been given의 수식을 받고 있으므로 옳은 문장이다.

0217

정답 O   **출제포인트** 154 복합관계대명사

해석 당신이 어떤 방법을 선택하든지, 같은 방법으로 비교해야 할 것이다.

해설 주어진 문장의 whichever는 복합관계형용사로 명사와 결합하여 부사절을 이끌 수 있다. 주어진 문장은 Whichever가 명사 way를 수식하고 있으며 부사절 Whichever ~ choose를 이끌고 있으므로 어법상 적절하다.

0218

정답 O   **출제포인트** 148 목적격관계대명사

해석 당신의 리뷰에서 당신이 비판한 작가가 답장을 썼다.

해설 주어진 문장에서 관계사 whom의 선행사는 사람인 The author이고 관계사절이 동사 criticized의 목적어가 없는 불완전한 형태이므로 사람을 나타내는 목적격관계대명사 whom이 적절하게 사용된 것을 알 수 있다. 또한, 단수 주어 The author에 수를 일치시킨 단수 형태의 동사 has written도 적절하게 사용되었다.

0219   Academic knowledge isn't always that leads you to make right decisions.

0220   I would, therefore, recommend Mrs. Ferrer for the post what you advertise.

0221   The rings of Saturn are so distant to be seen from Earth without a telescope.

0222   Most of us, however, have a great deal of control over which we're looking at.

0223   We drove on to the hotel, from whose balcony we could look down at the town.

친절 & 꼼꼼 정답 및 해설

0219

정답 X (isn't always that leads you → isn't always what leads you 또는 doesn't always lead you)

출제포인트 152 that vs. what

해석 학문적 지식이 항상 당신이 올바른 결정을 내리도록 이끄는 것은 아니다 [이끌지는 않는다].

해설 주어진 문장의 leads를 주격관계대명사 that으로 본다면 그에 맞는 선행사가 없으므로 that을 선행사를 포함한 관계대명사 what으로 수정해서 what leads you to make로 볼 수 있다. 또는 동사 leads를 문맥상 본동사로 보아 일반 동사 부정문으로 Academic knowledge doesn't always lead you to make right decisions.으로 볼 수도 있다.

0220

정답 X (what → which 또는 that)

출제포인트 152 that vs. what

해석 그러므로 당신이 게재한 공고에 대해 Ferrer 부인을 추천하고 싶습니다.

해설 관계대명사 what은 선행사를 포함한 관계대명사로 뒤따라오는 문장은 불완전하며 선행사는 제시되지 않아야 한다. 주어진 문장에서 what 이후의 you advertise는 목적어가 없는 불완전한 형태이나 what 이전에 선행사 역할을 하는 post가 있으므로 what은 적절하지 않다. 따라서 what은 목적격관계대명사 which 또는 that으로 수정해야 한다.

0221

정답 X (so distant to be seen → too distant to be seen 또는 so distant that they cannot be seen)

출제포인트 165 so ~ that 주요 표현

해석 지구에서 망원경 없이 관찰되기에 토성의 고리는 너무 멀리 있다.

해설 '너무 ~해서 …할 수 없다'의 의미로, 「too ~ to …」 구문이나 「so ~ that 주어 cannot[can't] …」 구문으로 표현할 수 있다. 따라서 주어진 문장의 so distant to be seen을 too distant to be seen으로 수정하거나, so distant that they cannot[can't] be seen으로 수정해야 한다.

0222

정답 X (which → what)

출제포인트 152 that vs. what

해석 그러나, 우리 중 대부분은 우리가 보고 있는 것에 대해 많은 통제권을 가지고 있다.

해설 주어진 문장의 which 이전에 선행사가 존재하지 않으며, which 이후 절이 전치사 at의 목적어가 없는 불완전한 형태이므로 선행사를 포함하는 관계대명사 what을 사용하는 것이 적절하다. 따라서 which를 what으로 수정해야 한다.

0223

정답 O

출제포인트 150 소유격 관계대명사

해석 우리는 호텔까지 차를 몰고 갔는데, 그곳의 발코니에서 우리는 마을을 내려다볼 수 있었다.

해설 주어진 문장에서 선행사인 the hotel을 수식하는 소유격 관계대명사 whose가 계속적 용법으로 옳게 사용되었다.

0224 You should choose the research method <u>what</u> best suits the outcome you want.

0225 Language is the primary means <u>by which</u> people communicate with one another.

0226 He noticed as they danced around him <u>that</u> there were holes at the tips of spears.

0227 The press, <u>that</u> lays no claim to scientific accuracy, is not easily forgiven its errors.

친절 & 꼼꼼 정답 및 해설

0224

정답 X (what → which 또는 that) **출제포인트** 152 that vs. what

해석 당신은 당신이 원하는 결과에 가장 적합한 연구 방법을 선택해야 한다.

해설 관계대명사 what은 뒤따라오는 문장이 불완전하며 선행사가 존재하지 않는 특징이 있다. 주어진 문장의 what은 뒤따라오는 문장이 주어가 없는 불완전한 형태이며 선행사 the research method가 존재하고 있으므로 적절하지 않다. 따라서 what을 주격관계대명사 which 또는 that으로 수정해야 한다. best는 관계대명사절의 동사 suits를 수식하는 부사로 사용되었음에 유의해야 한다. 더해, the outcome you want는 the outcome과 you want 사이에 목적격관계대명사가 생략된 형태로 목적격관계대명사절 you want가 선행사 the outcome을 수식하고 있다.

0225

정답 O **출제포인트** 149 전치사 + 관계대명사

해석 언어는 인간이 서로 의사소통하는 주요 수단이다.

해설 목적격관계대명사가 which일 때 관계대명사절의 전치사는 관계대명사 앞으로 이동해 「전치사 + 관계대명사」의 형태로 사용할 수 있으며, 이때 「전치사 + 관계대명사」 이후의 문장은 완전해야 한다. 주어진 문장은 the primary means which people communicate by with one another에서 전치사 by가 앞으로 이동하여 the primary means by which people communicate with one another가 되었으며, by which 이후의 문장 people communicate with one another가 완전한 문장이므로 옳은 문장이다.

0226

정답 O **출제포인트** 159 접속사의 역할

해석 그는 그들이 그의 주위에서 춤을 출 때 창끝에 구멍이 있다는 것을 알아차렸다.

해설 주어진 문장의 that there ~ spears는 동사 noticed의 목적어 절에 해당되며 명사절 접속사 that이 적절하게 사용되었다. 더해, 동사 noticed와 that 사이의 as they ~ him은 부사절에 해당된다.

0227

정답 X (that → which) **출제포인트** 146 주격관계대명사

해석 과학적 정확성을 주장하지 않는 언론은 그 오류를 쉽게 용서받지 않는다.

해설 주어진 문장의 that은 선행사인 The press를 수식하는 주격관계대명사절을 이끈다. 그러나 관계대명사 that은 콤마(,)와 함께 쓰여 계속적 용법으로 사용할 수 없다. 따라서 주어진 문장의 that은 which로 수정해야 한다. 더해 is not ~ errors는 수여동사 forgive의 수동태로 its errors는 보류 목적어에 해당된다.

0228   A horse should be fed according as its individual needs and the nature of its work.

0229   The investigation had to be handled with the utmost care lest suspicion be aroused.

0230   I became such wrapped up in myself that I could not see what was really going on.

0231   Domesticated animals are the earliest and most effective 'machines' available to humans.

0232   I am so fearful of being deserted what I won't venture out and take even minimal risks.

친절 & 꼼꼼 정답 및 해설

0228

정답 X (according as → according to)   출제포인트 160 접속사 vs. 전치사

해석 말은 개별 요구와 일의 성질에 따라 먹이를 공급받아야 한다.
해설 주어진 문장의 접속사 according as는 목적어로 명사절을 가져야 하지만 해당 문장에서는 according as 이하에 목적어로 명사구인 'its individual ~ work'가 제시되었으므로 옳지 않다. 따라서, 해당 문장의 according as를 구전치사인 according to로 수정해야 한다. 한편, 해당 문장의 주어인 A horse는 먹이를 공급받는 대상이므로 수동태인 should be fed가 알맞게 쓰였다.

0229

정답 O   출제포인트 164 부사절 접속사

해석 의심이 생기지 않도록 그 조사는 극도로 주의하여 처리되어야 했다.
해설 주어가 사물인 The investigation이므로 문맥상 '처리된'을 뜻하는 수동태로 적절하게 사용되었다. 또한, 접속사 lest가 이끄는 절에서 조동사 should는 생략할 수 있으므로 종속절에서 동사원형만 남아 be aroused(생겨나다)가 쓰인 것은 적절하다. 더해, lest는 '~하지 않도록, ~하지 않으려고'를 뜻하는 부정의 의미를 지니므로 부정 부사를 사용하지 않은 것도 적절하다.

0230

정답 X (such → so)   출제포인트 165 so ~ that 주요 표현

해석 나는 내 자신에게 너무 사로잡혀 있어서 정말 무슨 일이 일어나고 있는지 알 수 없었다.
해설 원인과 결과를 나타내는 「so/such ~ that …」 구문에서 형용사 또는 부사를 수식할 때는 so를 사용하며 명사를 수식할 때는 such를 사용한다. 주어진 문장에서 wrapped는 과거분사로 보어 자리에서 형용사의 역할을 하므로, such를 so로 수정해야 한다.

0231

정답 O   출제포인트 146 주격관계대명사

해석 가축화된 동물들은 인간들이 이용할 수 있는 가장 초기의(가장 오래된) 그리고 가장 효과적인 '기계들'이다.
해설 주어진 문장의 available to ~ humans는 「주격관계대명사 + be동사」가 생략된 구문이다. 'machines' that are available to humans에서 that are가 생략되어 형용사구 available to humans가 'machines'를 후치 수식하고 있다.

0232

정답 X (what → that)   출제포인트 165 so ~ that 주요 표현

해석 나는 버림받는 것이 너무 두려워서 모험하거나 최소한의 위험조차 감수하지 않을 것이다.
해설 주어진 문장은 문맥상 「so + 형용사/부사 + that …」은 '매우 ~해서 …하다'를 뜻하는 관용표현에 해당된다. 또한, 해당 문장의 what 이후에는 문장이 완전하므로 what이 쓰인 것이 적절하지 않음을 알 수 있다. 따라서 what을 that으로 수정해야 한다.

0233 I wrote passionate letters of love to him with an intensity <u>for which</u> I never knew before.

0234 People tend to think that stereotypes are honest reflections of <u>that</u> they see in the world.

0235 Their biophilia hypothesis is <u>that</u> humans have a universal desire to be in natural settings.

0236 In that respect, we can be said to be constantly managing risk in everything <u>what</u> we do.

0237 When a viewer looks at her eyes, the mouth is in peripheral vision, <u>that</u> sees in black and white.

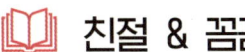 친절 & 꼼꼼 정답 및 해설

0233

정답 X (for which → which 또는 that)   **출제포인트** 148 목적격관계대명사

해석 나는 전에 알지 못했던 강렬함으로 그에게 열정적인 사랑의 편지를 썼다.

해설 주어진 문장에 사용된 for which는 「전치사 + 관계대명사」로 이어지는 문장이 완전한 형태여야 한다. 그러나 관계사절인 I never knew before에서 knew의 목적어가 없으므로 해당 문장은 옳지 않다. 전치사 for를 삭제하고 목적격관계대명사 which 또는 that을 써서 문맥상 '내가 전에 알지 못했던 강렬함'의 의미로 사용해야 적절하다.

0234

정답 X (that → what)   **출제포인트** 152 that vs. what

해석 사람들은 고정관념들이 그들이 세상에서 보는 것에 대한 정직한 반영이라고 생각하는 경향이 있다.

해설 「tend to + 동사원형」은 '~하는 경향이 있다'를 뜻하는 표현으로 주어진 문장은 tend 이후에 to think가 적절하게 사용되었다. 그러나 that 이후에 오는 문장은 see의 목적어가 없는 상태이며 전치사 of의 목적어인 선행사가 없으므로, 선행사를 포함한 관계대명사 what으로 '그들이 보는 것'을 뜻하는 표현을 사용해야 한다. 따라서 that은 what으로 수정해야 한다.

0235

정답 O   **출제포인트** 162 명사절 접속사

해석 그들의 생명애 가설은 인간은 자연환경에 있고자 하는 보편적인 욕구를 지니고 있다는 것이다.

해설 주어진 문장에 사용된 접속사 that이 이끄는 명사절은 보어 역할을 할 수 있다. 해당 문장에서 that 이하 문장이 완전하므로 that절이 명사절로 사용되었음을 알 수 있다. 따라서 that은 적절하게 사용되었다.

0236

정답 X (what → that)   **출제포인트** 152 that vs. what

해석 그러한 관점에서, 우리는 우리가 하는 모든 것에서 지속적으로 위험을 관리한다고 말할 수 있다.

해설 선행사를 포함하는 관계대명사 what은 선행사가 올 수 없다. 주어진 문장에서는 everything이라는 선행사가 있으며 뒤따라오는 문장이 불완전하므로 목적격관계대명사 that을 사용해야 적절하다. 따라서 what을 that으로 수정해야 한다. 참고로, 일반적으로 선행사가 -thing으로 끝나는 경우에는 관계대명사 which는 사용하지 않으므로 that을 사용해야 한다.

0237

정답 X (that → which)   **출제포인트** 146 주격관계대명사

해석 관람객들이 그녀의 눈을 볼 때, 입은 흑백으로 보이는 주변부 시야에 있다.

해설 주어진 문장의 that은 peripheral vision을 선행사로 하는 주격관계대명사로 이때 peripheral vision은 사물에 해당하므로, that 또는 which를 사용할 수 있다. 그러나 주격관계대명사 앞에 콤마(,)를 통해서 앞선 선행사를 부가 설명하는 관계대명사의 계속적 용법으로 사용되었음을 알 수 있다. 계속적 용법은 관계대명사 that을 사용할 수 없으므로, that을 which로 수정해야 한다.

0238 The key to understanding economics is accepting what there are always unintended consequences.

0239 The software developer works to maximize user-friendliness and reduced bugs that impede results.

0240 Although these disagreements, emotions are clear products of activity in specific regions of the brain.

0241 In 2011, her finest jewels were sold by Christie's at an evening auction that brought in $115.9 million.

0242 I was released for adoption by my biological parents and spend the first decade of my life in orphanages.

친절 & 꼼꼼 정답 및 해설

0238

- **정답** X (what → that)
- **출제포인트** 152 that vs. what
- **해석** 경제를 이해하는 것의 비결은 항상 의도치 않은 결과가 있다는 점을 받아들이는 것이다.
- **해설** 관계대명사 what은 뒤따라오는 문장이 불완전하며 선행사가 존재하지 않는 특징이 있다. 주어진 문장의 what 이후의 절인 there ~ consequences가 완전하므로 관계대명사 what은 accept의 목적어 절로 옳지 않다. 따라서 해당 문장의 what을 that으로 수정해야 한다. 이때 접속사 that은 타동사 accept의 목적어절을 이끄는 명사절 접속사로 쓰인다.

0239

- **정답** X (reduced → reduce 또는 to reduce)
- **출제포인트** 161 등위(상관)접속사의 병렬구조
- **해석** 소프트웨어 개발자들은 사용자들의 편의를 최대화하고 결과를 방해하는 버그를 줄이기 위해 작업하는 것이다.
- **해설** 주어진 문장의 등위접속사 and가 연결하는 to maximize와 reduced는 문맥상 병렬구조여야 하므로 reduced를 reduce 또는 to reduce로 수정해야 한다. 더해, 주어인 The software developer가 3인칭 단수이므로 동사 works가 적절하게 사용되었다.

0240

- **정답** X (Although → Despite 또는 In spite of)
- **출제포인트** 160 접속사 vs. 전치사
- **해석** 이러한 이견에도 불구하고, 감정은 뇌의 특정한 영역에서의 활동의 분명한 산물이다.
- **해설** 주어진 문장의 Although는 '비록 ~일지라도'의 의미로 절을 이끄는 양보의 부사절 접속사이다. 이에 비해 Despite는 '~에도 불구하고'는 전치사로서 목적어로는 명사(구)를 갖는다. 주어진 문장은 Although 이후에 명사구 these disagreements가 목적어로 사용되었으므로 Although를 Despite로 수정해야 한다. 혹은 동일한 의미의 전치사구인 In spite of로 수정할 수도 있다.

0241

- **정답** O
- **출제포인트** 146 주격관계대명사
- **해석** 2011년, 그녀의 최고급 보석들이 1억 1천 590만 달러의 수익을 낸 Christie's 주최 저녁 경매에서 판매되었다.
- **해설** 관계대명사 that이 이끄는 절은 사람과 사물을 둘 다 선행사로 취할 수 있다. 주어진 문장은 주격관계대명사절 that brought ~ million이 선행사 an evening auction(저녁 경매)을 수식하고 있으므로 적절하다.

0242

- **정답** X (spend → spent)
- **출제포인트** 161 등위(상관)접속사의 병렬구조
- **해석** 나의 생물학적 부모는 입양을 위해 (부모의 권리를) 포기했고 나는 생애 첫 10년을 고아원에서 보냈다.
- **해설** 주어진 문장은 등위접속사 and로 연결된 두 개의 절 I was released ~ parents와 spend ~ orphanages로 구성되어있다. 문맥상 '생물학적 부모에 의해서 포기되어진 것'과 '생애 첫 10년을 고아원에서 보낸 것' 모두 과거 시제로 쓰여야 적절하다. 따라서 현재형 spend는 과거형 spent로 수정해야만 한다.

우선순위 3 접속사 / 관계사 109

0243 These are areas <u>where</u> a business wants the best quality service and the most "free" accounting help it can get.

0244 When my father heard me sneezing and coughing, he opened my bedroom door to ask me <u>that I needed anything</u>.

0245 Contrary to <u>which</u> many believe, UA is found in every city, where it is sometimes hidden, sometimes obvious.

0246 I was really happy to see his kind and caring face, but there wasn't <u>anything he could do it</u> to make the flu <u>to go away</u>.

친절 & 꼼꼼 정답 및 해설

0243

정답 O **출제포인트** 156 관계부사

해석 이것들은 기업이 최고 품질의 서비스와 얻을 수 있는 최고의 "무료" 회계 지원을 원하는 영역들이다.

해설 주어진 문장의 where 이후 절의 문장 구조가 완전하며 장소를 나타내는 유도부사구문의 주어 areas를 수식하고 있으므로 관계부사 where는 적절하게 사용되었다. 더해, 주어진 문장의 help는 '지원'을 뜻하는 명사로 사용되었으며 목적격관계대명사가 생략된 관계대명사절 it can get이 선행사 help를 수식하고 있다.

0244

정답 X (that → if 또는 whether) **출제포인트** 162 명사절 접속사

해석 아버지가 내가 재채기와 기침을 하는 소리를 들었을 때, 그는 내가 필요한 것이 있는지 물어보려고 내 침실 문을 열었다.

해설 주어진 문장의 문맥상 '재채기와 기침을 하는 소리를 듣고' 하는 행위로 me 이후에 의문사가 없는 간접의문문이 쓰여서 '내가 무엇이든 필요한지 아닌지'를 묻는 표현이 들어가야 한다. 따라서 명사절 접속사 that(~것)은 '~인지 아닌지'를 뜻하는 if 또는 whether로 수정해야 한다. 더해, 지각동사 heard는 목적어와 목적격 보어의 관계가 능동일 때 「지각동사 + 목적어 + 목적격 보어[원형부정사/현재분사]」의 구조로 사용한다. 해당 문장에서 문맥상 목적어인 me와 목적격 보어가 능동 관계이므로 현재분사 sneezing과 coughing은 적절하게 사용되었다.

0245

정답 X (which → what) **출제포인트** 152 that vs. what

해석 많은 사람들이 믿는 것과 대조적으로, UA는 모든 도시에서 발견되는데, 그곳에서 그것은 때때로 숨겨져 있거나, 때로는 눈에 잘 띈다.

해설 주어진 문장의 which 이후 many believe에서 many는 주어의 역할을 하는 명사로 사용되었고 타동사인 believe의 목적어가 없으므로 밑줄 친 which는 believe의 목적어 역할을 하는 목적격관계대명사로 볼 수 있다. 그러나 관계대명사 which 앞에는 반드시 선행사의 역할을 하는 명사가 존재해야 하나 which 이전에 구전치사 Contrary to만 존재하므로 옳지 않은 문장이다. 따라서 구전치사의 목적어 역할을 함과 동시에 선행사를 포함하는 관계대명사 what이 오는 것이 적절하므로 which는 what으로 수정해야 한다.

0246

정답 X (he could do it → he could do / to go away → go away)
출제포인트 148 목적격관계대명사 018 사역동사

해석 나는 그의 친절하고 배려하는 얼굴을 보며 정말 행복했지만, 독감을 낫게 하기 위해 그가 할 수 있었던 것은 아무것도 없었다.

해설 주어진 문장의 anything he could do it은 anything과 he could do it 사이에 목적격관계대명사가 생략된 형태이다. 이때 목적격관계대명사인 that 이후의 문장에는 목적어가 없는 형태여야 한다. 그런데 관계사절에 do의 목적어 역할을 하는 it이 있으므로 삭제해야 한다. 또한, 주어진 문장의 to make the flu to go away에서 사역동사 make는 목적어와 목적격 보어의 관계가 능동일 때 「make + 목적어 + 목적격 보어[원형부정사]」 형태로 쓰인다. 주어진 문장은 목적어인 the flu와 go away가 능동 관계이므로 목적격 보어로 쓰인 to go away를 원형부정사 go away로 수정해야 한다.

0247 Researchers have identified physiological differences between sociable and shy babies <u>what</u> show up as early as two months.

0248 There was <u>so</u> talk about Volta's work that he was requested to conduct a demonstration before the Emperor Napoleon himself.

0249 To find a good starting point, one must return to the year 1800 during <u>that</u> the first modern electric battery was developed.

0250 Moreover, they acquire them "naturally," without special instruction, <u>despite</u> not without significant effort and attention to language.

0251 This book is intended for educators, new or veteran, interested in enhancing student understanding and <u>design</u> more effective curricula.

친절 & 꼼꼼 정답 및 해설

0247

정답 X (what → that 또는 which)   **출제포인트** 146 주격관계대명사

해석 연구원들은 빠르면 두 달 안에 나타나는 사교적인 아기들과 수줍은 아기들 사이의 생리적인 차이를 확인했다.

해설 주어진 문장의 선행사를 포함한 관계대명사로 쓰인 what 이후의 문장은 주어가 없는 불완전한 상태이나, 선행사인 differences는 존재한다. 따라서 what을 that 또는 which로 수정해야 한다. 더해, 선행사인 difference는 between ~ babies에 의해서 수식받고 있으므로 주의해야 한다.

0248

정답 X (so → such)   **출제포인트** 165 so ~ that 주요 표현

해석 Volta의 연구에 대한 세평이 자자해 그는 직접 나폴레옹 황제 앞에서 시연을 하도록 요청받았다.

해설 원인과 결과를 나타내는 「so/such ~ that …」 구문에서 형용사 또는 부사를 수식할 때는 so를 사용하며 명사를 수식할 때는 such를 사용한다. 주어진 문장에서 talk가 '세평, (화제의) 소문'을 뜻하는 불가산명사로 사용되었으므로 so를 such로 수정해야 한다. 더해, 주어진 문장은 유도부사구문으로 주어인 불가산명사 talk에 맞춰 단수형 동사 was가 적절하게 사용되었다.

0249

정답 X (that → which)   **출제포인트** 149 전치사 + 관계대명사

해석 좋은 출발점을 찾으려면, 최초의 현대식 전기 배터리가 개발된 해인 1800년으로 되돌아가야 한다.

해설 주어진 문장의 the first ~ was developed는 완전한 절로 앞선 선행사 the year 1800을 수식하고 있다. 이때 「전치사 + 관계대명사」의 형태에서 전치사 뒤에는 관계대명사 that을 사용할 수 없다. 따라서 that은 which로 수정해야 한다. 한편, To find ~ point는 목적을 나타내는 부정사의 부사적 용법으로 문맥상 적절하게 사용되었다.

0250

정답 X (despite → (al)though)   **출제포인트** 160 접속사 vs. 전치사

해석 게다가, 비록 어느 정도의 노력과 언어에 대한 관심이 없다면 아니기는 하겠지만, 그들은 특별한 교육이 없이도 그것들[모국어]을 "자연적으로" 습득한다.

해설 전치사 despite는 목적어로 명사나 명사구가 와야 하므로 despite 다음에 not without ~으로 시작하는 전치사구가 위치하는 것은 어법상 올바르지 않다. 원래 문장은 (al)though it is not without significant ~로 부사절의 주어와 be동사인 it is가 생략된 형태이다. 따라서 (al)though not without significant ~ 로 표현하는 것이 적절하므로 despite는 (al)though로 수정해야 한다.

0251

정답 X (design → designing)   **출제포인트** 161 등위(상관)접속사의 병렬구조

해석 이 책은 학생들이 이해하는 것을 더 강화하는 것과 더 효과적인 교육 과정을 디자인하는 것에 관심이 있는 신입이거나 베테랑인 교육자들을 위해 의도된 것이다.

해설 '주어진 문장의 「interested in~」 표현에서 in은 전치사이므로 이후에는 명사나 명사구가 나와야 한다. 따라서 주어진 문장의 design은 enhancing과 병렬구조를 이루어 designing으로 수정해야 한다.

0252 Over time, he fits the behavior consistent with his prototypes and constructs into the impression what he has already formed of her.

0253 In addition, memorization can enable use of direct eye contact with an audience who is more convincing than reference to the score.

0254 Such a society would be so rife with rumor, alarm, and lies which the errors of our journalism would by comparison seem models of truth.

0255 Brain imaging studies have shown that when humans watch other people yawn, brain areas known to be involved in social function are activated.

친절 & 꼼꼼 정답 및 해설

0252

정답 X (what → that 또는 which)   **출제포인트** 152 that vs. what

해석 시간이 흐르면서, 그는 그의 초기 모델과 일치하는 행동에 맞추고 그가 이미 그녀에 대해 만들어 놓은 인상으로 구축해 간다.

해설 what 앞에 선행사 the impression이 있으며, 뒤따라오는 문장에서 동사 have already formed의 목적어가 없는 불완전한 형태이므로 목적격관계대명사 that 또는 which를 쓰는 것이 적절하다. 따라서 what을 that 또는 which로 수정해야 한다.

0253

정답 X (who → which 또는 that)   **출제포인트** 146 주격관계대명사

해석 게다가, 암기는 관객과의 직접적인 시선 접촉을 가능하게 하는데, 그것은 악보를 참고하는 것보다 설득력이 있다.

해설 who는 사람을 나타내는 선행사를 수식하는 관계대명사이다. 주어진 문장에서 관계사절 who is ~ score가 수식하는 선행사는 문맥상 직전에 제시된 an audience(청중)가 아니라 direct eye contact(시선 접촉)에 해당된다. 따라서 who는 사물을 수식하는 주격관계대명사 which 또는 that으로 수정해야 한다.

0254

정답 X (which → that)   **출제포인트** 165 so ~ that 주요 표현

해석 그러한 사회는 루머, 경각, 거짓으로 가득 차서 우리의 저널리즘의 오류가 비교적 진실의 모형처럼 보일 것이다.

해설 주어진 문장에서 which 이하의 절이 완전한 것으로 보아, 관계대명사 which가 적절하지 않음을 알 수 있다. 또한, 해당 문장의 문맥상 '원인과 결과'를 나타내는 「so ~ that …」 구문에서 형용사 또는 부사를 수식할 때 사용되는 so가 존재하는 것으로 보아, '너무 ~해서 …하다'라는 의미의 「so ~ that …」 구문임을 알 수 있다. 따라서 which를 that으로 수정해야 한다.

정해쌤's Tip would와 seem 사이에 by comparison은 전명구에 해당되며, 강조를 위해 조동사 뒤에 있는 경우이니 주의하세요.

0255

정답 O   **출제포인트** 164 부사절 접속사

해석 뇌 이미지 연구는 사람들이 다른 사람들이 하품하는 것을 볼 때, 사회 기능과 연관되었다고 알려진 뇌의 영역이 활성화된다는 것을 보여줬다.

해설 주어진 문장의 have shown의 목적어 역할을 하는 명사절은 that brain ~ activated이다. 이때 when ~ yawn은 명사절 내의 부사절로 사용되었음에 주의해야 한다.

0256 At night, the lights could be seen from outside the stable and took turns flashing, that appeared as if people were moving around with torches.

0257 Some of our dissatisfactions with self and with our lot in life are based on real circumstances, and some are false and simply perceive to be real.

0258 This standard of proof contrasts with civil cases, which the claimant generally needs to show a defendant is liable on the balance of probabilities.

0259 Looking back, scientists have uncovered a mountain of evidence what Mayan leaders were aware for many centuries of their uncertain dependence on rainfall.

친절 & 꼼꼼 정답 및 해설

0256

정답 X (that → which)　　**출제포인트** 146 주격관계대명사

해석 밤에는, 불빛을 외양간 바깥에서부터 볼 수 있었고 번갈아 가며 깜박거렸는데, 이는 마치 사람들이 횃불을 들고 돌아다니는 것처럼 보였다.

해설 주어진 문장의 that 이하의 문장이 주어가 없이 불완전하므로 관계대명사로 쓰였음을 알 수 있다. that 앞에 콤마(,)가 있으므로 계속적 용법임을 알 수 있으나, that은 계속적 용법으로는 사용될 수 없다. 따라서 that은 which로 수정해야 한다. 이때 'the lights ~ flashing'이 계속적 용법 관계대명사 which의 계속적 용법의 선행사에 해당된다.

0257

정답 X (perceive → perceived)　　**출제포인트** 161 등위(상관)접속사의 병렬구조

해석 인생에서 자기 자신과 우리의 운명에 대한 우리의 불만족 중 일부는 실제 상황에 기반한 것이며, 일부는 사실이 아니고 그저 실제라고 인식되는 것이다.

해설 주어진 문장의 등위접속사 and 이후 주어 some이 가리키는 것은 dissatisfactions(불만족들)이며 문맥상 불만족은 '인식되는' 수동의 관계이므로 perceive는 과거분사 perceived로 수정해야 한다. 또한, 등위접속사 and는 동일 문장 성분을 연결하는 병렬구조를 이끌기 때문에, 주어인 some을 수식하는 주격 보어인 형용사 false와 병렬구조를 이룰 수 있는 형용사 역할을 하는 과거분사 perceived가 적절하다. 이에 더해, 등위접속사 and가 절과 절을 연결하는 연결사로서 some are false and (some are) simply perceived~로도 볼 수 있다.

0258

정답 X (which → where)　　**출제포인트** 158 관계대명사 vs. 관계부사

해석 이러한 증거의 기준은 민사 사건과는 대조되는데, 일반적으로 민사 사건에서는 피고가 개연성의 균형에 책임이 있다는 것을 원고가 입증해야 한다.

해설 주어진 문장의 which 이후에 'the claimant ~ probabilities'는 완전한 문장으로 선행사인 civil cases(민사 사건)를 수식하고 있다. 따라서 불완전한 문장을 이끄는 관계대명사 which는 장소, 경우를 나타내는 관계부사 where로 수정해야 한다.

0259

정답 X (what → that)　　**출제포인트** 152 that vs. what

해석 과거를 돌이켜 보면서, 과학자들은 마야의 지도자들이 강우에 대한 자신들의 불안정한 의존 상태에 대해 여러 세기 동안 알고 있었다는 산더미 같은 증거를 발견해 왔다.

해설 관계대명사 또는 의문대명사 what은 이후의 절이 불완전해야 한다. 그러나 해당 문장의 what 이후의 절이 완전한 문장 구조를 이루고 있으므로 옳지 않다. 따라서 추상 명사 evidence의 동격 명사절을 이끌 수 있는 접속사 that을 사용하는 것이 적절하다. 따라서 what을 that으로 수정해야 한다.

0260 Humans have an inborn affinity for nature that goes beyond the tangible benefits we derive from the microbes, plants, and animals of the biomes which we live.

0261 Although most creatures communicate, human speech is more complex, more creative, and used more extensively than the communication systems of other animals.

0262 The first action its inhabitants took against neighboring villages set in motion a process that was both constrained by reality and filling with unintended consequences.

0263 In contrast, an industrial worker who has to work in areas which the possibility of a flash fire exists would have a very different set of hazards and requirements.

친절 & 꼼꼼 정답 및 해설

0260

정답 X (which → in which 또는 where) **출제포인트** 149 전치사 + 관계대명사

해석 인간은 우리가 살고 있는 생물군계의 미생물, 식물, 그리고 동물로부터 얻는 실재적인 이익을 넘어서는 자연에 대한 선천적인 친밀감을 지니고 있다.

해설 주어진 문장의 목적격관계대명사 which의 관계대명사절 내의 전치사는 관계대명사 앞으로 이동해 「전치사 + 관계대명사」의 형태로 사용할 수 있으며 「전치사 + 관계대명사」 이후의 문장은 완전해야 한다. 주어진 문장은 the biomes which we live in에서 전치사 in이 앞으로 이동하여 the biomes in which we live가 되어야 하므로 which를 in which로 수정해야 한다. 또는 「전치사 + 관계대명사」를 대신하는 관계부사를 사용할 수 있는데, 해당 문장에서 선행사 the biomes는 문맥상 장소를 나타내므로 관계부사 where를 사용해 the biomes where we live로 수정해도 무방하다.

0261

정답 O **출제포인트** 161 등위(상관)접속사의 병렬구조

해석 대부분의 생물이 의사소통하지만, 인간의 말은 다른 동물들의 의사소통 체계보다 더 복잡하고, 더 창의적이며, 더 광범위하게 사용된다.

해설 주어진 문장의 주어는 human speech이고 동사는 is이다. 등위접속사 and를 사용해 3개의 보어 complex, creative, used를 「A, B, and C」 구조로 연결하고 있으며 등위접속사 병렬구조에서 반복되는 동사는 생략할 수 있다. human speech는 '사용되는' 대상으로 보어 자리에 수동형이 쓰여야 적절하므로 동사가 생략된 과거분사 (is) used는 적절하다.

0262

정답 X (filling → filled) **출제포인트** 161 등위(상관)접속사의 병렬구조

해석 그곳의 주민이 이웃 마을에 대항하여 취한 최초의 행위가 현실에 의해 속박당하면서도 의도하지 않을 결과로 가득한 과정에 시동을 걸었다.

해설 주어진 문장에서 주격관계대명사절 that ~ consequences가 선행사 a process를 수식하고 있다. 관계사절의 동사는 등위상관접속사 「both A and B」 구조로 filling을 filled로 수정해 수동태 was both constrained와 (was) filled로 병렬구조를 표현하는 것이 어법상 적절하다. 따라서 filling을 filled로 수정해야 한다. 해당 문장의 주어는 The first action이며, 이후의 its inhabitants ~ villages는 took의 목적어가 없는 목적격관계사절로 주어인 action을 수식하고 있다. 따라서 문장의 동사구는 과거시제 set in motion에 해당된다.

0263

정답 X (which → where) **출제포인트** 158 관계대명사 vs. 관계부사

해석 대조적으로, 돌발성 화재가 존재할 가능성이 있는 곳에서 일해야 하는 산업 노동자는 매우 다른 세트의 위험과 요구 사항을 가지고 있을 것이다.

해설 주어진 문장의 관계사절 which ~ exists가 수식하는 선행사가 장소를 나타내는 areas이며 which 이후의 절이 완전하므로 관계대명사 which는 옳지 않다. 따라서 관계대명사 which는 관계부사 where로 수정해야 한다.

0264 The body recognizes the molecular weight and structure of each vitamin and mineral for their functions regardless of if the vitamins come from synthetic or natural sources.

0265 First impression bias means that our first impression sets the mold which later information we gather about this person is processed, remembered, and viewed as relevant.

0266 Positive emotional experiences from music may improve therapeutic process and thus strengthens traditional cognitive/behavioral methods and their transfer to everyday goals.

0267 He became a regular on The Jack Benny Program, which he provided voices for many characters — human, animal, and nonliving objects such as a car in need of a tune-up.

친절 & 꼼꼼 정답 및 해설

0264

정답 X (if → whether)　　**출제포인트** 162 명사절 접속사

해석 신체는 비타민이 합성물로부터 나오든 천연 원료로부터 나오든 상관없이 그들의 기능을 위해 각각의 비타민과 미네랄의 분자량과 구조를 인식한다.

해설 명사절을 이끄는 접속사 중 if는 '~인지 아닌지'의 의미로 사용되며, 전치사의 목적어로 쓰일 수 없다. 따라서 주어진 문장의 if는 whether로 수정해야 한다.

0265

정답 X (which → by which)　　**출제포인트** 149 전치사 + 관계대명사

해석 첫인상에 대한 편견이란 우리의 첫인상이 틀을 잡는 것을 의미하는데 이 틀에 의해 나중에 이 사람에 대해 우리가 수집하는 정보가 처리되고 기억되고 적절한 것으로 간주된다.

해설 주어진 문장의 which 이후의 문장은 완전하므로 관계대명사 which는 옳지 않다. 해당 문장은 First impression bias means that our first impression sets the mold와 Later information we gather about this person is processed, remembered, and viewed as relevant by the mold를 연결한 문장으로 앞선 문장에 포함된 the mold를 관계대명사 which로 대신하고 전치사 by를 목적격관계대명사 which 앞으로 이동해야 한다. 해당 by the mold는 「전치사 + 관계대명사」 구조인 by which로 결국 변경된 경우이다. 따라서 which는 by which로 수정해야 한다.

0266

정답 X (strengthens → strengthen)　　**출제포인트** 161 등위(상관)접속사의 병렬구조

해석 음악으로부터의 긍정적인 감정적 경험은 치료 과정을 향상시킬 수 있고, 그리하여 전통적인 인지적/행동적 방법과 그것들의 일상적 목표로의 전이를 강화할 수 있다.

해설 등위접속사 and는 동일한 형태의 단어, 구, 절을 연결되는 병렬구조를 이룬다. 주어진 문장에서는 문맥상 조동사 may 뒤에 오는 동사원형 improve와 strengthens가 and로 병렬구조로 연결되어야만 하므로 strengthens를 동사원형으로 수정하여 strengthen이 되어야 한다.

0267

정답 X (which → where)　　**출제포인트** 158 관계대명사 vs. 관계부사

해석 그는 The Jack Benny Program에 고정 출연자가 되었는데, 그 프로그램에서 그는 인간, 동물 그리고 엔진 정비가 필요한 자동차 같은 무생물까지 많은 등장인물의 목소리를 연기했다.

해설 주어진 문장의 which 이후의 문장 he provided ~ tune-up이 완전한 형태의 절이므로 관계대명사 which는 옳지 않다. 또한 관계부사 where는 물리적 공간이 아니라, 추상적인 공간인 The Jack Benny Program도 수식할 수 있으므로 관계대명사인 which를 관계부사인 where로 수정해야 한다. 이때 해당 문장에서 관계부사 where는 계속적 용법으로 쓰여 '그런데 거기서 ~'라는 의미로 해석한다.

우선순위 3 접속사 / 관계사

0268 The presence of other people is often crucial to defining the setting and hence the activity of media consumption, though the fact that the relationships are totally impersonal.

0269 In a letter sent to elected officials last week, Airbnb said that most of its local hosts were residents who rented their spaces infrequently "to pay their bills and staying in their homes."

0270 With its tiny winding lanes and hidden temples, Jaisalmer is straight out of The Arabian Nights, and so little has life altered here which it's easy to imagine yourself back in the 13th century.

0271 Music therapy can be broadly defined as being 'the use of music as an adjunct to the treatment or rehabilitation of individuals to enhance their psychological, physical, cognitive or social functioning'.

0272 We mean all of those occasions that involve the presence of strangers, such as viewing television in public places like bars, go to concerts or dance clubs, or reading a newspaper on a bus or subway.

친절 & 꼼꼼 정답 및 해설

0268

정답 X (though → despite) **출제포인트** 160 접속사 vs. 전치사

해석 다른 사람들의 존재는 환경과 그에 따른 미디어 소비의 활동을 정의하는 데 종종 결정적인데, 비록 그 관계가 특정 개인과 완전히 상관없다는 사실에도 불구하고 그러하다.

해설 주어진 문장의 접속사 though는 '~일지라도'의 의미로 절을 이끌 수 있다. 그러나 though 이후에는 절이 아닌 명사 the fact가 존재하므로 옳지 않다. despite는 '~일지라도'의 의미로 명사(구)를 목적어로 가질 수 있으므로, 주어진 문장에서 though를 despite로 수정해야 한다. 전치사 despite의 목적어는 명사 the fact이며 이후의 that절은 the fact의 동격절이므로 적절하게 사용되었다.

0269

정답 X (staying → stay 또는 to stay) **출제포인트** 161 등위(상관)접속사의 병렬구조

해석 지난주에 당선된 관리들에게 보내진 편지에서, Airbnb는 지역의 집주인들 중 대부분이 "그들의 명세서를 지불하고 그들의 집에서 머물기 위해" 그들의 집들을 드물게 대여해 준 거주자들이라고 말했다.

해설 주어진 문장의 elected는 명사인 officials를 수식하여 '당선된 관리인'의 의미로 사용되었다. 더해서 that 목적어 절의 주어로서 부분을 나타내는 명사인 most는 복수 명사 hosts에 맞추어 '집주인들 중 대부분은'의 의미로 복수 동사 were로 올바르게 수일치 하였다. 단, 해당 문장에서 and로 연결하고 있는 to pay와 staying은 병렬구조여야 하므로 staying을 stay 또는 to stay로 수정해야 한다. 이때 to pay ~ homes는 문맥상 '~하기 위해서'를 뜻하는 to부정사의 부사적 용법으로 사용되었다.

0270

정답 X (which → that) **출제포인트** 165 so + that 주요 표현

해석 좁고 구불구불한 길과 숨겨진 사원들이 있는 Jaisalmer는 『아라비안나이트(The Arabian Nights)』에서 곧바로 튀어나왔고, 이곳의 생활은 거의 변하지 않아서 13세기로 거슬러 올라가 있는 당신 자신을 상상하기가 쉽다.

해설 주어진 문장의 문맥상 '너무 ~해서 …하다'를 뜻하는 「so ~ that …」 구문을 사용하는 것이 적절하다. 따라서 which를 명사절 접속사 that으로 수정해야 한다. 또한, and 이하의 so little has life altered는 부정어 so little이 앞으로 나가 조동사 has와 주어가 도치된 형태이다.

0271

정답 O **출제포인트** 161 등위(상관)접속사의 병렬구조

해석 음악 요법은 광의로 '그들의 심리적, 육체적, 인지적, 또는 사회적 기능을 향상시킬 수 있는 개인의 치료 또는 재활에의 보조 도구로서 음악의 사용'으로 정의될 수 있다.

해설 주어진 문장에서 functioning은 '기능, 작용'을 뜻하는 명사로 사용되었으며 to enhance의 목적어로 사용되었다. 주어진 문장의 형용사 psychological, physical, cognitive, social은 「A, B, C, or D」 구조로 functioning을 수식하고 있다.

0272

정답 X (go → going) **출제포인트** 161 등위(상관)접속사의 병렬구조

해석 우리는 술집과 같은 공공장소에서 텔레비전을 보거나, 콘서트나 댄스 클럽에 가거나, 버스나 지하철에서 신문을 읽는 등 낯선 사람들이 있는 것과 관련된 모든 경우들을 의미한다.

해설 등위접속사 or는 「A, B, or C」의 형태로 병렬구조를 이룬다. 주어진 문장의 구전치사 such as의 목적어인 동명사구 viewing과 reading을 병렬구조로 연결하고 있으므로 중간의 go 또한 동명사구 형태가 되어야 한다. 따라서 go는 going으로 수정해야 한다.

0273　They shouldn't feel so bad because so many lucky animals are saved from a dangerous life on the streets, <u>why</u> they're at risk of traffic accidents, attack by other animals or humans, and subject to the elements.

0274　In the broadest sense, myths are stories — usually whole groups of stories — <u>that</u> can be true or partly true as well as false; regardless of their degree of accuracy, however, myths frequently express the deepest beliefs of a culture.

0275　Officials in the UAE, responding to an incident <u>which</u> an Emirati tourist was arrested in Ohio, cautioned Sunday that travelers from the Arab country should "refrain from wearing the national dress" in public places while visiting the West "to ensure their safety."

0276　One reason for upsets in sports — in which the team predicted to win and supposedly superior to their opponents surprisingly loses the contest — is <u>what</u> the superior team may not have perceived their opponents as threatening to their continued success.

친절 & 꼼꼼 정답 및 해설

0273

정답 X (why → where)   **출제포인트** 156 관계부사

해석 그들은 그렇게 안 좋게 느끼지 말아야만 하는데 왜냐하면 많은 운 좋은 동물들이 교통사고, 다른 동물들이나 인간들의 공격, 그리고 자연 요소의 대상의 위험에 있는 길 위의 위험한 삶으로부터 구조되기 때문이다.

해설 주어진 문장의 when 이후 절의 문장 구조가 완벽하므로 관계부사를 사용하는 것이 적절하나 장소를 나타내는 선행사 streets를 수식하고 있으므로 관계부사 why를 관계부사 where로 수정해야 한다. 더해 주어진 문장의 accidents, attack, subject는 「A, B, and C」 형태의 병렬구조를 이루고 있다.

0274

정답 O   **출제포인트** 146 주격관계대명사

해석 가장 넓은 관점에서, 신화는 거짓뿐 아니라 진실이거나 부분적으로 진실일 수 있는 이야기들, 주로 이야기들의 덩어리 전체이다. 그러나 그들의 정확성의 정도와는 상관없이, 신화들은 종종 문화의 가장 심오한 믿음들을 표현한다.

해설 주어진 문장의 that ~ false는 관계사절로 선행사 stories를 수식하고 있으며 that 이후의 문장이 주어가 없는 불완전한 형태이다. 따라서 that은 주격관계대명사로 적절하게 사용되었다. 이때 '— usually whole groups of stories —'은 삽입된 형태로 stories의 의미를 더하고 있다.

0275

정답 X (which → where)   **출제포인트** 158 관계대명사 vs. 관계부사

해석 에미레이트 관광객이 오하이오에서 체포되었던 사건에 반응하며 UAE의 관리들은 아랍 국가에서 온 여행객들은 "그들의 안전을 확실히 하기 위해" 서양을 방문하는 동안 공공장소에서 "국가의 옷을 착용하는 것을 자제"해야 한다고 일요일에 경고했다.

해설 주어진 문장의 which 이후 문장이 완전한 형태이며 which가 선행사 an incident를 수식하고 있으므로 관계부사를 사용하는 것이 적절하다. 따라서 which를 where로 수정해야 한다. 더해, 「refrain from ~ing」는 '~하는 것을 자제하다, 삼가다'를 뜻하는 표현으로 주어진 문장의 wearing은 목적어 the national dress를 갖는 능동형 동명사로 적절하게 사용되었다. 또한, while은 부사절 접속사로 이후에 절을 취하지만 주어와 be동사를 생략한 분사구문을 사용할 수 있으므로 while visiting은 적절하게 사용되었다.

0276

정답 X (what → that)   **출제포인트** 152 that vs. what

해석 스포츠에서 승리할 것이라 예측되고 추정컨대 그들의 상대 팀보다 우월한 팀이 놀랍게도 경기에서 지는 상황인 의외의 패전의 한 가지 이유는 우월한 팀이 상대 팀을 자신들의 계속되는 성공에 있어서 위협적이라고 여기지 않은 것이다.

해설 주어진 문장의 what은 선행사를 포함한 관계대명사로 what이 이끄는 절은 불완전해야 하나 해당 절의 what 이후 문장 the superior team ~ success는 주어와 목적어가 모두 존재하는 완전한 문장이므로 what을 명사절 접속사 that으로 수정해야 한다. 더해, 주어진 문장의 in which는 관계부사 대신 쓰일 수 있으며 완전한 문장을 이끈다. in which가 수식하는 선행사는 upsets(의외의 패전)이며 상황, 경우를 가리키고 있으므로 관계부사 where 대신 알맞게 사용되었다. 또한, 주어진 문장의 predicted는 수식하는 the team이 승리할 것이라고 예측하는 주체가 아니라 예측을 받는 대상이므로 과거분사 형태인 predicted가 적절하게 사용되었으며, 「perceive A as B」는 'A를 B라고 여기다[인식하다]'를 뜻하는 표현으로 수식받는 their opponents가 문맥상 위협을 하는 능동적 주체이므로 현재분사 형태인 threatening이 적절하게 사용되었다.

0277 You may run a survey online that enables you to question large numbers of people and <u>provide</u> full analysis in report format, or you may think asking questions one to one is a better way to get the answers you need from a smaller test selection of people.

0278 The wave of research in child language acquisition led language teachers and teacher trainers to study some of the general findings of such research with a view to drawing analogies between first and second language acquisition, and even to <u>justify</u> certain teaching methods and techniques on the basis of first language learning principles.

0279 Hidden from the audience — especially from the musical novice — are the conductor's abilities to read and interpret all of the parts at once, to play several instruments and understand the capacities of many more, to organize and coordinate the disparate parts, <u>to motivating</u> and communicate with all of the orchestra members.

▌다음 밑줄 친 부분을 보아 우리말 영작이 문법적으로 옳다면 O, 틀리면 X를 하고 바르게 고치시오.

0280 내가 명령한 것만 하시오.
→ Please just do <u>which</u> I ordered.

친절 & 꼼꼼 정답 및 해설

0277

정답 X (provide → provides)　　　**출제포인트** 161 등위(상관)접속사의 병렬구조

해석 당신은 많은 사람들에게 질문을 할 수 있게 해주고 보고서 형식으로 완전한 분석을 제공해 주는 온라인 설문 조사를 진행할지도 모르고, 또는 일대일로 질문을 하는 것이 더 적은 범위의 선택된 사람들로부터 당신이 원하는 대답을 얻는 더 나은 방법이라고 생각할지도 모른다.

해설 주어진 문장 You may run ~ format과 you may think ~ people은 등위접속사 or로 병렬구조를 이루고 있다. 더해, 선행사 a survey를 수식하는 주격관계대명사 that절의 동사 enables와 동사 provide는 병렬구조여야만 한다. 이때 선행사는 3인칭 단수이므로 동사는 단수 동사임을 반영하여, enables와 provides임에 주의하자. 따라서 동사 provide는 provides로 수정해야 한다.

0278

정답 X (justify → justifying)　　　**출제포인트** 124 동명사 주요 표현

해석 아동 언어 습득에 대한 연구의 물결은 언어 교사들과 교사 교육 담당자들로 하여금 제1 언어 습득과 제2 언어 습득 사이의 유사성을 도출하기 위해서 심지어 제1 언어 학습 원리에 기초한 특정 교육 방법과 기법을 정당화하기 위해서 그러한 연구의 일반적인 발견의 일부를 연구하도록 이끌었다.

해설 「with a view to」는 '~할 목적으로'를 뜻하는 관용표현으로 to는 전치사이다. 주어진 문장은 문맥상 '유사성을 도출하는 것'과 '정당화하는 것'을 접속사 and로 연결하여 병렬 구조화하여야 하므로, 「with a view to」 이후에는 동명사 drawing과 justifying이 오는 것이 적절하다. 따라서 해당 문장의 justify를 justifying으로 수정해야 한다.

0279

정답 X (to motivating → to motivate)　　　**출제포인트** 161 등위(상관)접속사의 병렬구조

해석 청중들, 특히 음악적 초심자들에게 숨겨진 것은 지휘자가 모든 부분을 동시에 읽고 해석하고, 여러 악기를 연주하고, 더 많은 기능을 이해하고, 이질적인 부분들을 조직하고 조화시키고, 모든 오케스트라 단원들과 소통하고 동기 부여를 하는 능력이다.

해설 주어진 문장의 보어인 hidden from the audience가 문두로 나오면서 동사인 are와 주어인 the conductor's abilities가 도치된 문장이다. 해당 문장의 to read and interpret, to play ~ and understand, to organize and coordinate와 to motivating and communicate는 the conductor's abilities를 수식하는 to부정사의 병렬구조로 사용되어야 한다. 따라서 to motivating은 to motivate로 수정해야 한다. 더해 understand, coordinate와 communicate는 to가 생략된 형태로 사용할 수 있으므로 적절하게 사용되었다.

0280

정답 X (which → what)　　　**출제포인트** 152 that vs. what

해설 which는 관계대명사로 선행사가 필요한데 which 앞에 선행사가 존재하지 않는다. 혹은 의문대명사 which로 사용되었다고 하더라도 which I ordered는 '내가 어느 것을 명령했는지'로 해석되므로 문맥상 어색하다. 따라서 which가 아닌 선행사를 포함하고 있는 관계대명사 what이 적절하며, 의미도 what I ordered는 '내가 명령한 것'으로 해석되어 문맥상 적절하다.

0281 그녀는 남들이 말하는 것을 쉽게 믿는다.
→ She easily believes <u>that</u> others say.

0282 옆집에 사는 여자는 의사이다.
→ The woman <u>whom</u> lives next door is a doctor.

0283 이 질병이 목숨을 앗아가는 일은 좀처럼 없다.
→ It rarely happens <u>that</u> this disease proves fatal.

0284 내가 그 일을 오늘 마칠 수 있을지 의문이다.
→ It is doubtful <u>whether</u> I'll finish the work today.

0285 그가 사랑에 빠졌던 여자는 한 달 뒤에 그를 떠났다.
→ The woman <u>he fell</u> in love with left him after a month.

0286 나는 이 음악을 들을 때마다 나의 어머니가 항상 생각난다.
→ <u>When</u> I listen to this music, I always think of my mother.

친절 & 꼼꼼 정답 및 해설

0281

정답 X (that → what) **출제포인트** 152 that vs. what

해설 주어진 문장의 that은 이후의 문장에서 say의 목적어가 없는 불완전한 형태의 문장이므로 관계대명사로 볼 수 있다. 그러나 believes의 목적어에 해당되는 선행사가 존재하지 않으므로 옳지 않은 문장이다. 따라서 that을 선행사를 포함한 관계대명사인 what으로 수정해야 한다.

0282

정답 X (whom → who) **출제포인트** 146 주격관계대명사

해설 주어진 문장의 whom lives ~ door가 사람을 나타내는 선행사 The woman을 수식하고 있으나, 관계대명사 whom 이후의 절이 주어가 없는 불완전한 절이므로 목적격관계대명사 whom이 아닌 주격관계대명사 who로 수정해야 한다.

0283

정답 O **출제포인트** 162 명사절 접속사

해설 주어진 문장은 「It(가주어) + be동사 ~ that(진주어절) 주어 + 동사 ~」의 가주어와 진주어로 이뤄진 문장으로, 이때 접속사로 쓰인 that 이후의 문장은 완전한 형태의 문장으로 올바르게 쓰였다. 더해 동사 prove는 불완전자동사로 사용되었으며 형용사 fatal은 보어로 적절하게 사용되었다.

0284

정답 O **출제포인트** 162 명사절 접속사

해설 문장의 주어가 길어지는 경우 주어 자리에 가주어 It을 쓰고 진주어는 문장의 뒤로 이동한다. 주어진 문장은 주어 자리에 가주어 It이 사용되었으며 명사절 접속사 whether가 이끄는 절이 진주어로 적절하게 사용되었다. whether는 '~인지 (아닌지)'의 의미로 알맞게 사용되었다.

0285

정답 O **출제포인트** 148 목적격관계대명사

해설 목적격관계대명사는 생략할 수 있다. 주어진 문장에서는 선행사인 The woman 뒤에 목적격관계대명사 that 또는 whom이 생략되어 있으므로 옳은 문장이다.

0286

정답 X (When → Whenever) **출제포인트** 157 복합 관계부사

해설 whenever는 복합관계부사로 선행사를 포함하며 '~할 때마다'를 뜻한다. 주어진 문장은 우리말 해석에 맞게 When(~할 때)을 Whenever로 수정해야 한다.

0287 제가 당신께 말씀드렸던 새로운 선생님은 원래 페루 출신입니다.
→ The new teacher I told you about is originally from Peru.

0288 그를 당황하게 한 것은 그녀의 거절이 아니라 그녀의 무례함이었다.
→ It was not her refusal and her rudeness that perplexed him.

0289 그것은 너무나 아름다운 유성 폭풍이어서 우리는 밤새 그것을 보았다.
→ It was so a beautiful meteor storm that we watched it all night.

0290 설문지를 완성하는 누구에게나 선물카드가 주어질 예정이다.
→ A gift card will be given to whomever completes the questionnaire.

0291 과정을 관리하면서 발전시키는 것이 나의 목표였다.
→ To control the process and making improvement was my objectives.

친절 & 꼼꼼 정답 및 해설

0287

정답 O   **출제포인트** 148 목적격관계대명사

해설 주어진 문장은 The new teacher와 I told ~ about 사이에 목적격관계대명사 that 또는 whom이 생략되었다. 관계대명사절 I told you about이 전치사의 목적어가 없는 불완전한 형태이며 사람을 나타내는 선행사 The new teacher를 수식하고 있으므로 적절하다.

0288

정답 X (and → but)   **출제포인트** 161 등위(상관)접속사의 병렬구조

해설 주어진 우리말의 해석상 「not A but B」 구문이 사용되어, 'A가 아니라 B'라는 의미로 쓰여야 하므로 and를 but으로 수정해야 한다. 더해 her refusal과 her rudeness는 병렬구조로 적절하게 사용되었으며, 「It ~ that」 강조 용법이 사용된 문장으로 주어진 문장의 not her refusal but her rudeness를 문맥상 적절하게 강조하고 있다.

0289

정답 X (so a beautiful meteor storm → such a beautiful meteor storm 또는 so beautiful a meteor storm)
출제포인트 088 관사의 위치   165 so ~ that 주요표현

해설 원인과 결과를 나타내는 「so/such ~ that …」 구문에서 형용사 또는 부사를 수식할 때는 so를 사용하며 명사를 수식할 때는 such를 사용한다. 이때 원인에 해당되는 표현은 「so + 형용사 + a[an] + 명사」, 「such + a[an] + 형용사 + 명사」의 어순으로 표현한다. 따라서 주어진 문장의 so a beautiful meteor storm은 such a beautiful meteor storm 또는 so beautiful a meteor storm으로 수정해야 한다.

0290

정답 X (whomever → whoever)   **출제포인트** 154 복합관계대명사

해설 복합관계대명사는 「관계대명사 + ever」의 형태로 명사절을 이끌어 전치사의 목적어로 쓰일 수 있다. 특히, 사람을 나타내는 관계대명사 who의 경우 관계대명사가 하는 역할에 따라 whoever(주격), whomever(목적격), whosever(소유격)로 그 형태가 달라진다. 주어진 문장은 복합관계대명사절 whomever completes ~ questionnaire에 completes의 주어가 존재하지 않으므로 주격을 나타내는 복합관계대명사가 사용되어야 한다. 따라서 whomever를 whoever로 수정해야 한다.

0291

정답 X (해설 참고)   **출제포인트** 161 등위(상관)접속사의 병렬구조

해설 주어진 영작에 따라 아래와 같이 수정될 수 있다.
To control[Controlling] the process and (to) make[making] improvement was[were] my objectives.
주어에서 To control the process와 making improvement는 등위접속사 and에 의해 병렬구조를 이루어야 한다. 따라서 To control the process and (to) make improvement 혹은 Controlling the process and making improvement로 바꿔야 한다. 또한, 의미상 이 두 개의 개념을 하나의 개념으로 간주하고 있으므로 단수 동사 was도 가능하며, 주어를 각각의 개념으로 볼 경우 복수 동사 were로도 사용될 수 있다.

0292 그들은 나에게 많은 질문을 했는데, 그중 대부분은 답할 수 없었다.

→ They asked me a lot of questions, most of <u>what</u> I couldn't answer.

0293 안보와 경제외교 강화가 우리의 주요 관심사이다.

→ Our major concern is strengthening security and economic <u>diplomatic</u>.

0294 그는 사형이 폐지되어야 하는지 아닌지에 대한 에세이를 써야 한다.

→ He has to write an essay on <u>if</u> or not the death penalty should be abolished.

0295 그는 문자 메시지에 너무 정신이 팔려서 제한속도보다 빠르게 달리고 있다는 것을 몰랐다.

→ He was <u>so</u> distracted by a text message <u>to know</u> that he was going over the speed limit.

0296 상관이 생각하는 것과는 반대로, 절대 이 프로젝트를 일주일에 끝낼 수 없다.

→ Contrary to what the boss thinks, there is no way <u>we can't</u> get this project done in a week.

친절 & 꼼꼼 정답 및 해설

0292

정답 X (what → which)   **출제포인트** 148 목적격관계대명사

해설 주어진 문장은 They asked me a lot of questions와 I couldn't answer most of them(= a lot of questions)을 콤마(,)와 관계대명사를 사용해 계속적 용법으로 연결한 문장이다. 선행사인 a lot of questions가 사물이고 관계대명사절의 내에 목적어가 없으므로, what 대신 사물을 나타내는 목적격관계대명사 which가 들어가야 옳다. 따라서 what은 which로 수정되어야 한다. 즉, 관계대명사 which는 most of와 함께 most of which 형태로 선행사 a lot of questions 뒤에 위치해 계속적 용법으로 수식해야 옳은 문장이다.

0293

정답 X (diplomatic → diplomacy)   **출제포인트** 161 등위(상관)접속사의 병렬구조

해설 주어진 문장의 strengthening은 동명사로 사용되었으며 be동사의 주격 보어로 바르게 사용되었다. 그러나 이후에 등위접속사 and는 병렬구조로 동일 품사를 연결해야 하는데 주어진 문장에서는 명사 security와 형용사 diplomatic이 병렬구조를 이루고 있지 않다. 더해, 형용사 economic이 수식하고 있으므로 diplomatic을 명사 diplomacy로 수정해야 한다.

0294

정답 X (if → whether)   **출제포인트** 162 명사절 접속사

해설 주어진 문장의 접속사 if는 '~인지 아닌지'의 의미로 쓰일 때 바로 이어서 or not과 함께 쓰일 수 없으며, 전치사의 목적어로도 사용할 수 없다. 따라서 if를 whether로 수정해야 한다.

0295

정답 X (so → too 또는 to know → that he couldn't know)   **출제포인트** 165 so ~ that 주요 표현

해설 주어진 우리말 해석에 맞게 '너무 ~해서 …할 수 없다'의 의미를 만들기 위해, 「too ~ to …」 구문이나 「so ~ that 주어 cannot[can't] …」 구문으로 수정해야 한다. 시제를 반영해 다음의 두 방법으로 의미를 나타낼 수 있다.
① He was too distracted by a text message to know that he was going over the speed limit.
② He was so distracted by a text message that he couldn't know that he was going over the speed limit.
따라서 so를 too로 수정하거나, to know를 that he couldn't know로 수정해야 한다.

정해쌤's Tip 해당 문제는 밑줄이 제시되지 않은 경우 2가지 해설이 가능하니 유의하세요.

0296

정답 X (we can't → we can)   **출제포인트** 166 이중 부정 금지 접속사

해설 '~할 방법이 없다'를 뜻하는 「there is no way」에는 부정의 의미가 이미 포함되어 있으므로 이중 부정에 유의해야 한다. 주어진 문장은 there is no way가 사용되었으나 부정 표현인 can't가 사용되었으므로 옳지 않은 문장이다. 따라서 we can't에서 not을 삭제해 we can으로 수정해야 한다.

우선순위 4 동사의 문장 구조

▎다음 밑줄 친 부분이 문법적으로 옳다면 O, 틀리면 X를 하고 바르게 고치시오.

0297 Focus means getting stuff doing.

0298 David loosened his grip and let him to go.

0299 Does that car belong the man next door?

0300 John told Mary that he would leave early.

0301 John believed Mary that she would be happy.

친절 & 꼼꼼 정답 및 해설

0297

정답 X (doing → done) **출제포인트** 020 준사역동사

해석 집중은 어떤 일들을 해내는 것을 의미한다.

해설 주어진 문장은 means의 목적어로 동명사 getting이 적절하게 사용되었다. 그러나 준사역동사 get의 목적어 stuff와 목적격 보어 doing의 관계는 문맥상 능동이 아니라, 수동으로 '해내지는' 것이므로 doing을 done으로 수정해야 한다.

0298

정답 X (to go → go) **출제포인트** 018 사역동사

해석 David는 꽉 쥐고 있던 손을 풀고 그를 놓아주었다.

해설 사역동사 let은 「let + 목적어 + 목적격 보어[원형부정사]」의 구조로 목적격 보어로 원형부정사를 취한다. 따라서 주어진 문장의 to go는 go로 수정해야 한다.

0299

정답 X (belong → belong to) **출제포인트** 006 타동사로 착각하기 쉬운 자동사

해석 저 자동차는 옆집 남자의 소유입니까?

해설 belong(속하다)은 자동사로 목적어를 취할 수 없다. 주어진 문장은 문맥상 belong to(~소유이다, ~에 속하다)를 사용해 목적어 the man을 가져야 하므로, belong을 belong to로 수정해야만 한다.

0300

정답 O **출제포인트** 023 '말하다'류 동사

해석 John은 Mary에게 일찍 떠날 것이라고 말했다.

해설 주어진 문장의 tell은 「tell + 간접목적어 + 직접목적어」 형태로 사용할 수 있으며, 직접목적어 절로 that을 사용할 수 있다. 따라서 간접목적어 Mary 뒤에 오는 that ~ early는 직접목적어 절로 적절하게 사용되었다.

0301

정답 X (Mary that she would be happy → that Mary would be happy 또는 Mary to be happy)

출제포인트 013 목적어로 that절을 받는 동사

해석 John은 Mary가 행복할 것이라고 믿었다.

해설 주어진 문장의 believe는 「believe + 목적어」 형태로 사용할 수 있다. 그러나 주어진 문장의 believe는 수여동사처럼 간접목적어를 취할 수 없으므로 문맥상 John believed that Mary would be happy.로 수정해야 한다. 또는, believe가 5형식 동사로 사용된 것으로 보아서 「believe + 목적어 + 목적격 보어」의 구조로도 쓸 수 있으므로, John believed Mary to be happy.라고 수정할 수도 있다.

0302 The mother made her daughter to clean her room.

0303 John reminded Mary of she should get there early.

0304 We saw John coming back with a drink in his hand.

0305 I saw Professor James to work in his laboratory last night.

0306 Please contact to me at the email address I gave you last week.

친절 & 꼼꼼 정답 및 해설

0302

정답 X (to clean → clean) **출제포인트** 018 사역동사

해석 엄마는 딸이 방을 청소하도록 시켰다.

해설 주어진 문장의 사역동사 make는 목적어와 보어의 관계가 능동일 때, 「make + 목적어 + 원형부정사」로 쓰인다. 해당 문장에서는 목적어인 her daughter와 clean의 관계가 능동이므로 목적격 보어로 원형부정사를 취해야 한다. 따라서 주어진 문장의 to clean은 clean이 되어야 한다.

0303

정답 X (of → that) **출제포인트** 025 동사의 구조 파악

해석 John은 Mary에게 그녀가 그곳에 일찍 도착해야 한다는 점을 상기시켰다.

해설 주어진 문장의 remind는 「remind + A + of B[구]」로 'A에게 B[구]를 상기시키다' 또는 「remind + A + that 주어 + 동사」로 'A에게 ~을 상기시키다'의 의미로 사용할 수 있다. 해당 문장에서는 of 이후에 she ~ early의 절이 제시되었으므로, of를 that으로 수정해야 한다.

0304

정답 O **출제포인트** 019 지각동사

해석 우리는 John이 음료[술]를 손에 들고 돌아오는 것을 보았다.

해설 주어진 문장에서 시각동사로 쓰인 see는 「see + 목적어 + 원형부정사 또는 현재분사」 구조로 쓰이므로 목적격 보어 자리에 원형부정사 또는 현재분사(~ing)를 취할 수 있다. 따라서 해당 문장의 목적격 보어로 현재분사 coming이 적절하게 사용되었다.

0305

정답 X (to work → work 또는 working) **출제포인트** 019 지각동사

해석 나는 James 교수님이 어젯밤에 그의 실험실에서 일하는 것을 보았다.

해설 지각동사는 목적어와 목적격 보어의 관계가 능동일 때 「지각동사 + 목적어 + 목적격 보어[원형부정사/현재분사]」의 구조로 사용한다. 주어진 문장은 문맥상 목적어 Professor James와 work가 능동의 관계이므로 to work는 work 또는 working으로 수정해야 한다.

0306

정답 X (contact to me → contact me) **출제포인트** 007 자동사로 착각하기 쉬운 타동사

해석 지난주 제가 드린 이메일 주소로 연락해 주세요.

해설 contact는 타동사로 전치사 없이 목적어를 취한다. 따라서 주어진 문장의 contact to me는 contact me로 수정해야 한다. 더해, the email address와 I gave you 사이에는 목적격관계대명사 which 혹은 that이 생략되어 있다.

0307 A woman with the tip of a pencil stuck in her head has finally had it remove.

0308 Another way to speed up the process would be to make the shift to a new system.

0309 This accentuates the shadows at the corners of her mouth, making the smile seems broader.

0310 The boss wants our team to go the documents through before the board of directors begins.

0311 Elements of income in a cash forecast will be vary according to the company's circumstances.

친절 & 꼼꼼 정답 및 해설

0307

정답 X (remove → removed) **출제포인트** 018 사역동사

해석 연필심이 머리에 박힌 여성이 마침내 그것을 제거 받았다.

해설 주어진 문장은 사역동사 have가 사용된 문장이다. have와 목적어의 관계가 수동일 때 목적격 보어는 과거분사(p.p.) 형태가 되어야 한다. 주어진 문장의 목적어인 대명사 it은 문맥상 the tip of a pencil을 지칭하고 있고, 이는 문맥상 '제거된' 대상이므로 사역동사 이후의 목적어와의 관계가 수동 관계라는 것을 알 수 있다. 따라서 목적격 보어인 remove는 과거분사인 removed로 수정해야 한다. 이에 더해, 주어인 A woman은 with 분사구문에 의해 수식받고 있다. 「with + 목적어 + 과거분사」 구조로 목적어인 the tip of a pencil이 과거분사 stuck으로 수식받아 '연필 끝이 머리에 박힌'의 의미로 적절하게 사용되었다.

0308

정답 O **출제포인트** 003 불완전자동사의 문장 구조

해석 그 과정의 속도를 높이는 또 다른 방식은 그 새로운 시스템에 변화를 만드는 것일 것이다.

해설 주어진 문장의 불완전자동사인 be에 이어 주격 보어로 to make ~ system이 제시되었다. 이는 명사구 보어인 to부정사이며 옳게 사용되었다.

0309

정답 X (seems → seem) **출제포인트** 018 사역동사

해석 이것은 입 주위의 그림자를 강조하여, 미소를 더 크게 보이도록 만들어 준다.

해설 해당 문장의 사역동사 make가 사용된 분사구문으로 목적격 보어 자리에는 원형부정사를 사용해야 한다. 따라서 seems는 seem으로 수정해야 한다.

0310

정답 X (to go the documents through → to go through the documents)

출제포인트 081 부정대명사 vs. 지시대명사

해석 사장님은 이사회가 시작되기 전에 우리 팀이 서류를 검토하기를 원한다.

해설 go through는 「자동사 + 전치사」 구조로 '~을 검토하다, 조사하다'를 뜻한다. 주어진 문장의 through가 부사가 아닌 전치사이므로 to go the documents through처럼 동사와 전치사 사이에 목적어가 올 수 없다. 따라서 전치사 뒤로 목적어를 위치시켜서, go the documents through를 go through the documents로 수정해야 한다. 참고로, 「타동사 + 부사」 구조에서는 목적어가 명사일 때 목적어의 위치를 「타동사 + 부사 + 목적어」 또는 「타동사 + 목적어 + 부사」로 사용할 수 있다.

0311

정답 X (will be vary → will vary 또는 will be various) **출제포인트** 001 주동사의 자리 파악

해석 현금 예측에서 소득의 요소는 회사의 상황에 따라 달라질 것이다.

해설 vary는 '(상황에 따라) 달라지다[다르다]'를 뜻하는 자동사로 be동사와 함께 사용하지 않으므로 조동사 will 다음에 바로 위치해야 한다. 따라서 will be vary는 will vary로 수정해야 한다. 또는 형용사 various를 주격 보어로 사용해 will be vary를 will be various로 수정할 수 있다.

0312 More than 150 people have fell ill, mostly in Hong Kong and Vietnam, over the past three weeks.

0313 Authorities hope that by issuing early warnings, they will help avoiding major destruction and danger.

0314 I think the better question to ask is whether you are going to do something about it or just let life to pass you by.

0315 Inventor Elias Howe attributed the discovery of the sewing machine for a dream in which he was captured by cannibals.

친절 & 꼼꼼 정답 및 해설

0312

정답 X (have fell ill → have fallen ill)   **출제포인트** 014 혼동하기 쉬운 동사의 불규칙 변화

해석 주로 홍콩과 베트남에서 150명이 넘는 사람들이 지난 3주간 병에 걸렸다.

해설 '주어진 문장에서 문맥상 '병에 걸렸다'의 의미로 사용하기 위해서는 fall ill(병에 걸리다)의 현재완료 형태인 have fallen ill이 적절하다. 이때 '(어떤 상태로) 되다'를 뜻하는 fall은 3단 변화로 현재(원형) - 과거 - 대과거가 fall - fell - fallen으로 변화하는 불규칙 동사임에 주의해야 한다. 따라서 have fell ill을 have fallen ill로 수정해야 한다.

0313

정답 X (avoiding → avoid 또는 to avoid)   **출제포인트** 106 목적어로 to부정사를 취하는 동사

해석 정부 기관들은 초기 경고를 보냄으로써 그들이 주요 파괴와 위험을 피하는 것을 도울 것을 희망한다.

해설 완전타동사 help는 목적어로 원형부정사 또는 to부정사를 취할 수 있다. 주어진 문장은 완전타동사 help가 목적어로 동명사 avoiding을 사용했으므로 옳지 않다. 따라서 avoiding을 avoid 또는 to avoid로 수정해야 한다.

0314

정답 X (to pass → pass)   **출제포인트** 018 사역동사

해석 내 생각에 더 나은 질문은 당신이 그것에 대해 뭔가를 할 것인지 아니면 인생이 당신을 그냥 지나치게 놔둘지 묻는 것이다.

해설 주어진 문장의 are going to에 이어지는 동사원형인 do와 let이 등위접속사 or를 통해 병렬구조를 이루고 있다. 이후 사역동사 let은 「let + 목적어 + 목적격 보어[원형부정사]」의 문장 구조를 갖는다. 따라서 to pass를 pass로 수정해야 한다. 더해, pass you by는 이어동사로 「타동사 + 대명사 + 부사」의 형태로 적절하게 사용되었다.

0315

정답 X (for → to)   **출제포인트** 025 동사의 구조 파악

해석 발명가 Elias Howe는 재봉틀의 발견을 식인종에게 붙잡힌 꿈 덕분이라고 했다.

해설 「attribute A to B」는 'A를 B의 덕분[탓]으로 돌리다'를 뜻한다. 주어진 문장에서 '재봉틀의 발견이 꿈 덕분임'을 문맥을 통해서 알 수 있으므로 for는 to로 수정해야 한다. 이에 더해, in which는 「전치사 + 관계대명사」 형태로 관계사절이 이끄는 절 he was captured by cannibals가 완전한 문장이며 선행사 a dream을 수식하고 있으므로 적절하게 사용되었다.

0316 Experts suspected that another 300 people in China's Guangdong province had the same disease begin in mid-November.

0317 Much of what happens to us when we feel nervous, such as getting sweaty hands or feeling dry in the mouth, being uncontrollable.

0318 He embarked on a policy of "peaceful coexistence" whereby East and West were to continue their competition, but in a less confrontational manner.

0319 Even dogs yawn in response to seeing their owners or even strangers to yawn, and contagious yawning has been noted in other animals as well.

친절 & 꼼꼼 정답 및 해설

0316

정답 X (begin in → beginning in 또는 that began in) **출제포인트** 001 주동사의 자리 파악

해석 전문가들은 중국 광동의 또 다른 300명이 11월 중반에 시작된 같은 질병에 걸렸다고 의심한다.
[전문가들은 11월 중반부터 중국 광동의 또 다른 300명이 같은 질병에 걸렸다고 의심한다.]

해설 주어진 문장의 동사 suspect의 목적어절인 that이 이끄는 명사절에 had와 begin이 접속사 없이 나열되었으므로 옳지 않다. 문맥상 that 이하 문장의 주어는 another 300 hundred이고 동사는 had이다. begin in은 had의 목적어 disease와 의미상 능동 관계이므로 현재분사 beginning in으로 수정하거나 disease를 수식하는 형용사절인 관계사절로 that began in으로도 수정할 수 있다. 더해 another는 「another + 단수 명사」형태로 직접적으로는 단수 명사를 수식하지만, 「another + 기수 + 복수 명사」의 형태로 쓰이면 '또 다른 ~들'이라는 의미가 된다.

정혜쌤's Tip 해당 문장에서는 that 이하의 내용으로 보아 '또 다른 300명이 같은 질병에 걸린 것'이 11월 중반부터이며, another 300 ~ the same disease까지 완전한 문장이므로 begin 이하를 절 전체를 수식하는 부사구로 보아 분사구문 beginning in mid-November로 '동시 상황'을 나타냈다고 볼 수 있으니 유의하세요.

0317

정답 X (being → is) **출제포인트** 001 주동사의 자리 파악

해석 땀투성이의 손이나 입 안의 건조한 느낌과 같이 긴장을 느낄 때 우리에게 일어나는 일의 대부분은 통제할 수 없다.

해설 주어진 문장의 주어는 단수인 Much로 전명구인 of what happens to us에 의해서 수식받고 있다. 그러나 해당 문장의 동사가 없으므로 being을 is로 수정해야 한다. such ~ mouth는 삽입구에 해당된다.

0318

정답 O **출제포인트** 009 자동사/타동사가 모두 가능한 동사

해석 그는 동서양이 그들의 경쟁은 계속할 예정이지만 덜 대립적인 방법으로 하는 그에 따른 "평화 공존" 정책에 착수했다.

해설 주어진 문장의 embark는 자동사로 on과 함께 사용되어 '~에 착수하다'라는 뜻으로 쓰인다. 1955년의 과거 사실을 서술하고 있고 주어와 능동 관계이므로 과거형인 embarked on은 적절한 표현이며, whereby는 '그로써 ~하는, 그것에 따라 ~하는'을 뜻하는 격식체 관계부사로 뒤따라오는 절이 완전한 형태로 적절하게 사용되었다. whereby가 이끄는 절의 주어가 복수 명사 East and West이므로 복수 동사 were가 오는 것은 적절하다. 또한, were to continue는 to부정사의 형용사적 용법 중 서술적 용법[be to 용법]으로 적절하게 사용되었다.

0319

정답 X (to yawn → yawn 또는 yawning) **출제포인트** 019 지각동사

해석 심지어 개들도 그들의 주인 또는 심지어 낯선 사람들이 하품하는 것을 보면 그 반응으로 하품하며, 전염성 있는 하품은 다른 동물들에게서도 역시 나타나 왔다.

해설 지각동사 see는 목적어와 목적격 보어의 관계가 능동일 때「see + 목적어 + 목적격 보어[원형부정사/현재분사]」의 구조로 사용한다. 따라서 주어진 문장의 목적어인 their owners or even strangers와 to yawn의 관계가 문맥상 능동이므로, to yawn은 yawn 또는 yawning으로 수정해야 한다.

0320 However, the exact number of emotions disputing, with some researchers suggesting there are only four, and others counting as many as 27.

0321 However, rice and corn are mutants, and they have been modified to keep their seeds attaching for the purpose of convenient and efficient harvesting.

0322 A myth is a narrative that embodies — and in some cases helps explaining — the religious, philosophical, moral, and political values of a culture.

0323 Blue Planet II, a nature documentary produced by the BBC, left viewers heartbroken after showing the extent to which plastic affects on the ocean.

친절 & 꼼꼼 정답 및 해설

0320

정답 X (disputing → has been disputed 또는 is disputed)　**출제포인트** 001 주동사의 자리 파악

해석 그러나, 감정의 정확한 수는 논쟁 중인데, 일부 연구자들은 4가지뿐이라 말하고, 다른 사람들은 27개까지 포함한다.

해설 주어진 문장은 주어가 the exact number of emotions인 반면에 동사가 없다. 따라서 disputing을 동사 형태로 바꿔야 하는데, 해당 문장에서는 주어가 '논쟁 되는 대상'이므로 수동태로 변환할 수 있다. 시제는 과거부터 현재까지 논쟁의 지속에 초점을 맞추기 위해서는 현재완료를 사용하여 has been disputed를 쓰고, 이후 문장과 같이 현재 논쟁의 존재에 초점을 맞춘다면 현재형을 사용하여 is disputed를 쓸 수 있을 것이다.

0321

정답 X (attaching → attached)　**출제포인트** 016 타동사의 목적격 보어 파악: 형용사 계열

해석 그러나 쌀과 옥수수는 변종이며, 편리하고 효율적인 수확을 목적으로 종자가 부착되도록 개량되었다.

해설 불완전타동사로 사용된 keep은 「keep + 목적어 + 목적격 보어 (현재분사 / 과거분사)」의 형태로 사용하며, 이때 목적격 보어는 목적어와의 관계에 따라 능동·진행이면 현재분사를, 목적어와의 관계가 수동·완료이면 과거분사를 사용한다. 주어진 문장의 to keep의 목적어인 seeds와 목적격 보어는 수동 관계이므로 동사 attach(부착하다)의 과거분사 attached(부착된)가 적절하다. 따라서 attaching을 attached로 수정해야 한다.

0322

정답 X (explaining → explain 또는 to explain)　**출제포인트** 020 준사역동사

해석 신화는 한 문화의 종교적, 철학적, 도덕적 그리고 정치적인 가치를 구현하고, 어떤 경우에는 설명을 도와주는 이야기이다.

해설 준사역동사 help는 목적어로 원형부정사 또는 to부정사를 사용할 수 있다. 주어진 문장은 준사역동사 helps가 목적어로 동명사인 explaining을 사용하였으므로 옳지 않다. 따라서 explaining을 explain 또는 to explain으로 수정해야 한다.

0323

정답 X (affects on → affects)　**출제포인트** 011 주의해야 할 3형식, 4형식 동사

해석 BBC에 의해 제작된 자연 다큐멘터리 Blue Planet II는 플라스틱이 바다에 영향을 미치는 정도를 보여준 후 시청자들을 상심하게 했다.

해설 주어진 문장에 사용된 affect(영향을 미치다)는 타동사이므로 이후에 전치사 없이 바로 목적어가 와야 한다. 따라서 affects on을 affects로 수정해야 한다. 더해, produced는 뒤에 by the BBC가 나오고, 문맥상 documentary는 '제작되는' 것이므로 수동의 의미를 갖는 과거분사 형태가 옳게 사용되었다. 또한, heartbroken은 viewers(시청자들)가 '상심한' 것이므로 감정 상태를 나타내는 과거분사형 형용사로 적절하게 사용되었다. 그리고 전치사 after의 목적어인 동명사구 showing the extent와 plastic affects the ocean to the extent에서 중복되는 명사 the extent를 선행사로 삼아, 이후의 문장을 목적격관계대명사절로 바꾸어서 연결한 후, 전치사 to를 목적격관계대명사 앞으로 옮겨 「전치사 + 관계대명사」 형태로 to which를 사용한 것도 적절하다.

0324 In one study, two-month-olds who were later identified as shy children <u>reacting</u> with signs of stress to stimuli such as moving mobiles and tape recordings of human voices.

0325 In criminal cases, the burden of proof is often on the prosecutor to persuade the trier (whether judge or jury) <u>that</u> the accused is guilty beyond a reasonable doubt of every element of the crime charged.

0326 Moreover, because skilled communicators know that people <u>equating</u> the lack of eye contact with deception, they deliberately maintain normal eye contact when they lie so the other person won't get suspicious.

▎다음 밑줄 친 부분을 참고해 우리말 영작이 문법적으로 옳다면 O, 틀리면 X를 하고 바르게 고치시오.

0327 그것은 10개의 요소로 구성되어 있다.
→ It <u>consists</u> ten elements.

0328 그녀의 얼굴에서 미소가 곧 사라졌다.
→ The smile soon <u>faded</u> from her face.

친절 & 꼼꼼 정답 및 해설

0324

정답 X (reacting → reacted) **출제포인트** 001 주동사의 자리 파악

해석 한 연구에서, 나중에 수줍은 아이로 밝혀진 두 달 된 아이들은 움직이는 모빌들 그리고 녹음된 인간의 목소리 같은 자극에 스트레스 징후로 반응했다.

해설 주어진 문장은 주어가 two-month-olds이고 who were later identified as shy children이 관계대명사절로 선행사인 two-month-olds를 수식하고 있으며 관계대명사절의 시제 were로 보아 주절의 시제도 과거형임을 알 수 있다. 따라서, 해당 문장에는 주어를 서술하는 동사가 없으므로 현재분사 reacting은 과거형 동사 reacted로 수정해야 한다.

0325

정답 O **출제포인트** 011 주의해야 할 3형식, 4형식 동사

해석 형사 소송에서, 입증 책임은 종종 기소된 범죄의 모든 구성 요소에 대한 합리적인 의심을 넘어서 피고가 유죄라는 것을 재판관(판사나 배심원들)에게 설득시키는 검사에게 있다.

해설 persuade는 4형식 동사로 「persuade + 간접목적어 + 직접목적어」의 구조로 사용한다. 주어진 문장의 that the accused is guilty는 persuade의 직접목적어 역할을 하는 목적어 절로 올바르게 사용되었다.

0326

정답 X (equating → equate) **출제포인트** 001 주동사의 자리 파악

해석 게다가, 숙련된 의사소통자는 사람들이 눈 맞춤의 부족을 속임수와 동일시한다는 것을 알고 있기 때문에, 상대방이 의심을 갖지 않도록, 거짓말을 할 때 의도적으로 보통의 눈 맞춤을 유지한다.

해설 주어진 문장의 종속절인 because절의 주어는 communicators이며 동사는 know에 해당된다. 해당 동사 know는 목적절로 명사절 that을 취하고 있으며, that 이후 문장의 주어는 people인데 이를 서술하는 적절한 동사가 존재하지 않으므로, 현재분사 equating을 동사 형태인 equate로 수정해야 한다.

0327

정답 X (consists → consists of) **출제포인트** 006 타동사로 착각하기 쉬운 자동사

해설 consist는 자동사로 목적어를 가질 수 없다. '~로 구성되다'를 뜻할 때는 consist of로 사용하므로 주어진 문장의 consists는 consists of로 수정해야 한다.

0328

정답 O **출제포인트** 006 타동사로 착각하기 쉬운 자동사

해설 주어진 문장에서 fade는 자동사로 적절하게 사용되었다. 「fade from」은 '~에서 사라지다, ~에서 희미해지다'를 뜻한다.

0329 내가 전화해서 그에게 그것을 가지고 오라고 하겠다.
→ I'll call and ask him to <u>bring over it</u>.

0330 네가 내는 소음 때문에 내 집중력을 잃게 하지 말아라.
→ Don't let me <u>distracted</u> by the noise you make.

0331 내일 아침 일찍 저를 반드시 깨워주세요.
→ Be sure to <u>wake up me</u> early tomorrow morning.

0332 가능한 한 빨리 제가 결과를 알도록 해주세요.
→ Please let me <u>known</u> the result as soon as possible.

0333 과거 경력 덕분에 그는 그 프로젝트에 적합하였다.
→ His past experience made him <u>suited</u> for the project.

0334 그것은 나에게 지난 24년의 기억을 상기시켜준다.
→ It reminds me <u>for</u> the memories of the past 24 years.

친절 & 꼼꼼 정답 및 해설

0329

정답 X (bring over it → bring it over)　　**출제포인트** 081 부정대명사 vs. 지시대명사

해설 bring over는 '~을 가져오다'를 뜻하는 타동사구로 목적어가 대명사일 때는 「타동사 + 대명사 + 부사」의 어순으로 사용한다. 따라서 주어진 문장의 bring over it은 bring it over로 수정해야 한다. 더해, and는 등위접속사로 동일 품사의 단어를 연결해야 한다. 주어진 문장에서는 조동사 뒤에 나오는 동사원형 call과 ask를 적절하게 연결하고 있다. 또한, ask는 불완전타동사로 목적격 보어로 to부정사를 취하므로 to bring 또한 적절하게 사용되었다.

0330

정답 X (distracted → be distracted)　　**출제포인트** 018 사역동사

해설 주어진 문장의 사역동사 let은 불완전타동사로 「let + 목적어 + 목적격 보어」 형태로 쓰일 수 있다. 이때 목적격 보어로 과거분사를 취할 수 없으며 원형부정사를 취한다. 따라서 해당 문장에서처럼 목적격 보어가 목적어와 수동의 관계를 나타내는 경우 「be + p.p.」 형태로 써야 한다. 따라서 distracted는 be distracted로 수정되어야 한다.

0331

정답 X (wake up me → wake me up)　　**출제포인트** 081 부정대명사 vs. 지시대명사

해설 주어진 문장의 wake up은 '~을 깨우다'를 뜻하는 타동사구로 목적어가 대명사일 때는 「타동사 + 대명사 + 부사」의 어순으로 사용한다. 따라서 해당 문장의 wake up me를 wake me up으로 수정해야 한다. 또한, 「be sure to + 동사원형」은 '반드시 ~을 하다'를 뜻하는 표현으로 적절하게 사용되었다.

0332

정답 X (known → know)　　**출제포인트** 018 사역동사

해설 주어진 문장의 사역동사 let은 불완전타동사 「let + 목적어 + 목적격 보어」 형태로 쓰일 수 있다. 이때 목적격 보어로 과거분사를 취할 수 없으며 원형부정사를 취한다. 해당 문장에서처럼 목적격 보어가 목적어와 능동의 관계를 나타내는 경우 원형부정사 형태로 써야 한다. 따라서 known은 know로 수정되어야 한다.

0333

정답 O　　**출제포인트** 018 사역동사

해설 주어진 문장의 사역동사 make는 불완전타동사로 「make + 목적어 + 목적격 보어」 형태로 쓰일 수 있다. suit은 타동사로 '~에 적합하게 하다'를 뜻하며 주어진 문장의 문맥상 과거의 경험에 의해 그가 '적합하게 된' 것이므로 과거분사 형태의 목적격 보어 suited로 목적어인 him을 수식하는 것이 적절하다. 또는 suited 자체를 형용사로 보아 '~에 적합한, 알맞은'이라는 뜻으로 사용되었다고 보아도 적절하다.

0334

정답 X (for → of)　　**출제포인트** 025 동사의 구조 파악

해설 「remind + A + of + B」는 'A에게 B를 상기시키다'를 뜻한다. 주어진 문장은 우리말 해석에 맞게 적절하게 for를 of로 수정해야 한다.

우선순위 4 동사의 문장 구조 149

0335
몇 가지 문제가 새로운 회원들 때문에 생겼다.
→ Several problems have raised due to the new members.

0336
그는 내가 일을 열심히 했기 때문에 월급을 올려 주겠다고 말했다.
→ He said he would rise my salary because I worked hard.

0337
폭우로 인해 그 강은 120cm만큼 상승했다.
→ Owing to the heavy rain, the river has raised by 120cm.

0338
내가 출근할 때 한 가족이 위층에 이사 오는 것을 보았다.
→ As I went out for work, I saw a family moved in upstairs.

0339
그녀는 남편과 결혼한 지 20년 이상 되었다.
→ She has married to her husband for more than two decades.

친절 & 꼼꼼 정답 및 해설

0335

정답 X (have raised → have arisen 또는 have been raised) **출제포인트** 014 혼동하기 쉬운 동사의 불규칙 변화

해설 주어진 문장의 raise(~을 일으키다)는 타동사이므로 목적어가 필요하나 동사 뒤에 목적어 없이 전치사구 due to ~ members가 사용되었으므로 옳지 않은 문장이다. 따라서 raise는 문맥상 '(사건 등이) 발생하다'를 뜻하는 자동사 arise의 능동태 또는 타동사 raise의 수동태로 수정해야 한다. 따라서 have raised는 have arisen 또는 have been raised가 되어야 옳다.

0336

정답 X (rise → raise) **출제포인트** 014 혼동하기 쉬운 동사의 불규칙 변화

해설 주어진 문장의 rise(오르다)는 완전자동사로 목적어를 가질 수 없다. 해당 문장은 rise 이후에 목적어 my salary가 사용되었으므로 옳지 않은 문장이다. 따라서 rise는 '~을 올리다'를 뜻하는 완전타동사 raise로 수정해야 한다.

0337

정답 X (has raised → has risen) **출제포인트** 014 혼동하기 쉬운 동사의 불규칙 변화

해설 주어진 문장에 사용된 raise는 타동사로 반드시 목적어를 포함하여 '~을 올리다'의 의미로 사용된다. 해당 문장에서는 목적어가 제시되어 있지 않으므로 옳지 않다. 따라서 자동사 rise(오르다)를 이용해서, has raised를 has risen으로 수정해야 한다. 더해, owing to는 구전치사이므로 Owing to 뒤에 명사구인 the heavy rain이 온 것은 적절하며, 또한 전치사 by는 '정도' 또는 '차이'를 나타내기 위해 사용한 것으로 문맥상 옳다.

0338

정답 X (moved → move 또는 moving) **출제포인트** 019 지각동사

해설 지각동사 see는 목적어와 목적격 보어의 관계가 능동일 때 「see + 목적어 + 목적격 보어[원형부정사/현재분사]」의 구조로 사용한다. 주어진 문장에서는 가족이 '이사 오는' 능동 관계이므로 moved는 moving 또는 move로 수정해야 한다.

0339

정답 X (has married → has been married) **출제포인트** 007 자동사로 착각하기 쉬운 타동사

해설 타동사 marry(~와 결혼하다)는 '~와 결혼한 상태'를 표현할 때 「be married to + 목적어」의 구조로 사용하며 우리말 해석에서 '결혼한 지 20년 이상 되었다'라고 했으므로 완료시제를 써야 한다. 따라서 주어진 문장의 has married는 has been married로 수정해야 한다.

0340 내가 산책에 같이 갈 수 있는지 네게 알려줄게.

→ I will let you know if I can <u>accompany with</u> you on your walk.

0341 나는 태양이 그날 아침처럼 그렇게 멋지게 떠오르는 것을 본 적이 없다.

→ I have never seen the sun <u>to rise</u> so gloriously as on that morning.

0342 그는 학생들에게 모르는 사람들에게 전화를 걸어 성금을 기부할 것을 부탁하도록 시켰다.

→ He had the students <u>phoned</u> strangers and ask them to donate money.

0343 우리는 학생들에게 자신을 발전시킬 효과적인 방법들을 제공해야 한다.

→ We must provide our students <u>to</u> effective ways to develop themselves.

0344 경찰 당국은 자신의 이웃을 공격했기 때문에 그 여성을 체포하도록 했다.

→ The police authorities had the woman <u>arresting</u> for attacking her neighbor.

0345 그녀는 일요일에 16세의 친구와 함께 산 정상에 올랐다.

→ She <u>reached at</u> the mountain summit with her 16-year-old friend on Sunday.

친절 & 꼼꼼 정답 및 해설

0340

정답 X (accompany with → accompany)　　**출제포인트** 007 자동사로 착각하기 쉬운 타동사

해설 accompany는 '~와 동행하다'의 의미로 사용될 때 전치사를 동반하지 않고 바로 목적어를 갖는 타동사이다. 따라서 주어진 문장의 accompany with는 accompany로 수정해야 한다. 단, accompany가 자동사로 쓰이는 경우 '(특히 피아노로) 반주하다'의 의미로 쓰인다.

0341

정답 X (to rise → rise 또는 rising)　　**출제포인트** 019 지각동사

해설 주어진 문장에 사용된 지각동사는 목적어와 목적격 보어의 관계가 능동일 때 「지각동사 + 목적어 + 목적격 보어[원형부정사/현재분사]」의 구조로 사용한다. 따라서 지각동사 see의 목적격 보어로 쓰인 to rise는 옳지 않다. 따라서 to rise를 rise 또는 rising으로 수정해야 한다.

0342

정답 X (phoned → phone)　　**출제포인트** 018 사역동사

해설 사역동사 have는 목적어와 목적격 보어의 관계가 능동일 때 「have + 목적어 + 목적격 보어[원형부정사/현재분사]」의 구조로 사용한다. 주어진 문장에서 목적어인 the students는 '전화를 거는' 주체이므로 능동의 관계에 해당되며, 이때 목적격 보어로 원형 부정사나 현재분사를 모두 사용할 수 있다. 그러나 병렬구조를 취하는 등위접속사 and 이후에 원형 부정사 ask가 제시되어 있으므로 phoned를 원형부정사 phone으로 수정해야 한다. 단, 주로 미국식 영어 표현으로 목적어와 목적격보어와의 관계가 문맥상 진행의 의미를 강조할 때 phoned를 phoning으로 수정하고 ask를 asking으로 수정할 수 있다.

0343

정답 X (to → with)　　**출제포인트** 025 동사의 구조 파악

해설 「provide + A + with + B」는 'A에게 B를 제공하다'를 뜻하며, 「provide + A + to + B」는 'A를 B에게 제공하다'를 뜻한다. 따라서 주어진 문장은 우리말 해석에 맞게 to를 with로 수정해야 한다.

0344

정답 X (arresting → arrested)　　**출제포인트** 018 사역동사

해설 사역동사 have의 목적어와 목적격 보어가 수동의 관계일 때 목적격 보어는 과거분사를 사용한다. 주어진 문장에서 목적어 the woman은 문맥상 'for attacking her neighbor(이웃을 공격했기 때문에)'를 통해서 '체포된' 것을 알 수 있으므로, arresting은 과거분사 arrested로 수정해야 한다. 더해, 현재분사 arresting을 사용할 경우, 목적어를 가져야 하므로 옳지 않다.

0345

정답 X (reached at → reached)　　**출제포인트** 007 자동사로 착각하기 쉬운 타동사

해설 주어진 문장의 reach(도착하다, 도달하다)는 타동사로 쓰였으므로 이후에 전치사를 동반하지 않고 목적어를 갖는다. 따라서 주어진 문장에서 reached at은 reached로 수정해야 한다. 더해, '16세의 친구'처럼 '수사 + 단위명사'가 명사 앞에서 수식하는 형용사가 될 때 year를 단수형으로 사용하므로 16 - year - old는 옳게 사용되었다.

우선순위 5   형용사 / 부사 / 비교

다음 밑줄 친 부분이 문법적으로 옳다면 O, 틀리면 X를 하고 바르게 고치시오.

0346   I don't have <u>some</u> objections to make.

0347   She would like to be <u>financial</u> independent.

0348   The rescue squad was happy to discover <u>an alive man</u>.

0349   My sweet-natured daughter suddenly became <u>unpredictably</u>.

0350   These days we do not save as <u>more</u> money as we used to.

친절 & 꼼꼼 정답 및 해설

0346

정답 X (some → any) **출제포인트** 092 수량형용사

해석 나는 제기할 이의가 없다.

해설 형용사인 some과 any는 각각 문장의 종류에 따라 구별되어 사용된다. 긍정문, 청유문에서는 some을 부정문, 조건문에서는 any를 사용한다. 주어진 문장은 부정문이므로 some을 any로 수정해야 한다.

0347

정답 X (financial → financially) **출제포인트** 098 형용사 vs. 부사

해석 그녀는 경제적으로 독립하고 싶어 한다.

해설 주어진 문장의 형용사 financial은 형용사 independent를 수식하고 있으므로 옳지 않은 문장이다. 형용사를 수식하는 품사로는 부사가 적절하다. 따라서 financial은 부사 financially로 수정해야 한다.

0348

정답 X (an alive man → a living man 또는 a man who was alive)

출제포인트 091 한정적 용법 vs. 서술적 용법

해석 구조단은 생존자를 발견해서 기뻤다.

해설 주어진 문장의 형용사 alive(살아있는)는 서술적 용법으로 쓰여 주격 보어나 목적격 보어로 쓰일 수 있다. 그러나 주어진 문장처럼 명사인 man을 직접 수식하는 한정적 용법으로는 사용할 수 없다. 따라서 유사한 의미인 '살아있는'으로 쓰이며, 한정적 용법으로 명사를 직접 수식하는 형용사 living을 사용해서 an alive man을 a living man 수정해야 한다. 또는 주격관계대명사를 이용해 a man who was alive 등으로 수정할 수 있다.

0349

정답 X (unpredictably → unpredictable) **출제포인트** 098 형용사 vs. 부사

해석 다정한 나의 딸이 갑자기 예측 불가능해졌다.

해설 become은 형용사를 보어로 취하는 불완전자동사이나 주어진 문장은 became 이후에 부사 unpredictably가 사용되었으므로 옳지 않다. 따라서 부사 unpredictably를 형용사 unpredictable로 수정해야 한다.

0350

정답 X (more → much) **출제포인트** 134 원급 비교

해석 요즘 우리는 예전에 그랬던 것만큼 돈을 저축하지 않는다.

해설 해당 문장에는 「as ~ as」 형태의 원급 비교가 사용되고 있으므로, 비교급 more를 불가산명사 money를 수식하는 원급 형태의 형용사 much로 수정해야 한다. 그리고 주어진 문장의 두 번째 as는 이후 we used to라는 절을 이끌고 있으므로 접속사로 옳게 사용되었다. 또한, 과거의 규칙적인 동작 또는 상태를 말할 때 「used to + 동사원형」으로 나타내므로 문맥상 적절하게 사용되었으며 we used to에서 to 이하는 앞에서 제시된 save money와 문맥상 중복되므로 생략할 수 있다.

0351 The traffic of a big city is busier than those of a small city.

0352 The grain of rye is generally longer and slender than that of rice.

0353 Even young children like to be complimented for a job done good.

0354 Raisins were once an expensive food, and only the wealth ate them.

0355 The speed of the observed change is very greater than we expected.

친절 & 꼼꼼 정답 및 해설

0351

정답 X (those → that)　　**출제포인트** 137 비교 대상 일치

해석 대도시의 교통은 소도시의 그것보다 더 혼잡하다.

해설 해당 문장은 비교급 비교가 사용된 문장으로 문맥상 those와 비교하는 대상이 단수 명사 The traffic이므로 복수 대명사인 those는 단수 대명사 that으로 수정해야 한다.

0352

정답 X (slender → slenderer 또는 more slender)　　**출제포인트** 136 비교급 비교

해석 호밀의 낟알은 일반적으로 쌀의 그것보다 더 길고 더 가늘다.

해설 주어진 문장은 비교급 비교 문장으로 주어진 문장의 보어로 사용된 slender는 '~er'로 쓰지만 '가는'이라는 의미를 가진 형용사의 원형이다. 따라서 slender는 비교급 형태인 slenderer 또는 more slender로 수정해야 한다. 더해, that of rice의 that은 비교 대상인 grain을 지칭하는 단수 대명사로 알맞게 쓰였다.

0353

정답 X (good → well)　　**출제포인트** 098 형용사 vs. 부사

해석 어린아이들조차도 잘한 일에 대해서는 칭찬받기를 좋아한다.

해설 주어진 문장에서 문맥상 형용사 good이 과거분사 done을 수식하고 있으므로 옳지 않다. 과거분사는 부사에 의해서 수식받아야 한다. 따라서 good을 부사인 well로 수정해야 한다. 참고로 부사가 과거분사를 수식할 때는 보통 본동사 앞에 위치하므로 a job well done으로 수정해도 무방하다.

0354

정답 X (the wealth → the wealthy)　　**출제포인트** 087 정관사 the

해석 건포도는 한때 값비싼 음식이었고, 오직 부유한 사람들만이 그것들을 먹었다.

해설 「the + 형용사」는 '~하는 사람들'을 뜻하며 복수 명사 역할을 할 수 있다. 따라서 주어진 문장의 문맥상 '부유한 사람들이 그것들을 먹었다'가 적절하므로 해당 문장의 the wealth는 the wealthy로 수정해야 한다.

0355

정답 X (very greater → even[still, a lot, much, (by) far] greater)　　**출제포인트** 143 비교급/최상급 강조 부사

해석 관찰된 변화의 속도는 우리가 예상했던 것보다 훨씬 빨랐다.

해설 부사 very는 비교급인 greater를 강조하여 수식할 수 없다. 따라서 very는 비교급을 수식하여 강조의 의미를 나타내는 even, still, a lot, much, far 등을 활용해 수정해야 한다.

0356 Bob tends to borrow more money from the bank <u>as</u> he can pay back.

0357 He felt <u>enough comfortable</u> to tell me about something he wanted to do.

0358 Sports utility vehicles are <u>as expensive</u> and use more gas than most cars.

0359 Fire following an earthquake is <u>of special interesting</u> to the insurance industry.

0360 Congratulate them, <u>public</u> showcase their accomplishment, and spread the word.

친절 & 꼼꼼 정답 및 해설

0356

정답 X (as → than)   **출제포인트** 136 비교급 비교

해석 Bob은 자신이 갚을 수 있는 것보다 더 많은 돈을 은행에서 빌리는 경향이 있다.

해설 주어진 문장에 형용사 much의 비교급인 more가 존재하므로 「비교급 + than」 구조로 쓰여야 한다. 따라서 접속사 as를 than으로 수정해야 한다.

0357

정답 X (enough comfortable → comfortable enough)   **출제포인트** 101 enough / 양태부사의 위치

해석 그는 그가 하고 싶어 하는 일에 대해 나에게 말할 정도로 충분히 편안함을 느꼈다.

해설 부사로 사용된 enough는 형용사를 후치 수식한다. 따라서 주어진 문장의 enough comfortable은 comfortable enough로 수정해야 한다.

0358

정답 X (as expensive → more expensive)   **출제포인트** 136 비교급 비교

해석 스포츠형 다목적 차량(SUV)은 대부분의 자동차보다 가격이 더 비싸고 더 많은 연료를 소비한다.

해설 주어진 문장은 주어인 Sports utility vehicles와 most cars를 비교하며, 또한 전명구인 than most cars를 통해서 「비교급 + than」의 구조가 적절하게 사용되었다. 그러나 비교급에 해당되는 형용사 expensive를 원급 비교 표현인 as가 수식하는 것은 옳지 않다. 따라서 as expensive는 비교급인 more expensive로 수정되어야 한다.

0359

정답 X (of special interesting → of special interest)   **출제포인트** 074 전치사 + 추상명사

해석 지진에 따른 화재는 보험 회사에게 특별한 관심사이다.

해설 주어진 문장의 following은 현재분사 또는 전치사로 볼 수 있다. 먼저 현재분사로서 분사구 following an earthquake가 주어 Fire를 수식한다고 볼 수 있다. 또는 '~후에, (특정 결과)에 따라'를 뜻하는 전치사로 사용되어 전명구인 following an earthquake가 주어인 Fire를 수식한다고 보아도 역시 옳다. 그러나 「of + 추상명사」는 형용사 역할을 하므로 해당 문장의 of special interesting이 주격 보어로 적절하게 사용되기 위해서는 of special interest로 수정되어야 한다.

0360

정답 X (public → publicly)   **출제포인트** 098 형용사 vs. 부사

해석 그들을 축하하고, 그들의 성취를 공개적으로 보여주고, 소문을 내라.

해설 주어진 문장은 명령문 Congratulate them, public showcase ~ accomplishment, spread the world가 「A, B, and C」의 구조로 병렬구조를 이루고 있다. 그러나 형용사인 public은 동사 showcase를 수식할 수 없으므로, public을 부사인 publicly로 수정해야 한다.

0361 You might think that just eating a lot of vegetables will keep you perfect healthy.

0362 As people become more comfortable working alone, they may become less social.

0363 The doctor is enough kind to treat any patient whether he or she is rich or poor.

0364 The more they attempted to explain their mistakes, the worst their story sounded.

0365 Its base is 80 miles wide in circumference, and it stands a dramatic 8,077 feet tall.

친절 & 꼼꼼 정답 및 해설

0361

정답 X (perfect healthy → perfectly healthy)   **출제포인트** 098 형용사 vs. 부사

해석 당신은 단지 야채를 많이 먹는 것이 당신을 완벽히 건강하게 유지시켜 줄 것이라고 생각할지도 모른다.

해설 주어진 문장에서 주절인 you might think는 목적어 절로 that 이하를 갖는다. 목적어 절의 동사는 keep으로 keep은 불완전타동사로 쓰일 때 「keep + 목적어 + 목적격 보어」의 형태로 사용된다. keep의 목적격 보어로 쓰인 형용사 healthy를 형용사인 perfect가 수식하는 것은 옳지 않다. 형용사를 수식하는 품사로는 부사가 적절하므로 perfect를 부사 형태인 perfectly로 수정해야 한다.

0362

정답 O   **출제포인트** 136 비교급 비교

해석 사람들이 혼자 일하는 것이 더 편안해질수록, 그들은 덜 사교적이 될 수도 있다.

해설 열등 비교는 「less + 형용사/부사의 원급」으로 표현한다. 따라서 less social은 적절하게 사용되었다.

0363

정답 X (enough kind → kind enough)   **출제포인트** 101 enough / 양태부사의 위치

해석 그 의사는 그 또는 그녀가 부유하든 가난하든 어느 환자라도 치료할 정도로 착하다.

해설 주어진 문장에 사용된 enough는 형용사나 부사를 수식하는 경우 후치 수식하며, 명사를 수식할 때 전치 수식한다. 해당 문장에서 형용사 kind를 수식하므로 kind 뒤에 enough가 위치해야 한다. 따라서 enough kind는 kind enough로 수정되어야 한다.

0364

정답 X (the worst → the worse)   **출제포인트** 138 the + 비교급, the + 비교급

해석 그들이 그들의 실수에 대해 설명하려고 시도할수록, 그들의 이야기는 더 나쁘게 들렸다.

해설 「The + 비교급 ~, the + 비교급 …」은 '~할수록 더 …하다'를 뜻하는 비교급 관용표현이다. 따라서 최상급인 the worst를 비교급인 the worse로 수정해야 한다.

0365

정답 O   **출제포인트** 093 수량형용사 - 측정 단위명사 + 명사

해석 그것의 토대는 둘레가 80마일이며, 높이는 극적인 8,077피트이다.

해설 주어진 문장은 단위 표현 80 miles와 8,077 feet이 형용사가 아닌 명사로 사용되었으므로 복수형 miles와 feet이 적절하게 사용되었다. 해당 문장의 'stand ~ tall'은 관용표현에 해당된다.

0366 All of us have a unique purpose in life; and all of us are gifted, just <u>different</u> gifted.

0367 The homeless usually <u>has</u> great difficulty getting a job, so they are losing their hope.

0368 People who are more empathic are believed to be more <u>easy</u> influenced to yawn by others' yawns.

0369 Every healthy youngster has a wholesome and instinctive love for stories fantastic, marvelous and <u>manifest</u> unreal.

0370 Most importantly, <u>adoptable</u> pets find homes, and sick or dangerous animals are humanely relieved of their suffering.

친절 & 꼼꼼 정답 및 해설

0366

정답 X (different → differently)　　　**출제포인트** 098 형용사 vs. 부사

해석 우리 모두 삶의 독특한 목적을 가지고 있다; 그리고 우리 모두 재능이 있는데, 단지 다르게 재능이 있는 것이다.

해설 주어진 문장의 형용사 different가 형용사 gifted(재능이 있는)를 수식하고 있으므로 옳지 않은 문장이다. 따라서 형용사 different는 부사 differently로 수정해야 한다.

0367

정답 X (has → have)　　　**출제포인트** 087 정관사 the

해석 노숙자는 대개 직업을 구하는 데 큰 어려움을 겪기 때문에, 그들은 희망을 잃고 있다.

해설 「the + 형용사」는 '~한 사람들'을 뜻하는 표현으로 복수 보통명사로 사용한다. 주어진 문장의 The homeless는 「the + 형용사」 형태로 복수 보통명사로 취급하므로 복수 동사 have를 사용해야 한다. 따라서 해당 문장의 has를 have로 수정해야 한다. 이에 더해 「have difficulty (in) ~ing」는 '~하는 데 어려움을 겪다'를 뜻하는 동명사 관용표현이다.

0368

정답 X (easy → easily)　　　**출제포인트** 098 형용사 vs. 부사

해석 공감력이 더 뛰어난 사람들이 다른 사람들의 하품에 의해 하품하도록 더 쉽게 영향을 받는 것으로 믿어진다.

해설 주어진 문장의 부정사의 수동태인 to be more influenced에 과거분사 influenced를 수식하기 위해서는 부사가 쓰여야 하므로, 형용사 easy를 부사 easily로 수정해야 한다. 더해, 주어인 people을 주격관계대명사절 who ~ empathic으로 수식하고 있으므로, 동사 are가 쓰여 수일치가 적절하게 되었다.

0369

정답 X (manifest → manifestly)　　　**출제포인트** 098 형용사 vs. 부사

해석 모든 건강한 젊은이들은 환상적이고, 불가사의하고, 명백하게 비현실적인 이야기에 대한 건전하고 본능적인 애정을 지니고 있다.

해설 주어진 문장에서 등위접속사 and는 형용사인 fantastic, marvelous, unreal을 「A, B, and C」의 병렬구조로 연결하고 있다. 그러나 형용사인 unreal은 부사가 수식해야 하므로, manifest를 manifestly로 수정해야 한다. 더해, 주어 every healthy youngster가 단수이므로 단수 형태의 동사 has는 적절하게 사용되었다.

0370

정답 O　　　**출제포인트** 098 형용사 vs. 부사

해석 가장 중요한 것은, 입양이 가능한 동물들이 집을 찾고, 아프거나 위험한 동물들은 인도적으로 그들의 고통에서 벗어나게 된다.

해설 주어진 문장에서 문맥상 '입양 가능한 동물'이라는 의미로 형용사 adoptable이 명사 pets를 적절하게 수식하고 있다. 더해, 등위접속사 and는 「A and B」 구조로 adoptable pets ~ homes와 sick or ~ suffering을 병렬구조로 연결하고 있다.

0371 The amygdala and the insula or insular cortex are two representative brain structures most <u>close</u> linked with emotions.

0372 It's easier to stay home in comfortable exercise clothes or a bathrobe than <u>getting</u> dressed for yet another business meeting!

0373 Darwin knew far less about the various species he collected on the Beagle voyage than <u>do</u> experts in England at the time who classified these organisms for him.

0374 Globally, pedestrians constitute 22% of all road traffic fatalities, and in some countries this proportion is <u>as high than</u> two thirds of all road traffic deaths.

친절 & 꼼꼼 정답 및 해설

0371

정답 X (close → closely)   **출제포인트** 099 주의해야 할 부사의 형태

해석 편도체와 대뇌 피질은 감정과 가장 밀접히 연결된 두 가지 대표적인 뇌 조직이다.

해설 주어진 문장의 structures를 수식하는 과거분사 linked를 부사 close가 수식하고 있다. 이때 부사로 쓰인 close는 '(시간, 거리) 가깝게'의 의미이다. 해당 문장에서처럼 문맥상 '(관계) 긴밀하게, 밀접하게'의 의미로 사용되기 위해서는 부사 closely로 수정해야 한다.

0372

정답 X (getting → to get)   **출제포인트** 137 비교 대상 일치

해석 또 한 번의 비즈니스 미팅을 위해 옷을 차려입는 것보다 편안한 운동복이나 목욕 가운을 입고 집에 있는 것이 더 쉽다!

해설 주어진 문장의 easier ~ than으로 보아 비교급 비교가 사용된 문장임을 알 수 있다. 비교 대상은 동일한 품사 형태로 쓰여야 하므로 to stay와 병렬구조를 이루도록 than 이후의 getting은 to get으로 수정해야 한다.

0373

정답 X (do → did)   **출제포인트** 137 비교 대상 일치

해석 Darwin은 그를 위해 이러한 유기체들을 분류했던 그 시대 영국의 전문가들이 한 것보다 Beagle 여행에서 그가 수집했던 다양한 종들에 대해 훨씬 더 조금 알고 있었다.

해설 주어진 문장이 과거 Darwin 시대에 대한 내용을 서술하고 있으므로 과거 시제를 사용해야 적절하다. 문맥상 'Darwin knew~'와 'experts knew~'를 비교하고 있으므로 than 이후의 do는 did로 수정해야 한다. 이때 접속사 뒤에 대동사 do를 사용할 경우 「주어 + 동사」가 「동사 + 주어」의 어순으로 도치될 수 있다.

0374

정답 X (as high than → as high as 또는 higher than)   **출제포인트** 134 원급 비교   136 비교급 비교

해석 전 세계적으로, 보행자들은 모든 도로 교통 사망자들의 22%를 차지하며, 몇몇 국가들에서 이 비율은 모든 도로 교통 사망자들의 2/3에 해당할 만큼 높다 [2/3 보다 더 높다].

해설 주어진 문장의 high는 be동사 is의 주격 보어 역할을 하는 형용사로 사용되었다. 원급 비교 문장으로서 원급 형용사 high는 앞선 as에 의해서 수식받고 있으며 또한 비교 대상도 전치사 as 이후에 제시되어야 한다. 따라서 as high than은 as high as로 수정되어야 한다. 또는 비교 대상을 비교급으로 보아 형용사 high의 비교급인 higher를 이용해서 as high than을 higher than으로 수정할 수 있다.

정해쌤's Tip 해당 문장은 원급 비교 또는 비교급 비교 두 가지로 수정할 수 있으니 주의하세요.

0375 His survival over the years since independence in 1961 does not alter the fact that the discussion of real policy choices in a public manner has <u>hardly never</u> occurred.

0376 Since they are so obviously <u>of</u> great benefit, we might expect to find that over the centuries humans would increase the number and quality of the animals they kept.

0377 Further evidence of the genetic basis of shyness is the fact that parents and grandparents of shy children more often say that they were shy as children <u>as</u> parents and grandparents of non-shy children.

■ 다음 밑줄 친 부분을 참고해 우리말 영작이 문법적으로 옳다면 O, 틀리면 X를 하고 바르게 고치시오.

0378 그의 소설들은 읽기가 어렵다.
→ His novels are <u>hard</u> to read.

0379 그는 나를 도와줄 정도로 충분히 친절하지는 않다.
→ He is not <u>enough kind</u> to help me.

친절 & 꼼꼼 정답 및 해설

0375

정답 X (hardly 또는 never 삭제)   **출제포인트** 100 빈도부사

해석 1961년의 독립 이후 여러 해 동안 그의 생존이 진정한 정책 선택에 대한 논의가 공식적인 방식으로 거의 일어나지 않았다는 사실을 바꾸지 않는다.

해설 hardly는 '거의 ~아니다[없다]'를 뜻하는 부정 부사로 부정어와 함께 사용될 수 없다. 주어진 문장은 hardly와 부정을 나타내는 never를 같이 사용해 이중 부정이 되어 옳지 않은 문장이다. 따라서 hardly 또는 never를 삭제해야 한다. 더해, over는 '~동안'이라는 의미로 옳게 사용되었다.

0376

정답 O   **출제포인트** 074 전치사 + 추상명사

해석 그들이 너무나 명백하게 이롭기 때문에, 우리는 아마 수 세기 동안 인간들이 그들이 소유했던 동물들의 수와 질을 증가시켰을 것임을 알아낼 것이라고 예상할 수도 있다.

해설 「of + 추상명사」는 형용사의 뜻을 나타낸다. 주어진 문장의 of great benefit은 greatly beneficial과 같은 의미로 적절하게 사용되었다.

0377

정답 X (as → than)   **출제포인트** 136 비교급 비교

해석 수줍음의 유전적 근거에 대한 추가적인 증거는 수줍음이 많은 아이들의 부모나 조부모들이 그렇지 않은 아이들의 부모나 조부모보다 더 자주 그들이 어릴 때 수줍음을 냈다고 말한다는 사실이다.

해설 주어진 문장의 비교급 비교를 사용하여, parents and grandparents of shy children과 parents and grandparents of non-shy children을 비교 대상으로 비교하고 있다. 또한, 비교급 형태의 부사인 more often이 동사 say를 수식하고 있으므로 as를 than으로 수정해야 한다. as children은 '어렸을 때'를 의미하는 표현으로 원급 비교로 쓰이지 않았으므로 주의해야 한다. 더해, the fact는 that 이하의 문장이 동격절로 수식받고 있다.

0378

정답 O   **출제포인트** 095 이성 / 인성 / 난이 형용사

해설 난이 형용사 hard가 사용된 문장이다. 난이 형용사가 사용된 문장에서 주어가 가주어 It일 때 「It be + 형용사 + (for + 목적격) + to + 동사원형(+ 목적어)」의 문장 구조로 사용된다. 이때 to부정사는 부사적 용법으로 사용되어 난이 형용사를 후치 수식하며 '~하기에 …한'을 뜻한다. 따라서 주어진 문장은 적절하게 사용되었다.

0379

정답 X (enough kind → kind enough)   **출제포인트** 101 enough / 양태부사의 위치

해설 주어진 문장에 사용된 enough는 형용사나 부사를 수식할 때 후치 수식하며, 명사를 수식할 때 전치 수식한다. 해당 문장에서 형용사 kind를 수식하므로 kind 뒤에 enough가 위치해야 한다. 따라서 enough kind는 kind enough로 수정되어야 한다.

0380 내 고양이 나이는 그의 고양이 나이의 세 배이다.

→ My cat is three times as old as <u>his</u>.

0381 우리 인생에서 시간보다 더 소중한 것은 없다.

→ Nothing is <u>more precious as time</u> in our life.

0382 그 병원에서의 그의 경험은 그녀의 경험보다 더 나빴다.

→ His experience at the hospital was worse than <u>her</u>.

0383 그는 그가 듣고 있는 것을 거의 믿을 수 없었다.

→ He could <u>not</u> hardly believe what he was hearing.

0384 우리 지구는 끝없는 우주에서 하나의 작은 점에 불과하다.

→ Our earth is a <u>mere</u> speck in the boundless universe.

친절 & 꼼꼼 정답 및 해설

0380

정답 O   **출제포인트** 134 원급 비교

해설 주어진 문장에서 배수를 나타낼 때 「배수사 + as ~ as」 형태의 원급 비교를 활용할 수 있다. 주어진 문장은 원급 비교인 as old as 앞에 배수사 three times가 적절히 사용되었다. 또한, 소유대명사 his(그의 것)는 문장의 주어인 My cat과 비교 대상인 '그의 고양이'에 해당하는 표현으로 his cat이라는 명사 반복 표현 대신 적절하게 사용되었다.

0381

정답 X (more precious as time → as[so] precious as time 또는 more precious than time)

출제포인트 144 최상급 대용 표현

해설 주어진 문장은 원급과 비교급을 이용한 최상급의 표현에 해당된다. 원급을 사용할 경우 「부정 주어 + is as[so] ~ as …」로, 비교급을 사용할 경우 「부정 주어 + is more ~ than …」으로 최상급을 나타낼 수 있다. 따라서 주어진 문장은 more precious as time을 as[so] precious as time 또는 more precious than time으로 수정해야 한다.

0382

정답 X (her → hers)   **출제포인트** 137 비교 대상 일치

해설 「소유격 + 명사」를 대신하기 위해 '~의 것'을 뜻하는 소유대명사 mine, yours, his, hers, ours, theirs를 사용할 수 있다. 주어진 문장은 His experience(그의 경험)와 her experience(그녀의 경험)를 비교하고 있는데, '그녀의 경험' 대신 '그녀의 것'인 소유대명사 hers로 대신할 수 있다. 따라서 her를 hers로 수정해야 한다.

0383

정답 X (not 삭제)   **출제포인트** 100 빈도부사

해설 주어진 문장의 hardly는 빈도부사이므로 조동사 뒤에 알맞게 사용되었으며 '거의 ~않다'를 뜻하는 부정의 의미를 나타내므로 다른 부정어와 함께 쓰지 않기 때문에 not을 삭제해야 한다. 더해, 주어진 문장의 what he was hearing은 believe의 목적어 절로 선행사를 포함한 관계대명사 what이 옳게 사용되었다.

0384

정답 O   **출제포인트** 089 형용사의 용법

해설 mere는 '단지 ~에 불과한'을 뜻하는 한정사로 반드시 명사 앞에 쓰인다. 주어진 문장에서는 mere가 명사 speck(반점)을 앞에서 수식하고 있으므로 적절하게 사용되었다.

0385 환자들과 부상자들을 돌보기 위해 더 많은 의사가 필요했다.
→ More doctors were required to tend <u>sick and wounded</u>.

0386 우리가 영어를 단시간에 배우는 것은 결코 쉬운 일이 아니다.
→ It is by no means easy for us <u>to learn</u> English in a short time.

0387 나는 눈 오는 날 밖에 나가는 것보다 집에 있는 것을 더 좋아한다.
→ I prefer <u>to staying home than to going out</u> on a snowy day.

0388 그는 사람들이 생각했던 만큼 인색하지 않았다는 것이 드러났다.
→ It turns out that he was not so <u>stingier</u> as he was thought to be.

0389 요즘에는 신문들이 광고에서 훨씬 더 적은 돈을 번다.
→ Nowadays, newspapers make <u>very less</u> money from advertisements.

친절 & 꼼꼼 정답 및 해설

0385

정답 X (sick and wounded → the sick and the wounded)　**출제포인트** 087 정관사 the

해설 주어진 문장의 tend는 '돌보다, 보살피다'라는 뜻의 타동사로 목적어가 필요하다. 따라서 주어진 문장의 형용사인 'sick and wounded'를 목적어로 사용하기 위해서는 명사로 바뀌어야 한다. 형용사를 「the + 형용사」의 형태로 쓰면 '~한 사람들'이라는 뜻의 복수 보통명사가 되므로 sick and wounded는 the sick and the wounded로 수정해야 한다.

0386

정답 O　**출제포인트** 095 이성/인성/난이 형용사

해설 해당 문장에 사용된 easy는 난이 형용사로 「It + be동사 + 난이 형용사 + (for + 목적격) to 동사원형」 형태의 문장으로 사용한다. 이때 It은 가주어, to 동사원형은 진주어에 해당된다. 주어진 문장은 가주어 It과 진주어 to learn ~ time이 적절하게 사용되었으며, to부정사의 의미상 주어로 「for + 목적격」이 적절하게 사용되었다. 더해, by no means는 '결코 ~이 아닌'을 뜻하며 부사 역할을 하는 전명구로 동사 is와 보어 easy 사이에 알맞게 삽입되었다.

0387

정답 X (to staying home than to going out → staying home to going out 또는 to stay home rather than (to) go out)　**출제포인트** 137 비교 대상 일치

해설 'B보다 A를 선호하다'는 의미로 「prefer A to B」를 쓸 때, A와 B는 명사 또는 명사 상당어구가 오며 병렬구조가 되어야 하고, '~보다'의 의미로 than이 아니라 전치사 to가 사용되었음에 유의해야 한다. 따라서 주어진 문장의 to staying home than to going out은 staying home to going out으로 수정해야 한다. 또는 prefer를 타동사로 보아 목적어로 to부정사를 사용할 경우 연결사 rather than을 이용해서, to stay home rather than (to) go out으로 수정할 수 있다.

0388

정답 X (stingier → stingy)　**출제포인트** 134 원급 비교

해설 '~만큼 …하지 않다'라는 의미는 「not so[as] + 형용사 + as」의 원급 비교 구문으로 나타낼 수 있다. 따라서 주어진 문장의 비교급 stingier는 원급인 stingy로 수정해야 한다.

0389

정답 X (very less → much[a lot, still, (by) far, even] less)　**출제포인트** 143 비교급 / 최상급 강조 부사

해설 비교급을 강조하는 표현은 much, a lot, still, far, even 등을 사용해 나타낼 수 있다. 주어진 문장은 비교 표현인 less를 최상급을 수식하는 very가 수식하고 있으므로 옳지 않다. very를 much[a lot, still, (by) far, even] 등으로 수정해야 한다.

0390 통화의 가치는 대개 한 국가 경제의 힘을 반영한다.
→ A currency's value reflects usually the strength of a country's economy.

0391 서울의 교통 체증은 세계 어느 도시보다 심각하다.
→ The traffic jams in Seoul are more serious than that in any other city in the world.

친절 & 꼼꼼 정답 및 해설

0390

정답 X (reflects usually → usually reflects)　　**출제포인트** 100 빈도부사

해설 빈도부사는 조동사, be동사 뒤 그리고 일반동사 앞에 위치한다. 주어진 문장은 빈도부사 usually가 일반동사 reflects 뒤에 위치하므로 옳지 않다. reflects usually를 usually reflects로 수정해야 한다.

0391

정답 X (that → those)　　**출제포인트** 137 비교 대상 일치

해설 주어진 문장의 주어는 The traffic jams로 복수형이다. 비교급 비교를 활용해 '서울의 교통 체증들'과 '다른 도시의 교통 체증들'을 비교하고 있으므로 The traffic jams를 대신하는 지시대명사 또한 복수형 those로 제시해야 한다. 따라서, that을 those로 수정해야 한다.

우선순위 6   강조와 도치

■ 다음 밑줄 친 부분이 문법적으로 옳다면 O, 틀리면 X를 하고 바르게 고치시오.

0392   Never again <u>lions crossed</u> Richard's fence.

0393   They didn't believe his story, and <u>so</u> did I.

0394   Little <u>he knew</u> that so many things would change.

0395   <u>Rarely Jason is sensitive</u> to changes in the workplace.

0396   He asked me <u>why did I keep</u> coming back day after day.

친절 & 꼼꼼 정답 및 해설

0392

정답 X (lions crossed → did lions cross)　　**출제포인트** 176 부정부사 도치

해석 다시는 사자들이 Richard의 울타리를 건너지 못했다.

해설 부정어인 Never가 문두에 위치하면 주어와 동사가 도치된다. cross는 일반동사이고 문장의 시제는 과거이므로 대동사 do를 사용하고, 과거시제이므로 lions crossed는 did lions cross로 고쳐야 한다.

0393

정답 X (so → neither)　　**출제포인트** 177 '또한 그렇다 / 그렇지 않다'의 표현

해석 그들은 그의 이야기를 믿지 않았고, 나도 믿지 않았다.

해설 긍정문에 대한 동의 표현으로 '역시 ~ 하다'의 의미로는 「so + (대)동사 + 주어」, 부정문에 대한 동의 표현으로 '역시 ~하지 않다'의 의미로는 「neither + (대)동사 + 주어」의 형태로 표현한다. 주어진 문장은 and 이전에 부정문이 제시되었기 때문에 그에 대한 동의 표현으로 so did I를 쓴 것은 적절하지 않으므로, so를 neither로 수정해야 한다.

0394

정답 X (he knew → did he know)　　**출제포인트** 176 부정부사 도치

해석 그는 그렇게 많은 것들이 바뀔 것이라는 것을 거의 알지 못했다.

해설 주어진 문장은 부정어 Little을 강조한 부정어 강조 구문으로 이어지는 문장의 어순이 의문문 어순이어야 한다. 따라서 해당 문장의 he knew는 did he know로 수정되어야 한다.

0395

정답 X (Rarely Jason is sensitive → Rarely is Jason sensitive)　　**출제포인트** 176 부정부사 도치

해석 Jason은 직장에서의 변화에 별로 민감하지 않다.

해설 부정어인 Rarely가 문두로 이동하여 강조하고 있으므로, 뒤따라오는 문장은 의문문 어순이 되어야 한다. 따라서 Rarely Jason is sensitive는 Rarely is Jason sensitive로 수정해야 한다.

0396

정답 X (why did I keep → why I kept)　　**출제포인트** 170 간접의문문

해석 그는 나에게 왜 매일 같이 계속해서 돌아오는지 물었다.

해설 주어진 문장에 사용된 의문사 why가 이끄는 의문사절은 ask의 직접목적어로 사용되었으므로 간접의문문 어순인 「의문사 + 주어 + 동사」로 써야야 적절하다. 따라서 Why did I keep은 Why I kept로 수정해야 한다. 더해서 keep은 동명사를 목적어로 취하는 동사로 「keep ~ing」는 '계속 ~하다'를 뜻하며, 해당 문장의 kept는 목적어로 동명사 coming을 가지며 문맥상 적절하게 사용되었다.

우선순위 6 강조와 도치　175

0397 This guide book tells you where should you visit in Hong Kong.

0398 Little did we think three months ago that we'd be working together.

0399 Wooden spoons are excellent toys for children, and so do plastic bottles.

0400 The intensity of a color is related to how much does gray the color contain.

0401 It's not surprising that book stores don't carry newspapers any more, doesn't it?

친절 & 꼼꼼 정답 및 해설

0397

정답 X (where should you → where you should)　　**출제포인트** 170 간접의문문

해석 이 안내 책자는 홍콩에서 어디를 방문해야 하는지 여러분에게 말해 준다.

해설 주어진 문장의 tell은 수여동사로 「tell + 간접목적어 + 직접목적어」의 형태로 쓰인다. 의문사 where가 이끄는 절은 직접목적어 절에 해당되며 이때 「의문사 + 주어 + 동사」의 간접의문문 어순이어야 한다. 따라서 where should you는 where you should로 수정해야 한다.

0398

정답 O　　**출제포인트** 176 부정부사 도치

해석 3개월 전에는 우리가 함께 일하게 될 것이라고는 생각조차 못 했다.

해설 주어진 문장은 부정어 Little(전혀 ~않다)이 문두에 위치하면서 주어와 동사가 도치가 된 문장이다. think 같은 일반동사가 쓰인 문장의 도치는 「조동사(do, does, did) + 주어 + 동사원형」 구조로 사용된다. 문장의 시제는 ago(~전에)로 보아 과거인 것을 알 수 있으므로 원래 문장인 We little thought three months ago ~에서 Little did we think three months ago ~로 올바르게 도치되었으므로 적절하다.

0399

정답 X (do → are)　　**출제포인트** 177 '또한 그렇다/그렇지 않다'의 표현

해석 나무 숟가락은 아이들에게 매우 좋은 장난감이고 플라스틱병 또한 그렇다.

해설 '~ 또한 그렇다'를 뜻하는 표현은 「so + 동사 + 주어」로 표현할 수 있다. 이때 동사의 종류는 앞선 동사의 종류에 따라 결정된다. 따라서 주어진 문장은 앞선 문장이 be동사인 are가 사용되었으므로, do를 are로 수정해야 한다.

0400

정답 X (how much does gray the color contain → how much gray the color contains)
출제포인트 170 간접의문문

해석 색의 명암은 그 색이 얼마나 많은 회색을 포함하고 있는지와 관련된다.

해설 명사절의 역할을 하는 간접의문문은 「의문사 + 주어 + 동사」 형태이다. 주어진 문장에서 how much ~ contains는 전치사 to의 목적어 역할을 하는 간접의문문에 해당되므로 how much does gray the color contain을 how much gray the color contains 수정해야 한다. 더해, how는 의문부사로 형용사 much를 올바르게 수식하고 있다.

0401

정답 X (doesn't → is)　　**출제포인트** 171 부가의문문

해석 서점들이 신문을 더 이상 취급하지 않는다는 것은 놀랍지 않아, 그렇지?

해설 부가의문문은 주절이 긍정형이면 부정형으로, 주절이 부정형이면 긍정형으로 써야 하며, 주절의 동사가 be동사이면 be동사로, 일반동사이면 대동사(do)로 받아야 하고 수와 시제 또한 주절에 일치시켜야 한다. 주어진 문장은 주절의 동사가 is not이므로 부가의문문의 동사는 doesn't가 아닌 is로 수정해야 한다.

우선순위 6 강조와 도치　177

0402 I tried to figure out <u>what</u> I had done wrong and why so many people sent me away.

0403 When I had a problem with my new apartment, I wondered <u>who should I go</u> and talk to.

0404 This book has been the best seller for weeks, but it hasn't come in any paperback yet, <u>is it</u>?

0405 Among her most prized possessions sold during the evening sale <u>were</u> a 1961 bejeweled timepiece by Bulgari.

친절 & 꼼꼼 정답 및 해설

0402

정답 O **출제포인트** 170 간접의문문

해석 나는 내가 무엇을 잘못했는지 그리고 왜 그렇게 많은 사람들이 나를 떠나보냈는지 알아내려고 노력했다.

해설 주어진 문장의 what I ~ wrong과 why so ~ away는 figure out의 목적어 역할을 하는 간접의문문으로 등위접속사 and로 병렬구조를 이루고 있다. 이에 더해, what은 의문대명사로 what 이하의 절이 had done의 목적어가 없는 불완전한 문장이므로 figure out의 목적어 역할을 하는 명사절을 이끄는 것은 적절하다. 주어진 문장의 wrong(잘못, 틀리게)은 동사 had done을 수식하는 부사로 사용되었음에 유의해야 한다. 또한, why는 의문부사로 뒤따라오는 문장이 완전한 상태로 적절하게 사용되었다.

0403

정답 X (who should I go → who(m) I should go) **출제포인트** 170 간접의문문

해석 새 아파트에 문제가 생겼을 때, 나는 누구에게 가서 이야기해야 할지 궁금했다.

해설 주어진 문장에 사용된 who 이하의 간접의문문은 「의문사 + 주어 + 동사」의 구조로 사용하며, 전치사 to의 목적어가 없는 구조이므로 목적격 의문대명사인 whom이 오는 것이 적절하다. 단, 의문사 중 목적격 의문대명사인 whom의 경우 구어체에서 흔히 who로도 쓰이므로 주의해야 한다. 따라서 주어진 문장의 who should I go는 어순과 목적격 의문대명사를 반영해서, who(m) I should go로 수정하는 것이 옳다.

0404

정답 X (is it → has it) **출제포인트** 171 부가의문문

해석 이 책은 몇 주째 베스트셀러였지만, 아직 어떤 종이 표지 책도 나오지 않았어, 그렇지?

해설 부가의문문의 동사는 주절의 동사와 시제가 일치해야 하며, 대동사는 주절의 동사에 따라 결정된다. 주어진 문장에서 주절의 시제가 현재완료 hasn't come이므로 be동사인 is it이 아니라 has it이 올바른 표현이다.

0405

정답 X (were → was) **출제포인트** 179 장소·방향과 시간의 부사구 도치

해석 그 저녁 경매에서 팔린 그녀의 가장 소중한 소유물 중 하나는 Bulgari의 1961년 작 보석 시계였다.

해설 주어진 문장은 부사구 Among her ~ sale이 문두로 강조되면서, 이후 문장의 주어와 동사가 도치된 형태이다. 해당 문장의 주어는 단수 형태인 a 1961 bejeweled timepiece이므로 were는 단수 형태의 동사 was로 수정해야 한다.

0406 Let them choose <u>which</u> poems they are most proud of, keep copies of everything submitted, and get parent permission.

0407 It is the variability of her smile, the fact that it changes when you look away from it, <u>that</u> makes her smile so alive, so mysterious.

0408 In the 1860s, the populations of Manhattan and Brooklyn were rapidly increasing, and so <u>did</u> the number of the commuters between them.

0409 As impressive as their elaborately decorated temples <u>did</u>, their efficient systems for collecting and warehousing water were masterpieces in design and engineering.

친절 & 꼼꼼 정답 및 해설

0406

정답 O   **출제포인트** 170 간접의문문

해석 그들이 어떤 시를 가장 자랑스러워하는지 선택하고, 제출한 모든 것의 사본을 보유하며, 부모의 승낙을 받게 해주어라.

해설 주어진 문장은 명령문 Let them 이후에 choose which ~ of, keep copies ~ submitted, get parent permission이 「A, B, and C」의 구조로 병렬구조를 이루고 있다. 더해 Let은 사역동사로 사용되어 목적격 보어에 원형부정사 choose, keep, get이 올바르게 사용되었으며 choose의 목적어로 간접의문문 which poems ~ of가 적절하게 사용되었다. 간접의문문의 「의문사 + 주어 + 동사」도 알맞게 사용되었으며 해당 문장에서 which는 명사 poems를 수식하는 의문형용사로 사용되었다.

0407

정답 O   **출제포인트** 168 It ~ that 강조 구문

해석 그녀의 미소를 매우 생동감 있고 매우 신비롭게 만드는 것은 바로 그녀 미소의 변동성, 즉 당신이 그것으로부터 눈길을 돌릴 때 변화한다는 사실이다.

해설 주어진 문장은 「It is ~ that …」 강조 구문으로 makes 앞에 위치한 that은 문법상 적절하며 the fact ~ from it은 삽입구이다. the fact 뒤에 쓰인 that은 동격절을 이끄는 명사절 접속사로 쓰였다.

0408

정답 X (did → was)   **출제포인트** 177 '또한 그렇다/그렇지 않다'의 표현

해석 1860년대, Manhattan과 Brooklyn의 인구는 빠르게 증가하고 있었고, 두 지역 사이 통근자들의 수도 그러했다.

해설 주어진 문장의 so did ~ them은 '~도 역시 그러했다'를 뜻하는 「so + 동사 + 주어」 도치 구문에 해당된다. 이때 동사의 형태는 and 이전의 동사 형태를 따르는데, 이전의 문장이 'the populations ~ were ~'에 해당되므로, be동사를 사용해야 한다. and 이후 문장 주어는 the number of ~ 단수 형태이며, 주절의 시제가 과거형이므로, so 뒤에는 단수형 과거시제인 was가 오는 것이 옳다. 따라서 did를 was로 수정해야 한다.

0409

정답 X (did → were)   **출제포인트** 174 양보의 접속사 도치

해석 공들여 꾸민 그들의 신전들도 인상적이었지만, 물을 모으고 저장하기 위한 그들의 효율적인 체계는 설계와 공법에 있어 걸작이었다.

해설 주어진 문장에서 양보절인 형용사구 As impressive는 강조를 위해서 문두로 이동한 것이다. 즉, As their elaborately decorated temples were impressive에서 impressive가 강조된 형태이다. 따라서, 양보절의 동사는 형용사 보어인 impressive를 취할 수 있는 be동사가 오는 것이 적절하다. 또한, 양보절의 주어는 their elaborately decorated temples로 복수형이므로, did를 were로 수정해야 한다.

▌다음 밑줄 친 부분을 참고해 우리말 영작이 문법적으로 옳다면 O, 틀리면 X를 하고 바르게 고치시오.

0410 저쪽에 있는 사람이 누구인지 알겠니?

→ Can you tell <u>who that is over there</u>?

0411 누가 금메달을 딸 것이라고 생각하니?

→ <u>Do you think who</u> will win the gold medal?

0412 Cindy는 피아노 치는 것을 매우 좋아했고 그녀의 아들도 그랬다.

→ Cindy loved playing the piano, and so <u>had</u> her son.

0413 비록 그 일이 어려운 것이었지만, Linda는 그것을 끝내기 위해 최선을 다했다.

→ As difficult a task as <u>was it</u>, Linda did her best to complete it.

친절 & 꼼꼼 정답 및 해설

0410

정답 O **출제포인트** 170 간접의문문

해설 주어진 문장의 who that is over there는 동사 tell의 목적어 역할을 하는 간접의문문이다. 의문문인 who is that over there가 간접의문문으로 치환되어 「의문사 + 주어 + 동사」의 어순으로 사용되었으므로 who that is는 적절하다.

0411

정답 X (Do you think who → Who do you think) **출제포인트** 170 간접의문문

해설 주어진 문장은 의문사가 포함된 간접의문문 'who will win the gold medal'이 동사 think의 목적어 절로 쓰이는 문장이다. 이때 주절인 Do you think의 목적어 절의 의문사가 바로 뒤로 위치할 수 없으며, 반드시 문두로 이동해야만 한다. 이는 생각 동사 뒤에 의문사가 자리할 수 없기 때문이다. 따라서 Do you think who는 Who do you think로 수정해야 한다.

정해쌤's Tip 생각 동사에는 think, believe, guess, suppose, image가 있으니 주의하세요.

0412

정답 X (had → did) **출제포인트** 177 '또한 그렇다/그렇지 않다'의 표현

해설 so가 '~도 그러하다[마찬가지이다]'라는 뜻으로 사용될 때는 주어, 동사가 의문문 어순으로 도치되어야 한다. 주어진 문장의 and 앞 절의 동사가 일반동사의 과거형인 loved이므로 이를 대신하는 대동사 do의 과거형을 사용하여 의문문 어순인 did her son으로 쓰는 것이 적절하다. 따라서 had를 did로 수정해야 한다.

0413

정답 X (was it → it was) **출제포인트** 174 양보의 접속사 도치

해설 주어진 문장의 as는 양보의 의미로 '~일지라도'로 쓰인다. 이때 as절에 보어를 문장의 맨 앞으로 이동시켜 강조할 수 있다. 해당 문장에서는 보어로 'As difficult a task'가 강조되어 문두에 제시되었다. 단, 이때 종속절의 어순에는 변화가 없는 '무도치'여야 한다. 따라서 해당 문장의 도치를 정치 어순으로 was it을 it was로 수정해야 한다. 더해, 강조된 보어는 「as + 형용사 + a + 명사」의 어순으로 올바르게 사용되었다.

우선순위 6 강조와 도치

0414 그 회의 후에야 그는 금융 위기의 심각성을 알아차렸다.

→ Only after the meeting did he recognize the seriousness of the financial crisis.

0415 문화를 연결해 주는 교차로 중 하나인 하와이에서는 그 어느 곳보다 퓨전 요리가 더욱 눈에 띈다.

→ Nowhere fusion dishes are more apparent than in Hawaii which is one of the crossroad places that bridge cultures.

친절 & 꼼꼼 정답 및 해설

0414

정답 O   **출제포인트** 176 부정부사 도치

해설 부정 부사구인 Only after the meeting이 문두로 강조되어 뒤따라오는 어순이 의문문 어순으로 도치되었다. 따라서 주어진 문장의 did he recognize의 어순은 적절하다.

0415

정답 X (fusion dishes are → are fusion dishes)   **출제포인트** 176 부정부사 도치

해설 주어진 문장의 부정어인 Nowhere가 문두에 강조될 경우, 동사인 are와 주어인 fusion dishes가 도치되어야만 한다. 따라서 해당 문장의 fusion dishes are를 are fusion dishes로 수정해야 한다. 더해, 선행사 Hawaii를 수식하는 주격관계대명사 which가 사용되었으며 which 이후의 문장이 주어가 없는 불완전한 형태이므로 which의 쓰임은 적절하다.

우선순위 7 　 조동사 / 가정법

▌다음 밑줄 친 부분이 문법적으로 옳다면 O, 틀리면 X를 하고 바르게 고치시오.

0416 　 I wish I <u>am</u> a bit taller.

0417 　 I should <u>go</u> this morning, but I was feeling a bit ill.

0418 　 If she had been at home yesterday, I <u>would visit</u> her.

0419 　 I <u>used to break</u> my leg in a soccer game three months ago.

0420 　 She insists that he <u>not be accepted</u> as a member of our board.

친절 & 꼼꼼 정답 및 해설

0416

정답 X (am → were)　　**출제포인트** 067 I wish 가정법

해석 나는 좀 더 키가 컸으면 좋겠다.
해설 주어진 문장에 사용된 I wish 가정법은 「I wish + that 주어 + were ~」로 현재 사실에 대한 가정을 나타낼 때 사용할 수 있다. 따라서 가정을 나타내는 종속절의 시제는 am 대신에 were로 수정해야 한다. 이때 가정법 과거에서 종속절에 be동사의 과거형은 were를 사용한다는 점에 주의해야 한다.

0417

정답 X (go → have gone)　　**출제포인트** 060 조동사 + have p.p.

해석 나는 오늘 아침에 갔어야 했지만, 조금 아팠어. (그래서 못 갔어.)
해설 해당 문장에 사용된 조동사 should는 과거의 후회나 유감을 나타낼 때 should have p.p.로 쓰며 '~했어야 했는데 (하지 못했다)'라는 의미로 사용된다. 해당 문장에서는 but 이후의 문장을 통해서 과거에 '아팠음'을 알 수 있고, 이는 문맥상 '과거에 갈 수 없었음'을 유추할 수 있다. 따라서 but 이전의 문장은 후회와 유감을 나타내므로, 문맥상 go를 have gone으로 수정해야 옳다.

0418

정답 X (would visit → would have visited)　　**출제포인트** 063 가정법 과거 vs. 가정법 과거완료

해석 만약 그녀가 어제 집에 있었다면, 나는 그녀를 방문했을 텐데.
해설 가정법 과거완료 구문은 과거 사실과 반대되는 가정을 할 때 쓰인다. 주어진 문장은 과거를 나타내는 시간의 부사 yesterday로 보아 가정법 과거완료 구문인 「If + 주어 + had p.p. ~, 주어 + 조동사 과거형 + have p.p.」의 문장 구조에 해당되므로, would visit를 would have visited로 수정해야 한다.

0419

정답 X (used to break → broke)　　**출제포인트** 057 would vs. used to

해석 나는 3개월 전에 축구 경기에서 다리가 부러졌다.
해설 「used to + 동사원형」은 '~하곤 했다'를 뜻하며 과거의 규칙적 동작이나 상태를 언급할 때 사용한다. 주어진 문장은 '3개월 전(three months ago)'이라는 과거의 특정 시간에 발생한 사건에 관해 말하는 문장이므로 단순 과거시제를 사용해야 한다. 따라서 used to break을 broke로 수정해야 한다.

0420

정답 O　　**출제포인트** 058 당위의 조동사 should 생략

해석 그녀는 그가 우리 위원회의 구성원으로 받아들여져서는 안 된다고 주장한다.
해설 동사 insist(주장하다)의 목적어로 쓰인 that절이 당위의 의미를 가질 때 that절의 동사는 「should + 동사원형」으로 쓰는 것이 원칙이나 조동사 should를 생략하고 동사원형만 쓸 수 있다. 주어진 문장은 insist가 목적어로 that절을 취하고 있으며 문맥상 당위의 의미를 나타내는 that절의 동사가 (should) not be accepted로 적절하게 사용되었다.

0421 They used to <u>loving</u> books much more when they were younger.

0422 The broker recommended that she <u>bought</u> the stocks immediately.

0423 I would love to see you tonight if you <u>will have finished</u> your work.

0424 <u>If I realized</u> what you were intending to do, I would have stopped you.

0425 Were it not for water, all living creatures on earth <u>would have been</u> extinct.

친절 & 꼼꼼 정답 및 해설

0421

정답 X (loving → love)　　**출제포인트** 057 would vs. used to

해석 그들은 더 어렸을 때 책을 훨씬 더 많이 좋아했다.

해설 「used to + 동사원형」은 '(과거에) ~이었다, ~했다'를 뜻하며 과거의 규칙적인 동작이나 상태를 설명할 때 사용한다. 따라서 주어진 문장은 when they ~ younger로 보아 '책을 훨씬 더 좋아했다'가 문맥상 적절하므로 loving을 love로 수정해야 한다.

0422

정답 X (bought → (should) buy)　　**출제포인트** 058 당위의 조동사 should 생략

해석 그 중개인은 그녀가 그 주식을 즉시 매입할 것을 권했다.

해설 주어진 문장의 요구 동사 recommend가 권고, 강요 등의 의미를 지닐 때 이후 that절의 동사는 당위성을 나타내는 조동사 should가 쓰여 「should + 동사원형」이 되어야 한다. 이때 should는 생략할 수 있으며, should가 생략되는 경우 that절의 동사는 주어의 인칭, 수 그리고 시제와 관계없이 동사원형으로 그대로 남아 있게 된다. 따라서 bought는 (should) buy로 수정해야 한다.

0423

정답 X (will have finished → should finish)　　**출제포인트** 064 가정법 미래 vs. 가정법 현재

해석 만약 네가 일을 끝마친다면 나는 오늘 밤에 너를 만나고 싶다.

해설 가정법 미래 형태는 미래에 일어나기 어렵거나 드문 사건에 대한 조건을 나타내는 표현으로 「If + 주어 + should + 동사원형, 주어 + will[would] + 동사원형」의 구조를 갖는다. 따라서 주어진 문장의 will have finished는 should finish로 수정해야 한다. 또는 가정법 현재로 미래에 대한 단순 조건 형태로 보아 종속절의 동사는 현재시제로, 주절의 동사는 조동사의 현재 형태로 수정하여 I will love to see you tonight if you have finished your work.로도 나타낼 수 있다.

0424

정답 X (If I realized → Had I realized 또는 If I had realized)　　**출제포인트** 066 if 생략 가정법　063 가정법 과거 vs. 가정법 과거완료

해석 네가 무슨 일을 하려는지 내가 알아차렸더라면, 나는 너를 말렸을 거야.

해설 주어진 문장은 주절의 시제인 would have stopped와 종속절의 what you were로 볼 때, 과거 사건에 대한 반대 상황을 가정하는 가정법 과거완료 문장임을 알 수 있다. 해당 문장은 가정법 과거완료 형태인 「If + S + had p.p.~ , S + 조동사 과거형 + have p.p. …」에서, If가 생략된 구조로, 주어와 동사가 도치되어 「Had + S + p.p. ~, S + 조동사 과거형 + have p.p. …」로 나타내야 한다. 따라서 주어진 문장의 If 대신에 Had로 수정하거나 평서문 어순대로 If I had realized로 수정해야 한다. 또한, 주어진 문장의 what you ~ do는 realized의 목적어로 쓰인 간접의문문으로 「의문사 + 주어 + 동사」의 어순으로 어법상 옳게 사용되었다.

0425

정답 X (would have been → would be)　　**출제포인트** 066 if 생략 가정법

해석 물이 없다면, 지구상의 모든 살아있는 생명들은 멸종될 것이다.

해설 현재 사실을 반대로 가정하는 가정법 과거의 「If it were not for ~」구문에서 If가 생략되면 종속절은 의문문 어순으로 바뀐다. 즉, 종속절의 동사 were가 주어 앞으로 도치되면서 Were it not for의 형태가 된다. 이때 가정법 과거의 주절은 「would + 동사원형」으로 쓰여야 한다. 따라서 would have been은 would be로 수정해야 한다.

0426 A number of scholars <u>suggested people to use music</u> as psychotherapeutic agent.

0427 If the item should not be delivered tomorrow, they <u>would have complained</u> about it.

0428 A utopian society might demand that the press <u>print</u> nothing until it had reached absolute certainty.

0429 Contemporary evidence suggests that musicians who achieve this <u>is</u> likely to find their audiences more responsive.

0430 The professor strongly suggested one of his students <u>to apply</u> for the job he had recommended because the application deadline was near.

친절 & 꼼꼼 정답 및 해설

0426

정답 X (suggested people to use music → suggested that people (should) use music)
출제포인트 058 당위의 조동사 should 생략
해석 수많은 학자들은 사람들이 심리 요법 매개체로써 음악을 이용해야 한다고 제안했다.
해설 suggest는 5형식 동사로 사용될 수 없으며, 완전타동사로 쓰여 동명사 또는 that절을 목적어로 취할 수 있다. 이때 suggest가 당위성을 나타내는 that절을 목적어로 가질 때, 「suggest + that + 주어 + (should) + 동사원형 ~」으로 '~할 것을 제안하다'의 의미로 쓰인다. 따라서 주어진 문장의 suggested people to use music은 suggested that people (should) use music으로 수정해야 한다.

0427

정답 X (would have complained → will[would] complain)   **출제포인트** 064 가정법 미래 vs. 가정법 현재
해석 만일 그 물건이 내일까지 배달되지 않는다면, 그들은 이것에 대하여 불평할 것이다.
해설 가정법 미래가 사용된 문장으로 가정법 미래에서 if절은 「If + 주어 + should + 동사원형, 주어 조동사 현재[과거] + 동사원형」 구조로 사용할 수 있다. 따라서, 주어진 문장의 주절의 동사 would have complained는 will[would] complain으로 수정해야 한다.

0428

정답 O   **출제포인트** 058 당위의 조동사 should 생략
해석 유토피아 사회는 언론이 절대 확실성에 도달할 때까지 아무것도 인쇄하지 말 것을 요구할 수 있었을 것이다.
해설 주어진 문장의 요구 동사 demand의 목적어로 쓰이는 that절이 당위성을 지니면 that절의 동사는 「should + 동사원형」으로 사용하며, 이때 should는 생략할 수 있다. 따라서 주어진 문장의 print는 should print에서 should가 생략된 형태로 적절하게 사용되었다.

0429

정답 X (is → are)   **출제포인트** 058 당위의 조동사 should 생략
해석 현대의 증거는 이 목표를 달성한 음악가가 청중들에게 반응을 더 잘 받았다는 것을 시사한다.
해설 주어진 문장에서 suggests는 '~을 암시하다, ~을 시사하다'의 의미로 쓰이며, 목적어 절로 that절을 가지고 있다. 이 경우 that절의 주어는 명사 musicians이므로 복수 동사 are로 수일치 해야 한다. 따라서 is를 are로 수정해야 한다. 해당 문장의 who achieve this는 musicians를 수식하는 주격관계대명사절이다. 단, suggest가 '~을 제안하다'의 의미로 사용되는 경우 「suggest + that + 주어 + (should) 동사원형」의 형태로 사용됨에 유의해야 한다.

0430

정답 X (to apply → (should) apply)   **출제포인트** 058 당위의 조동사 should 생략
해석 교수님은 지원서 마감일이 가까웠기 때문에 그의 학생들 중 한 명에게 그가 추천했던 그 직업에 지원하라고 강력하게 제안했다.
해설 주어진 문장의 suggest는 3형식 완전타동사이므로, 「불완전타동사 + 목적어 + 목적격 보어」의 불완전타동사 구조로 쓸 수 없다. 따라서, suggest가 '제안하다'의 의미로 쓰일 때 종속절의 동사에 당위성의 의미를 갖는 조동사 should를 사용하며, 이는 생략 가능하다. 주어진 문장은 suggest의 목적어로 명사절 접속사 that이 생략된 절이 뒤따라오며 that절의 내용이 문맥상 당위성을 나타냄을 알 수 있으므로 to apply를 apply나 should apply로 수정해야 한다.

■ 다음 밑줄 친 부분을 참고해 우리말 영작이 문법적으로 옳다면 O, 틀리면 X를 하고 바르게 고치시오.

0431 토마스는 더 일찍 사과했어야 했다.

→ Thomas <u>should have apologized</u> earlier.

0432 나는 소년 시절에 독서하는 버릇을 길러 놓았어야만 했다.

→ I <u>ought to form</u> a habit of reading in my boyhood.

0433 그녀는 마치 빌이 자신의 남동생인 것처럼 도와준다.

→ She helps Bill as if he <u>had been</u> her younger brother.

0434 내가 열쇠를 잃어버리지 않았더라면 모든 것이 괜찮았을텐데.

→ Everything would have been OK if I <u>haven't lost</u> my keys.

0435 그 위원회는 그 건물의 건설을 중단하라고 명했다.

→ The committee commanded that construction of the building <u>ceases</u>.

친절 & 꼼꼼 정답 및 해설

0431

정답 O **출제포인트** 060 조동사 + have p.p.

해설 「should have p.p.」는 '~했어야 했다'라는 뜻으로 과거의 일에 대한 후회를 나타낸다. 주어진 문장은 우리말 해석에 맞게 적절하게 사용되었다.

0432

정답 X (ought to form → ought to have formed) **출제포인트** 060 조동사 + have p.p.

해설 ought to have p.p.는 '~했어야 했는데 (하지 못했다)'를 뜻하며 과거의 후회나 유감을 나타낸다. 주어진 문장은 우리말 해석처럼 과거인 '소년 시절'에 독서하는 버릇을 기르지 못한 것에 대한 후회를 나타내고 있으므로, ought to form을 ought to have formed로 수정해야 한다.

0433

정답 X (had been → were) **출제포인트** 068 as if[though] 가정법

해설 as if 가정법에서 현재 사실의 반대를 표현할 때 주절은 현재시제로 표현하며 as if절은 가정법 과거시제로 표현해야 한다. 따라서 주어진 문장이 우리말 해석상 as if절의 동사 had been은 과거시제 동사 were로 수정해야 한다. 이때 가정법 과거에서 종속절에 be동사의 과거형은 were를 사용한다는 점에 주의해야 한다.

0434

정답 X (haven't lost → hadn't lost) **출제포인트** 063 가정법 과거 vs. 가정법 과거완료

해설 주어진 문장은 우리말 해석상 과거 사실에 대한 반대의 상황을 가정하고 있으므로 가정법 과거로 표현하여 「If + 주어 + had p.p. ~, 주어 + 조동사의 과거형 + have p.p. …」를 사용해야 한다. 따라서 종속절 if절의 haven't lost는 hadn't lost로 수정해야 한다.

0435

정답 X (ceases → (should) cease) **출제포인트** 058 당위의 조동사 should 생략

해설 동사 command(명령하다)의 목적어로 쓰인 that절이 당위의 의미를 가질 때 that절의 동사는 「should + 동사원형」으로 쓰는 것이 원칙이나 조동사 should를 생략하고 동사원형만 쓸 수 있다. 따라서 주어진 문장의 문맥상 당위의 의미를 나타내는 that절의 동사 ceases는 should cease 또는 cease로 수정해야 한다. 이때 cease는 '중단되다'라는 뜻의 자동사로 사용되었다.

0436 지난달 내가 휴가를 요청했더라면 지금 하와이에 있을 텐데.

→ If I had asked for a vacation last month, I would have been in Hawaii now.

0437 내가 그때 그 계획을 포기했었다면 이렇게 훌륭한 성과를 얻지 못했을 것이다.

→ Had I given up the project at that time, I should have achieved such a splendid result.

0438 따라서 주어진 열 관련 문제에 대응하기 위해 특화된 다층성 직물 계통이 사용된다.

→ Specialized multilayer fabric systems are thus used meeting the thermal challenges presented.

0439 장관은 교통문제를 해결하기 위해 강 위에 다리를 건설해야 한다고 주장했다.

→ The minister insisted that a bridge was constructed over the river to solve the traffic problem.

친절 & 꼼꼼 정답 및 해설

0436

정답 X (would have been → would be) **출제포인트** 065 혼합가정법

해설 주어진 문장의 문맥상 '휴가를 요청하지 않은 것'은 과거의 일임을 부사구 last month(지난달)를 통해 알 수 있고, '하와이에 있지 않은 것'은 현재의 일임을 부사구 now(지금)를 통해 알 수 있다. 서로 다른 시점의 반대 상황을 가정하여 말할 때는 혼합가정법을 사용하며 「If + 주어 + had p.p.~, 주어 + 조동사의 과거형 + 동사원형….」 형태로 표현해야 한다. 따라서 would have been을 would be로 수정해야 한다.

0437

정답 X (should have achieved → couldn't have achieved) **출제포인트** 060 조동사 + have p.p.

해설 주어진 우리말 해석상 '얻지 못했을 것이다'이므로 의무를 뜻하는 should는 가능을 뜻하는 조동사의 부정형인 couldn't로 수정해야 문맥상 적절하다. 따라서 should have achieved를 couldn't have achieved로 수정해야 한다.

0438

정답 X (meeting → to meet) **출제포인트** 057 would vs. used to

해설 「be used to ~ing」는 '~하는 데 익숙하다'를 뜻하며, 「be used to 동사원형」은 '~하는 데 사용되다'를 뜻한다. 주어진 문장은 해석이 '사용된다'이므로 are ~ used 뒤에 to부정사가 오는 것이 옳다. 따라서 meeting을 to meet으로 수정해야 한다. 참고로 「be used to ~ing」는 '~하는 데 익숙하다'의 의미로 사용된다.

0439

정답 X (was constructed → (should) be constructed) **출제포인트** 058 당위의 조동사 should 생략

해설 주장을 나타내는 동사 insist의 목적어로 쓰인 that절이 당위의 의미를 가지면 that절의 동사는 「should + 동사원형」으로 나타내며 이때 should는 생략할 수 있다. 따라서 주어진 우리말 해석에 따라 당위성이 포함된 종속절인 만큼 a bridge 다음에 동사원형인 (should) be constructed로 제시되어야 한다. 따라서 was constructed를 (should) be constructed로 수정해야 한다. 더해, to solve ~ problem은 to부정사의 부사적 용법으로 '~ 문제를 해결하기 위해서'로 옳게 사용되었다.

우선순위 8 · 관용표현 / 해석 불일치

▎다음 밑줄 친 부분이 문법적으로 옳다면 O, 틀리면 X를 하고 바르게 고치시오.

0440 Yawning is <u>catching</u>.

0441 My father was in the hospital <u>during six weeks</u>.

0442 Japanese tourists came here but <u>few</u> stayed overnight.

0443 Scientists warn we cannot take our forest for <u>granted</u>.

0444 He spends much of the movie <u>try</u> to answer these questions.

친절 & 꼼꼼 정답 및 해설

0440

정답 O **출제포인트** 097 형용사 포함 기출 표현

해석 하품하는 것은 전염성이 있다.

해설 catching은 '전염성이 있는'을 뜻하는 형용사이다. 주어진 문장에서 catching은 주격 보어로 문맥에 맞게 사용되었다.

0441

정답 X (during six weeks → for six weeks) **출제포인트** 028 during vs. for

해석 우리 아버지는 6주간 병원에 계셨다.

해설 주어진 문장에 「기수 + 가산명사」 형태의 불특정 기간인 six weeks가 제시되었으므로 during six weeks는 for six weeks로 수정해야 한다. 이때 시제는 과거시제 또는 현재완료시제를 사용할 수 있다.

0442

정답 O **출제포인트** 092 수량형용사

해석 일본 관광객들이 여기에 왔지만, 하룻밤 묵는 사람은 거의 없었다.

해설 주어진 문장에서 few는 '거의 없는 사람들' 또는 '소수의 것들'을 뜻하는 대명사로 옳게 사용되었으며, 이때 few는 복수 취급한다. 주어진 문장의 few는 few tourists를 의미한다.

0443

정답 O **출제포인트** 022 동사 take의 다양한 쓰임

해석 과학자들은 우리가 숲을 당연한 것으로 여겨서는 안 된다고 경고한다.

해설 「take ~ for granted」는 '~을 당연한 것으로 여기다'를 뜻하는 관용표현으로 for 뒤의 granted는 옳게 쓰였다. 또한, 주어진 문장은 문맥상 our forest가 take의 목적어로 적절하게 사용되었다.

0444

정답 X (try → trying) **출제포인트** 124 동명사 주요 표현

해석 그는 이 질문들에 답하려고 애쓰는 데 영화의 많은 부분을 쓴다.

해설 「spend + 목적어[시간, 돈] + (in) ~ing」는 '~하는 데 (돈이나 시간을) 사용하다[쓰다]'를 뜻하는 관용표현이다. 따라서 주어진 문장의 try는 trying으로 수정해야 한다.

0445 He was more skillful than any other <u>baseball players</u> in his class.

0446 I like people who look me in <u>my</u> eye when I have a conversation.

0447 A nation is not to be judged by its size <u>any less</u> than an individual.

0448 A small town seems to <u>be preferable than</u> a big city for raising children.

0449 She attempted a new method, and needless to <u>saying</u> had different results.

친절 & 꼼꼼 정답 및 해설

0445

정답 X (baseball players → baseball player)　　**출제포인트** 144 최상급 대용 표현

해석 그는 반에서 다른 어떤 야구 선수보다 더 능숙했다.

해설 비교급을 이용한 최상급 표현은 「비교급 + than any other + 단수 명사」로 나타낸다. 따라서 주어진 문장의 baseball players는 baseball player로 수정해야 한다.

0446

정답 X (my → the)　　**출제포인트** 087 정관사 the

해석 나는 대화할 때 내 눈을 보는 사람들을 좋아한다.

해설 주어진 문장에서 '~의 눈을 보다'는 「look + 목적격 + in the + 신체 부위」로 표현하며 신체 부위 앞에는 소유격이 아닌 정관사 the를 사용해야 한다. 따라서 my를 the로 수정해야 한다. 더해, 관계대명사절 who look ~ eye가 사람을 나타내는 선행사 people을 수식하고 있으며 관계대명사절이 주어가 없는 불완전한 형태이므로 관계대명사 who의 쓰임은 적절하다.

0447

정답 X (any less → any more)　　**출제포인트** 139 양자 부정 vs. 양자 긍정

해석 국가는 개인과 마찬가지로 크기로 판단할 것은 아니다.

해설 양자 부정은 「A is not B any more than C (is D)」로 표현하며 'A가 B가 아닌 것은 C가 D가 아닌 것과 같다'를 뜻한다. 따라서 주어진 문장의 우리말 해석상 any less는 any more로 수정해야 한다.

0448

정답 X (be preferable than → be preferable to)　　**출제포인트** 133 라틴어 비교급

해석 아이들 양육을 위해서라면 큰 도시보다는 작은 도시가 더 바람직한 것으로 보인다.

해설 「be preferable to ~」는 관용표현으로 '~을 더 선호하다'를 뜻하며 이때 than 대신에 전치사 to를 동반해야 한다. 따라서 주어진 문장의 be preferable than은 be preferable to로 수정해야 한다.

0449

정답 X (saying → say)　　**출제포인트** 120 to부정사 주요 표현

해석 그녀는 새로운 방법을 시도했고, 말할 필요도 없이 다른 결과들을 얻었다.

해설 needless to say는 독립부정사 표현으로 '말할 필요도 없이'를 뜻한다. 주어진 문장의 등위접속사 and와 동사 had 사이에 삽입된 needless to saying은 needless to say로 수정해야 한다. 더해, and 뒤에는 반복되는 주어 she가 생략되었다.

0450 I would rather not going out for dinner tonight because I am totally exhausted.

0451 The fear of getting hurt didn't prevent him from engaging in reckless behaviors.

0452 Recent research reveals that some individuals are genetically predisposed to shyness.

0453 I had no idea about where to place my new furnitures including desks, sofas, and beds in my new house.

0454 The winged fairies of Grimm and Andersen have brought more happiness to childish hearts than all another human creations.

친절 & 꼼꼼 정답 및 해설

0450

정답 X (going out → go out)   **출제포인트** 062 주요 조동사 표현

해석 나는 저녁에 외식하러 가지 않는 편이 나을 거 같다. 왜냐하면 나는 완전히 지쳤기 때문이다.

해설 「would rather + 동사원형」은 '차라리 ~하는 편이 낫다'를 뜻하는 표현이다. 따라서 주어진 문장의 주절의 동사는 동명사인 going out이 아니라 동사원형 형태인 go out이 되어야 옳다. 이때 would rather는 조동사이므로 부정형은 뒤에 not이 오는 것이 적절하다.

0451

정답 O   **출제포인트** 008 전치사 from과 함께 사용되는 완전타동사

해석 다칠지 모른다는 두려움은 그가 무모한 행동에 관여하는 것을 막지 못했다.

해설 「prevent A from ~ing」는 'A가 ~하는 것을 막다[방지하다]'를 뜻한다. 주어진 문장에서 전치사 from의 목적어로 명사나 동명사가 사용되어야 하므로 해당 문장의 engaging은 적절하게 사용되었다.

0452

정답 O   **출제포인트** 026 동사 관용표현

해석 최근의 연구는 일부 사람들이 유전적으로 수줍음을 잘 타는 성향이 있다는 것을 보여준다.

해설 「be predisposed to」는 '~의 성향이 있다'를 뜻하며 해당 표현에서 to는 전치사이다. 주어진 문장은 문맥상 적절하게 사용되었으며 전치사 to의 목적어로 명사 shyness가 뒤따라오므로 적절하다.

0453

정답 X (furnitures → furniture)   **출제포인트** 073 셀 수 없는 명사

해석 나는 나의 새집에 책상, 소파 그리고 침대를 포함한 나의 새 가구를 어디에 두어야 할지 전혀 몰랐다.

해설 주어진 문장의 furniture(가구)는 불가산(집합)명사이므로 복수형이 될 수 없다. 따라서 furnitures를 furniture로 수정해야 한다.

0454

정답 X (another → the other)   **출제포인트** 144 최상급 대용 표현

해석 Grimm과 Andersen의 날개 달린 요정들은 다른 모든 어떤 인간의 창작물보다 어린이들의 마음에 더 많은 행복을 가져다주었다.

해설 비교급으로 최상급을 나타낼 때 「비교급 + than all the other + 복수 명사」의 구조로 나타낸다. 따라서 주어진 문장의 another는 the other로 수정해야 한다.

0455 This simple and practical device did no harm to lions, so human beings, cattle, and lions were finally able to make peace with one another.

0456 To a music lover watching a concert from the audience, it would be easy to believe that a conductor has one of easiest jobs in the world.

0457 Risk is a fundamental element of human life in the sense how risk is always a factor in any situation where the outcome is not precisely known.

0458 The producers did not have the funds to hire many actors, so Mel Blanc resorted to create different voices and personas for the show as needed.

0459 A challenge in reading a text is to gain a deep understanding of what the text might mean, despite of the obstacles of one's assumptions and biases.

친절 & 꼼꼼 정답 및 해설

0455

정답 O **출제포인트** 082 one - another - the other

해석 이 간단하고 실용적인 장치는 사자들에게 어떠한 해도 끼치지 않았고, 인간들, 소 떼들, 그리고 사자들이 마침내 서로서로 평화를 찾을 수 있었다.

해설 주어진 문장의 one another는 '(셋 이상에서) 서로'를 뜻하는 표현으로 적절하게 사용되었다. 이에 더해 do no harm은 '해가 되지 않다'를 뜻한다.

0456

정답 X (one of easiest jobs → one of the easiest jobs) **출제포인트** 142 최상급

해석 관객석에서 콘서트를 보는 음악 애호가에게, 지휘자는 세상에서 가장 쉬운 직업 중 하나를 가지고 있다고 믿기 쉬울 것이다.

해설 「one of the + 최상급 복수 명사」는 '가장 ~한 것 중에 하나'을 뜻한다. 따라서 주어진 문장은 easiest 앞에 the를 추가하여 one of the easiest jobs로 수정해야 한다.

0457

정답 X (how → that) **출제포인트** 159 접속사의 역할

해석 위험은 결과가 정확하게 알려지지 않은 어떤 상황에서도 늘 원인이 된다는 점에서 인간 삶의 근본적인 요소이다.

해설 관계부사 how는 선행사와 함께 사용하지 못하므로, sense를 수식한다고 보는 것은 옳지 않다. 주어진 문장에서 how 이후의 문장이 완전한 문장이며 sense와 그다음에 나오는 risk is always a factor in any situation은 문맥상 동격임을 알 수 있으므로 동격 접속사인 that이 절을 이끌어야 한다. in the sense that은 '~라는 의미에서'를 뜻하는 관용표현이다. 따라서 how를 that으로 수정해야 한다.

0458

정답 X (create → creating) **출제포인트** 124 동명사 주요 표현

해석 당시 제작자들은 여러 명의 배우를 고용할 돈이 없어서 Mel Blanc는 쇼에 필요한 다른 목소리와 페르소나를 만들어 내는 것에 의지했다.

해설 「resort to」는 '~하는 것에 의지하다'를 뜻한다. 주어진 문장의 to는 전치사이므로 동사 create가 아니라 동명사 creating이 목적어로 사용되어야 한다. 따라서 create를 creating으로 수정해야 한다.

0459

정답 X (despite of → despite 또는 in spite of) **출제포인트** 035 전치사 관용표현

해석 텍스트를 읽는 것에 있어서 한 가지 도전은 한 사람의 가정들과 편견들이라는 장벽에도 불구하고 그 텍스트가 무엇을 의미하는 것인지에 대한 깊은 이해를 얻는 것이다.

해설 despite(그럼에도 불구하고)는 of가 필요 없는 전치사이다. 따라서 주어진 문장의 despite of를 despite로 수정하거나 of를 포함해 in spite of로 수정해야 한다.

우선순위 8 관용표현 / 해석 불일치 **203**

0460 It also founded that commercial operators — not the middle-class New Yorkers in the ads — were making millions renting spaces exclusively to Airbnb guests.

▌다음 밑줄 친 부분을 참고해 우리말 영작이 문법적으로 옳다면 O, 틀리면 X를 하고 바르게 고치시오.

0461 그는 지금 자신에게 화가 나 있다.
→ He is angry with himself now.

0462 그는 오늘 아침에 늦게 일어났다.
→ He woke up lately this morning.

0463 나의 집은 5년마다 페인트칠 된다.
→ My house is painted every five year.

0464 나는 단 한 푼의 돈도 낭비할 수 없다.
→ I can afford to waste even one cent.

친절 & 꼼꼼 정답 및 해설

0460

정답 X (also founded → was also found 또는 also found)   **출제포인트** 014 혼동하기 쉬운 동사의 불규칙 변화

해석 광고안의 중산층 뉴요커들이 아닌 상업적인 사업자들이 독점적으로 Airbnb 투숙객들에게 공간을 대여해 주면서 많은 돈을 벌고 있었던 것이 또한 발견되었다[그것은 또한 발견했다].

해설 '주어진 문장의 문맥상 that절 이하가 발견된 것이므로 '설립하다'를 뜻하는 동사 found가 아니라 '찾다, 발견하다'라는 뜻의 동사 find를 사용해야 문맥상 적절하다. it/that 진주어 가주어 문장으로 보고 that절 이하가 사실이 '발견된' 것이므로 수동태로 동사 형태를 바꾸는 것이 어법상 적절하다. 따라서 also founded는 was also found로 수정해야 한다. 또는 주어 It이 일반 주어로 사용되어 '그것'이라는 의미로 쓰여 '내용을 알아낸 주체'로 본다면, 능동태로 also founded를 also found로 수정하는 것도 역시 가능하다. '찾다, 발견하다'를 뜻하는 find의 3단 변화 형태는 find(현재, 원형) - found(과거) - found(대과거)이며, '설립하다'를 뜻하는 found의 3단 변화 형태는 found(현재, 원형) - founded(과거) - founded(대과거)이다. 타동사 사이의 구별인 만큼 해석에 주의해야 한다.

0461

정답 O   **출제포인트** 080 재귀대명사

해설 주어진 문장의 angry with는 '~에게 화가 나다'를 의미하며 주어와 동일한 대상을 표현할 때 재귀대명사를 사용하므로 himself는 적절하게 사용되었다.

0462

정답 X (lately → late)   **출제포인트** 099 주의해야 할 부사의 형태

해설 주어진 우리말 해석처럼 '늦게'를 표현하기 위해서는 부사 late가 적절하다. lately는 부사로 '최근에'를 나타내므로 적절하지 않다. 따라서 lately를 late로 수정해야 한다.

0463

정답 X (year → years)   **출제포인트** 186 every vs. each 수일치

해설 「every + 수사 + 복수 명사」는 '매 ~마다'를 뜻한다. 따라서 주어진 문장의 year는 years로 수정해야 한다.

0464

정답 X (can → can't)   **출제포인트** 056 조동사의 쓰임

해설 afford는 '~할 여유가 있다, ~할 형편이 되다'라는 뜻으로 I can afford ~는 '나는 ~할 여유가 있다[형편이 된다]'를 뜻한다. 주어진 문장은 I can afford를 사용하였으나 주어진 우리말 해석이 부정형인 '~할 수 없다'이므로 can을 can't로 수정해야 한다.

0465 그녀는 사임할 수밖에 없었다.
→ She had no alternative but to <u>resigning</u>.

0466 그녀는 이틀에 한 번 머리를 감는다.
→ She washes her hair every <u>another</u> day.

0467 나는 유럽 여행을 준비하느라 바쁘다.
→ I am busy <u>prepared</u> for a trip to Europe.

0468 학위가 없는 것이 그녀의 성공을 방해했다.
→ Her lack of a degree <u>kept her advancing</u>.

0469 나는 당연히 모두 동의할 것이라고 생각한다.
→ I <u>take for granted</u> that everybody will agree.

0470 그 클럽은 입소문을 통해서 인기를 얻었다.
→ The club became popular <u>by word of mouth</u>.

친절 & 꼼꼼 정답 및 해설

0465

정답 X (resigning → resign)　　**출제포인트** 120 to부정사 주요 표현

해설 「have no alternative but to + 동사원형」은 부정사 관용표현으로 '~할 수밖에 없다, ~ 외에는 대안이 없다'를 뜻한다. 특히 but 이후에 'to + 동사원형'을 쓰므로 주의해야 한다. 따라서 주어진 문장의 resigning을 resign으로 수정해야 한다.

0466

정답 X (another → other)　　**출제포인트** 083 some - others

해설 주어진 우리말 해석처럼 '이틀에 한 번'을 뜻하는 표현으로는 'every other day'가 적절하므로 another를 other로 고쳐야 옳다. '습관'을 나타내는 표현에 현재시제인 washes를 사용한 것은 적절하다.

0467

정답 X (prepared → preparing)　　**출제포인트** 124 동명사 주요 표현

해설 「be busy ~ing」는 동명사 관용표현으로 '~하느라 바쁘다'를 뜻한다. 따라서 주어진 문장의 prepared는 preparing으로 수정해야 한다.

0468

정답 X (kept her advancing → kept her from advancing)　　**출제포인트** 008 전치사 from과 함께 사용되는 완전타동사

해설 「keep + 목적어 + (on) ~ing」는 '목적어가 계속 ~하게 하다'라는 의미이므로 주어진 우리말 해석과 일치하지 않는다. '목적어가 ~하는 것을 방해하다'라는 표현은 「keep + 목적어 + from ~ing」로 나타낸다. 따라서 해당 문장의 her 이후에 from을 추가해 kept her from advancing으로 수정해야 한다.

0469

정답 X (take for granted → take it for granted)　　**출제포인트** 022 동사 take의 다양한 쓰임

해설 「take it for granted that + 주어 + 동사」는 '~을 당연하게 여기다'를 뜻하는 관용표현이다. 이때 사용된 it은 가목적어이며, that 이하가 진목적어에 해당된다. 따라서 주어진 문장에서 take for granted는 take it for granted로 수정해야 한다.

0470

정답 O　　**출제포인트** 035 전치사 관용표현

해설 주어진 문장의 by word of mouth는 '입에서 입으로, 입소문을 통해서'라는 관용표현으로 주어진 우리말 해석에 맞게 적절하게 사용되었다.

0471 그녀는 조만간 요금을 내야만 할 것이다.
→ She will have to pay the bill <u>sooner or later</u>.

0472 비용을 제외하고, 그 계획은 훌륭한 것이었다.
→ <u>Apart from</u> its cost, the plan was a good one.

0473 학생들을 설득하려고 해 봐야 소용없다.
→ It is no use <u>to trying</u> to persuade the students.

0474 그는 나의 팔을 붙잡고 도움을 요청했다.
→ He grabbed me by <u>my</u> arm and asked for help.

0475 그 섬에는 약 3백 명이 산다.
→ About three <u>hundreds</u> people live in that island.

0476 그의 스마트 도시 계획은 고려할 만했다.
→ His plan for the smart city was worth <u>considered</u>.

친절 & 꼼꼼 정답 및 해설

0471

정답 O **출제포인트** 136 비교급 비교

해설 주어진 문장의 sooner or later는 비교급 관용표현으로 '조만간'을 뜻한다.

0472

정답 O **출제포인트** 035 전치사 관용표현

해설 주어진 문장의 Apart from은 '~을 제외하고'를 뜻하는 의미의 구전치사로 문맥상 적절하게 사용되었다. 이에 더해, 부정대명사 one은 일반적으로 앞서 언급된 특정하지 않은 단수 보통명사의 반복을 피하기 위해 사용된다. 주어진 문장에서는 앞서 언급된 plan 대신에 one이 알맞게 사용되었다.

0473

정답 X (to trying → trying) **출제포인트** 123 There is no use -ing

해설 「It is no use (in) ~ing」는 동명사 관용표현으로 '~해 봐야 소용없다'를 뜻한다. 따라서 주어진 문장의 It is no use 이후의 to trying은 trying으로 수정해야 한다.

0474

정답 X (my → the) **출제포인트** 087 정관사 the

해설 grab, catch, pull, take, seize, hold 등 접촉을 나타내는 동사를 「동사 + 목적격 + by + 정관사 + 신체 부위」로 사용할 때 '~의 신체 부위를 …하다'의 의미로 쓰인다. 이때 주의할 것은 소유격을 사용한 by my arm이 아니라 정관사 the를 쓴다는 점이다. 따라서 주어진 문장의 my를 the로 수정해야 한다.

0475

정답 X (hundreds → hundred) **출제포인트** 076 수량명사

해설 주어진 문장에 사용된 수를 나타내는 단위명사는 hundred는 수사와 함께 사용될 때 단수 명사로 쓰여 「수사 + 단수 단위명사 + 복수 명사」 형태이다. 따라서 hundreds를 hundred로 수정해야 한다.

0476

정답 X (considered → considering) **출제포인트** 124 동명사 주요 표현

해설 「be worth ~ing」는 '~할 가치가 있다'를 뜻하는 관용표현으로 worth 뒤에는 동명사가 와야 한다. 따라서 주어진 문장의 considered는 considering으로 수정해야 한다.

0477 그의 담당 의사는 그에게 술도 담배도 허락하지 않았다.
→ His doctor allows him either to drink or to smoke.

0478 무서운 영화를 좋아한다면 이것은 꼭 봐야 할 영화이다.
→ If you like scary movies, this is a must-see movie.

0479 당신이 부자일지라도 당신은 진실한 친구들을 살 수는 없다.
→ Rich as if you may be, you can't buy sincere friends.

0480 많은 진료소들이 치료법을 안내하기 위해 유전자 검사를 이용하고 있다.
→ Many clinics are using therapy to guide gene tests.

0481 독서와 정신의 관계는 운동과 신체의 관계와 같다.
→ Reading is to the mind that exercise is to the body.

친절 & 꼼꼼 정답 및 해설

0477

정답 X (either to drink or to smoke → neither to drink nor to smoke)

출제포인트 161 등위(상관)접속사의 병렬구조

해설 주어진 문장의 우리말 해석이 '(둘 다) 허락하지 않았다'라는 부정 표현이므로 상관접속사 either ~ or를 부정 표현인 neither ~ nor로 바꾸어야 한다. 따라서 either to drink or to smoke는 neither to drink nor to smoke로 수정해야 한다.

0478

정답 O

출제포인트 097 형용사 포함 기출 표현

해설 주어진 문장의 must-see는 '꼭 보아야 할, 볼 만한'이라는 뜻으로 적절하게 사용되었다.

0479

정답 X (as if → as)

출제포인트 174 양보의 접속사 도치

해설 주어진 문장의 as if는 '마치 ~인 것처럼'이라는 뜻의 접속사이므로 주어진 우리말 해석과 일치하지 않는다. '~일지라도'라는 양보의 의미가 되려면 「형용사/명사 + as + 주어 + 동사」의 어순이 되어야 하므로 주어진 문장에서 as if를 as로 수정해야 한다.

0480

정답 X (therapy to guide gene tests → gene tests to guide therapy)

출제포인트 113 to부정사의 부사적 용법

해설 주어진 우리말 해석과 영작문 내용이 일치하지 않아 옳지 않은 문장이다. 주어진 우리말 해석에서 '이용되는' 대상은 유전자 검사(gene tests)이며, 그 목적은 '치료법을 안내하기 위해'라고 제시되고 있다. 따라서 문맥상 동사 are using의 목적어로는 gene tests가 와야 하고, 목적을 나타내는 to부정사의 to guide의 목적어로는 therapy가 와야 한다. 그러므로 therapy to guide gene tests는 gene tests to guide therapy로 수정되어야 한다.

0481

정답 X (that → what)

출제포인트 152 that vs. what

해설 주어진 문장에 사용된 「A is to B what C is to D」는 'A와 B의 관계는 C와 D의 관계와 같다'를 나타내는 관용표현으로 해당 문장의 that은 what으로 수정해야 한다.

우선순위 8 관용표현 / 해석 불일치 **211**

0482 멀리 가기도 전에 우리는 소나기를 만났다.
→ We had gone far before we were caught in a shower.

0483 이 책은 내가 읽어본 최고의 소설 중 하나이다.
→ This book is one of the best novels I have never read.

0484 우리는 그 일을 이번 달 말까지 끝내야 한다.
→ We have to finish the work until the end of this month.

0485 나는 너의 답장을 가능한 한 빨리 받기를 고대한다.
→ I look forward to receive your reply as soon as possible.

0486 나는 매달 두세 번 그에게 전화하기로 규칙을 세웠다.
→ I made it a rule to call him two or three times a month.

친절 & 꼼꼼 정답 및 해설

0482

정답 X (had gone → had not gone) **출제포인트** 037 과거 vs. 과거완료

해설 「S + had + 부정어 + p.p. ~ before[when] + S + 과거동사」는 '~하지 않아[~하기도 전에] …하고 말았다'를 뜻하는 관용표현이다. 주어진 문장은 우리말 해석에 맞게 had gone을 had not gone으로 수정해야 한다.

0483

정답 X (never → ever) **출제포인트** 142 최상급

해설 주어진 문장에 사용된 「the 최상급 + of 복수 명사 + that + 주어 + have + ever + p.p.」는 '지금까지 …한 것 중에 가장 ~한'의 의미의 관용어구이다. 따라서 해당 문장에서는 never 대신에 ever로 수정해야 한다.

0484

정답 X (until → by) **출제포인트** 029 until vs. by

해설 주어진 문장의 전치사 until은 '~까지 (쭉)'이라는 의미로 시간의 '계속'을 나타내므로 주어진 문장처럼 기한의 '완료'를 나타내는 의미로 사용되는 것은 어색하다. 따라서 until을 완료의 의미를 지닌 전치사 by(~까지)로 수정해야 한다.

정혜쌤's Tip until과 by는 의미상 차이가 있으니 아래 예문과 함께 학습하세요.
① until: We'll be on vacation until next week. (다음 주까지 (쭉) 휴가 중일 겁니다.)
② by: Please submit your report by Friday. (금요일까지 보고서를 제출해주세요.)

0485

정답 X (receive → receiving) **출제포인트** 124 동명사 주요 표현

해설 「look forward to」는 '~을 고대하다'를 뜻하는 관용표현이다. 주어진 문장에서 to는 전치사이므로 목적어로 동명사 또는 명사가 온다. 따라서 동사원형 receive는 동명사 receiving으로 수정해야 한다.

0486

정답 O **출제포인트** 021 동사 make의 다양한 쓰임

해설 '~하는 것을 규칙으로 세우다'라는 의미를 뜻할 때는 「make it a rule + to 동사원형」 형태의 관용표현이 사용된다. 따라서 주어진 문장의 made it a rule to call은 옳게 사용되었다. 또한 부정관사가 기간을 나타내는 단어 앞에 오면 '~마다'라는 뜻으로 쓰이기도 한다. 주어진 문장에서 a month는 '매달'이라는 뜻으로 적절하게 사용되었다.

정혜쌤's Tip 「make it a rule + to 동사원형」에서 it은 가목적어이며, to 동사원형 이하가 진목적어인 것도 알아두세요.

0487 수요가 공급을 초과하면 가격이 오르고 그 반대가 되면 내린다.
→ Prices go up when demand exceeds supply, and <u>vice versa</u>.

0488 인간은 환경에 자신을 빨리 적응시킨다.
→ Human beings quickly <u>adapt themselves to</u> the environment.

0489 그들의 좋은 의도가 항상 예상된 결과로 이어지는 것은 아니다.
→ Their good intention does <u>not always</u> lead to expected results.

0490 악천후의 경우에는 모든 비행기가 연착될 수 있다.
→ All airplanes are subject to <u>delay</u> in the event of bad weather.

0491 나는 긴급한 일로 자정이 5분이나 지난 후 그에게 전화했다.
→ I called him five minutes <u>shy of</u> midnight on an urgent matter.

0492 뒤쪽은 너무 멀어요. 중간에 앉는 걸로 타협합시다.
→ The back is too far away. Let's <u>promise</u> and sit in the middle.

친절 & 꼼꼼 정답 및 해설

0487

| 정답 | O |

| 출제포인트 | 105 부사 기출 표현 |

해설 「vice versa」는 '거꾸로, 반대로'를 뜻하는 표현이다. 주어진 문장은 우리말 해석에 맞게 적절하게 사용되었다.

0488

| 정답 | O |

| 출제포인트 | 080 재귀대명사 |

해설 「adapt oneself to」는 '~에 적응하다, 자신을 ~에 적응시키다'를 뜻한다. 주어진 문장에서 주어 Human beings와 adapt의 목적어가 같은 대상이므로 재귀대명사 themselves가 적절하게 사용되었다.

0489

| 정답 | O |

| 출제포인트 | 084 부분 부정, 전체 부정 |

해설 부정어 not이 전체를 나타내는 표현인 always와 함께 쓰이면 '항상 ~한 것은 아니다'를 뜻하는 부분 부정 표현이 된다. 따라서 주어진 문장은 우리말 해석에 맞게 올바르게 사용되었다.

0490

| 정답 | O |

| 출제포인트 | 124 동명사 주요 표현 |

해설 「be subject to ~」는 '~의 대상이다'의 의미로, to는 전치사이므로 목적어로 명사 혹은 동명사가 올 수 있다. 주어진 문장의 delay는 명사와 동사의 형태가 같은 단어이다. 주어진 문장에서 delay는 명사로 쓰여 전치사 to의 목적어 자리에 적절하게 사용되었다.

0491

| 정답 | X (shy of → after) |

| 출제포인트 | 105 부사 기출 표현 |

해설 주어진 문장의 shy of는 '~이 모자라는'을 뜻한다. 주어진 우리말 해석은 '자정이 5분이나 지난 후'인데 five minutes shy of midnight로 나타내었으므로 우리말 해석과 일치하지 않는다. 따라서 주어진 문장의 shy of를 after로 수정해야 한다.

0492

| 정답 | X (promise → compromise) |

| 출제포인트 | 011 주의해야 할 3형식, 4형식 동사 |

해설 promise는 '~을 약속하다'라는 의미로 주로 타동사로 쓰인다. 주어진 우리말 해석이 '타협합시다'이므로 주어진 문장의 promise는 '타협하다'를 뜻하는 compromise로 수정해야 한다.

0493 외국 문화와의 접촉 없이 우리 고유문화를 풍부하게 할 수 없다.
→ <u>Without contact</u> with foreign culture we cannot enrich our own.

0494 버릇없는 그 소년은 아버지가 부르는 것을 못 들은 체했다.
→ The spoiled boy <u>made it believe</u> he didn't hear his father calling.

0495 아이들은 길을 건널 때 아무리 조심해도 지나치지 않다.
→ Children cannot be <u>too careful enough</u> when crossing the street.

0496 나의 엄마는 게임 캐릭터를 사는 데 돈을 쓰는 것을 반대했다.
→ My mother objected to <u>spend</u> money on buying game characters.

0497 그 프로젝트를 완성하는 데 최소 한 달, 어쩌면 더 긴 시간이 걸릴 것이다.
→ It will take at least a month, maybe longer <u>completing</u> the project.

친절 & 꼼꼼 정답 및 해설

0493

정답 O **출제포인트** 033 전치사 with / without

해설 주어진 문장은 우리말 해석에 맞게 Without(~없이)이 적절하게 사용되었다. contact는 명사형과 동사형이 동일하며, 주어진 문장에서는 전치사 without의 목적어인 불가산명사로 사용되었다. 또한, 앞서 언급된 말이 뒤에서 반복되면 생략할 수 있는데 주어진 문장의 our own은 our own culture에서 culture가 앞서 언급된 foreign culture의 culture와 중복되므로 생략되어 our own만 남은 형태이다.

0494

정답 X (made it believe → make believe) **출제포인트** 021 동사 make의 다양한 쓰임

해설 「make believe (that)」은 '~인 체하다'라는 관용표현이다. 따라서 주어진 문장의 made it believe에서 it을 삭제해 make believe로 수정해야 한다.

0495

정답 X (too careful enough → too careful 또는 careful enough)
출제포인트 062 주요 조동사 표현

해설 주어진 우리말 해석상 '아무리 ~해도 지나치지 않다'를 뜻하는 「cannot be too ~」 또는 「cannot be ~ enough」의 관용표현이 쓰여야 한다. 이때 too 또는 enough 중 한 가지를 수식어로 사용해야 한다. 따라서 too가 삭제되거나, enough가 삭제되어야 한다. 이때 enough는 형용사나 부사를 후치 수식함에 유의해야 한다.

0496

정답 X (spend → spending) **출제포인트** 124 동명사 주요 표현

해설 「object to」는 '~에 반대하다'를 뜻한다. 이때 to는 전치사이기 때문에 명사 혹은 동명사를 목적어로 취해야 하므로 주어진 문장의 spend는 spending으로 수정해야 한다.

0497

정답 X (completing → to complete) **출제포인트** 022 동사 take의 다양한 쓰임

해설 동사 take는 「It takes + 시간 (for + 목적격) + to 동사원형」의 구조로 사용되어 '(…가) ~하는데 -이 걸린다'의 의미로 사용된다. 주어진 문장은 to부정사의 의미상 주어 「for + 목적격」이 생략된 형태이며, to부정사 자리에 동명사인 completing이 쓰였으므로 옳지 않다. 따라서 completing을 to complete로 수정해야 한다. 더해, at least는 '최소한, 적어도'라는 의미의 부사구로 적절하게 사용되었다.

0498 나는 버팔로에 가본 적이 없어서 그곳에 가기를 고대하고 있다.

→ I have never been to Buffalo, so I am looking forward to go there.

0499 그녀는 그 사고 때문에 그녀의 목표를 포기할 수밖에 없었다.

→ She had no choice but to giving up her goal because of the accident.

0500 그 연사는 자기 생각을 청중에게 전달하는 데 능숙하지 않았다.

→ The speaker was not good at getting his ideas across to the audience.

0501 사람들은 우리가 파산할 것으로 여겼으나, 우리는 그럭저럭 견뎌 나갔다.

→ People thought we would go bankrupt, but we managed to getting by.

0502 교통 체증을 고려하면 그 도시에 도착하는 데 약 3시간이 걸릴 것이다.

→ It will take about three hours get to the city, allowing for traffic delays.

친절 & 꼼꼼 정답 및 해설

0498

정답 X (go → going)   **출제포인트** 124 동명사 주요 표현

해설 「look forward to」는 '~하기를 고대하다'라는 뜻으로 to는 전치사이다. 따라서 주어진 문장의 go는 동명사 going으로 수정해야 한다.

0499

정답 X (giving up → give up)   **출제포인트** 120 to부정사 주요 표현

해설 「have no choice but to + 동사원형」은 '~할 수밖에 없다'라는 의미의 관용표현이다. 따라서 주어진 문장의 우리말 의미에 맞게 giving up을 give up으로 수정해야 한다.

0500

정답 O   **출제포인트** 124 동명사 주요 표현

해설 「be good at」은 '~을 잘하다'를 뜻하는 관용표현이다. 주어진 문장은 전치사 at의 목적어로 동명사 getting을 사용하였으므로 적절하다. 또한, 「get A across B」는 'A를 B에게 이해시키다, 전달하다'라는 표현으로 적절하게 사용되었다.

0501

정답 X (getting → get)   **출제포인트** 120 to부정사 주요 표현

해설 「manage to + 동사원형」은 '간신히 ~을 하다'를 뜻하는 표현이다. 따라서 getting을 get으로 수정해야 한다. 더해, get by는 '그럭저럭 살아 나가다'의 의미로 주어진 우리말 해석에 맞게 사용되었다.

0502

정답 X (get → to get)   **출제포인트** 022 동사 take의 다양한 쓰임

해설 주어진 문장에 사용된 「It takes + 시간 (for + 목적격) + to부정사」는 비인칭 주어인 it을 사용해 '~하는 데 시간이 걸리다'를 뜻하는 표현에 해당된다. 따라서 해당 문장의 get은 to get으로 수정해야 한다. 더해, allowing for는 '~을 고려하면, 감안하면'의 조건을 나타내는 분사구문으로 문맥상 적절하게 사용되었다.

0503 개인용 컴퓨터를 가장 많이 가지고 있는 나라는 종종 바뀐다.
→ The country with the most computers per person changes from time to time.

0504 그는 대학에서 의학을 공부했으나 결국 회계 회사에서 일하게 되었다.
→ He studied medicine at university but ended up worked for an accounting firm.

0505 설상가상으로, 또 다른 태풍이 곧 올 것이라는 보도가 있다.
→ To make matters better, there is a report that another typhoon will arrive soon.

0506 부모는 아이들 앞에서 그들의 말과 행동에 대해 아무리 신중해도 지나치지 않다.
→ Parents cannot be too careful enough about their words and actions before their children.

0507 그의 아버지가 갑자기 작년에 돌아가셨고, 설상가상으로 그의 어머니도 병에 걸리셨다.
→ His father suddenly passed away last year, and, what was better, his mother became sick.

친절 & 꼼꼼 정답 및 해설

0503

정답 X (with the most computers per person → with the largest number of personal computers)

출제포인트 086 부정관사 a / an

해설 computers per person은 '1인당 갖고 있는 컴퓨터'를 의미하므로 주어진 우리말 해석과 일치하지 않는다. 또한, 명사 number는 규모를 나타낼 때는 형용사 large를 사용해서 수식한다. 주어진 우리말 해석인 '개인용 컴퓨터를 가장 많이 가지고 있는'을 나타내려면 with the most computers per person을 with the largest number of personal computers로 수정하는 것이 적절하다.

0504

정답 X (worked → working)

출제포인트 124 동명사 주요 표현

해설 주어진 문장에 사용된 「end up ~ing」는 '결국 ~하게 되다'를 뜻하는 동명사 관용표현으로 해당 문장에 사용된 worked는 working으로 수정해야 한다.

0505

정답 X (To make matters better → To make matters worse)

출제포인트 120 to부정사 주요 표현

해설 to make matters worse는 '설상가상으로'를 뜻하며, to make matters better는 '금상첨화로'라는 관용표현이다. 주어진 문장의 우리말 의미상 To make matters better를 To make matters worse로 수정해야 한다. 더해, that ~ soon은 a report의 동격절로 적절하게 사용되었다.

0506

정답 X (too careful enough → too careful 또는 careful enough)

출제포인트 062 주요 조동사 표현

해설 주어진 우리말 해석상 '아무리 ~해도 지나치지 않다'를 뜻하는 「cannot be too ~」 또는 「cannot be ~ enough」의 관용표현이 쓰여야 한다. 이때 too 또는 enough 중 한 가지를 수식어로 사용해야 한다. 따라서 too가 삭제되거나, enough가 삭제되어야 한다. 이때 enough는 형용사나 부사를 후치 수식함에 유의해야 한다.

0507

정답 X (what was better → what was worse)

출제포인트 136 비교급 비교

해설 what is worse는 '설상가상으로, 엎친 데 덮친 격으로'를 나타내며, what is better는 '금상첨화로, 게다가, 더욱이'를 나타내는 관용표현이다. 주어진 문장의 우리말 해석에 알맞게 what was better를 what was worse로 수정해야 한다. 이때 문장의 전체적인 시제가 과거이므로 시제를 반영해 과거로 표현함에 유의해야 한다.

성정혜 우선순위 기출 문법 OX

Part

02

Random OX

Random Day 01

■ 주어진 문장이 어법상 또는 주어진 해석상 옳다면 O, 옳지 않다면 X를 하고 바르게 고치시오.

0508 Being matched with a borrower can take anywhere from a few days to a few hours.

0509 She would like to be financial independent.

0510 문화를 연결해 주는 교차로 중 하나인 하와이에서는 그 어느 곳보다 퓨전 요리가 더욱 눈에 띈다.
→ Nowhere fusion dishes are more apparent than in Hawaii which is one of the crossroad places that bridge cultures.

0511 나는 말하던 것을 멈추고 주위를 둘러보았다.
→ I stopped to talk and looked around.

0512 내가 그때 그 계획을 포기했었다면 이렇게 훌륭한 성과를 얻지 못했을 것이다.
→ Had I given up the project at that time, I should have achieved such a splendid result.

친절 & 꼼꼼 정답 및 해설

0508

| 정답 | O | 출제포인트 | 122 동명사의 시제와 태 |

해석 대출자와 연결되는 것은 며칠에서 수 시간이 걸릴 수 있다.

해설 동명사구가 주어인 문장으로 match는 목적어가 필요한 타동사인데 with a borrower로 보아 목적어가 없는 수동 형태의 동명사구 「Being + p.p.」로 사용되었음을 알 수 있다.

0509

| 정답 | X (financial → financially) | 출제포인트 | 098 형용사 vs. 부사 |

해석 그녀는 경제적으로 독립하고 싶어 한다.

해설 주어진 문장의 형용사 financial은 형용사 independent를 수식하고 있으므로 옳지 않은 문장이다. 형용사를 수식하는 품사로는 부사가 적절하다. 따라서 financial은 부사 financially로 수정해야 한다.

0510

| 정답 | X (fusion dishes are → are fusion dishes) | 출제포인트 | 176 부정부사 도치 |

해설 주어진 문장의 부정어인 Nowhere가 문두에 강조될 경우, 동사인 are와 주어인 fusion dishes가 도치되어야만 한다. 따라서 해당 문장의 fusion dishes are를 are fusion dishes로 수정해야 한다. 더해, 선행사 Hawaii를 수식하는 주격관계대명사 which가 사용되었으며 which 이후의 문장이 주어가 없는 불완전한 형태이므로 which의 쓰임은 적절하다.

0511

| 정답 | X (to talk → talking) | 출제포인트 | 107 목적어로 동명사를 취하는 동사 |

해설 「stop + to 동사원형」은 '~을 하기 위해 멈추다'를 뜻하며, 「stop + ~ing」는 '~하는 것을 멈추다'를 의미한다. 주어진 문장은 우리말 해석 '말하던 것을 멈추고'와 일치하지 않으므로 옳지 않은 문장이다. 주어진 우리말 의미에 맞게 to talk를 talking으로 수정해야 한다.

0512

| 정답 | X (should have achieved → couldn't have achieved) | 출제포인트 | 060 조동사 + have p.p. |

해설 주어진 우리말 해석상 '얻지 못했을 것이다'이므로 의무를 뜻하는 should는 가능을 뜻하는 조동사의 부정형인 couldn't로 수정해야 문맥상 적절하다. 따라서 should have achieved를 couldn't have achieved로 수정해야 한다.

0513 You haven't given me that I asked for.
○○○

0514 내가 출근할 때 한 가족이 위층에 이사 오는 것을 보았다.
○○○
→ As I went out for work, I saw a family moved in upstairs.

0515 Undergraduates are not allowed to using equipments in the laboratory.
○○○

0516 Recent research reveals that some individuals are genetically predisposed to shyness.
○○○

0517 The rescue squad was happy to discover an alive man.
○○○

친절 & 꼼꼼 정답 및 해설

0513

정답 X (that → what) **출제포인트** 152 that vs. what

해석 당신은 내가 요청한 것을 내게 주지 않았다.

해설 give는 간접목적어와 직접목적어를 갖는 수여동사이다. 주어진 문장은 give의 간접목적어로 me가 왔고 직접목적어 자리에 명사절이 온 형태이지만 that 이하의 절이 불완전하므로 접속사 that은 옳지 않다. 따라서 that은 선행사를 포함한 관계대명사 what으로 수정해야 한다.

0514

정답 X (moved → move 또는 moving) **출제포인트** 019 지각동사

해설 지각동사 see는 목적어와 목적격 보어의 관계가 능동일 때 「see + 목적어 + 목적격 보어[원형부정사 / 현재분사]」의 구조로 사용한다. 주어진 문장에서는 가족이 '이사 오는' 능동 관계이므로 moved는 moving 또는 move로 수정해야 한다.

0515

정답 X (using → use / equipments → equipment) **출제포인트** 051 불완전타동사의 수동태

해석 학부생들은 실험실에서 장비를 사용하도록 허용되지 않는다.

해설 「be allowed to + 동사원형」은 '~하는 것이 허용[허락]되다'라는 의미이다. 주어진 문장에서 to는 전치사가 아니므로 주어진 문장의 to using을 to use로 수정해야 한다. 또한, equipment는 불가산명사이므로 복수형이 불가능하다. 따라서 equipments는 equipment로 수정해야 한다.

0516

정답 O **출제포인트** 026 동사 관용표현

해석 최근의 연구는 일부 사람들이 유전적으로 수줍음을 잘 타는 성향이 있다는 것을 보여준다.

해설 「be predisposed to」는 '~의 성향이 있다'를 뜻하며 해당 표현에서 to는 전치사이다. 주어진 문장은 문맥상 적절하게 사용되었으며 전치사 to의 목적어로 명사 shyness가 뒤따라오므로 적절하다.

0517

정답 X (an alive man → a living man 또는 a man who was alive)
출제포인트 091 한정적 용법 vs. 서술적 용법

해석 구조단은 생존자를 발견해서 기뻤다.

해설 주어진 문장의 형용사 alive(살아있는)는 서술적 용법으로 쓰여 주격 보어나 목적격 보어로 쓰일 수 있다. 그러나 주어진 문장처럼 명사인 man을 직접 수식하는 한정적 용법으로는 사용할 수 없다. 따라서 유사한 의미인 '살아있는'으로 쓰이며, 한정적 용법으로 명사를 직접 수식하는 형용사 living을 사용해서 an alive man을 a living man 수정해야 한다. 또는 주격관계대명사를 이용해 a man who was alive 등으로 수정할 수 있다.

0518 그 회의 후에야 그는 금융 위기의 심각성을 알아차렸다.
→ Only after the meeting did he recognize the seriousness of the financial crisis.

0519 Focus means getting stuff doing.

0520 많은 진료소들이 치료법을 안내하기 위해 유전자 검사를 이용하고 있다.
→ Many clinics are using therapy to guide gene tests.

0521 Many people refuse to visit animal shelters because they find it too sad or depressed.

0522 내가 명령한 것만 하시오.
→ Please just do which I ordered.

친절 & 꼼꼼 정답 및 해설

0518

정답 O   **출제포인트** 176 부정부사 도치

해설 부정 부사구인 Only after the meeting이 문두로 강조되어 뒤따라오는 어순이 의문문 어순으로 도치되었다. 따라서 주어진 문장의 did he recognize의 어순은 적절하다.

0519

정답 X (doing → done)   **출제포인트** 020 준사역동사

해석 집중은 어떤 일들을 해내는 것을 의미한다.

해설 주어진 문장은 means의 목적어로 동명사 getting이 적절하게 사용되었다. 그러나 준사역동사 get의 목적어 stuff와 목적격 보어 doing의 관계는 문맥상 능동이 아니라, 수동으로 '해내지는' 것이므로 doing을 done으로 수정해야 한다.

0520

정답 X (therapy to guide gene tests → gene tests to guide therapy)

출제포인트 113 to부정사의 부사적 용법

해설 주어진 우리말 해석과 영작문 내용이 일치하지 않아 옳지 않은 문장이다. 주어진 우리말 해석에서 '이용되는' 대상은 유전자 검사(gene tests)이며, 그 목적은 '치료법을 안내하기 위해'라고 제시되고 있다. 따라서 문맥상 동사 are using의 목적어로는 gene tests가 와야 하고, 목적을 나타내는 to부정사의 to guide의 목적어로는 therapy가 와야 한다. 그러므로 therapy to guide gene tests는 gene tests to guide therapy로 수정되어야 한다.

0521

정답 X (depressed → depressing)   **출제포인트** 125 현재분사 vs. 과거분사

해석 많은 사람들은 동물 보호소를 방문하는 것이 너무 슬프거나 우울하다고 생각하기 때문에 그곳을 방문하는 것을 거부한다.

해설 감정형분사에는 감정을 제공하는 사람 또는 사물을 수식하는 현재분사형(-ing)과 감정의 상태를 나타내 사람을 수식하는 과거분사형(-ed)이 있다. 주어진 문장의 they find it too sad or depressed에서 it은 문맥상 to visit animal shelters를 의미한다. 해당 문장의 it은 감정을 제공하는 사물에 해당하므로 현재분사형 감정형분사를 사용하는 것이 적절하다. 따라서 과거분사형인 depressed를 현재분사형 depressing으로 수정해야 한다.

0522

정답 X (which → what)   **출제포인트** 152 that vs. what

해설 which는 관계대명사로 선행사가 필요한데 which 앞에 선행사가 존재하지 않는다. 혹은 의문대명사 which로 사용되었다고 하더라도 which I ordered는 '내가 어느 것을 명령했는지'로 해석되므로 문맥상 어색하다. 따라서 which가 아닌 선행사를 포함하고 있는 관계대명사 what이 적절하며, 의미도 what I ordered는 '내가 명령한 것'으로 해석되어 문맥상 적절하다.

0523 A few words catching in passing set me thinking.

0524 그녀는 남편과 결혼한 지 20년 이상 되었다.
→ She has married to her husband for more than two decades.

0525 One reason for upsets in sports — in which the team predicted to win and supposedly superior to their opponents surprisingly loses the contest — is what the superior team may not have perceived their opponents as threatening to their continued success.

0526 지난달 내가 휴가를 요청했더라면 지금 하와이에 있을 텐데.
→ If I had asked for a vacation last month, I would have been in Hawaii now.

친절 & 꼼꼼 정답 및 해설

0523

정답 X (catching → caught)   **출제포인트** 125 현재분사 vs. 과거분사

해석 지나가면서 들은 몇몇 말들이 나를 생각하게 만들었다.

해설 주어진 문장에서 catching이 주어인 A few words를 수식하는 현재분사라면 catch가 타동사이므로 목적어를 필요로 한다. 해당 문장에서는 문맥상 '붙잡힌 몇몇 말들(들은 몇몇 말들)'의 의미로 사용되어야 하므로, catching을 caught로 수정해야 한다.

정해쌤's Tip set은 5형식 동사로 「set + 목적어 + 현재분사」로 사용되어 '~이 …(상태로) 만들다, 되게 하다'의 의미로 사용된다는 것을 기억하세요.

0524

정답 X (has married → has been married)   **출제포인트** 007 자동사로 착각하기 쉬운 타동사

해설 타동사 marry(~와 결혼하다)는 '~와 결혼한 상태'를 표현할 때 「be married to + 목적어」의 구조로 사용하며 우리말 해석에서 '결혼한 지 20년 이상 되었다'라고 했으므로 완료시제를 써야 한다. 따라서 주어진 문장의 has married는 has been married로 수정해야 한다.

0525

정답 X (what → that)   **출제포인트** 152 that vs. what

해석 스포츠에서 승리한 것이라 예측되고 추정컨대 그들이 상대 팀보다 우월한 팀이 놀랍게도 경기에서 지는 상황인 의외의 패전의 한 가지 이유는 우월한 팀이 상대 팀을 자신들의 계속되는 성공에 있어서 위협적이라고 여기지 않은 것이다.

해설 주어진 문장의 what은 선행사를 포함한 관계대명사로 what이 이끄는 절은 불완전해야 하나 해당 절의 what 이후 문장 the superior team ~ success는 주어와 목적어가 모두 존재하는 완전한 문장이므로 what을 명사절 접속사 that으로 수정해야 한다. 더해, 주어진 문장의 in which는 관계부사 대신 쓰일 수 있으며 완전한 문장을 이끈다. in which가 수식하는 선행사는 upsets(의외의 패전)이며 상황, 경우를 가리키고 있으므로 관계부사 where 대신 알맞게 사용되었다. 또한, 주어진 문장의 predicted는 수식하는 the team이 승리할 것이라고 예측하는 주체가 아니라 예측을 받는 대상이므로 과거분사 형태인 predicted가 적절하게 사용되었으며, 「perceive A as B」는 'A를 B라고 여기다[인식하다]'를 뜻하는 표현으로 수식받는 their opponents가 문맥상 위협을 하는 능동적 주체이므로 현재분사 형태인 threatening이 적절하게 사용되었다.

0526

정답 X (would have been → would be)   **출제포인트** 065 혼합가정법

해설 주어진 문장의 문맥상 '휴가를 요청하지 않은 것'은 과거의 일임을 부사구 last month(지난달)를 통해 알 수 있고, '하와이에 있지 않은 것'은 현재의 일임을 부사구 now(지금)를 통해 알 수 있다. 서로 다른 시점의 반대 상황을 가정하여 말할 때는 혼합가정법을 사용하며 「If + 주어 + had p.p.~, 주어 + 조동사의 과거형 + 동사원형…」 형태로 표현해야 한다. 따라서 would have been을 would be로 수정해야 한다.

0527 외국 문화와의 접촉 없이 우리 고유문화를 풍부하게 할 수 없다.
→ Without contact with foreign culture we cannot enrich our own.

0528 My sweet-natured daughter suddenly became unpredictably.

0529 비록 그 일이 어려운 것이었지만, Linda는 그것을 끝내기 위해 최선을 다했다.
→ As difficult a task as was it, Linda did her best to complete it.

0530 It was also a very busy river at that time, with hundreds of ships constantly sailed on it.

0531 To find a good starting point, one must return to the year 1800 during that the first modern electric battery was developed.

친절 & 꼼꼼 정답 및 해설

0527

| 정답 | O | 출제포인트 | 033 전치사 with / without |

해설 주어진 문장은 우리말 해석에 맞게 Without(~없이)이 적절하게 사용되었다. contact는 명사형과 동사형이 동일하며, 주어진 문장에서는 전치사 without의 목적어인 불가산명사로 사용되었다. 또한, 앞서 언급된 말이 뒤에서 반복되면 생략할 수 있는데 주어진 문장의 our own은 our own culture에서 culture가 앞서 언급된 foreign culture의 culture와 중복되므로 생략되어 our own만 남은 형태이다.

0528

| 정답 | X (unpredictably → unpredictable) | 출제포인트 | 098 형용사 vs. 부사 |

해석 다정한 나의 딸이 갑자기 예측 불가능해졌다.

해설 become은 형용사를 보어로 취하는 불완전자동사이나 주어진 문장은 became 이후에 부사 unpredictably가 사용되었으므로 옳지 않다. 따라서 부사 unpredictably를 형용사 unpredictable로 수정해야 한다.

0529

| 정답 | X (was it → it was) | 출제포인트 | 174 양보의 접속사 도치 |

해설 주어진 문장의 as는 양보의 의미로 '~일지라도'로 쓰인다. 이때 as절에 보어를 문장의 맨 앞으로 이동시켜 강조할 수 있다. 해당 문장에서는 보어로 'As difficult a task'가 강조되어 문두에 제시되었다. 단, 이때 종속절의 어순에는 변화가 없는 '무도치'여야 한다. 따라서 해당 문장의 도치를 정치 어순으로 was it을 it was로 수정해야 한다. 더해, 강조된 보어는 「as + 형용사 + a + 명사」의 어순으로 올바르게 사용되었다.

0530

| 정답 | X (sailed → sailing) | 출제포인트 | 131 with 분사구문 |

해석 수백 척의 배가 끊임없이 그 위를 항해하는, 그 당시 그곳은 또한 매우 혼잡한 강이었다.

해설 주어진 문장의 with hundreds ~ it은 「with + 목적어 + 분사」 형태의 '~한 상태로'의 동시 상황을 나타내는 with 분사구문으로 사용되었다. 목적어인 hundreds of ships가 '항해하는' 것이므로 능동의 의미를 갖는 현재분사 sailing이 적절하다. 따라서 sailed를 sailing으로 수정해야만 한다.

0531

| 정답 | X (that → which) | 출제포인트 | 149 전치사 + 관계대명사 |

해석 좋은 출발점을 찾으려면, 최초의 현대식 전기 배터리가 개발된 해인 1800년으로 되돌아가야 한다.

해설 주어진 문장의 the first ~ was developed는 완전한 절로 앞선 선행사 the year 1800을 수식하고 있다. 이때 「전치사 + 관계대명사」의 형태에서 전치사 뒤에는 관계대명사 that을 사용할 수 없다. 따라서 that은 which로 수정해야 한다. 한편, To find ~ point는 목적을 나타내는 부정사의 부사적 용법으로 문맥상 적절하게 사용되었다.

0532 Two factors have made scientists difficult to determine the number of species on Earth.

0533 그는 10년 동안 외국에 있었기 때문에 영어를 매우 유창하게 말할 수 있다.
→ Having been abroad for ten years, he can speak English very fluently.

0534 By some estimates, deforestation has been resulted in the loss of as much as eighty percent of the natural forests of the world.

0535 버릇없는 그 소년은 아버지가 부르는 것을 못 들은 체했다.
→ The spoiled boy made it believe he didn't hear his father calling.

친절 & 꼼꼼 정답 및 해설

0532

정답 X (made scientists difficult → made it difficult for scientists)

출제포인트 110 to부정사의 가목적어

해석 두 가지 요인이 과학자들로 하여금 지구상에 있는 종의 수를 결정하는 것을 어렵게 만들었다.

해설 가목적어 it을 갖는 make 동사는 「make + 가목적어(it) + 목적격 보어 + 의미상 주어 (for + 목적격) + 진목적어[to부정사]」의 구조로 쓰일 수 있다. 따라서, 해당 문장의 have made의 진목적어는 to determine ~ Earth이므로 가목적어인 it을 made 뒤에 위치시켜야 하며, 문맥상 scientists는 의미상 주어이므로 전치사 for와 함께 「for + 의미상 주어」의 형태로 사용해야 한다. 따라서, made scientists difficult를 made it difficult for scientists로 수정해야 한다.

0533

정답 O

출제포인트 129 완료 분사구문

해설 주어진 문장의 Having been은 완료 분사구문으로 주절의 현재시제 동사인 can speak보다 이전에 있었던 상태를 나타낼 때 사용한다. 해당 문장의 문맥상 '10년 동안 외국에 있었던 것'이 주절의 '영어를 매우 유창하게 말할 수 있는 것'보다 이전에 있었던 원인이므로 완료 분사구문으로 옳게 사용되었다.

0534

정답 X (has been resulted in → has resulted in)

출제포인트 054 수동태로 쓸 수 없는 동사

해석 몇몇 추정에 따르면, 삼림 벌채는 전 세계 천연 숲의 80퍼센트에 달하는 손실을 가져왔다.

해설 「result in + 결과」는 '결과를 낳다, 야기하다'를 뜻하며 수동태로 사용하지 않는다. 따라서 has been resulted in은 has resulted in으로 수정해야 한다.

정해쌤's Tip 「result from + 원인」은 '~이 원인이다'를 뜻합니다. 「result in + 결과」와 비교해 기억해두세요.

0535

정답 X (made it believe → make believe)

출제포인트 021 동사 make의 다양한 쓰임

해설 「make believe (that)」은 '~인 체하다'라는 관용표현이다. 따라서 주어진 문장의 made it believe에서 it을 삭제해 make believe로 수정해야 한다.

0536　Risk is a fundamental element of human life in the sense how risk is always a factor in any situation where the outcome is not precisely known.

0537　These days we do not save as more money as we used to.

0538　Millions of pedestrians are non-fatally injuring — some of whom are left with permanent disabilities.

0539　I walked along the hall, keeping close to the side.

0540　The Aswan High Dam has been protected Egypt from the famines of its neighboring countries.

친절 & 꼼꼼 정답 및 해설

랜덤 O X Day 01

0536

정답 X (how → that) **출제포인트** 159 접속사의 역할

해석 위험은 결과가 정확하게 알려지지 않은 어떤 상황에서도 늘 원인이 된다는 점에서 인간 삶의 근본적인 요소이다.

해설 관계부사 how는 선행사와 함께 사용하지 못하므로, sense를 수식한다고 보는 것은 옳지 않다. 주어진 문장에서 how 이후의 문장이 완전한 문장이며 sense와 그 다음에 나오는 risk is always a factor in any situation은 문맥상 동격임을 알 수 있으므로 동격 접속사인 that이 절을 이끌어야 한다. in the sense that은 '~라는 의미에서'를 뜻하는 관용표현이다. 따라서 how를 that으로 수정해야 한다.

0537

정답 X (more → much) **출제포인트** 134 원급 비교

해석 요즘 우리는 예전에 그랬던 것만큼 돈을 저축하지 않는다.

해설 해당 문장에는 「as ~ as」 형태의 원급 비교가 사용되고 있으므로, 비교급 more를 불가산명사 money를 수식하는 원급 형태의 형용사 much로 수정해야 한다. 그리고 주어진 문장의 두 번째 as는 이후 we used to라는 절을 이끌고 있으므로 접속사로 옳게 사용되었다. 또한, 과거의 규칙적인 동작 또는 상태를 말할 때 「used to + 동사원형」으로 나타내므로 문맥상 적절하게 사용되었으며 we used to에서 to 이하는 앞에서 제시된 save money와 문맥상 중복되므로 생략할 수 있다.

0538

정답 X (injuring → injured) **출제포인트** 125 현재분사 vs. 과거분사

해석 수백만 명의 보행자들은 치명적이지 않은 부상을 당하는데, 그들 중 일부에게는 영구적 장애가 남는다.

해설 주어진 문장에 제시된 'some of whom are left with permanent disabilities(그들 중 일부에게는 영구적 장애가 남는다)'의 문맥으로 보아 해당 문장의 주어인 Millions of pedestrians는 '부상을 당하다'의 의미가 되도록 수동태를 사용해야 한다. 따라서 injuring은 injured로 수정해야 한다.

0539

정답 O **출제포인트** 127 분사구문

해석 나는 측면에 가까이 붙은 채로 복도를 따라 걸었다.

해설 주어진 문장의 keeping close ~ side는 동시 동작을 나타내는 분사구문으로 문맥상 주어 I와 능동의 관계인 만큼 현재분사 구문으로 적절하게 사용되었다.

0540

정답 X (has been protected → has protected) **출제포인트** 048 능동태 vs. 수동태

해석 Aswan High 댐은 주변 국가들의 기근으로부터 이집트를 보호해 오고 있다.

해설 주어진 문장의 문맥상 'Aswan High 댐'이 이집트를 능동적으로 '보호한' 것이며, 목적어인 Egypt가 존재하기 때문에 능동태 동사를 사용해야 한다. 따라서 주어진 문장의 has been protected는 has protected로 수정해야 한다.

Random Day 01 237

0541 Cindy는 피아노 치는 것을 매우 좋아했고 그녀의 아들도 그랬다.
→ Cindy loved playing the piano, and so had her son.

0542 The traffic of a big city is busier than those of a small city.

0543 There was so talk about Volta's work that he was requested to conduct a demonstration before the Emperor Napoleon himself.

친절 & 꼼꼼 정답 및 해설

0541

정답 X (had → did) **출제포인트** 177 '또한 그렇다 / 그렇지 않다'의 표현

해설 so가 '~도 그러하다[마찬가지이다]'라는 뜻으로 사용될 때는 주어, 동사가 의문문 어순으로 도치되어야 한다. 주어진 문장의 and 앞 절의 동사가 일반동사의 과거형인 loved이므로 이를 대신하는 대동사 do의 과거형을 사용하여 의문문 어순인 did her son으로 쓰는 것이 적절하다. 따라서 had를 did로 수정해야 한다.

0542

정답 X (those → that) **출제포인트** 137 비교 대상 일치

해석 대도시의 교통은 소도시의 그것보다 더 혼잡하다.
해설 해당 문장은 비교급 비교가 사용된 문장으로 문맥상 those와 비교하는 대상이 단수 명사 The traffic이므로 복수 대명사인 those는 단수 대명사 that으로 수정해야 한다.

0543

정답 X (so → such) **출제포인트** 165 so ~ that 주요 표현

해석 Volta의 연구에 대한 세평이 자자해 그는 직접 나폴레옹 황제 앞에서 시연을 하도록 요청받았다.
해설 원인과 결과를 나타내는 「so / such ~ that …」 구문에서 형용사 또는 부사를 수식할 때는 so를 사용하며 명사를 수식할 때는 such를 사용한다. 주어진 문장에서 talk가 '세평, (화제의) 소문'을 뜻하는 불가산명사로 사용되었으므로 so를 such로 수정해야 한다. 더해, 주어진 문장은 유도부사구문으로 주어인 불가산명사 talk에 맞춰 단수형 동사 was가 적절하게 사용되었다.

Random Day 02

▌주어진 문장이 어법상 또는 주어진 해석상 옳다면 O, 옳지 않다면 X를 하고 바르게 고치시오.

0544 그 위원회는 그 건물의 건설을 중단하라고 명했다.
→ The committee commanded that construction of the building ceases.

0545 아이들은 길을 건널 때 아무리 조심해도 지나치지 않다.
→ Children cannot be too careful enough when crossing the street.

0546 David loosened his grip and let him to go.

0547 그녀는 남들이 말하는 것을 쉽게 믿는다.
→ She easily believes that others say.

0548 But for children who are truly dedicated and ambitious, submit a poem for publication is a worthy goal.

친절 & 꼼꼼 정답 및 해설

0544

정답 X (ceases → (should) cease)   **출제포인트** 058 당위의 조동사 should 생략

해설 동사 command(명령하다)의 목적어로 쓰인 that절이 당위의 의미를 가질 때 that절의 동사는 「should + 동사원형」으로 쓰는 것이 원칙이나 조동사 should를 생략하고 동사원형만 쓸 수 있다. 따라서 주어진 문장의 문맥상 당위의 의미를 나타내는 that절의 동사 ceases는 should cease 또는 cease로 수정해야 한다. 이때 cease는 '중단되다'라는 뜻의 자동사로 사용되었다.

0545

정답 X (too careful enough → too careful 또는 careful enough)
출제포인트 062 주요 조동사 표현

해설 주어진 우리말 해석상 '아무리 ~해도 지나치지 않다'를 뜻하는 「cannot be too ~」 또는 「cannot be ~ enough」의 관용표현이 쓰여야 한다. 이때 too 또는 enough 중 한 가지를 수식어로 사용해야 한다. 따라서 too가 삭제되거나, enough가 삭제되어야 한다. 이때 enough는 형용사나 부사를 후치 수식함에 유의해야 한다.

0546

정답 X (to go → go)   **출제포인트** 018 사역동사

해석 David는 꽉 쥐고 있던 손을 풀고 그를 놓아주었다.
해설 사역동사 let은 「let + 목적어 + 목적격 보어[원형부정사]」의 구조로 목적격 보어로 원형부정사를 취한다. 따라서 주어진 문장의 to go는 go로 수정해야 한다.

0547

정답 X (that → what)   **출제포인트** 152 that vs. what

해설 주어진 문장의 that은 이후의 문장에서 say의 목적어가 없는 불완전한 형태의 문장이므로 관계대명사로 볼 수 있다. 그러나 believes의 목적어에 해당되는 선행사가 존재하지 않으므로 옳지 않은 문장이다. 따라서 that을 선행사를 포함한 관계대명사인 what으로 수정해야 한다.

0548

정답 X (submit → submitting 또는 to submit)   **출제포인트** 121 동명사의 역할

해석 그러나 진정으로 열심이고 야심 있는 아이들에게는 출판을 위해 시를 제출하는 것이 훌륭한 목표이다.
해설 한 문장에는 본동사가 한 개만 존재해야 하는데, 주어진 문장 내에 이미 본동사 is가 있으므로 동사 형태인 submit은 알맞지 않다. 따라서 목적어 a poem을 가지며 동시에 주어 역할을 할 수 있는 명사 상당어구가 필요하므로 submit은 준동사 submitting 또는 to submit으로 수정해야 한다.

0549 Italian Alessandro Volta found that a combination of silver, copper, and zinc were ideal for producing an electrical current.

0550 The grain of rye is generally longer and slender than that of rice.

0551 누가 금메달을 딸 것이라고 생각하니?
→ Do you think who will win the gold medal?

0552 Does that car belong the man next door?

0553 내가 산책에 같이 갈 수 있는지 네게 알려줄게.
→ I will let you know if I can accompany with you on your walk.

친절 & 꼼꼼 정답 및 해설

0549

정답 X (were → was)   **출제포인트** 180 주어-동사 수일치

해석 이탈리아인인 Alessandro Volta는 은, 구리, 그리고 아연의 조합이 전류를 발생시키는 데 이상적이라는 것을 발견했다.

해설 주어진 문장의 found의 목적어인 that절의 주어는 단수형인 a combination으로 전명구인 of silver, copper, and zinc에 의해 수식받고 있다. 수식어구를 제외한 명사 주어는 a combination인 단수명사이기 때문에 were를 was로 수정해야 한다.

0550

정답 X (slender → slenderer 또는 more slender)   **출제포인트** 136 비교급 비교

해석 호밀의 낱알은 일반적으로 쌀의 그것보다 더 길고 더 가늘다.

해설 주어진 문장은 비교급 비교 문장으로 주어진 문장의 보어로 사용된 slender는 '~er'로 쓰지만 '가는'이라는 의미를 가진 형용사의 원형이다. 따라서 slender는 비교급 형태인 slenderer 또는 more slender로 수정해야 한다. 더해, that of rice의 that은 비교 대상인 grain을 지칭하는 단수 대명사로 알맞게 쓰였다.

0551

정답 X (Do you think who → Who do you think)   **출제포인트** 170 간접의문문

해설 주어진 문장은 의문사가 포함된 간접의문문 'who will win the gold medal'이 동사 think의 목적어 절로 쓰이는 문장이다. 이때 주절인 Do you think의 목적어 절의 의문사가 바로 뒤로 위치할 수 없으며, 반드시 문두로 이동해야만 한다. 이는 생각 동사 뒤에 의문사가 자리할 수 없기 때문이다. 따라서 Do you think who는 Who do you think로 수정해야 한다.

정혜쌤's Tip 생각 동사에는 think, believe, guess, suppose, image가 있으니 주의하세요.

0552

정답 X (belong → belong to)   **출제포인트** 006 타동사로 착각하기 쉬운 자동사

해석 저 자동차는 옆집 남자의 소유입니까?

해설 belong(속하다)은 자동사로 목적어를 취할 수 없다. 주어진 문장은 문맥상 belong to(~소유이다, ~에 속하다)를 사용해 목적어 the man을 가져야 하므로, belong을 belong to로 수정해야만 한다.

0553

정답 X (accompany with → accompany)   **출제포인트** 007 자동사로 착각하기 쉬운 타동사

해설 accompany는 '~와 동행하다'의 의미로 사용될 때 전치사를 동반하지 않고 바로 목적어를 갖는 타동사이다. 따라서 주어진 문장의 accompany with는 accompany로 수정해야 한다. 단, accompany가 자동사로 쓰이는 경우 '(특히 피아노로) 반주하다'의 의미로 쓰인다.

0554 그녀의 감정을 상하게 하지 않으려고, 그는 독감으로 매우 아팠다고 말했다.
→ He said he was very sick with a flu, so as not hurting her feelings.

0555 I have never had reason to doubt her complete integrity.

0556 내가 열쇠를 잃어버리지 않았더라면 모든 것이 괜찮았을텐데.
→ Everything would have been OK if I haven't lost my keys.

0557 She never so much as mention it.

0558 나의 엄마는 게임 캐릭터를 사는 데 돈을 쓰는 것을 반대했다.
→ My mother objected to spend money on buying game characters.

친절 & 꼼꼼 정답 및 해설

0554

정답 X (hurting → to hurt)　　　　**출제포인트** 113 to부정사의 부사적 용법

해설 「so as not + to 동사원형」은 '~하지 않기 위해서'를 뜻하는 부정사의 부사적 용법 표현이다. 따라서 주어진 문장은 so as not 이후 hurting을 to hurt로 수정해야 한다.

0555

정답 O　　　　**출제포인트** 112 to부정사의 형용사적 용법

해석 나는 그녀의 완전한 진실성을 의심할 이유가 있던 적이 한 번도 없다.

해설 주어진 문장의 to doubt ~ integrity는 to부정사의 형용사적 용법으로 앞선 명사 reason을 적절하게 수식하고 있다.

0556

정답 X (haven't lost → hadn't lost)　　　　**출제포인트** 063 가정법 과거 vs. 가정법 과거완료

해설 주어진 문장은 우리말 해석상 과거 사실에 대한 반대의 상황을 가정하고 있으므로 가정법 과거로 표현하여 「If + 주어 + had p.p. ~, 주어 + 조동사의 과거형 + have p.p. ⋯」를 사용해야 한다. 따라서 종속절 if절의 haven't lost는 hadn't lost로 수정해야 한다.

0557

정답 X (mention → mentioned 또는 mentions)　　　　**출제포인트** 180 주어 - 동사 수일치

해석 그녀는 그것을 언급조차 하지 않았다[않는다].

해설 주어진 문장의 「never so much as」는 '~조차 하지 않는'을 뜻하는 부사구로, 주어와 동사 사이에 삽입된 형태로 해당 문장의 동사는 mention에 해당이 된다. 주어인 She는 3인칭 단수 표현이므로 동사 형태는 mention을 과거 시제인 mentioned 또는 현재시제인 mentions로 수정해야 한다.

0558

정답 X (spend → spending)　　　　**출제포인트** 124 동명사 주요 표현

해설 「object to」는 '~에 반대하다'를 뜻한다. 이때 to는 전치사이기 때문에 명사 혹은 동명사를 목적어로 취해야 하므로 주어진 문장의 spend는 spending으로 수정해야 한다.

0559 I had no idea about where to place my new furnitures including desks, sofas, and beds in my new house.

0560 John told Mary that he would leave early.

0561 그는 다시는 담배를 피우지 않겠다고 약속했다.
→ He made a promise not smoke again.

0562 Researchers have identified physiological differences between sociable and shy babies what show up as early as two months.

0563 Even young children like to be complimented for a job done good.

친절 & 꼼꼼 정답 및 해설

0559

정답 X (furnitures → furniture)　　**출제포인트** 073 셀 수 없는 명사

해석 나는 나의 새집에 책상, 소파 그리고 침대를 포함한 나의 새 가구를 어디에 두어야 할지 전혀 몰랐다.

해설 주어진 문장의 furniture(가구)는 불가산(집합)명사이므로 복수형이 될 수 없다. 따라서 furnitures를 furniture로 수정해야 한다.

0560

정답 O　　**출제포인트** 023 '말하다'류 동사

해석 John은 Mary에게 일찍 떠날 것이라고 말했다.

해설 주어진 문장의 tell은 「tell + 간접목적어 + 직접목적어」 형태로 사용할 수 있으며, 직접목적어 절로 that을 사용할 수 있다. 따라서 간접목적어 Mary 뒤에 오는 that ~ early는 직접목적어 절로 적절하게 사용되었다.

0561

정답 X (not smoke → not to smoke)　　**출제포인트** 112 to부정사의 형용사적 용법

해설 주어진 문장은 문맥상 명사 promise가 이후 smoke에 의해 수식받는 구조이므로 smoke는 준동사인 to부정사로 수정해야 한다. to부정사의 부정형은 「not to + 동사원형」으로 나타내므로 not smoke를 not to smoke로 수정해야 한다.

0562

정답 X (what → that 또는 which)　　**출제포인트** 146 주격관계대명사

해석 연구원들은 빠르면 두 달 안에 나타나는 사교적인 아기들과 수줍은 아기들 사이의 생리적인 차이를 확인했다.

해설 주어진 문장의 선행사를 포함한 관계대명사로 쓰인 what 이후의 문장은 주어가 없는 불완전한 상태이나, 선행사인 differences는 존재한다. 따라서 what을 that 또는 which로 수정해야 한다. 더해, 선행사인 difference는 between ~ babies에 의해서 수식받고 있으므로 주의해야 한다.

0563

정답 X (good → well)　　**출제포인트** 098 형용사 vs. 부사

해석 어린아이들조차도 잘한 일에 대해서는 칭찬받기를 좋아한다.

해설 주어진 문장에서 문맥상 형용사 good이 과거분사 done을 수식하고 있으므로 옳지 않다. 과거분사는 부사에 의해서 수식받아야 한다. 따라서 good을 부사인 well로 수정해야 한다. 참고로 부사가 과거분사를 수식할 때는 보통 본동사 앞에 위치하므로 a job well done으로 수정해도 무방하다.

0564 All children, given a normal developmental environment, acquire their native languages fluently and efficiently.

0565 John believed Mary that she would be happy.

0566 I had to isolate me emotionally to survive when I was a child, and I still operate on the assumptions I had as a child.

0567 그 프로젝트를 완성하는 데 최소 한 달, 어쩌면 더 긴 시간이 걸릴 것이다.
→ It will take at least a month, maybe longer completing the project.

친절 & 꼼꼼 정답 및 해설

0564

정답 O　　　　　　　　　　　　　　　**출제포인트** 127 분사구문

해석 모든 아이들은, 정상적인 발달 환경이 주어지면, 그들의 모국어를 유창하고 효율적으로 습득한다.

해설 주어진 문장의 given은 분사구문으로 조건절을 이끄는 접속사 if와 주어, be동사가 생략된 구조이다. 즉, All children, if they are given a normal developmental environment ~.에서 주절과 종속절의 주어가 동일하므로 접속사, 주어, be동사를 생략한 분사구문으로 사용된 것이다. 따라서 주어진 문장은 적절히 사용되었다.

정해쌤's Tip given은 전치사로도 볼 수 있습니다. '~을 고려해볼 때'의 의미로 사용되니 주의하세요.

0565

정답 X (Mary that she would be happy → that Mary would be happy 또는 Mary to be happy)

출제포인트 013 목적어로 that절을 받는 동사

해석 John은 Mary가 행복할 것이라고 믿었다.

해설 주어진 문장의 believe는 「believe + 목적어」 형태로 사용할 수 있다. 그러나 주어진 문장의 believe는 수여동사처럼 간접목적어를 취할 수 없으므로 문맥상 John believed that Mary would be happy.로 수정해야 한다. 또는, believe가 5형식 동사로 사용된 것으로 보아서 「believe + 목적어 + 목적격 보어」의 구조로도 쓸 수 있으므로, John believed Mary to be happy.라고 수정할 수도 있다.

0566

정답 X (me → myself)　　　　　　　**출제포인트** 080 재귀대명사

해석 어릴 때 나는 살아남기 위해 감정적으로 나 자신을 고립시켜야 했고, 여전히 나는 내가 아이였을 때 가지고 있었던 가정대로 움직인다.

해설 주어진 문장은 문장의 주어가 I이며 주어의 동작이 자기 자신에게 미치고 있으므로 재귀대명사 myself가 had to isolate의 목적어로 사용되어야 한다. 따라서 me를 myself로 수정해야 한다.

0567

정답 X (completing → to complete)　　**출제포인트** 022 동사 take의 다양한 쓰임

해설 동사 take는 「It takes + 시간 (for + 목적격) + to 동사원형」의 구조로 사용되어 '(…가) ~하는데 - 이 걸린다'의 의미로 사용된다. 주어진 문장은 to부정사의 의미상 주어 「for + 목적격」이 생략된 형태이며, to부정사 자리에 동명사인 completing이 쓰였으므로 옳지 않다. 따라서 completing을 to complete로 수정해야 한다. 더해, at least는 '최소한, 적어도'라는 의미의 부사구로 적절하게 사용되었다.

0568　In the USA, this is referring to as the preponderance of the evidence.

0569　Officials in the UAE, responding to an incident which an Emirati tourist was arrested in Ohio, cautioned Sunday that travelers from the Arab country should "refrain from wearing the national dress" in public places while visiting the West "to ensure their safety."

0570　The mother made her daughter to clean her room.

0571　There is a more serious problem than maintaining the cities.

친절 & 꼼꼼 정답 및 해설

0568

정답 X (is referring → is referred)　　**출제포인트** 048 능동태 vs. 수동태

해석 미국에서, 이것은 증거의 우세라고 지칭된다.

해설 「refer to A as B」는 'A를 B라고 지칭하다[일컫다]'라는 의미를 뜻하는 표현이다. 주어진 문장에 'A'에 해당하는 목적어가 없으므로 수동태가 되도록 is referring을 is referred로 수정해야 한다.

정해쌤's Tip 「be referred to as ~」를 '~라고 지칭되다[일컬어지다]'라는 의미로 숙어처럼 기억하세요.

0569

정답 X (which → where)　　**출제포인트** 158 관계대명사 vs. 관계부사

해석 에미레이트 관광객이 오하이오에서 체포되었던 사건에 반응하며 UAE의 관리들은 아랍 국가에서 온 여행객들은 "그들의 안전을 확실히 하기 위해" 서양을 방문하는 동안 공공장소에서 "국가의 옷을 착용하는 것을 자제"해야 한다고 일요일에 경고했다.

해설 주어진 문장의 which 이후 문장이 완전한 형태이며 which가 선행사 an incident를 수식하고 있으므로 관계부사를 사용하는 것이 적절하다. 따라서 which를 where로 수정해야 한다. 더해, 「refrain from ~ing」는 '~하는 것을 자제하다, 삼가다'를 뜻하는 표현으로 주어진 문장의 wearing은 목적어로 the national dress를 갖는 능동형 동명사로 적절하게 사용되었다. 또한, while은 부사절 접속사로 이후에 절을 취하지만 주어와 be동사를 생략한 분사구문을 사용할 수 있으므로 while visiting은 적절하게 사용되었다.

0570

정답 X (to clean → clean)　　**출제포인트** 018 사역동사

해석 엄마는 딸이 방을 청소하도록 시켰다.

해설 주어진 문장의 사역동사 make는 목적어와 보어의 관계가 능동일 때, 「make + 목적어 + 원형부정사」로 쓰인다. 해당 문장에서는 목적어인 her daughter와 clean의 관계가 능동이므로 목적격 보어로 원형부정사를 취해야 한다. 따라서 주어진 문장의 to clean은 clean이 되어야 한다.

0571

정답 O　　**출제포인트** 121 동명사의 역할

해석 도시를 유지하는 것보다 더 심각한 문제가 있다.

해설 유도부사구문과 비교급이 사용된 문장이다. 전치사로 사용된 than의 목적어로 동명사 maintaining이 적절하게 사용되었다.

0572 Through tales of gods and supernatural beings, myths try to make sense of occurrences in the natural world.

0573 나는 버팔로에 가본 적이 없어서 그곳에 가기를 고대하고 있다.
→ I have never been to Buffalo, so I am looking forward to go there.

0574 Raisins were once an expensive food, and only the wealth ate them.

0575 This story was about the incidents that were happened in the 1920s.

0576 저쪽에 있는 사람이 누구인지 알겠니?
→ Can you tell who that is over there?

친절 & 꼼꼼 정답 및 해설

0572

| 정답 | O | 출제포인트 | 109 목적어의 형태에 따라 의미가 달라지는 동사 |

해석 신들과 초자연적 존재들에 관한 이야기들을 통해, 신화는 자연 세계 내의 사건들을 이해하도록 시도한다.

해설 「try + to부정사」는 '~하려고 애쓰다, 노력하다'를 뜻한다. 주어진 문장은 문맥상 적절하게 사용되었다. 더해 make sense of는 '~을 이해하다, ~의 뜻을 알다'의 의미로 사용되었다.

0573

| 정답 | X (go → going) | 출제포인트 | 124 동명사 주요 표현 |

해설 「look forward to」는 '~하기를 고대하다'라는 뜻으로 to는 전치사이다. 따라서 주어진 문장의 go는 동명사 going으로 수정해야 한다.

0574

| 정답 | X (the wealth → the wealthy) | 출제포인트 | 087 정관사 the |

해석 건포도는 한때 값비싼 음식이었고, 오직 부유한 사람들만이 그것들을 먹었다.

해설 「the + 형용사」는 '~하는 사람들'을 뜻하며 복수 명사 역할을 할 수 있다. 따라서 주어진 문장의 문맥상 '부유한 사람들이 그것들을 먹었다'가 적절하므로 해당 문장의 the wealth는 the wealthy로 수정해야 한다.

0575

| 정답 | X (were happened → happened) | 출제포인트 | 054 수동태로 쓸 수 없는 동사 |

해석 이 이야기는 1920년대에 발생한 사건들에 관한 것이다.

해설 happen은 자동사이므로 수동태로 사용할 수 없다. 따라서 주어진 문장의 수동태 were happened를 능동태인 happened로 수정해야 한다. 더해, that ~ 1920s는 incidents를 수식하는 주격관계대명사절로 적절하게 사용되었다.

0576

| 정답 | O | 출제포인트 | 170 간접의문문 |

해설 주어진 문장의 who that is over there는 동사 tell의 목적어 역할을 하는 간접의문문이다. 의문문인 who is that over there가 간접의문문으로 치환되어 「의문사 + 주어 + 동사」의 어순으로 사용되었으므로 who that is는 적절하다.

0577　There's a lot of attention paying to this question of whether it's better to have an optimistic or pessimistic lens.

0578　John reminded Mary of she should get there early.

0579　The speed of the observed change is very greater than we expected.

친절 & 꼼꼼 정답 및 해설

0577

정답 X (paying to this question → paid to this question) **출제포인트** 125 현재분사 vs. 과거분사

해석 낙관적인 시선을 가지는 것이 나은지 비관적인 시선을 가지는 것이 나은지에 대한 이 질문에 쏟아지는 관심은 많다.

해설 주어진 문장의 paying to this question은 attention을 수식하는 분사구로 문맥상 attention과 pay는 수동의 관계로 '쏟아지는 관심'의 의미로 사용되어야 한다. 따라서 수동의 의미로 attention을 수식할 수 있도록 현재분사 paying을 과거분사 paid로 수정해야 한다.

0578

정답 X (of → that) **출제포인트** 025 동사의 구조 파악

해석 John은 Mary에게 그녀가 그곳에 일찍 도착해야 한다는 점을 상기시켰다.

해설 주어진 문장의 remind는 「remind + A + of B[구]」로 'A에게 B[구]를 상기시키다' 또는 「remind + A + that 주어 + 동사」로 'A에게 ~을 상기시키다'의 의미로 사용할 수 있다. 해당 문장에서는 of 이후에 she ~ early의 절이 제시되었으므로, of를 that으로 수정해야 한다.

0579

정답 X (very greater → even[still, a lot, much, (by) far] greater)
출제포인트 143 비교급 / 최상급 강조 부사

해석 관찰된 변화의 속도는 우리가 예상했던 것보다 훨씬 빨랐다.

해설 부사 very는 비교급인 greater를 강조하여 수식할 수 없다. 따라서 very는 비교급을 수식하여 강조의 의미를 나타내는 even, still, a lot, much, far 등을 활용해 수정해야 한다.

Random Day 03

주어진 문장이 어법상 또는 주어진 해석상 옳다면 O, 옳지 않다면 X를 하고 바르게 고치시오.

0580 The sport in that I am most interested is soccer.

0581 그녀는 그 사고 때문에 그녀의 목표를 포기할 수밖에 없었다.
→ She had no choice but to giving up her goal because of the accident.

0582 Hardly has the violinist finished his performance before the audience stood up and applauded.

0583 그녀는 마치 빌이 자신의 남동생인 것처럼 도와준다.
→ She helps Bill as if he had been her younger brother.

0584 To a music lover watching a concert from the audience, it would be easy to believe that a conductor has one of easiest jobs in the world.

📖 친절 & 꼼꼼 정답 및 해설

0580

정답 X (that → which) **출제포인트** 149 전치사 + 관계대명사

해석 내가 가장 관심 있는 스포츠는 축구이다.

해설 주어진 문장에서 I ~ interested는 앞선 선행사 The sport를 수식하여 '내가 가장 관심 있는 스포츠'의 의미로 쓰인다. 단, 이때 관계대명사 that은 전치사 in과 함께 사용할 수 없으므로, 전치사와 함께 사용할 수 있도록 관계대명사 that을 which로 수정해야 한다. 단, in that은 '~라는 점에서'라는 의미로 쓰이나 주어진 문장의 문맥상 어색하므로 적절하지 않다.

0581

정답 X (giving up → give up) **출제포인트** 120 to부정사 주요 표현

해설 「have no choice but to + 동사원형」은 '~할 수밖에 없다'라는 의미의 관용표현이다. 따라서 주어진 문장의 우리말 의미에 맞게 giving up을 give up으로 수정해야 한다.

0582

정답 X (Hardly has the violinist finished → Hardly had the violinist finished)

출제포인트 040 '~하자마자' 구문

해석 그 바이올리니스트가 그의 연주를 끝내자마자 청중들은 일어나서 박수쳤다.

해설 '~하자마자 …했다'는 「Hardly[Scarcely] + had + 주어 + 과거분사 ~ before[when] + 주어 + 과거 동사 …」의 구조로 나타낸다. 따라서 주어진 문장의 Hardly has the violinist finished는 Hardly had the violinist finished로 수정해야 한다.

0583

정답 X (had been → were) **출제포인트** 068 as if[though] 가정법

해설 as if 가정법에서 현재 사실의 반대를 표현할 때 주절은 현재시제로 표현하며 as if절은 가정법 과거시제로 표현해야 한다. 따라서 주어진 문장의 우리말 해석상 as if절의 동사 had been은 과거시제 동사 were로 수정해야 한다. 이때 가정법 과거에서 종속절에 be동사의 과거형은 were를 사용한다는 점에 주의해야 한다.

0584

정답 X (one of easiest jobs → one of the easiest jobs) **출제포인트** 142 최상급

해석 관객석에서 콘서트를 보는 음악 애호가에게, 지휘자는 세상에서 가장 쉬운 직업 중 하나를 가지고 있다고 믿기 쉬울 것이다.

해설 「one of the + 최상급 복수 명사」는 '가장 ~한 것 중에 하나'를 뜻한다. 따라서 주어진 문장은 easiest 앞에 the를 추가하여 one of the easiest jobs로 수정해야 한다.

0585 I was really happy to see his kind and caring face, but there wasn't anything he could do it to make the flu to go away.

0586 그 회사는 그가 부회장으로 승진하는 것을 금했다.
→ The company prohibited him from promoting to vice-president.

0587 We saw John coming back with a drink in his hand.

0588 In a 2015 report Morgan Stanley predicted that such marketplace lending will command $150 billion to $490 billion globally by 2020.

0589 나는 네 열쇠를 잃어버렸다고 네게 말한 것을 후회한다.
→ I regret to tell you that I lost your key.

친절 & 꼼꼼 정답 및 해설

0585

| 정답 | X (he could do it → he could do / to go away → go away) |
| 출제포인트 | 148 목적격관계대명사 018 사역동사 |

해석 나는 그의 친절하고 배려하는 얼굴을 보며 정말 행복했지만, 독감을 낫게 하기 위해 그가 할 수 있었던 것은 아무것도 없었다.

해설 주어진 문장의 anything he could do it은 anything과 he could do it 사이에 목적격관계대명사가 생략된 형태이다. 이때 목적격관계대명사인 that 이후의 문장에는 목적어가 없는 형태여야 한다. 그런데 관계사절에 do의 목적어 역할을 하는 it이 있으므로 삭제해야 한다. 또한, 주어진 문장의 to make the flu to go away에서 사역동사 make는 목적어와 목적격 보어의 관계가 능동일 때 「make + 목적어 + 목적격 보어(원형부정사)」 형태로 쓰인다. 주어진 문장은 목적어인 the flu와 go away가 능동 관계이므로 목적격 보어로 쓰인 to go away를 원형부정사 go away로 수정해야 한다.

0586

| 정답 | X (promoting → being promoted) |
| 출제포인트 | 122 동명사의 시제와 태 |

해설 주어진 문장의 promote(승진시키다)는 타동사이며, 이를 전치사 from의 목적어인 동명사 형태로 사용하고 있다. 그러나 문맥상 '그(him)'는 부회장으로 '승진되는' 대상이므로 수동태 동명사 형태로 나타내야 한다. 따라서 promoting을 being promoted로 수정해야 한다.

0587

| 정답 | O |
| 출제포인트 | 019 지각동사 |

해석 우리는 John이 음료[술]를 손에 들고 돌아오는 것을 보았다.

해설 주어진 문장에서 지각동사로 쓰인 see는 「see + 목적어 + 원형부정사 또는 현재분사」 구조로 쓰이므로 목적격 보어 자리에 원형부정사 또는 현재분사(~ing)를 취할 수 있다. 따라서 해당 문장의 목적격 보어로 현재분사 coming이 적절하게 사용되었다.

0588

| 정답 | X (will → would) |
| 출제포인트 | 042 시제 일치 |

해석 2015년의 한 보고서에서 Morgan Stanley는 그러한 시장 대출이 2020년까지 세계적으로 1,500억 달러에서 4,900억 달러까지 장악할 것이라고 예측했었다.

해설 주어진 문장의 주절에 과거시제 predicted를 사용했으므로 종속절인 that절의 시제도 과거 형태로 시제 일치해야 한다. 시제 일치는 주절과 종속절의 동사 형태를 반영해 현재 형태의 will을 과거 형태인 would로 수정해야 한다.

0589

| 정답 | X (to tell → telling) |
| 출제포인트 | 109 목적어의 형태에 따라 의미가 달라지는 동사 |

해설 regret은 to부정사와 동명사를 둘 다 목적어로 취할 수 있으나 목적어에 따라 의미가 다르다. regret이 동명사를 목적어로 취하는 경우 '(과거에) ~한 것을 후회하다'라는 의미가 되고 to부정사를 목적어로 취하는 경우 '(미래에) ~하게 되어 유감이다'라는 의미가 되므로 주의해야 한다. 주어진 문장은 우리말 해석이 '~한 것을 후회한다'이므로 to tell을 telling으로 수정해야 한다.

0590 Bob tends to borrow more money from the bank as he can pay back.

0591 With its tiny winding lanes and hidden temples, Jaisalmer is straight out of The Arabian Nights, and so little has life altered here which it's easy to imagine yourself back in the 13th century.

0592 그 연사는 자기 생각을 청중에게 전달하는 데 능숙하지 않았다.

→ The speaker was not good at getting his ideas across to the audience.

0593 As impressive as their elaborately decorated temples did, their efficient systems for collecting and warehousing water were masterpieces in design and engineering.

0594 옆집에 사는 여자는 의사이다.

→ The woman whom lives next door is a doctor.

친절 & 꼼꼼 정답 및 해설

0590

정답 X (as → than)   **출제포인트** 136 비교급 비교

해석 Bob은 자신이 갚을 수 있는 것보다 더 많은 돈을 은행에서 빌리는 경향이 있다.

해설 주어진 문장에 형용사 much의 비교급인 more가 존재하므로 「비교급 + than」 구조로 쓰여야 한다. 따라서 접속사 as를 than으로 수정해야 한다.

0591

정답 X (which → that)   **출제포인트** 165 so ~ that 주요 표현

해석 좁고 구불구불한 길과 숨겨진 사원들이 있는 Jaisalmer는 『아라비안나이트(The Arabian Nights)』에서 곧바로 튀어나왔고, 이곳의 생활은 거의 변하지 않아서 13세기로 거슬러 올라가 있는 당신 자신을 상상하기가 쉽다.

해설 주어진 문장의 문맥상 '너무 ~해서 …하다'를 뜻하는 「so ~ that …」 구문을 사용하는 것이 적절하다. 따라서 which를 명사절 접속사 that으로 수정해야 한다. 또한, and 이하의 so little has life altered는 부정어 so little이 앞으로 나가 조동사 has와 주어가 도치된 형태이다.

0592

정답 O   **출제포인트** 124 동명사 주요 표현

해설 「be good at」은 '~을 잘하다'를 뜻하는 관용표현이다. 주어진 문장은 전치사 at의 목적어로 동명사 getting을 사용하였으므로 적절하다. 또한, 「get A across B」는 'A를 B에게 이해시키다, 전달하다'라는 표현으로 적절하게 사용되었다.

0593

정답 X (did → were)   **출제포인트** 174 양보의 접속사 도치

해석 공들여 꾸민 그들의 신전들도 인상적이었지만, 물을 모으고 저장하기 위한 그들의 효율적인 체계는 설계와 공법에 있어 걸작이었다.

해설 주어진 문장에서 양보절인 형용사구 As impressive는 강조를 위해서 문두로 이동한 것이다. 즉, As their elaborately decorated temples were impressive에서 impressive가 강조된 형태이다. 따라서, 양보절의 동사는 형용사 보어인 impressive를 취할 수 있는 be동사가 오는 것이 적절하다. 또한, 양보절의 주어는 their elaborately decorated temples로 복수형이므로, did를 were로 수정해야 한다.

0594

정답 X (whom → who)   **출제포인트** 146 주격관계대명사

해설 주어진 문장의 whom lives ~ door가 사람을 나타내는 선행사 The woman을 수식하고 있으나, 관계대명사 whom 이후의 절이 주어가 없는 불완전한 절이므로 목적격관계대명사 whom이 아닌 주격관계대명사 who로 수정해야 한다.

0595　We were absolutely amazing at the response to our appeal.
○○○

0596　I saw Professor James to work in his laboratory last night.
○○○

0597　Toys children wanted all year long has recently discarded.
○○○

0598　Many lost pets likewise found and reclaimed by distraught owners simply because they were brought into animal shelters.
○○○

0599　사람들은 우리가 파산할 것으로 여겼으나, 우리는 그럭저럭 견뎌 나갔다.
○○○
→ People thought we would go bankrupt, but we managed to getting by.

친절 & 꼼꼼 정답 및 해설

0595

정답 X (amazing → amazed)   **출제포인트** 125 현재분사 vs. 과거분사

해석 우리는 우리의 호소에 대한 반응에 굉장히 놀랐다.

해설 주어진 문장의 amazing은 보어로서 주어인 We를 수식하는 감정형분사로 사용되었다. 그러나 해당 문장에서 주어인 We는 문맥상 the response(반응)에 '놀라움의 감정을 느끼는 주체'에 해당된다. 감정형분사는 사람의 감정 상태를 나타낼 때 과거분사 형태를 사용해 '~한 감정 상태의'로 사용되므로 amazing은 amazed로 수정해야 한다.

0596

정답 X (to work → work 또는 working)   **출제포인트** 019 지각동사

해석 나는 James 교수님이 어젯밤에 그의 실험실에서 일하는 것을 보았다.

해설 지각동사는 목적어와 목적격 보어의 관계가 능동일 때 「지각동사 + 목적어 + 목적격 보어[원형부정사/현재분사]」의 구조로 사용한다. 주어진 문장은 문맥상 목적어 Professor James와 work가 능동의 관계이므로 to work는 work 또는 working으로 수정해야 한다.

0597

정답 X (has recently discarded → have recently been discarded)

출제포인트 180 주어 - 동사 수일치   049 완료시제의 수동태

해석 아이들이 일 년 내내 원했던 장난감들이 최근 버려졌다

해설 주어진 문장의 주어는 복수형 명사 Toys로 children wanted all year long은 주어를 수식하는 목적격관계대명사절이다. 따라서 단수형 동사 has는 복수 형태의 주어 Toys에 맞춰 복수형 동사 have로 수정해야 한다. 또한, 문맥상 Toys는 discard(버리다)되는 대상이므로 수동형이 되어야 한다. 따라서 has recently discarded는 have recently been discarded가 되어야 옳다.

0598

정답 X (found → are found)   **출제포인트** 048 능동태 vs. 수동태

해석 마찬가지로 길을 잃은 많은 반려동물들이 그저 동물 보호소로 데려와지는 것만으로 당황한 주인들에 의해 발견되고 되찾아진다.

해설 주어진 문장의 주어는 Many lost pets에 해당되며, 문맥상 동물들은 '발견되고 되찾아지는' 것이므로 능동태인 found를 are found로 수정해야 한다. 더해, found와 reclaimed는 등위접속사 and로 연결된 병렬구조 관계이다.

0599

정답 X (getting → get)   **출제포인트** 120 to부정사 주요 표현

해설 「manage to + 동사원형」은 '간신히 ~을 하다'를 뜻하는 표현이다. 따라서 getting을 get으로 수정해야 한다. 더해, get by는 '그럭저럭 살아 나가다'의 의미로 주어진 우리말 해석에 맞게 사용되었다.

0600 Contrary to which many believe, UA is found in every city, where it is sometimes hidden, sometimes obvious.

0601 In 2000, scientists at Harvard University suggested a neurological way of being explained Mona Lisa's elusive smile.

0602 He felt enough comfortable to tell me about something he wanted to do.

0603 Please contact to me at the email address I gave you last week.

0604 That is a medium size in Japan is a small size here.

친절 & 꼼꼼 정답 및 해설

0600

정답 X (which → what)　　　**출제포인트** 152 that vs. what

해석 많은 사람들이 믿는 것과 대조적으로, UA는 모든 도시에서 발견되는데, 그곳에서 그것은 때로는 숨겨져 있거나, 때로는 눈에 잘 띈다.

해설 주어진 문장의 which 이후 many believe에서 many는 주어의 역할을 하는 명사로 사용되었고 타동사인 believe의 목적어가 없으므로 밑줄 친 which는 believe의 목적어 역할을 하는 목적격관계대명사로 볼 수 있다. 그러나 관계대명사 which 앞에는 반드시 선행사의 역할을 하는 명사가 존재해야 하나 which 이전에 구전치사 Contrary to만 존재하므로 옳지 않은 문장이다. 따라서 구전치사의 목적어 역할을 함과 동시에 선행사를 포함하는 관계대명사 what이 오는 것이 적절하므로 which는 what으로 수정해야 한다.

0601

정답 X (being explained → explaining)　　　**출제포인트** 122 동명사의 시제와 태

해석 2000년에, Harvard 대학교의 과학자들은 모나리자의 알아볼 수 없는 미소를 설명하는 신경학적인 방법을 제안했다.

해설 주어진 문장의 전치사 of는 동명사 목적어를 가질 수 있다. 단, 전치사 of의 목적어로 수동형 동명사인 being explain을 사용할 때 explain 뒤에 목적어를 가질 수 없다. 그러나 해당 문장에서는 동명사 이후에 목적어 역할을 하는 Mona ~ smile이 제시되어 있으므로, 수동형 동명사가 아닌 능동형 동명사를 사용해야 한다. 따라서 being explained를 explaining으로 수정해야 한다.

0602

정답 X (enough comfortable → comfortable enough)　　　**출제포인트** 101 enough / 양태부사의 위치

해석 그는 그가 하고 싶어 하는 일에 대해 나에게 말할 정도로 충분히 편안함을 느꼈다.

해설 부사로 사용된 enough는 형용사를 후치 수식한다. 따라서 주어진 문장의 enough comfortable은 comfortable enough로 수정해야 한다.

0603

정답 X (contact to me → contact me)　　　**출제포인트** 007 자동사로 착각하기 쉬운 타동사

해석 지난주 제가 드린 이메일 주소로 연락해 주세요.

해설 contact는 타동사로 전치사 없이 목적어를 취한다. 따라서 주어진 문장의 contact to me는 contact me로 수정해야 한다. 더해, the email address와 I gave you 사이에는 목적격관계대명사 which 혹은 that이 생략되어 있다.

0604

정답 X (that → what)　　　**출제포인트** 152 that vs. what

해석 일본에서는 중간 사이즈인 것이 여기에서는 작은 사이즈이다.

해설 주어진 문장의 That 이하는 주어가 없는 불완전한 문장이며, 선행사가 없는 구조이므로 접속사 또는 관계대명사 that으로 볼 수 없다. 따라서, That은 선행사를 포함한 관계대명사 What으로 수정해야 한다. 이때 What은 The thing which[that]로 보아 단수 취급하여, 관계사절의 단수 동사 is 그리고 본동사 is와 적절히 수일치 하였다.

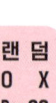

0605 Burning fossil fuels is one of the lead cause of climate change.

0606 나는 소년 시절에 독서하는 버릇을 길러 놓았어야만 했다.
→ I ought to form a habit of reading in my boyhood.

0607 Deciding on a way of recording and analysing the data are important.

0608 교통 체증을 고려하면 그 도시에 도착하는 데 약 3시간이 걸릴 것이다.
→ It will take about three hours get to the city, allowing for traffic delays.

0609 In the 1860s, the populations of Manhattan and Brooklyn were rapidly increasing, and so did the number of the commuters between them.

친절 & 꼼꼼 정답 및 해설

0605

정답 X (one of the lead cause → one of the leading causes)　　**출제포인트** 132 분사 복합어

해석 화석 연료를 연소시키는 것이 기후 변화의 가장 중요한 원인들 중 하나이다.

해설 「one + of + the 복수 명사」는 '~중에서 하나'의 의미로 one of the 이후에는 복수 명사를 사용한다. 또한 '주요한'이라는 의미로 명사인 causes를 수식할 수 있는 것은 형용사이므로 lead를 분사 형태로 고쳐야 한다. 따라서 주어진 문장의 one of the lead cause를 one of the leading causes로 수정해야 한다.

0606

정답 X (ought to form → ought to have formed)　　**출제포인트** 060 조동사 + have p.p.

해설 ought to have p.p.는 '~했어야 했는데 (하지 못했다)'를 뜻하며 과거의 후회나 유감을 나타낸다. 주어진 문장은 우리말 해석처럼 과거인 '소년 시절'에 독서하는 버릇을 기르지 못한 것에 대한 후회를 나타내고 있으므로, ought to form을 ought to have formed로 수정해야 한다.

0607

정답 X (are → is)　　**출제포인트** 182 명사구 - 명사절 주어 수일치

해석 기록 방식과 데이터 분석 방식을 결정하는 것이 중요하다.

해설 주어진 문장에서 주어는 문맥상 동명사인 Deciding이며, 이를 on a way가 전명구로서 수식하고 있다. 또한 이 전명구 내에 a way는 다시 전명구 of ~ data가 수식하고 있는데 이때 이 전명구 내에 a way를 동명사 recording과 analysing이 병렬구조로 수식하고 있음을 문맥상 알 수 있다. 따라서 동명사 주어 Deciding을 단수 취급해 동사 are를 is로 수정해야 한다. 해당 문장에서 Deciding은 자동사로 쓰인 decide의 동명사 형태임에 유의해야 한다.

정해쌤's Tip 주어를 Deciding~과 analysing~으로 '결정하는 것'과 '분석하는 것' 두 가지로 보는 경우 복수 형태의 주어로 볼 수 있으나, 주어진 문장은 문맥상 '결정하는 것'으로 보는 것이 가장 적절하니 주의하세요.

0608

정답 X (get → to get)　　**출제포인트** 022 동사 take의 다양한 쓰임

해설 주어진 문장에 사용된 「It takes + 시간 (for + 목적격) + to부정사」는 비인칭 주어인 it을 사용해 '~하는 데 시간이 걸리다'를 뜻하는 표현에 해당된다. 따라서 해당 문장의 get은 to get으로 수정해야 한다. 더해, allowing for는 '~을 고려하면, 감안하면'의 조건을 나타내는 분사구문으로 문맥상 적절하게 사용되었다.

0609

정답 X (did → was)　　**출제포인트** 177 '또한 그렇다 / 그렇지 않다'의 표현

해석 1860년대, Manhattan과 Brooklyn의 인구는 빠르게 증가하고 있었고, 두 지역 사이 통근자들의 수도 그러했다.

해설 주어진 문장의 so did ~ them은 '~도 역시 그러했다'를 뜻하는 「so + 동사 + 주어」 도치 구문에 해당된다. 이때 동사의 형태는 and 이전의 동사 형태를 따르는데, 이전의 문장이 'the populations ~ were ~'에 해당되므로, be동사를 사용해야 한다. and 이후 문장 주어는 the number of ~ 단수 형태이며, 주절의 시제가 과거형이므로, so 뒤에는 단수형 과거시제인 was가 오는 것이 옳다. 따라서 did를 was로 수정해야 한다.

0610 In a letter sent to elected officials last week, Airbnb said that most of its local hosts were residents who rented their spaces infrequently "to pay their bills and staying in their homes."

0611 A woman with the tip of a pencil stuck in her head has finally had it remove.

0612 나는 태양이 그날 아침처럼 그렇게 멋지게 떠오르는 것을 본 적이 없다.
→ I have never seen the sun to rise so gloriously as on that morning.

0613 According to this definition, the Iliad and the Odyssey, the Koran, and the Old and New Testaments can all refer to as myths.

친절 & 꼼꼼 정답 및 해설

0610

정답 X (staying → stay 또는 to stay)　　**출제포인트** 161 등위(상관)접속사의 병렬구조

해석 지난주에 당선된 관리들에게 보내진 편지에서, Airbnb는 지역의 집주인들 중 대부분은 "그들의 명세서를 지불하고 그들의 집에서 머물기 위해" 그들의 집들을 드물게 대여해 준 거주자들이라고 말했다.

해설 주어진 문장의 elected는 명사인 officials를 수식하여 '당선된 관리인'의 의미로 사용되었다. 더해서 that 목적어 절의 주어로서 부분을 나타내는 명사인 most는 복수 명사 hosts에 맞추어 '집주인들 중 대부분은'의 의미로 복수 동사 were로 올바르게 수일치 하였다. 단, 해당 문장에서 and로 연결하고 있는 to pay와 staying은 병렬구조여야 하므로 staying을 stay 또는 to stay로 수정해야 한다. 이때 to pay ~ homes는 문맥상 '~하기 위해서'를 뜻하는 to부정사의 부사적 용법으로 사용되었다.

0611

정답 X (remove → removed)　　**출제포인트** 018 사역동사

해석 연필심이 머리에 박힌 여성이 마침내 그것을 제거 받았다.

해설 주어진 문장은 사역동사 have가 사용된 문장이다. have와 목적어의 관계가 수동일 때 목적격 보어는 과거분사(p.p.) 형태가 되어야 한다. 주어진 문장의 목적어인 대명사 it은 문맥상 the tip of a pencil을 지칭하고 있고, 이는 문맥상 '제거된' 대상이므로 사역동사 이후의 목적어와의 관계가 수동 관계라는 것을 알 수 있다. 따라서 목적격 보어인 remove는 과거분사인 removed로 수정해야 한다. 이에 더해, 주어인 A woman은 with 분사구문에 의해 수식받고 있다. 「with + 목적어 + 과거분사」 구조로 목적어인 the tip of a pencil이 과거분사 stuck으로 수식받아 '연필 끝이 머리에 박힌'의 의미로 적절하게 사용되었다.

0612

정답 X (to rise → rise 또는 rising)　　**출제포인트** 019 지각동사

해설 주어진 문장에 사용된 지각동사는 목적어와 목적격 보어의 관계가 능동일 때 「지각동사 + 목적어 + 목적격 보어[원형부정사 / 현재분사]」의 구조로 사용한다. 따라서 지각동사 see의 목적격 보어로 쓰인 to rise는 옳지 않다. 따라서 to rise를 rise 또는 rising으로 수정해야 한다.

0613

정답 X (refer to as → be referred to as)　　**출제포인트** 048 능동태 vs. 수동태

해석 이러한 정의에 따르면, 『Iliad』와 『Odyssey』, 코란 그리고 구약과 신약은 모두 신화로 불릴 수 있다.

해설 「refer to + 명사 + as…」는 '~을 …라고 부르다, 언급하다'를 뜻한다. 주어진 문장은 전치사 to 다음에 목적어가 필요한데 목적어가 없으므로 수동태로 사용되어야 하는 것을 알 수 있다. 따라서 refer to as를 be referred to as로 수정해야 한다.

Random Day 03　269

0614　Sports utility vehicles are as expensive and use more gas than most cars.

0615　개인용 컴퓨터를 가장 많이 가지고 있는 나라는 종종 바뀐다.

→ The country with the most computers per person changes from time to time.

친절 & 꼼꼼 정답 및 해설

0614

정답 X (as expensive → more expensive)   **출제포인트** 136 비교급 비교

해석 스포츠형 다목적 차량(SUV)은 대부분의 자동차보다 가격이 더 비싸고 더 많은 연료를 소비한다.

해설 주어진 문장은 주어인 Sports utility vehicles와 most cars를 비교하며, 또한 전명구인 than most cars를 통해서 「비교급 + than」의 구조가 적절하게 사용되었다. 그러나 비교급에 해당되는 형용사 expensive를 원급 비교 표현인 as가 수식하는 것은 옳지 않다. 따라서 as expensive는 비교급인 more expensive로 수정되어야 한다.

0615

정답 X (with the most computers per person → with the largest number of personal computers)
출제포인트 086 부정관사 a / an

해설 computers per person은 '1인당 갖고 있는 컴퓨터'를 의미하므로 주어진 우리말 해석과 일치하지 않는다. 또한, 명사 number는 규모를 나타낼 때는 형용사 large를 사용해서 수식한다. 주어진 우리말 해석인 '개인용 컴퓨터를 가장 많이 가지고 있는'을 나타내려면 with the most computers per person을 with the largest number of personal computers로 수정하는 것이 적절하다.

Random　Day 04

주어진 문장이 어법상 또는 주어진 해석상 옳다면 O, 옳지 않다면 X를 하고 바르게 고치시오.

0616 When my father heard me sneezing and coughing, he opened my bedroom door to ask me that I needed anything.

0617 나는 내 아들이 읽을 책을 한 권 사야 한다.
→ I should buy a book for my son to read.

0618 Some people think that the central dichotomy in life is whether you're positive or negative about the issues that interest or concerns you.

0619 Another way to speed up the process would be to make the shift to a new system.

0620 따라서 주어진 열 관련 문제에 대응하기 위해 특화된 다층성 직물 계통이 사용된다.
→ Specialized multilayer fabric systems are thus used meeting the thermal challenges presented.

친절 & 꼼꼼 정답 및 해설

0616

정답 X (that → if 또는 whether) **출제포인트** 162 명사절 접속사

해석 아버지가 내가 재채기와 기침을 하는 소리를 들었을 때, 그는 내가 필요한 것이 있는지 물어보려고 내 침실 문을 열었다.

해설 주어진 문장의 문맥상 '재채기와 기침을 하는 소리를 듣고' 하는 행위로 me 이후에 의문사가 없는 간접의문문이 쓰여서 '내가 무엇이든 필요한지 아닌지'를 묻는 표현이 들어가야 한다. 따라서 명사절 접속사 that(~것)은 '~인지 아닌지'를 뜻하는 if 또는 whether로 수정해야 한다. 더해, 지각동사 heard는 목적어와 목적격 보어의 관계가 능동일 때 「지각동사 + 목적어 + 목적격 보어[원형부정사/현재분사]」의 구조로 사용한다. 해당 문장에서 문맥상 목적어인 me와 목적격 보어가 능동 관계이므로 현재분사 sneezing과 coughing은 적절하게 사용되었다.

0617

정답 O **출제포인트** 112 to부정사의 형용사적 용법

해설 주어진 문장에서 to read가 to부정사의 형용사적 용법으로 명사인 a book을 적절하게 수식하고 있다. 또한, to부정사 앞의 for my son은 의미상의 주어로 사용되었다.

0618

정답 X (that interest or concerns you → that interest or concern you)
출제포인트 189 관계대명사의 선행사와 관계절 동사와의 수일치

해석 삶에 있어서 중심이 되는 이분법이란 당신에게 흥미를 주거나 심려를 끼치는 문제들에 대해 당신이 긍정적인지 부정적인지에 관한 것이라고 어떤 사람들은 생각한다.

해설 주어진 문장의 that interest ~ you는 선행사 the issues를 수식하는 주격관계대명사절로 사용되었다. 선행사 the issues가 복수이므로, 관계사절의 동사는 복수 동사로 interest와 concern이 제시되어야 하며 등위접속사 or로 연결된 병렬구조이므로 수일치를 해야 한다. 따라서, 주격관계대명사 수일치와 병렬구조를 반영해 that interest or concerns you는 that interest or concern you로 수정해야 한다.

0619

정답 O **출제포인트** 003 불완전자동사의 문장 구조

해석 그 과정의 속도를 높이는 또 다른 방식은 그 새로운 시스템에 변화를 만드는 것일 것이다.

해설 주어진 문장의 불완전자동사인 be에 이어 주격 보어로 to make ~ system이 제시되었다. 이는 명사구 보어인 to부정사이며 옳게 사용되었다.

0620

정답 X (meeting → to meet) **출제포인트** 057 would vs. used to

해설 「be used to ~ing」는 '~하는 데 익숙하다'를 뜻하며, 「be used to 동사원형」은 '~하는 데 사용되다'를 뜻한다. 주어진 문장은 해석이 '사용된다'이므로 are ~ used 뒤에 to부정사가 오는 것이 옳다. 따라서 meeting은 to meet으로 수정해야 한다. 참고로 「be used to ~ing」는 '~하는 데 익숙하다'의 의미로 사용된다.

0621 The oceans contain many forms of life that has not yet been discovered.

0622 The picture looked at carefully by the art critic.

0623 그는 대학에서 의학을 공부했으나 결국 회계 회사에서 일하게 되었다.
→ He studied medicine at university but ended up worked for an accounting firm.

0624 Fire following an earthquake is of special interesting to the insurance industry.

0625 그 영화가 너무 지루해서 나는 삼십 분 후에 잠이 들었어.
→ The movie was so bored that I fell asleep after half an hour.

친절 & 꼼꼼 정답 및 해설

0621

정답 X (has → have)　　　**출제포인트** 189 관계대명사의 선행사와 관계절 동사와의 수일치

해석 바다에는 아직 발견되지 않은 많은 생명체들이 있다.

해설 주어진 문장에서 주격관계대명사절 that has ~ discovered가 수식하는 선행사는 문맥상 life가 아니라 forms로 '아직 발견되지 않은 많은 생명체'에 해당된다. 따라서 관계사절의 동사 has는 복수 형태의 동사 have로 수정해야 한다.

0622

정답 X (look at → was looked at)　　　**출제포인트** 053 군동사의 수동태

해석 그 그림은 예술 비평가에 의해 면밀히 살펴보아졌다.

해설 주어진 문장의 주어인 The picture는 문맥상 '살펴보아진 것'이며, 전명구인 by art critic을 통해서 관찰자는 critic인 것을 알 수 있다. 즉, 능동태 문장 The art critic looked at the picture carefully.를 수동태로 변환한 The picture was looked at carefully by the art critic.이 옳다. 따라서 주어진 문장의 looked at은 was looked at으로 수정되어야 한다.

0623

정답 X (worked → working)　　　**출제포인트** 124 동명사 주요 표현

해설 주어진 문장에 사용된 「end up ~ing」는 '결국 ~하게 되다'를 뜻하는 동명사 관용표현으로 해당 문장에 사용된 worked는 working으로 수정해야 한다.

0624

정답 X (of special interesting → of special interest)　　　**출제포인트** 074 전치사 + 추상명사

해석 지진에 따른 화재는 보험 회사에게 특별한 관심사이다.

해설 주어진 문장의 following은 현재분사 또는 전치사로 볼 수 있다. 먼저 현재분사로서 분사구 following an earthquake가 주어 Fire를 수식한다고 볼 수 있다. 또는 '~후에, (특정 결과)에 따라'를 뜻하는 전치사로 사용되어 전명구인 following an earthquake가 주어인 Fire를 수식한다고 보아도 역시 옳다. 그러나 「of + 추상명사」는 형용사 역할을 하므로 해당 문장의 of special interesting이 주격 보어로 적절하게 사용되기 위해서는 of special interest로 수정되어야 한다.

0625

정답 X (bored → boring)　　　**출제포인트** 125 현재분사 vs. 과거분사

해설 감정형분사에는 감정을 제공하는 사람 또는 사물을 수식하는 현재분사형(-ing)과 감정의 상태를 나타내 사람을 수식하는 과거분사형(-ed)이 있다. 주어진 문장은 사물 주어인 The movie가 지루함을 '유발하는' 주체이므로 과거분사인 bored는 현재분사 boring으로 수정해야 한다.

0626 Unfortunately, because of the East River's great width and rough tides, it would be difficult to build anything on it.

0627 It is the variability of her smile, the fact that it changes when you look away from it, that makes her smile so alive, so mysterious.

0628 This accentuates the shadows at the corners of her mouth, making the smile seems broader.

0629 이 질병이 목숨을 앗아가는 일은 좀처럼 없다.
→ It rarely happens that this disease proves fatal.

0630 토마스는 더 일찍 사과했어야 했다.
→ Thomas should have apologized earlier.

친절 & 꼼꼼 정답 및 해설

0626

| 정답 | O | 출제포인트 | 114 to부정사의 가주어 |

해석 불행하게도, East River의 엄청난 너비와 거친 조류 때문에 그 위에 무엇을 짓기는 어려울 것이었다.

해설 주어진 문장의 it would ~ it에서 it은 가주어로 사용되었으며 진주어는 to build anything on it으로 적절하게 사용되었다.

0627

| 정답 | O | 출제포인트 | 168 It ~ that 강조 구문 |

해석 그녀의 미소를 매우 생동감 있고 매우 신비롭게 만드는 것은 바로 그녀 미소의 변동성, 즉 당신이 그것으로부터 눈길을 돌릴 때 변화한다는 사실이다.

해설 주어진 문장은 「It is ~ that …」 강조 구문으로 makes 앞에 위치한 that은 문법상 적절하며 the fact ~ from it은 삽입구이다. the fact 뒤에 쓰인 that은 동격절을 이끄는 명사절 접속사로 쓰였다.

0628

| 정답 | X (seems → seem) | 출제포인트 | 018 사역동사 |

해석 이것은 입 주위의 그림자를 강조하여, 미소를 더 크게 보이도록 만들어 준다.

해설 해당 문장의 사역동사 make가 사용된 분사구문으로 목적격 보어 자리에는 원형부정사를 사용해야 한다. 따라서 seems는 seem으로 수정해야 한다.

0629

| 정답 | O | 출제포인트 | 162 명사절 접속사 |

해설 주어진 문장은 「It(가주어) + be동사 ~ that(진주어절) 주어 + 동사 ~」의 가주어와 진주어로 이뤄진 문장으로, 이때 접속사로 쓰인 that 이후의 문장은 완전한 형태의 문장으로 올바르게 쓰였다. 더해 동사 prove는 불완전자동사로 사용되었으며 형용사 fatal은 보어로 적절하게 사용되었다.

0630

| 정답 | O | 출제포인트 | 060 조동사 + have p.p. |

해설 「should have p.p.」는 '~했어야 했다'라는 뜻으로 과거의 일에 대한 후회를 나타낸다. 주어진 문장은 우리말 해석에 맞게 적절하게 사용되었다.

0631 Hardly had I close my eyes when I began to think of her.

0632 The boss wants our team to go the documents through before the board of directors begins.

0633 설상가상으로, 또 다른 태풍이 곧 올 것이라는 보도가 있다.
→ To make matters better, there is a report that another typhoon will arrive soon.

0634 Congratulate them, public showcase their accomplishment, and spread the word.

0635 그는 학생들에게 모르는 사람들에게 전화를 걸어 성금을 기부할 것을 부탁하도록 시켰다.
→ He had the students phoned strangers and ask them to donate money.

친절 & 꼼꼼 정답 및 해설

0631

정답 X (close → closed)   출제포인트 040 '~하자마자' 구문

해석 나는 눈을 감자마자 그녀를 생각하기 시작했다.
해설 해당 문장에 사용된 표현인 '~하자마자 …했다'는 「Hardly + had + 주어 + p.p. ~ when[before] + 주어 + 과거동사…」로 나타낼 수 있다. 따라서 동사 close는 과거분사 형태인 closed로 수정해야 한다. 더해, 주어진 문장은 부정어 Hardly가 문두에 쓰였으므로 이어지는 문장의 어순이 의문문 형태로 쓰인 것은 옳다.

0632

정답 X (to go the documents through → to go through the documents)
출제포인트 081 부정대명사 vs. 지시대명사

해석 사장님은 이사회가 시작되기 전에 우리 팀이 서류를 검토하기를 원한다.
해설 go through는 「자동사 + 전치사」 구조로 '~을 검토하다, 조사하다'를 뜻한다. 주어진 문장의 through가 부사가 아닌 전치사이므로 to go the documents through처럼 동사와 전치사 사이에 목적어가 올 수 없다. 따라서 전치사 뒤로 목적어를 위치시켜서, go the documents through를 go through the documents로 수정해야 한다. 참고로, 「타동사 + 부사」 구조에서는 목적어가 명사일 때 목적어의 위치를 「타동사 + 부사 + 목적어」 또는 「타동사 + 목적어 + 부사」로 사용할 수 있다.

0633

정답 X (To make matters better → To make matters worse)   출제포인트 120 to부정사 주요 표현

해설 to make matters worse는 '설상가상으로'를 뜻하며, to make matters better는 '금상첨화로'라는 관용표현이다. 주어진 문장의 우리말 의미상 To make matters better를 To make matters worse로 수정해야 한다. 더해, that ~ soon은 a report의 동격절로 적절하게 사용되었다.

0634

정답 X (public → publicly)   출제포인트 098 형용사 vs. 부사

해석 그들을 축하하고, 그들의 성취를 공개적으로 보여주고, 소문을 내라.
해설 주어진 문장은 명령문 Congratulate them, public showcase ~ accomplishment, spread the world가 「A, B, and C」의 구조로 병렬구조를 이루고 있다. 그러나 형용사인 public은 동사 showcase를 수식할 수 없으므로, public을 부사인 publicly로 수정해야 한다.

0635

정답 X (phoned → phone)   출제포인트 018 사역동사

해설 사역동사 have는 목적어와 목적격 보어의 관계가 능동일 때 「have + 목적어 + 목적격 보어[원형부정사/현재분사]」의 구조로 사용한다. 주어진 문장에서 목적어인 the students는 '전화를 거는' 주체이므로 능동의 관계에 해당하며, 이때 목적격 보어로 원형 부정사나 현재분사를 모두 사용할 수 있다. 그러나 병렬구조를 취하는 등위접속사 and 이후에 원형 부정사 ask가 제시되어 있으므로 phoned를 원형부정사 phone으로 수정해야 한다. 단, 주로 미국식 영어 표현으로 목적어와 목적격보어와의 관계가 문맥상 진행의 의미를 강조할 때 phoned를 phoning으로 수정하고 ask를 asking으로 수정할 수 있다.

0636　These are areas where a business wants the best quality service and the most "free" accounting help it can get.

○○○

0637　In fact, there have always been a number of important policy issues which Nyerere has had to argue through the NEC.

○○○

0638　Elements of income in a cash forecast will be vary according to the company's circumstances.

○○○

0639　우리는 학생들에게 자신을 발전시킬 효과적인 방법들을 제공해야 한다.

○○○

→ We must provide our students to effective ways to develop themselves.

0640　Let them choose which poems they are most proud of, keep copies of everything submitted, and get parent permission.

○○○

친절 & 꼼꼼 정답 및 해설

0636

| 정답 | O | | 출제포인트 | 156 관계부사 |

해석 이것들은 기업이 최고 품질의 서비스와 얻을 수 있는 최고의 "무료" 회계 지원을 원하는 영역들이다.

해설 주어진 문장의 where 이후 절의 문장 구조가 완전하며 장소를 나타내는 유도부사구문의 주어 areas를 수식하고 있으므로 관계부사 where는 적절하게 사용되었다. 더해, 주어진 문장의 help는 '지원'을 뜻하는 명사로 사용되었으며 목적격관계대명사가 생략된 관계대명사절 it can get이 선행사 help를 수식하고 있다.

0637

| 정답 | O | | 출제포인트 | 183 a number of vs. the number of 수일치 |

해석 사실, Nyerere가 NEC를 통해 논의해 왔어야 하는 많은 중요한 정책 이슈들이 항상 있었다.

해설 주어진 문장의 가산명사 policy issues를 '많은 ~'이라는 뜻의 a number of가 수식하고 있으므로 적절하다. 또한, which Nyerere ~ NEC는 policy issues를 선행사로 하는 목적격관계대명사절로 적절하게 사용되었다.

0638

| 정답 | X (will be vary → will vary 또는 will be various) | | 출제포인트 | 001 주동사의 자리 파악 |

해석 현금 예측에서 소득의 요소는 회사의 상황에 따라 달라질 것이다.

해설 vary는 '(상황에 따라) 달라지다[다르다]'를 뜻하는 자동사로 be동사와 함께 사용하지 않으므로 조동사 will 다음에 바로 위치해야 한다. 따라서 will be vary는 will vary로 수정해야 한다. 또는 형용사 various를 주격 보어로 사용해 will be vary를 will be various로 수정할 수 있다.

0639

| 정답 | X (to → with) | | 출제포인트 | 025 동사의 구조 파악 |

해설 「provide + A + with + B」는 'A에게 B를 제공하다'를 뜻하며, 「provide + A + to + B」는 'A를 B에게 제공하다'를 뜻한다. 따라서 주어진 문장은 우리말 해석에 맞게 to를 with로 수정해야 한다.

0640

| 정답 | O | | 출제포인트 | 170 간접의문문 |

해석 그들이 어떤 시를 가장 자랑스러워하는지 선택하고, 제출한 모든 것의 사본을 보유하며, 부모의 승낙을 받게 해주어라.

해설 주어진 문장은 명령문 Let them 이후에 choose which ~ of, keep copies ~ submitted, get parent permission이 「A, B, and C」의 구조로 병렬구조를 이루고 있다. 더해 Let은 사역동사로 사용되어 목적격 보어에 원형부정사 choose, keep, get이 올바르게 사용되었으며 choose의 목적어로 간접의문문 which poems ~ of가 적절하게 사용되었다. 간접의문문의 「의문사 + 주어 + 동사」도 알맞게 사용되었으며 해당 문장에서 which는 명사 poems를 수식하는 의문형용사로 사용되었다.

0641 Language is an amazing thing what we take for granted.

0642 The professor strongly suggested one of his students to apply for the job he had recommended because the application deadline was near.

0643 Insects are often attracted by scents that isn't obvious to us.

0644 You might think that just eating a lot of vegetables will keep you perfect healthy.

0645 More than 150 people have fell ill, mostly in Hong Kong and Vietnam, over the past three weeks.

친절 & 꼼꼼 정답 및 해설

0641

| 정답 | X (what → which 또는 that) | 출제포인트 | 152 that vs. what |

- **해석** 언어는 우리가 당연하게 여기는 놀라운 것이다.
- **해설** 주어진 문장의 관계대명사 what은 선행사를 포함하며 뒤따라오는 문장이 불완전하다. 주어진 문장에서 what 이하의 문장 we take for granted에서 take의 목적어가 없는 불완전한 형태이나, what 앞에 선행사 an amazing thing이 존재하므로 관계대명사 what을 사용하는 것은 옳지 않다. 따라서 what은 사물을 나타내는 선행사를 수식하는 목적격관계대명사 which 또는 that으로 수정해야 한다.

0642

| 정답 | X (to apply → (should) apply) | 출제포인트 | 058 당위의 조동사 should 생략 |

- **해석** 교수님은 지원서 마감일이 가까웠기 때문에 그의 학생들 중 한 명에게 그가 추천했었던 그 직업에 지원하라고 강력하게 제안했다.
- **해설** 주어진 문장의 suggest는 3형식 완전타동사이므로, 「불완전타동사 + 목적어 + 목적격 보어」의 불완전타동사 구조로 쓸 수 없다. 따라서, suggest가 '제안하다'의 의미로 쓰일 때 종속절의 동사에 당위성의 의미를 갖는 조동사 should를 사용하며, 이는 생략 가능하다. 주어진 문장은 suggest의 목적어로 명사절 접속사 that이 생략된 절이 뒤따라오며 that절의 내용이 문맥상 당위성을 나타냄을 알 수 있으므로 to apply를 apply나 should apply로 수정해야 한다.

0643

| 정답 | X (isn't → aren't) | 출제포인트 | 189 관계대명사의 선행사와 관계절 동사와의 수일치 |

- **해석** 곤충들은 종종 우리에게는 분명치 않은 냄새에 이끌린다.
- **해설** 주어진 문장의 scents를 수식하는 주격관계대명사절의 동사인 isn't는 선행사인 복수 명사 scents와 수일치 해야 하므로, isn't를 aren't로 수정해야 한다. 더해서 문장의 주어인 Insects(곤충)는 문맥상 '이끌리는 객체'이므로 수동태 are often attracted가 적절하게 사용되었다.

0644

| 정답 | X (perfect healthy → perfectly healthy) | 출제포인트 | 098 형용사 vs. 부사 |

- **해석** 당신은 단지 야채를 많이 먹는 것이 당신을 완벽히 건강하게 유지시켜 줄 것이라고 생각할지도 모른다.
- **해설** 주어진 문장에서 주절인 you might think는 목적어 절로 that 이하를 갖는다. 목적어 절의 동사는 keep으로 keep은 불완전타동사로 쓰일 때 「keep + 목적어 + 목적격 보어」의 형태로 사용된다. keep의 목적격 보어로 쓰인 형용사 healthy를 형용사인 perfect가 수식하는 것은 옳지 않다. 형용사를 수식하는 품사로는 부사가 적절하므로 perfect를 부사 형태인 perfectly로 수정해야 한다.

0645

| 정답 | X (have fell ill → have fallen ill) | 출제포인트 | 014 혼동하기 쉬운 동사의 불규칙 변화 |

- **해석** 주로 홍콩과 베트남에서 150명이 넘는 사람들이 지난 3주간 병에 걸렸다.
- **해설** 주어진 문장에서 문맥상 '병에 걸렸다'의 의미로 사용하기 위해서는 fall ill(병에 걸리다)의 현재완료 형태인 have fallen ill이 적절하다. 이때 '(어떤 상태로) 되다'를 뜻하는 fall은 3단 변화로 현재(원형) - 과거 - 대과거가 fall - fell - fallen으로 변화하는 불규칙 동사임에 주의해야 한다. 따라서 have fell ill을 have fallen ill로 수정해야 한다.

0646 The presence of other people is often crucial to defining the setting and hence the activity of media consumption, though the fact that the relationships are totally impersonal.

0647 부모는 아이들 앞에서 그들의 말과 행동에 대해 아무리 신중해도 지나치지 않다.
→ Parents cannot be too careful enough about their words and actions before their children.

0648 She has known primarily as a political cartoonist throughout her career.

0649 내가 그 일을 오늘 마칠 수 있을지 의문이다.
→ It is doubtful whether I'll finish the work today.

친절 & 꼼꼼 정답 및 해설

0646

정답 X (though → despite)   **출제포인트** 160 접속사 vs. 전치사

해석 다른 사람들의 존재는 환경과 그에 따른 미디어 소비의 활동을 정의하는 데 종종 결정적인데, 비록 그 관계가 특정 개인과 완전히 상관없다는 사실에도 불구하고 그러하다.

해설 주어진 문장의 접속사 though는 '~일지라도'의 의미로 절을 이끌 수 있다. 그러나 though 이후에는 절이 아닌 명사 the fact가 존재하므로 옳지 않다. despite는 '~일지라도'의 의미로 명사(구)를 목적어로 가질 수 있으므로, 주어진 문장에서 though를 despite로 수정해야 한다. 전치사 despite의 목적어는 명사 the fact이며 이후의 that절은 the fact의 동격절이므로 적절하게 사용되었다.

0647

정답 X (too careful enough → too careful 또는 careful enough)   **출제포인트** 062 주요 조동사 표현

해설 주어진 우리말 해석상 '아무리 ~해도 지나치지 않다'를 뜻하는 「cannot be too ~」 또는 「cannot be ~ enough」의 관용표현이 쓰여야 한다. 이때 too 또는 enough 중 한 가지를 수식어로 사용해야 한다. 따라서 too가 삭제되거나, enough가 삭제되어야 한다. 이때 enough는 형용사나 부사를 후치 수식함에 유의해야 한다.

0648

정답 X (has known primarily as → has been primarily known as)

출제포인트 049 완료시제의 수동태

해석 그녀는 경력 내내 정치 만화가로 주로 알려져 왔다.

해설 주어진 문장의 주어인 She가 문맥상 정치 만화가로 '알려져 있는' 대상이므로 동사가 수동태로 쓰여야 한다. 따라서 has known primarily as를 has been primarily known as로 수정해야 한다. 이때 부사 primarily가 수동태 동사를 수식해 과거분사 앞에 위치함에 유의해야 한다.

0649

정답 O   **출제포인트** 162 명사절 접속사

해설 문장의 주어가 길어지는 경우 주어 자리에 가주어 It을 쓰고 진주어는 문장의 뒤로 이동한다. 주어진 문장은 주어 자리에 가주어 It이 사용되었으며 명사절 접속사 whether가 이끄는 절이 진주어로 적절하게 사용되었다. whether는 '~인지 (아닌지)'의 의미로 알맞게 사용되었다.

0650 Currently, deforestation is a global problem, affected wilderness regions such as the temperate rainforests of the Pacific.

0651 Authorities hope that by issuing early warnings, they will help avoiding major destruction and danger.

친절 & 꼼꼼 정답 및 해설

0650

정답 X (affected → affecting)   **출제포인트** 127 분사구문

해석 현재, 삼림 벌채는 세계적인 문제이며, 태평양의 온난한 열대 우림과 같은 원생 지역에 영향을 미치고 있다.

해설 주어진 문장에서 affected ~ Pacific은 과거분사로 시작하는 분사구문으로 사용되었으나, 문맥상 분사구문의 생략된 문장의 주어인 deforestation이 영향을 '미치는' 능동의 의미이므로 현재분사구문으로 수정해야 한다. 따라서 affected는 affecting으로 수정해야 한다.

0651

정답 X (avoiding → avoid 또는 to avoid)   **출제포인트** 106 목적어로 to부정사를 취하는 동사

해석 정부 기관들은 초기 경고를 보냄으로써 그들이 주요 파괴와 위험을 피하는 것을 도울 것을 희망한다.

해설 완전타동사 help는 목적어로 원형부정사 또는 to부정사를 취할 수 있다. 주어진 문장은 완전타동사 help가 목적어로 동명사 avoiding을 사용했으므로 옳지 않다. 따라서 avoiding을 avoid 또는 to avoid로 수정해야 한다.

Random Day 05

■ 주어진 문장이 어법상 또는 주어진 해석상 옳다면 O, 옳지 않다면 X를 하고 바르게 고치시오.

0652 As people become more comfortable working alone, they may become less social.

0653 The selection of the appropriate protective clothing for any job or task are usually dictated by an analysis or assessment of the hazards presented.

0654 Hardly did she enter the house when someone turned on the light.

0655 I was released for adoption by my biological parents and spend the first decade of my life in orphanages.

0656 경찰 당국은 자신의 이웃을 공격했기 때문에 그 여성을 체포하도록 했다.
→ The police authorities had the woman arresting for attacking her neighbor.

친절 & 꼼꼼 정답 및 해설

0652

| 정답 | O | 출제포인트 | 136 비교급 비교 |

해석 사람들이 혼자 일하는 것이 더 편안해질수록, 그들은 덜 사교적이 될 수도 있다.
해설 열등 비교는 「less + 형용사 / 부사의 원급」으로 표현한다. 따라서 less social은 적절하게 사용되었다.

0653

| 정답 | X (are → is) | 출제포인트 | 180 주어 - 동사 수일치 |

해석 어떠한 직업 또는 직무를 위한 적절한 보호복의 선택은 대개 주어진 위험에 대한 분석 또는 평가에 의해 좌우된다.
해설 주어진 문장의 주어는 단수 명사 The selection이며 of the appropriate protective clothing for any job or task는 주어를 수식하는 전명구이므로 복수형 동사 are는 적절하지 않다. 따라서 are는 단수형 동사 is로 수정해야 한다.

0654

| 정답 | X (Hardly did she enter → Hardly had she entered) | 출제포인트 | 040 '~하자마자' 구문 |

해석 그녀가 그 집에 들어가자마자 누군가 불을 켰다.
해설 '~하자마자 …했다'를 뜻하는 표현은 「Hardly[Scarcely] had + 주어 + p.p. ~ when[before] + 주어 + 과거동사 …」로 표현한다. 따라서 주어진 문장에 시제를 반영해서, Hardly did she enter는 Hardly had she entered로 수정해야 한다.

0655

| 정답 | X (spend → spent) | 출제포인트 | 161 등위(상관)접속사의 병렬구조 |

해석 나의 생물학적 부모는 입양을 위해 (부모의 권리를) 포기했고 나는 생애 첫 10년을 고아원에서 보냈다.
해설 주어진 문장은 등위접속사 and로 연결된 두 개의 절 I was released ~ parents와 spend ~ orphanages로 구성되어있다. 문맥상 '생물학적 부모에 의해서 포기되어진 것'과 '생애 첫 10년을 고아원에서 보낸 것' 모두 과거 시제로 쓰여야 적절하다. 따라서 현재형 spend는 과거형 spent로 수정해야만 한다.

0656

| 정답 | X (arresting → arrested) | 출제포인트 | 018 사역동사 |

해설 사역동사 have의 목적어와 목적격 보어가 수동의 관계일 때 목적격 보어는 과거분사를 사용한다. 주어진 문장에서 목적어 the woman은 문맥상 'for attacking her neighbor(이웃을 공격했기 때문에)'를 통해서 '체포된' 것을 알 수 있으므로, arresting은 과거분사 arrested로 수정해야 한다. 더해, 현재분사 arresting을 사용할 경우, 목적어를 가져야 하므로 옳지 않다.

0657 그의 아버지가 갑자기 작년에 돌아가셨고, 설상가상으로 그의 어머니도 병에 걸리셨다.
→ His father suddenly passed away last year, and, what was better, his mother became sick.

0658 우리는 그의 연설에 감동하게 되었다.
→ We were made touching with his speech.

0659 장관은 교통문제를 해결하기 위해 강 위에 다리를 건설해야 한다고 주장했다.
→ The minister insisted that a bridge was constructed over the river to solve the traffic problem.

0660 Bone and ivory needles found at archaeological sites indicate that clothes have been sewn for some 17,000 years ago.

0661 A huge research fund was given to a local private university by the Ministry of Education.

친절 & 꼼꼼 정답 및 해설

0657

정답 X (what was better → what was worse)   **출제포인트** 136 비교급 비교

해설 what is worse는 '설상가상으로, 엎친 데 덮친 격으로'를 나타내며, what is better는 '금상첨화로, 게다가, 더욱이'를 나타내는 관용표현이다. 주어진 문장의 우리말 해석에 알맞게 what was better를 what was worse로 수정해야 한다. 이때 문장의 전체적인 시제가 과거이므로 시제를 반영해 과거로 표현함에 유의해야 한다.

0658

정답 X (touching → touched)   **출제포인트** 125 현재분사 vs. 과거분사

해설 주어진 문장의 감정형분사는 사람의 감정 상태를 나타낼 때 과거분사 형태를 사용해 '~한 감정 상태의'의 의미로 사용된다. 해당 문장은 문맥상 주어인 We가 감동을 받은 주체이므로 밑줄 친 touching(감동적인)을 touched(감동한)로 수정해야 한다.

0659

정답 X (was constructed → (should) be constructed)   **출제포인트** 058 당위의 조동사 should 생략

해설 주장을 나타내는 동사 insist의 목적어로 쓰인 that절이 당위의 의미를 가지면 that절의 동사는 「should + 동사원형」으로 나타내며 이때 should는 생략할 수 있다. 따라서 주어진 우리말 해석에 따라 당위성이 포함된 종속절인 만큼 a bridge 다음에 동사원형인 (should) be constructed로 제시되어야 한다. 따라서 was constructed를 (should) be constructed로 수정해야 한다. 더해, to solve ~ problem은 to부정사의 부사적 용법으로 '~ 문제를 해결하기 위해서'로 옳게 사용되었다.

0660

정답 X (ago → 삭제)   **출제포인트** 041 시간의 부사구에 따른 시제 판단

해석 고고학 유적지에서 발견된 뼈와 상아 바늘들은 옷이 약 1만 7천 년 동안 만들어져 왔다는 것을 나타낸다.

해설 ago는 '~ 전에'를 뜻하는 과거를 나타내는 부사로 과거시제와 함께 쓰이며, 현재완료시제와 함께 사용될 수 없다. 주어진 문장에서 for some 17,000 years로 현재완료시제에 사용되는 기간 표현이 명확히 제시되어 있으므로 부사 ago는 삭제되어야 한다. 더해, needles는 '발견되는' 대상이므로 수동의 의미를 갖는 과거분사 found가 적절하게 사용되었으며, 타동사 indicate는 명사절 접속사 that이 이끄는 절을 목적어로 취하고 있다. that절의 주어인 clothes가 복수형이므로 복수형 동사 have의 쓰임도 적절하다.

0661

정답 O   **출제포인트** 050 수여동사류의 수동태

해석 거액의 연구 기금이 교육부에 의해 한 지방 사립대에 주어졌다.

해설 주어진 문장은 능동태 문장인 'The Ministry of Education gave a huge research fund to a local private university'에서 수동태로 변환한 문장으로 올바르게 사용되었다.

0662 Among her most prized possessions sold during the evening sale were a 1961 bejeweled timepiece by Bulgari.

0663 He became a regular on The Jack Benny Program, which he provided voices for many characters — human, animal, and nonliving objects such as a car in need of a tune-up.

0664 Inventor Elias Howe attributed the discovery of the sewing machine for a dream in which he was captured by cannibals.

0665 A nation is not to be judged by its size any less than an individual.

0666 The doctor is enough kind to treat any patient whether he or she is rich or poor.

친절 & 꼼꼼 정답 및 해설

0662

정답 X (were → was) **출제포인트** 179 장소·방향과 시간의 부사구 도치

해석 그 저녁 경매에서 팔린 그녀의 가장 소중한 소유물 중 하나는 Bulgari의 1961년 작 보석 시계였다.

해설 주어진 문장은 부사구 Among her ~ sale이 문두로 강조되면서, 이후 문장의 주어와 동사가 도치된 형태이다. 해당 문장의 주어는 단수 형태인 a 1961 bejeweled timepiece이므로 were는 단수 형태의 동사 was로 수정해야 한다.

0663

정답 X (which → where) **출제포인트** 158 관계대명사 vs. 관계부사

해석 그는 The Jack Benny Program에 고정 출연자가 되었는데, 그 프로그램에서 그는 인간, 동물 그리고 엔진 정비가 필요한 자동차 같은 무생물까지 많은 등장인물의 목소리를 연기했다.

해설 주어진 문장의 which 이후의 문장 he provided ~ tune-up이 완전한 형태의 절이므로 관계대명사 which는 옳지 않다. 또한 관계부사 where는 물리적 공간이 아니라, 추상적인 공간인 The Jack Benny Program도 수식할 수 있으므로 관계대명사인 which를 관계부사인 where로 수정해야 한다. 이때 해당 문장에서 관계부사 where는 계속적 용법으로 쓰여 '그런데 거기서 ~'라는 의미로 해석한다.

0664

정답 X (for → to) **출제포인트** 025 동사의 구조 파악

해석 발명가 Elias Howe는 재봉틀의 발견을 식인종에게 붙잡힌 꿈 덕분이라고 했다.

해설 「attribute A to B」는 'A를 B의 덕분[탓]으로 돌리다'를 뜻한다. 주어진 문장에서 '재봉틀의 발견이 꿈 덕분임'을 문맥을 통해서 알 수 있으므로 for는 to로 수정해야 한다. 이에 더해, in which는 「전치사 + 관계대명사」 형태로 관계사절이 이끄는 절 he was captured by cannibals가 완전한 문장이며 선행사 a dream을 수식하고 있으므로 적절하게 사용되었다.

0665

정답 X (any less → any more) **출제포인트** 139 양자 부정 vs. 양자 긍정

해석 국가는 개인과 마찬가지로 크기로 판단할 것은 아니다.

해설 양자 부정은 「A is not B any more than C (is D)」로 표현하며 'A가 B가 아닌 것은 C가 D가 아닌 것과 같다'를 뜻한다. 따라서 주어진 문장의 우리말 해석상 any less는 any more로 수정해야 한다.

0666

정답 X (enough kind → kind enough) **출제포인트** 101 enough / 양태부사의 위치

해석 그 의사는 그 또는 그녀가 부유하든 가난하든 어느 환자라도 치료할 정도로 착하다.

해설 주어진 문장에 사용된 enough는 형용사나 부사를 수식하는 경우 후치 수식하며, 명사를 수식할 때 전치 수식한다. 해당 문장에서 형용사 kind를 수식하므로 kind 뒤에 enough가 위치해야 한다. 따라서 enough kind는 kind enough로 수정되어야 한다.

0667 I think the better question to ask is whether you are going to do something about it or just let life to pass you by.

0668 다행히 그녀는 지난 밤 트럭에 치이는 것을 모면했다.
→ Luckily, she escaped from running over by a truck last night.

0669 Contemporary evidence suggests that musicians who achieve this is likely to find their audiences more responsive.

0670 The idea that nature in the form of landscapes, plants, and animals are good for our well-being is old and can be traced to Charles Darwin or earlier.

0671 A small town seems to be preferable than a big city for raising children.

친절 & 꼼꼼 정답 및 해설

0667

정답 X (to pass → pass)　　**출제포인트** 018 사역동사

해석 내 생각에 더 나은 질문은 당신이 그것에 대해 뭔가를 할 것인지 아니면 인생이 당신을 그냥 지나치게 놔둘지 묻는 것이다.

해설 주어진 문장의 are going to에 이어지는 동사원형인 do와 let이 등위접속사 or를 통해 병렬구조를 이루고 있다. 이후 사역동사 let은 「let + 목적어 + 목적격 보어[원형부정사]」의 문장 구조를 갖는다. 따라서 to pass를 pass로 수정해야 한다. 더해, pass you by는 이어동사로 「타동사 + 대명사 + 부사」의 형태로 적절하게 사용되었다.

0668

정답 X (running over → being run over)　　**출제포인트** 122 동명사의 시제와 태

해설 주어진 문장의 전치사 from의 목적어로 능동 형태의 동명사구 running over가 사용되었으나 수식 대상인 she(그녀)는 '트럭에 치일 뻔한 대상'임을 알 수 있다. 또한, 전명구인 by a truck이 '치는 주체'로 사용된 점을 통해서 주어인 she가 포함된 문장이 수동형이 되어야 함을 유추할 수 있다. 따라서 running over를 being run over로 수정해야 한다.

0669

정답 X (is → are)　　**출제포인트** 058 당위의 조동사 should 생략

해석 현대의 증거는 이 목표를 달성한 음악가가 청중들에게 반응을 더 잘 받았다는 것을 시사한다.

해설 주어진 문장에서 suggests는 '~을 암시하다, ~을 시사하다'의 의미로 쓰이며, 목적어 절로 that절을 가지고 있다. 이 경우 that절의 주어는 명사 musicians이므로 복수 동사 are로 수일치 해야 한다. 따라서 is를 are로 수정해야 한다. 해당 문장의 who achieve this는 musicians를 수식하는 수식관계대명사절이다. 단, suggest가 '~을 제안하다'의 의미로 사용되는 경우 「suggest + that + 주어 + (should) 동사원형」의 형태로 사용됨에 유의해야 한다.

0670

정답 X (are → is)　　**출제포인트** 180 주어 - 동사 수일치

해석 풍경, 식물, 그리고 동물 형태의 자연은 우리의 행복에 유익하다는 관념은 오래된 것이며, Charles Darwin 혹은 그 이전으로 거슬러 올라갈 수 있다.

해설 주어진 문장의 주어 The idea를 동격으로 수식하는 that절의 주어는 nature로 3인칭 단수이며 in the form of landscapes, plants, and animals는 nature를 수식하는 전명구이다. 따라서 that절의 동사인 are는 3인칭 단수 형태의 주어 nature에 수일치 해 is로 수정해야 한다.

0671

정답 X (be preferable than → be preferable to)　　**출제포인트** 133 라틴어 비교급

해석 아이들 양육을 위해서라면 큰 도시보다는 작은 도시가 더 바람직한 것으로 보인다.

해설 「be preferable to ~」는 관용표현으로 '~을 더 선호하다'를 뜻하며 이때 than 대신에 전치사 to를 동반해야 한다. 따라서 주어진 문장의 be preferable than은 be preferable to로 수정해야 한다.

0672 In 2011, her finest jewels were sold by Christie's at an evening auction that brought in $115.9 million.

0673 Blanc was extremely protective of his work — screen credits reading "Voice Characterization by Mel Blanc" was always under the terms of his contracts.

0674 Experts suspected that another 300 people in China's Guangdong province had the same disease begin in mid-November.

0675 She attempted a new method, and needless to saying had different results.

친절 & 꼼꼼 정답 및 해설

0672

| 정답 | O | 출제포인트 | 146 주격관계대명사 |

해석 2011년, 그녀의 최고급 보석들이 1억 1천 590만 달러의 수익을 낸 Christie's 주최 저녁 경매에서 판매되었다.

해설 관계대명사 that이 이끄는 절은 사람과 사물을 둘 다 선행사로 취할 수 있다. 주어진 문장은 주격관계대명사절 that brought ~ million이 선행사 an evening auction(저녁 경매)을 수식하고 있으므로 적절하다.

0673

| 정답 | X (was → were) | 출제포인트 | 180 주어-동사 수일치 |

해석 Blanc는 자신의 작품을 극도로 지키려고 했는데 "Mel Blanc에 의한 목소리 연기"라고 읽히는 스크린 크레디트는 항상 그의 계약 조건에 있었다.

해설 주어진 문장에 속한 절인 screen credits ~ contracts의 주어가 복수 명사인 screen credits이므로 동사는 복수 형태의 동사 were를 사용해야 한다. 따라서 was를 were로 수정해야 한다.

0674

| 정답 | X (begin in → beginning in 또는 that began in) | 출제포인트 | 001 주동사의 자리 파악 |

해석 전문가들은 중국 광동의 또 다른 300명이 11월 중반에 시작된 같은 질병에 걸렸다고 외신한다.
[전문가들은 11월 중반부터 중국 광동의 또 다른 300명이 같은 질병에 걸렸다고 의심한다.]

해설 주어진 문장의 동사 suspect의 목적어인 that이 이끄는 명사절에 had와 begin이 접속사 없이 나열되었으므로 옳지 않다. 문맥상 that 이하 문장의 주어는 another 300 hundred이고 동사는 had이다. begin in은 had의 목적어 disease와 의미상 능동 관계이므로 현재분사 beginning in으로 수정하거나 disease를 수식하는 형용사절인 관계사절로 that began in으로도 수정할 수 있다. 더해 another는 「another + 단수 명사」 형태로 직접적으로는 단수 명사를 수식하지만, 「another + 기수 + 복수 명사」의 형태로 쓰이면 '또 다른 ~들'이라는 의미가 된다.

정혜쌤's Tip 해당 문장에서는 that 이하의 내용으로 보아 '또 다른 300명이 같은 질병에 걸린 것'이 11월 중반부터이며, another 300 ~ the same disease까지 완전한 문장이므로 begin 이하를 절 전체를 수식하는 부사구로 보아 분사구문 beginning in mid-November로 '동시 상황'을 나타냈다고 볼 수 있으니 유의하세요.

0675

| 정답 | X (saying → say) | 출제포인트 | 120 to부정사 주요 표현 |

해석 그녀는 새로운 방법을 시도했고, 말할 필요도 없이 다른 결과들을 얻었다.

해설 needless to say는 독립부정사 표현으로 '말할 필요도 없이'를 뜻한다. 주어진 문장의 등위접속사 and와 동사 had 사이에 삽입된 needless to saying은 needless to say로 수정해야 한다. 더해, and 뒤에는 반복되는 주어 she가 생략되었다.

0676 TV commercials show them climbing rocky mountain roads and crossing rivers, which seems excited to many people.

0677 I was just going to clean the office, but someone has already done it.

0678 Most of the time journalism cannot possibly offer anything but a fleeting record of events compiling in great haste.

0679 My home offers me a feeling of security, warm, and love.

0680 The more they attempted to explain their mistakes, the worst their story sounded.

친절 & 꼼꼼 정답 및 해설

0676

| 정답 | X (excited → exciting) | 출제포인트 | 125 현재분사 vs. 과거분사 |

해석 TV 광고들은 그것들이 바위투성이의 산악도로를 오르고 강을 건너는 것을 보여주는데, 이것은 많은 사람들에게 흥미진진해 보인다.

해설 주어진 문장에서 계속적 용법의 관계대명사 which의 선행사는 앞 문장 전체이므로 절을 단수 취급한 동사 seems는 적절하게 사용되었다. 그러나 주어진 문장은 문맥상 '~한 감정을 일으키는'의 의미가 되도록 감정형 분사 excited는 exciting으로 수정해야 한다. 이에 더해, commercial은 '상업의'라는 형용사가 아닌 '(텔레비전·라디오의) 광고'를 뜻하는 가산명사로 사용되었으며 climbing과 crossing은 능동의 의미로 them을 수식하는 현재분사로 문맥상 적절하게 사용되었다.

0677

| 정답 | X (has already done → had already done) | 출제포인트 | 042 시제 일치 |

해석 나는 막 사무실을 청소하려고 했지만, 누군가 이미 했다.

해설 주어진 문장에서 '사무실을 청소하려는 것'을 과거시제로 제시하였고, 문맥상 그보다 더 과거에 '누군가 이미 청소를 마친 상태'임을 유추할 수 있다. 과거시제보다 더 앞선 시제는 had p.p.로 표현하므로, but 이후의 절의 has already done은 had already done으로 수정해야 한다.

0678

| 정답 | X (compiling → compiled) | 출제포인트 | 125 현재분사 vs. 과거분사 |

해석 대부분의 경우 저널리즘은 아마도 몹시 서둘러 수집된 사건의 순간적인 기록을 제공할 수 있을 것이다.

해설 주어진 문장의 동사 compile은 타동사로 '수집하다, 편집하다'를 뜻한다. 주어진 문장의 compiling 뒤에 목적어가 없고 문맥상 '수집된 사건'으로 events와 compile이 수동 관계에 있으므로 현재분사 compiling은 수동의 의미를 갖는 과거분사 compiled로 수정해야 한다.

0679

| 정답 | X (warm → warmth) | 출제포인트 | 161 등위(상관)접속사의 병렬구조 |

해석 나의 집은 내게 안전함, 따뜻함, 그리고 사랑의 느낌을 준다.

해설 주어진 문장의 등위접속사 and는 같은 품사의 단어를 연결해야 하므로 명사 security, love를 나열하는 중간에 형용사 warm이 쓰인 것은 옳지 않다. 따라서 warm은 warmth로 수정해야 한다.

0680

| 정답 | X (the worst → the worse) | 출제포인트 | 138 the + 비교급, the + 비교급 |

해석 그들이 그들의 실수에 대해 설명하려고 시도할수록, 그들의 이야기는 더 나쁘게 들렸다.

해설 「The + 비교급 ~, the + 비교급 …」은 '~할수록 더 …하다'를 뜻하는 비교급 관용표현이다. 따라서 최상급인 the worst를 비교급인 the worse로 수정해야 한다.

0681 Much of what happens to us when we feel nervous, such as getting sweaty hands or feeling dry in the mouth, being uncontrollable.

0682 I would rather not going out for dinner tonight because I am totally exhausted.

0683 I'm going to a party tomorrow night.

0684 그가 사랑에 빠졌던 여자는 한 달 뒤에 그를 떠났다.
→ The woman he fell in love with left him after a month.

0685 Each of these animals has special cells under its skin that contains pigment, a colored liquid. A cephalopod can move these cells toward or away from its skin.

친절 & 꼼꼼 정답 및 해설

0681

정답 X (being → is) **출제포인트** 001 주동사의 자리 파악

해석 땀투성이의 손이나 입 안의 건조한 느낌과 같이 긴장을 느낄 때 우리에게 일어나는 일의 대부분은 통제할 수 없다.

해설 주어진 문장의 주어는 단수인 Much로 전명구인 of what happens to us에 의해서 수식받고 있다. 그러나 해당 문장의 동사가 없으므로 being을 is로 수정해야 한다. such ~ mouth는 삽입구에 해당된다.

0682

정답 X (going out → go out) **출제포인트** 062 주요 조동사 표현

해석 나는 저녁에 외식하러 가지 않는 편이 나을 거 같다. 왜냐하면 나는 완전히 지쳤기 때문이다.

해설 「would rather + 동사원형」은 '차라리 ~하는 편이 낫다'를 뜻하는 표현이다. 따라서 주어진 문장의 주절의 동사는 동명사인 going out이 아니라 동사원형 형태인 go out이 되어야 옳다. 이때 would rather는 조동사이므로 부정형은 뒤에 not이 오는 것이 적절하다.

0683

정답 O **출제포인트** 041 시간의 부사구에 따른 시제 판단

해석 나는 내일 밤 파티에 갈 것이다.

해설 주어진 문장의 시간의 부사구 tomorrow night를 통해서 미래의 예정을 나타냄을 알 수 있다. 해당 문장의 시제는 현재진행형으로, 가까운 미래를 나타낼 때 미래를 나타내는 부사구와 함께 쓰여 미래를 표현할 수 있으므로, 주어진 문장은 옳게 쓰였다.

0684

정답 O **출제포인트** 148 목적격관계대명사

해설 목적격관계대명사는 생략할 수 있다. 주어진 문장에서는 선행사인 The woman 뒤에 목적격관계대명사 that 또는 whom이 생략되어 있으므로 옳은 문장이다.

0685

정답 X (contains → contain) **출제포인트** 189 관계대명사의 선행사와 관계절 동사와의 수일치

해석 이 동물들 각각은 피부 아래에 색소, 즉 유색 액체가 들어 있는 특별한 세포를 가지고 있다. 두족류는 이 세포들을 피부 쪽으로 또는 피부로부터 멀어지게 이동시킬 수 있다.

해설 주어진 문장의 'A cephalopod can move these cells toward or away from its skin(두족류는 이 세포들을 피부 쪽으로 또는 피부로부터 멀어지게 이동시킬 수 있다)'을 통해서 '색소'가 '피부'가 아니라 '세포'에 있다는 문맥을 파악할 수 있다. 따라서 관계대명사 that의 선행사는 its skin이 아니라 special cells에 해당된다. 주격관계대명사절의 동사는 선행사인 special cells에 수를 일치시켜야 하므로 contains를 contain으로 수정해야 한다. 이에 더해, 문장의 주어가 항상 단수 취급하는 대명사 Each이므로 단수 형태의 동사 has도 적절하다.

0686 I'll think of you when I'll be lying on the beach next week.

0687 Because of their perfect cone shape and proximity to the beautiful Albay Gulf, Mount Tarn is a popular tourist attraction.

0688 He embarked on a policy of "peaceful coexistence" whereby East and West were to continue their competition, but in a less confrontational manner.

0689 Positive emotional experiences from music may improve therapeutic process and thus strengthens traditional cognitive/behavioral methods and their transfer to everyday goals.

0690 Its base is 80 miles wide in circumference, and it stands a dramatic 8,077 feet tall.

친절 & 꼼꼼 정답 및 해설

0686

정답 X (I'll be lying → I'm lying 또는 I lie)   **출제포인트** 039 시간, 조건의 부사절에서의 시간의 표현

해석 내가 다음 주에 해변에 누워 있을 때 나는 네 생각을 할 거야.

해설 시간이나 조건을 나타내는 부사절에서는 현재가 미래를 대신한다. 따라서 주어진 문장의 시간을 나타내는 접속사 when이 이끄는 부사절의 주어, 동사 I'll be lying은 I'm lying 또는 I lie로 수정해야 한다.

0687

정답 X (their → its)   **출제포인트** 181 명사-대명사 수일치

해석 그것의 완벽한 원뿔 모양과 아름다운 Albay Gulf에 대한 근접성 때문에 Tarn 산은 인기 있는 관광명소이다.

해설 주어진 문장의 Because of 뒤의 소유격 대명사는 고유명사인 Mount Tarn을 나타내는 표현으로 단수 형태의 소유격 대명사를 사용해야 한다. 따라서 their를 its로 수정해야 한다.

0688

정답 O   **출제포인트** 009 자동사 / 타동사가 모두 가능한 동사

해석 그는 동서양이 그들의 경쟁은 계속할 예정이지만 덜 대립적인 방법으로 하는 그에 따른 "평화 공존" 정책에 착수했다.

해설 주어진 문장의 embark는 자동사로 on과 함께 사용되어 '~에 착수하다'라는 뜻으로 쓰인다. 1955년의 과거 사실을 서술하고 있고 주어와 능동 관계이므로 과거형인 embarked on은 적절한 표현이며, whereby는 '그로써 ~하는, 그것에 따라 ~하는'을 뜻하는 격식체 관계부사로 뒤따라오는 질이 완전한 형태로 적절하게 사용되었다. whereby가 이끄는 절의 주어가 복수 명사 East and West이므로 복수 동사 were가 오는 것은 적절하다. 또한, were to continue는 to부정사의 형용사적 용법 중 서술적 용법[be to 용법]으로 적절하게 사용되었다.

0689

정답 X (strengthens → strengthen)   **출제포인트** 161 등위(상관)접속사의 병렬구조

해석 음악으로부터의 긍정적인 감정적 경험은 치료 과정을 향상시킬 수 있고, 그리하여 전통적인 인지적/행동적 방법과 그것들의 일상적 목표로의 전이를 강화할 수 있다.

해설 등위접속사 and는 동일한 형태의 단어, 구, 절을 연결되는 병렬구조를 이룬다. 주어진 문장에서는 문맥상 조동사 may 뒤에 오는 동사원형 improve와 strengthens가 and로 병렬구조로 연결되어야만 하므로 strengthens를 동사원형으로 수정하여 strengthen이 되어야 한다.

0690

정답 O   **출제포인트** 093 수량형용사-측정 단위명사 + 명사

해석 그것의 토대는 둘레가 80마일이며, 높이는 극적인 8,077피트이다.

해설 주어진 문장은 단위 표현 80 miles와 8,077 feet이 형용사가 아닌 명사로 사용되었으므로 복수형 miles와 feet이 적절하게 사용되었다. 해당 문장의 'stand ~ tall'은 관용표현에 해당된다.

0691 This book has been the best seller for weeks, but it hasn't come in any paperback yet, is it?

0692 The fear of getting hurt didn't prevent him from engaging in reckless behaviors.

0693 The idea that justice in allocating access to a university has something to do with the goods that universities properly pursue explain why selling admission is unjust.

0694 She has worked as my secretary for the last three years and has been an excellent employee.

0695 You may run a survey online that enables you to question large numbers of people and provide full analysis in report format, or you may think asking questions one to one is a better way to get the answers you need from a smaller test selection of people.

친절 & 꼼꼼 정답 및 해설

0691

정답 X (is it → has it)   **출제포인트** 171 부가의문문

해석 이 책은 몇 주째 베스트셀러였지만, 아직 어떤 종이 표지 책도 나오지 않았어, 그렇지?

해설 부가의문문의 동사는 주절의 동사와 시제가 일치해야 하며, 대동사는 주절의 동사에 따라 결정된다. 주어진 문장에서 주절의 시제가 현재완료 hasn't come이므로 be동사인 is it이 아니라 has it이 올바른 표현이다.

0692

정답 O   **출제포인트** 008 전치사 from과 함께 사용되는 완전타동사

해석 다칠지 모른다는 두려움은 그가 무모한 행동에 관여하는 것을 막지 못했다.

해설 「prevent A from ~ing」는 'A가 ~하는 것을 막다[방지하다]'를 뜻한다. 주어진 문장에서 전치사 from의 목적어로 명사나 동명사가 사용되어야 하므로 해당 문장의 engaging은 적절하게 사용되었다.

0693

정답 X (explain → explains)   **출제포인트** 180 주어-동사 수일치

해석 대학교에의 입학을 할당하는 것에 있어서의 정당성이 대학교들이 철저히 추구하는 재화(재산)와 관련이 있다는 생각은 입학증을 판매하는 것이 왜 부당한지를 설명해 준다.

해설 주어진 문장의 주어는 The idea이므로 동사 explain을 단수 형태인 explains로 수정해야 한다. 더해 that justice ~ goods는 주어 the idea의 동격절에 해당된다. 또한, the goods를 선행사로 that ~ pursue가 목적격관계사절의 역할을 하고 있다. explains 이후의 why ~ unjust는 간접의문문으로 「의문사 + 주어 + 동사 ~」 어순으로 적절하게 사용되었다.

0694

정답 O   **출제포인트** 041 시간의 부사구에 따른 시제 판단

해석 그녀는 지난 3년간 제 비서로 근무했고, 뛰어난 직원이었습니다.

해설 「for the past / last + 숫자 + 단위 복수 명사」로 나타낸 시간의 부사구는 현재완료시제와 함께 사용할 수 있다. 주어진 문장은 '지난 3년간'이라는 의미로 for the last three years와 현재완료시제 has worked가 함께 사용되었으므로 적절하다.

0695

정답 X (provide → provides)   **출제포인트** 161 등위(상관)접속사의 병렬구조

해석 당신은 많은 사람들에게 질문을 할 수 있게 해주고 보고서 형식으로 완전한 분석을 제공해 주는 온라인 설문 조사를 진행할지도 모르고, 또는 일대일로 질문을 하는 것이 더 적은 범위의 선택된 사람들로부터 당신이 원하는 대답을 얻는 더 나은 방법이라고 생각할지도 모른다.

해설 주어진 문장 You may run ~ format과 you may think ~ people은 등위접속사 or로 병렬구조를 이루고 있다. 더해, 선행사 a survey를 수식하는 주격관계대명사 that절의 동사 enables와 동사 provide는 병렬구조여야만 한다. 이때 선행사는 3인칭 단수이므로 동사는 단수 동사임을 반영하여, enables와 provides임에 주의하자. 따라서 동사 provide는 provides로 수정해야 한다.

Random Day 06

■ 주어진 문장이 어법상 또는 주어진 해석상 옳다면 O, 옳지 않다면 X를 하고 바르게 고치시오.

0696 Advances in transplant technology have made it possible to extend the life of individuals with end-stage organ disease.

0697 그녀는 일요일에 16세의 친구와 함께 산 정상에 올랐다.
→ She reached at the mountain summit with her 16-year-old friend on Sunday.

0698 Even dogs yawn in response to seeing their owners or even strangers to yawn, and contagious yawning has been noted in other animals as well.

0699 나는 책 읽는 것을 멈추고 산책을 했다.
→ I stopped to read a book and took a walk.

0700 나는 이 음악을 들을 때마다 나의 어머니가 항상 생각난다.
→ When I listen to this music, I always think of my mother.

친절 & 꼼꼼 정답 및 해설

0696

정답 O **출제포인트** 110 to부정사의 가목적어

해석 이식 기술의 진보가 말기 장기(臟器) 질병 환자의 생명 연장을 가능하게 한다.

해설 주어진 문장의 made it possible to extend~에서 사용된 made는 5형식 동사로 사용되었으며 5형식에서 목적어가 to부정사일 때 목적어 자리에 가목적어 it을 쓰고 진목적어인 to부정사구는 문장 끝으로 이동시킬 수 있다. 따라서 주어진 문장은 목적어 자리에 가목적어 it이 사용된 적절한 문장이다.

0697

정답 X (reached at → reached) **출제포인트** 007 자동사로 착각하기 쉬운 타동사

해설 주어진 문장의 reach(도착하다, 도달하다)는 타동사로 쓰였으므로 이후에 전치사를 동반하지 않고 목적어를 갖는다. 따라서 주어진 문장에서 reached at은 reached로 수정해야 한다. 더해, '16세의 친구'처럼 '수사 + 단위명사'가 명사 앞에서 수식하는 형용사가 될 때 year를 단수형으로 사용하므로 16-year-old는 옳게 사용되었다.

0698

정답 X (to yawn → yawn 또는 yawning) **출제포인트** 019 지각동사

해석 심지어 개들도 그들의 주인 또는 심지어 낯선 사람들이 하품하는 것을 보면 그 반응으로 하품하며, 전염성 있는 하품은 다른 동물들에게서도 역시 나타나 왔다.

해설 지각동사 see는 목적어와 목적격 보어의 관계가 능동일 때 「see + 목적어 + 목적격 보어[원형부정사/현재분사]」의 구조로 사용한다. 따라서 주어진 문장의 목적어인 their owners or even strangers와 to yawn의 관계가 문맥상 능동이므로, to yawn은 yawn 또는 yawning 으로 수정해야 한다.

0699

정답 X (to read → reading) **출제포인트** 107 목적어로 동명사를 취하는 동사

해설 '~하는 것을 멈추다'는 「stop + ~ing」로 표현하며 「stop + to부정사」는 '~하기 위해 멈추다'를 뜻한다. 따라서 주어진 문장은 우리말 해석에 맞게 to read를 reading으로 수정해야 한다.

0700

정답 X (When → Whenever) **출제포인트** 157 복합 관계부사

해설 whenever는 복합관계부사로 선행사를 포함하며 '~할 때마다'를 뜻한다. 주어진 문장은 우리말 해석에 맞게 When(~할 때)을 Whenever로 수정해야 한다.

0701 제 예산이 빠듯합니다. 제가 쓸 수 있는 돈은 15달러뿐입니다.
→ I am on a tight budget. I only have fifteen dollars to spend.

0702 A utopian society might demand that the press print nothing until it had reached absolute certainty.

0703 It is not you but he that are responsible for it.

0704 All of us have a unique purpose in life; and all of us are gifted, just different gifted.

0705 제가 당신께 말씀드렸던 새로운 선생님은 원래 페루 출신입니다.
→ The new teacher I told you about is originally from Peru.

친절 & 꼼꼼 정답 및 해설

0701

| 정답 | O | | 출제포인트 | 112 to부정사의 형용사적 용법 |

해설 주어진 문장의 to spend는 명사 fifteen dollars를 수식하는 to부정사의 형용사적 용법으로 옳게 사용되었다. 더해, on a tight budget은 '예산이 빠듯한, 돈이 없는'을 뜻하는 관용표현으로 적절하게 사용되었다.

0702

| 정답 | O | | 출제포인트 | 058 당위의 조동사 should 생략 |

해석 유토피아 사회는 언론이 절대 확실성에 도달할 때까지 아무것도 인쇄하지 말 것을 요구할 수 있었을 것이다.

해설 주어진 문장의 요구 동사 demand의 목적어로 쓰이는 that절이 당위성을 지니면 that절의 동사는 「should + 동사원형」으로 사용하며, 이때 should는 생략할 수 있다. 따라서 주어진 문장의 print는 should print에서 should가 생략된 형태로 적절하게 사용되었다.

0703

| 정답 | X (are → is) | | 출제포인트 | 189 관계대명사의 선행사와 관계절 동사와의 수일치 |

해석 그것에 책임이 있는 사람은 당신이 아니라 (바로) 그이다.

해설 주어진 문장의 주격관계대명사 that이 수식하는 선행사는 not you but he라는 상관 접속사 구문이다. 「not A but B」 구문이 주어일 때 동사는 B에 해당하는 대상에 수일치를 해야 하므로, 해당 문장에서는 you가 아니라 he가 수식을 직접적으로 받는 대상이다. 따라서 관계대명사절의 동사 are는 단수형인 is로 수정해야 한다. 더해, 해당 문장은 'it ~ that' 강조 용법으로 'not you but he'를 강조하고 있으며 이때 해석은 '당신이 아니라 (바로) 그'라는 의미로 해석된다.

0704

| 정답 | X (different → differently) | | 출제포인트 | 098 형용사 vs. 부사 |

해석 우리 모두 삶의 독특한 목적을 가지고 있다; 그리고 우리 모두 재능이 있는데, 단지 다르게 재능이 있는 것이다.

해설 주어진 문장의 형용사 different가 형용사 gifted(재능이 있는)를 수식하고 있으므로 옳지 않은 문장이다. 따라서 형용사 different는 부사 differently로 수정해야 한다.

0705

| 정답 | O | | 출제포인트 | 148 목적격관계대명사 |

해설 주어진 문장은 The new teacher와 I told ~ about 사이에 목적격관계대명사 that 또는 whom이 생략되었다. 관계대명사절 I told you about이 전치사의 목적어가 없는 불완전한 형태이며 사람을 나타내는 선행사 The new teacher를 수식하고 있으므로 적절하다.

0706 This is my number just in case of you would like to call me.

0707 American men are generally bigger than Japanese men so it's very difficult to find clothes in Chicago that fits me.

0708 However, the exact number of emotions disputing, with some researchers suggesting there are only four, and others counting as many as 27.

0709 When I had a problem with my new apartment, I wondered who should I go and talk to.

0710 Although these disagreements, emotions are clear products of activity in specific regions of the brain.

친절 & 꼼꼼 정답 및 해설

0706

정답 X (in case of → in case) **출제포인트** 160 접속사 vs. 전치사

해석 혹시 내게 전화하고 싶은 경우에 이게 내 번호야.

해설 주어진 문장의 in case of는 '만일 ~한다면'을 뜻하는 전치사구로 목적어로 명사 또는 명사구를 갖는다. 그러나 해당 문장의 you ~ me는 절에 해당되므로 옳지 않다. 따라서 조건을 나타내는 부사절 접속사 in case로 수정해야 한다. 더해 「would like + to부정사」는 '~하기를 원한다'의 의미로 적절하게 사용되었다.

0707

정답 X (fits → fit) **출제포인트** 189 관계대명사의 선행사와 관계절 동사와의 수일치

해석 미국 남성들은 일반적으로 일본 남성들보다 몸집이 크기 때문에, 시카고에서는 나에게 맞는 옷을 찾기가 매우 어렵다.

해설 주어진 문장의 주격관계대명사 that의 선행사는 문맥상 Chicago가 아니라 복수 명사인 clothes이다. 관계사절의 동사는 선행사로 수일치 해야 하므로, fits를 fit으로 수정해야 한다. 더해, 해당 문장의 it's very ~ me는 가주어 it이 사용된 문장으로 진주어 to find ~ me가 적절하게 사용되었다.

0708

정답 X (disputing → has been disputed 또는 is disputed) **출제포인트** 001 주동사의 자리 파악

해석 그러나, 감정의 정확한 수는 논쟁 중인데, 일부 연구자들은 4가지뿐이라 말하고, 다른 사람들은 27개까지 포함한다.

해설 주어진 문장은 주어가 the exact number of emotions인 반면에 동사가 없다. 따라서 disputing을 동사 형태로 바꿔야 하는데, 해당 문장에서는 주어가 '논쟁 되는 대상'이므로 수동태로 변환할 수 있다. 시제는 과거부터 현재까지 논쟁의 지속에 초점을 맞추기 위해서는 현재완료를 사용하여 has been disputed를 쓰고, 이후 문상과 같이 현재 논쟁의 존재에 초점을 맞춘다면 현재형을 사용하여 is disputed를 쓸 수 있을 것이다.

0709

정답 X (who should I go → who(m) I should go) **출제포인트** 170 간접의문문

해석 새 아파트에 문제가 생겼을 때, 나는 누구에게 가서 이야기해야 할지 궁금했다.

해설 주어진 문장에 사용된 who 이하의 간접의문문은 「의문사 + 주어 + 동사」의 구조로 사용하며, 전치사 to의 목적어가 없는 구조이므로 목적격 의문대명사인 whom이 오는 것이 적절하다. 단, 의문사 중 목적격 의문대명사인 whom의 경우 구어체에서 흔히 who로도 쓰이므로 주의해야 한다. 따라서 주어진 문장의 who should I go는 어순과 목적격 의문대명사를 반영해서, who(m) I should go로 수정하는 것이 옳다.

0710

정답 X (Although → Despite 또는 In spite of) **출제포인트** 160 접속사 vs. 전치사

해석 이러한 이견에도 불구하고, 감정은 뇌의 특정한 영역에서의 활동의 분명한 산물이다.

해설 주어진 문장의 Although는 '비록 ~일지라도'의 의미로 절을 이끄는 양보의 부사절 접속사이다. 이에 비해 Despite는 '~에도 불구하고'는 전치사로서 목적어로는 명사(구)를 갖는다. 주어진 문장은 Although 이후에 명사구 these disagreements가 목적어로 사용되었으므로 Although를 Despite로 수정해야 한다. 혹은 동일한 의미의 전치사구인 In spite of로 수정할 수도 있다.

0711 그를 당황하게 한 것은 그녀의 거절이 아니라 그녀의 무례함이었다.

→ It was not her refusal and her rudeness that perplexed him.

0712 I believe that she meets all the requirements mentioning in your job description and indeed exceeds them in many ways.

0713 Julie's doctor told her to stop to eat so many processed foods.

0714 모든 점이 고려된다면, 그녀가 그 직위에 가장 적임인 사람이다.

→ Considering all things, she is the best-qualified person for the position.

0715 However, rice and corn are mutants, and they have been modified to keep their seeds attaching for the purpose of convenient and efficient harvesting.

친절 & 꼼꼼 정답 및 해설

0711

정답 X (and → but)　　　　　**출제포인트** 161 등위(상관)접속사의 병렬구조

해설 주어진 우리말의 해석상 「not A but B」 구문이 사용되어, 'A가 아니라 B'라는 의미로 쓰여야 하므로 and를 but으로 수정해야 한다. 더해 her refusal과 her rudeness는 병렬구조로 적절하게 사용되었으며, 「It ~ that」 강조 용법이 사용된 문장으로 주어진 문장의 not her refusal but her rudeness를 문맥상 적절하게 강조하고 있다.

0712

정답 X (mentioning → mentioned)　　　　　**출제포인트** 125 현재분사 vs. 과거분사

해석 저는 그녀가 당신의 직무 기술서에 언급된 모든 자격 요건에 부합하며, 실제로 여러 방면에서 그 이상이라고 생각합니다.

해설 주어진 문장의 requirements를 후치 수식하는 분사와의 관계가 문맥상 수동 관계로 '언급된 자격 요건'을 뜻하므로 mentioning을 mentioned로 수정해야 한다.

0713

정답 X (to eat → eating)　　　　　**출제포인트** 107 목적어로 동명사를 취하는 동사

해석 Julie의 담당의는 그녀에게 너무 많은 가공식품을 섭취하는 것을 중단하라고 말했다.

해설 「stop + ~ing」는 '~하는 것을 멈추다'라는 의미이고 「stop + to 동사원형」은 '~하기 위해 멈추다'를 뜻한다. 「stop + to 동사원형」 표현에서 to부정사는 목적어가 아닌 to부정사의 부사적 용법 중 목적에 해당되는 것으로 '~하기 위해서'라는 의미로 해석된다. 따라서 주어진 문장의 문맥상 '의사가 권고하는 내용'이라면 '섭취를 멈추는 것'을 의미하므로, to eat을 eating으로 수정해야 한다.

0714

정답 X (Considering all things → All things (being) considered)　　　　　**출제포인트** 127 분사구문

해설 주어진 문장에 제시된 해석에 따르면, '모든 것이 고려된다면'의 의미이므로 독립분사구문인 All things considered를 사용해야 한다. 해당 독립분사구문은 주절의 주어인 she와 종속절의 주어인 All things가 동일하지 않으므로 그대로 남겨두고, 해석상 All things는 '고려되는' 대상이므로 수동의 의미를 나타내는 과거분사 considered를 사용한다. 따라서 Considering all things는 All things (being) considered로 수정해야 한다.

정해쌤's Tip Considering all things는 '모든 것을 고려하자면'을 뜻하므로 해석상 차이에 주의하세요.

0715

정답 X (attaching → attached)　　　　　**출제포인트** 016 타동사의 목적격 보어 파악: 형용사 계열

해석 그러나 쌀과 옥수수는 변종이며, 편리하고 효율적인 수확을 목적으로 종자가 부착되도록 개량되었다.

해설 불완전타동사로 사용된 keep은 「keep + 목적어 + 목적격 보어 (현재분사 / 과거분사)」의 형태로 사용하며, 이때 목적격 보어는 목적어와의 관계에 따라 능동·진행이면 현재분사를, 목적어와의 관계가 수동·완료이면 과거분사를 사용한다. 주어진 문장의 to keep의 목적어인 seeds와 목적격 보어는 수동 관계이므로 동사 attach(부착하다)의 과거분사 attached(부착된)가 적절하다. 따라서 attaching을 attached로 수정해야 한다.

0716 The homeless usually has great difficulty getting a job, so they are losing their hope.

0717 It is doubtful that the village of Rome, when it started its expansion in the seventh century BC, has a master plan for conquering the Mediterranean world five hundred years later.

0718 First impression bias means that our first impression sets the mold which later information we gather about this person is processed, remembered, and viewed as relevant.

0719 그것은 너무나 아름다운 유성 폭풍이어서 우리는 밤새 그것을 보았다.
→ It was so a beautiful meteor storm that we watched it all night.

0720 Humans have continuously selected and bred such mutants, through breeding technology, in order to these phenomena to occur.

친절 & 꼼꼼 정답 및 해설

0716

정답 X (has → have)　　**출제포인트** 087 정관사 the

해석 노숙자는 대개 직업을 구하는 데 큰 어려움을 겪기 때문에, 그들은 희망을 잃고 있다.

해설 「the + 형용사」는 '~한 사람들'을 뜻하는 표현으로 복수 보통명사로 사용한다. 주어진 문장의 The homeless는 「the + 형용사」 형태로 복수 보통명사로 취급하므로 복수 동사 have를 사용해야 한다. 따라서 해당 문장의 has를 have로 수정해야 한다. 이에 더해 「have difficulty (in) ~ing」는 '~하는 데 어려움을 겪다'를 뜻하는 동명사 관용표현이다.

0717

정답 X (has → had)　　**출제포인트** 042 시제 일치

해석 BC 7세기에 확장을 시작했을 때 로마라는 마을이 500년 후에 지중해 지역을 정복할 종합 계획을 품고 있었을지는 의문이다.

해설 주어진 문장에서 that절이 포함하고 있는 종속절 when ~ BC의 동사가 started로 과거시제인 것으로 보아, that절의 동사 또한 과거시제로 수일치 해야 한다는 것을 알 수 있다. 따라서 has는 과거시제인 had로 수정해야 한다. 이에 더해, 가주어 It이 문두에 쓰였으므로, 진주어 that절을 사용한 것은 적절하다.

0718

정답 X (which → by which)　　**출제포인트** 149 전치사 + 관계대명사

해석 첫인상에 대한 편견이란 우리의 첫인상이 틀을 잡는 것을 의미하는데 이 틀에 의해 나중에 이 사람에 대해 우리가 수집하는 정보가 처리되고 기억되고 적절한 것으로 간주된다.

해설 주어진 문장의 which 이후의 문장은 완전하므로 관계대명사 which는 옳지 않다. 해당 문장은 First impression bias means that our first impression sets the mold와 Later information we gather about this person is processed, remembered, and viewed as relevant by the mold를 연결한 문장으로 앞선 문장에 포함된 the mold를 관계대명사 which로 대신하고 전치사 by를 목적격관계대명사 which 앞으로 이동해야 한다. 해당 by the mold는 「전치사 + 관계대명사」 구조인 by which로 결국 변경된 경우이다. 따라서 which는 by which로 수정해야 한다.

0719

정답 X (so a beautiful meteor storm → such a beautiful meteor storm 또는 so beautiful a meteor storm)

출제포인트 088 관사의 위치　165 so ~ that 주요표현

해설 원인과 결과를 나타내는 「so / such ~ that …」 구문에서 형용사 또는 부사를 수식할 때는 so를 사용하며 명사를 수식할 때는 such를 사용한다. 이때 원인에 해당되는 표현은 「so + 형용사 + a[an] + 명사」, 「such + a[an] + 형용사 + 명사」의 어순으로 표현한다. 따라서 주어진 문장의 so a beautiful meteor storm은 such a beautiful meteor storm 또는 so beautiful a meteor storm으로 수정해야 한다.

0720

정답 X (to these phenomena → for these phenomena)　　**출제포인트** 115 to부정사의 의미상 주어

해석 인간은 이러한 현상이 발생하도록 품종 교배 기술을 통해 지속적으로 그러한 돌연변이를 선택하고 길러 왔다.

해설 주어진 문장의 to부정사인 to occur의 의미상 주어는 'for + 목적격'으로 사용하므로, 해당 문장에서 to these phenomena를 for these phenomena로 수정해야 한다. 「in order to 동사원형」은 '~하기 위해서'를 뜻하는 부정사의 '부사적 용법에 목적'에 해당하나 to부정사의 의미상 주어를 포함하여 「in order (for + 목적격) to 동사원형」으로 표현함에 유의해야 한다.

0721 A myth is a narrative that embodies — and in some cases helps explaining — the religious, philosophical, moral, and political values of a culture.

0722 다리를 꼰 채로 오랫동안 앉아 있는 것은 혈압을 상승시킬 수 있다.
→ Sitting with the legs crossing for a long period can raise blood pressure.

0723 If the prosecutor fails to prove this, a verdict of not guilty is rendered.

친절 & 꼼꼼 정답 및 해설

0721

정답 X (explaining → explain 또는 to explain)   **출제포인트** 020 준사역동사

해석 신화는 한 문화의 종교적, 철학적, 도덕적 그리고 정치적인 가치를 구현하고, 어떤 경우에는 설명을 도와주는 이야기이다.

해설 준사역동사 help는 목적어로 원형부정사 또는 to부정사를 사용할 수 있다. 주어진 문장은 준사역동사 helps가 목적어로 동명사인 explaining을 사용하였으므로 옳지 않다. 따라서 explaining을 explain 또는 to explain으로 수정해야 한다.

0722

정답 X (crossing → crossed)   **출제포인트** 131 with 분사구문

해설 주어진 문장에 사용된 with 분사구문은 「with + 목적어 + 분사」 형태로 나타내며 '~한 채로'라는 의미로 동시 상황을 나타낸다. 이때 목적어와 분사의 관계가 능동이면 현재분사를, 수동이면 과거분사를 사용한다. 주어진 문장에서 목적어인 the legs(다리)는 '꼬여지는' 대상이므로 수동의 의미가 알맞다. 따라서 현재분사 crossing을 과거분사 crossed로 수정해야 한다.

0723

정답 O   **출제포인트** 048 능동태 vs. 수동태

해석 만약 검사가 이를 입증하지 못하면, 무죄 판결이 내려진다.

해설 render는 '(판결을) 내리다, 언도하다'를 뜻하는 타동사이다. 주절의 주어인 a verdict of not guilty는 판결이 '내려지는' 것이므로 수동태가 적절한 표현이다.

Random Day 07

▎주어진 문장이 어법상 또는 주어진 해석상 옳다면 O, 옳지 않다면 X를 하고 바르게 고치시오.

0724 If the item should not be delivered tomorrow, they would have complained about it.

0725 Squid, octopuses, and cuttlefish are all types of cephalopods.

0726 People who are more empathic are believed to be more easy influenced to yawn by others' yawns.

0727 In addition, the necessary calculations that we make about the probability of some form of harm resulting from an action that we take is generally a given in our decision processes.

0728 설문지를 완성하는 누구에게나 선물카드가 주어질 예정이다.
→ A gift card will be given to whomever completes the questionnaire.

친절 & 꼼꼼 정답 및 해설

0724

정답 X (would have complained → will[would] complain) **출제포인트** 064 가정법 미래 vs. 가정법 현재

해석 만일 그 물건이 내일까지 배달되지 않는다면, 그들은 이것에 대하여 불평할 것이다.

해설 가정법 미래가 사용된 문장으로 가정법 미래에서 if절은 「If + 주어 + should + 동사원형, 주어 조동사 현재[과거] + 동사원형」 구조로 사용할 수 있다. 따라서, 주어진 문장의 주절의 동사 would have complained는 will[would] complain으로 수정해야 한다.

0725

정답 O **출제포인트** 185 수량형용사 - 명사 수일치

해석 오징어, 문어, 갑오징어는 모두 두족류이다.

해설 주어진 문장의 주어가 squid, octopuses, and cuttlefish로 복수 명사이므로 보어로 복수 명사 types가 오는 것이 적절하다. 또한, type이 '종류, 유형'이라는 의미일 때는 가산명사로 사용되므로, 가산명사를 all이 수식할 때 복수형이 오는 것을 통해서도 types가 옳게 쓰였음을 알 수 있다.

0726

정답 X (easy → easily) **출제포인트** 098 형용사 vs. 부사

해석 공감력이 더 뛰어난 사람들이 다른 사람들의 하품에 의해 하품하도록 더 쉽게 영향을 받는 것으로 믿어진다.

해설 주어진 문장의 부정사의 수동태인 to be more influenced에 과거분사 influenced를 수식하기 위해서는 부사가 쓰여야 하므로, 형용사 easy를 부사 easily로 수정해야 한다. 더해, 주어인 people을 주격관계대명사절 who ~ empathic으로 수식하고 있으므로, 동사 are가 쓰여 수일치가 적절하게 되었다.

0727

정답 X (is → are) **출제포인트** 180 주어 - 동사 수일치

해석 게다가, 우리가 취하는 행동에서 기인한 어떤 형태의 손해의 가능성에 대해 우리가 하는 필요한 계산은 일반적으로 우리의 의사 결정 과정에서 기정사실이 된다.

해설 주어진 문장의 주어는 수식어구를 모두 제외하면 the necessary calculations에 해당된다. 주어가 복수 명사이므로 문장의 본동사로 복수 형태의 is를 are로 수정해야 한다. 더해, 주어인 calculations를 수식하는 that we make ~ action은 목적격관계대명사절이며, action을 수식하는 that we take도 역시 목적격관계대명사절로 적절하게 사용되었다.

0728

정답 X (whomever → whoever) **출제포인트** 154 복합관계대명사

해설 복합관계대명사는 「관계대명사 + ever」의 형태로 명사절을 이끌어 전치사의 목적어로 쓰일 수 있다. 특히, 사람을 나타내는 관계대명사 who의 경우 관계대명사가 하는 역할에 따라 whoever(주격), whomever(목적격), whosever(소유격)로 그 형태가 달라진다. 주어진 문장은 복합관계대명사절 whomever completes ~ questionnaire에 completes의 주어가 존재하지 않으므로 주격을 나타내는 복합관계대명사가 사용되어야 한다. 따라서 whomever를 whoever로 수정해야 한다.

0729 The banks are very competitive in services to do payroll and related tax bookkeeping, started with even the smallest of businesses.

0730 Blue Planet II, a nature documentary produced by the BBC, left viewers heartbroken after showing the extent to which plastic affects on the ocean.

0731 He is the person whose I need to talk to about my daughter.

0732 I tried to figure out what I had done wrong and why so many people sent me away.

0733 그는 옷을 모두 입은 채 물속으로 곧장 걸어갔다.
→ He walked straight into the water with all of his clothes on.

친절 & 꼼꼼 정답 및 해설

0729

정답 X (started → starting)   **출제포인트** 125 현재분사 vs. 과거분사

해석 심지어 가장 작은 사업체들과의 서비스에서부터 시작하여, 은행들은 급여 지불과 그에 관련된 세금 부기 서비스에 매우 경쟁적이다.

해설 주어진 문장에서 분사인 started가 수식하고 있는 것은 services이며, 제공되는 services가 '가장 작은 사업체들을 대상으로 시작'한다는 능동의 의미이므로 현재분사가 쓰이는 것이 옳다. 따라서 started는 starting으로 수정해야 한다.

0730

정답 X (affects on → affects)   **출제포인트** 011 주의해야 할 3형식, 4형식 동사

해석 BBC에 의해 제작된 자연 다큐멘터리 Blue Planet II는 플라스틱이 바다에 영향을 미치는 정도를 보여준 후 시청자들을 상심하게 했다.

해설 주어진 문장에 사용된 affect(영향을 미치다)는 타동사이므로 이후에 전치사 없이 바로 목적어가 와야 한다. 따라서 affects on을 affects로 수정해야 한다. 더해, produced는 뒤에 by the BBC가 나오고, 문맥상 documentary는 '제작되는' 것이므로 수동의 의미를 갖는 과거분사 형태가 옳게 사용되었다. 또한, heartbroken은 viewers(시청자들)가 '상심한' 것이므로 감정 상태를 나타내는 과거분사형 형용사로 적절하게 사용되었다. 그리고 전치사 after의 목적어인 동명사구 showing the extent와 plastic affects the ocean to the extent에서 중복되는 명사 the extent를 선행사로 삼아, 이후의 문장을 목적격관계대명사절로 바꾸어서 연결한 후, 전치사 to를 목적격관계대명사 앞으로 옮겨 「전치사 + 관계대명사」 형태로 to which를 사용한 것도 적절하다.

0731

정답 X (whose → whom 또는 who)   **출제포인트** 148 목적격관계대명사

해석 그는 내가 딸에 관해 이야기해보야야 할 사람이다.

해설 해당 문장의 관계사절 I need to talk to about my daughter에서 전치사 to의 목적어가 없는 불완전한 한 문장으로서 선행사로는 문맥상 the person을 지칭하고 있다. 따라서 소유격 관계대명사 whose 대신 목적격관계대명사인 whom 또는 who로 수정해야 한다. 현대영어에서는 목적격관계대명사로 who를 사용하기도 함에 유의해야 한다.

0732

정답 O   **출제포인트** 170 간접의문문

해석 나는 내가 무엇을 잘못했는지 그리고 왜 그렇게 많은 사람들이 나를 떠나보냈는지 알아내려고 노력했다.

해설 주어진 문장의 what I ~ wrong과 why so ~ away는 figure out의 목적어 역할을 하는 간접의문문으로 등위접속사 and로 병렬구조를 이루고 있다. 이에 더해, what은 의문대명사로 what 이하의 절이 had done의 목적어가 없는 불완전한 문장이므로 figure out의 목적어 역할을 하는 명사절을 이끄는 것은 적절하다. 주어진 문장의 wrong(잘못, 틀리게)은 동사 had done을 수식하는 부사로 사용되었음에 유의해야 한다. 또한, why는 의문부사로 뒤따라오는 문장이 완전한 상태로 적절하게 사용되었다.

0733

정답 O   **출제포인트** 131 with 분사구문

해설 「with + 명사 + 분사」는 상태를 설명해 주는 with 분사구문 표현이다. 주어진 문장은 분사 being이 생략됨에 따라 「with + 명사 + 수식어(형용사, 부사구, 전명구)」가 남아 with all of his clothes on으로 표현되었다. 이는 '그의 옷을 모두 입은 채'로 라는 표현으로 동시 동작을 나타낸다. 해당 문장에서 on은 '입고'라는 의미의 부사로 쓰였다.

0734 This allows it to change the pattern and color of its appearance.

0735 In one study, two-month-olds who were later identified as shy children reacting with signs of stress to stimuli such as moving mobiles and tape recordings of human voices.

0736 In fact, UA is about food self-reliance: it involves to create work and is a reaction to food insecurity, particularly for the poor.

0737 Every healthy youngster has a wholesome and instinctive love for stories fantastic, marvelous and manifest unreal.

0738 과정을 관리하면서 발전시키는 것이 나의 목표였다.
→ To control the process and making improvement was my objectives.

친절 & 꼼꼼 정답 및 해설

0734

정답 O   **출제포인트** 111 목적격 보어로 to부정사를 취하는 동사

해석 이것은 그것이 자신의 외모의 무늬와 색을 바꿀 수 있게 한다.

해설 allow는 목적격 보어로 to부정사를 갖는 동사이다. 주어진 문장은 「allow + 목적어 + to부정사」 구문으로 '목적어가 ~하게 허용하다, 허락하다'라는 의미로 적절하게 사용되었다.

0735

정답 X (reacting → reacted)   **출제포인트** 001 주동사의 자리 파악

해석 한 연구에서, 나중에 수줍은 아이로 밝혀진 두 달 된 아이들은 움직이는 모빌들 그리고 녹음된 인간의 목소리 같은 자극에 스트레스 징후로 반응했다.

해설 주어진 문장은 주어가 two-month-olds이고 who were later identified as shy children이 관계대명사절로 선행사인 two-month-olds를 수식하고 있으며 관계대명사절의 시제 were로 보아 주절의 시제도 과거형임을 알 수 있다. 따라서, 해당 문장에는 주어를 서술하는 동사가 없으므로 현재분사 reacting은 과거형 동사 reacted로 수정해야 한다.

0736

정답 X (to create → creating)   **출제포인트** 107 목적어로 동명사를 취하는 동사

해석 사실, UA는 식량 자립에 관한 것이다. 그것은 일자리 창출을 수반하며, 특히 빈곤한 사람들에게 있어서 식량 불안정에 대한 대응이다.

해설 주어진 문장의 involve는 동명사를 목적어로 취하는 완전타동사이므로 부정사 to create를 동명사 creating으로 수정해야 한다.

0737

정답 X (manifest → manifestly)   **출제포인트** 098 형용사 vs. 부사

해석 모든 건강한 젊은이들은 환상적이고, 불가사의하고, 명백하게 비현실적인 이야기에 대한 건전하고 본능적인 애정을 지니고 있다.

해설 주어진 문장에서 등위접속사 and는 형용사인 fantastic, marvelous, unreal을 「A, B, and C」의 병렬구조로 연결하고 있다. 그러나 형용사인 unreal은 부사가 수식해야 하므로, manifest를 manifestly로 수정해야 한다. 더해, 주어 every healthy youngster가 단수이므로 단수 형태의 동사 has는 적절하게 사용되었다.

0738

정답 X (해설 참고)   **출제포인트** 161 등위(상관)접속사의 병렬구조

해설 주어진 영작에 따라 아래와 같이 수정될 수 있다.

To control[Controlling] the process and (to) make[making] improvement was[were] my objectives.

주어에서 To control the process와 making improvement는 등위접속사 and에 의해 병렬구조를 이루어야 한다. 따라서 To control the process and (to) make improvement 혹은 Controlling the process and making improvement로 바꿔야 한다. 또한, 의미상 이 두 개의 개념을 하나의 개념으로 간주하고 있으므로 단수 동사 was도 가능하며, 주어를 각각의 개념으로 볼 경우 복수 동사 were로도 사용할 수 있다.

0739 그들은 뜨거운 차를 마시는 동안에 일몰을 보았다.
○○○
→ They watched the sunset while drank hot tea.

0740 The software developer works to maximize user-friendliness and reduced bugs that impede
○○○ results.

0741 John promised Mary that he will clean his room.
○○○

0742 In criminal cases, the burden of proof is often on the prosecutor to persuade the trier
○○○ (whether judge or jury) that the accused is guilty beyond a reasonable doubt of every element
of the crime charged.

0743 I was born in Taiwan, but I had lived in Korea since I started work.
○○○

친절 & 꼼꼼 정답 및 해설

0739

| 정답 | X (drank → drinking) | 출제포인트 | 127 분사구문 |

해설 해당 문장의 접속사절은 「while they were drinking hot tea」에서 접속사가 생략되지 않은 분사구문으로 변환된 형태로 볼 수 있다. 생략된 주어인 they와 동사 drink의 관계가 능동이므로, drank를 현재분사구문인 drinking으로 수정해야 한다.

0740

| 정답 | X (reduced → reduce 또는 to reduce) | 출제포인트 | 161 등위(상관)접속사의 병렬구조 |

해석 소프트웨어 개발자들은 사용자들의 편의를 최대화하고 결과를 방해하는 버그를 줄이기 위해 작업하는 것이다.

해설 주어진 문장의 등위접속사 and가 연결하는 to maximize와 reduced는 문맥상 병렬구조여야 하므로 reduced를 reduce 또는 to reduce로 수정해야 한다. 더해, 주어인 The software developer가 3인칭 단수이므로 동사 works가 적절하게 사용되었다.

0741

| 정답 | X (will → would) | 출제포인트 | 042 시제 일치 |

해석 John은 그의 방을 청소할 것이라고 Mary에게 약속했다.

해설 주어진 문장의 promise는 「promise + 간접목적어 + 직접목적어」 형태로 사용할 수 있으며, 직접목적어 절로 that절을 사용할 수 있다. 그러나 해당 문장의 주절에 과거시제 promised를 사용했으므로 종속절인 that절의 시제도 과거 형태로 시제 일치해야 한다. 시제 일치는 주종과 종속절 동사의 형태를 반영해서, 현재 형태의 will을 과거 형태인 would로 수정해야 한다.

0742

| 정답 | O | 출제포인트 | 011 주의해야 할 3형식, 4형식 동사 |

해석 형사 소송에서, 입증 책임은 종종 기소된 범죄의 모든 구성 요소에 대한 합리적인 의심을 넘어서 피고가 유죄라는 것을 재판관(판사나 배심원들)에게 설득시키는 검사에게 있다.

해설 persuade는 4형식 동사로 「persuade + 간접목적어 + 직접목적어」의 구조로 사용한다. 주어진 문장의 that the accused is guilty는 persuade의 직접목적어 역할을 하는 목적어 절로 올바르게 사용되었다.

0743

| 정답 | X (had lived → have lived) | 출제포인트 | 047 since 구문 |

해석 나는 대만에서 태어났지만, 일을 시작한 이래로 한국에 살고 있다.

해설 주어진 문장의 since는 '~ 이래로'를 뜻하며, 「주어 + have p.p.(현재완료시제) ~ , since 주어 + 과거시제」로 사용되어 since 절에는 과거시제가, 주절에는 현재완료시제가 쓰인다. 따라서 주어진 문장의 had lived를 have lived로 수정해야 한다.

0744 It's not surprising that book stores don't carry newspapers any more, doesn't it?

0745 A number of scholars suggested people to use music as psychotherapeutic agent.

0746 It's about how well we have invested those we have been given.

0747 The body recognizes the molecular weight and structure of each vitamin and mineral for their functions regardless of if the vitamins come from synthetic or natural sources.

0748 This may be partially because emotional experiences elicited by music and everyday behaviors shares overlapping neurological pathways responsible for positive emotions and motivations.

친절 & 꼼꼼 정답 및 해설

0744

정답 X (doesn't → is) **출제포인트** 171 부가의문문

해석 서점들이 신문을 더 이상 취급하지 않는다는 것은 놀랍지 않아, 그렇지?

해설 부가의문문은 주절이 긍정형이면 부정형으로, 주절이 부정형이면 긍정형으로 써야 하며, 주절의 동사가 be동사이면 be동사로, 일반동사이면 대동사(do)로 받아야 하고 수와 시제 또한 주절에 일치시켜야 한다. 주어진 문장은 주절의 동사가 is not이므로 부가의문문의 동사는 doesn't가 아닌 is로 수정해야 한다.

0745

정답 X (suggested people to use music → suggested that people (should) use music)
출제포인트 058 당위의 조동사 should 생략

해석 수많은 학자들은 사람들이 심리 요법 매개체로써 음악을 이용해야 한다고 제안했다.

해설 suggest는 5형식 동사로 사용될 수 없으며, 완전타동사로 쓰여 동명사 또는 that절을 목적어로 취할 수 있다. 이때 suggest가 당위성을 나타내는 that절을 목적어로 가질 때, 「suggest + that + 주어 + (should) + 동사원형 ~」으로 '~할 것을 제안하다'의 의미로 쓰인다. 따라서 주어진 문장의 suggested people to use music은 suggested that people (should) use music으로 수정해야 한다.

0746

정답 O **출제포인트** 148 목적격관계대명사

해석 그것은 우리에게 주어진 것들에 우리가 얼마나 잘 투자해왔느냐에 관한 것이다.

해설 주어진 문장의 대명사 those (people)이 목적격관계대명사가 생략된 관계사절 we have been given의 수식을 받고 있으므로 옳은 문장이다.

0747

정답 X (if → whether) **출제포인트** 162 명사절 접속사

해석 신체는 비타민이 합성물로부터 나오든 천연 원료로부터 나오든 상관없이 그들의 기능을 위해 각각의 비타민과 미네랄의 분자량과 구조를 인식한다.

해설 명사절을 이끄는 접속사 중 if는 '~인지 아닌지'의 의미로 사용되며, 전치사의 목적어로 쓰일 수 없다. 따라서 주어진 문장의 if는 whether로 수정해야 한다.

0748

정답 X (shares → share) **출제포인트** 180 주어-동사 수일치

해석 이는 부분적으로 음악과 일상적 행동에 의해 끌어내진 감정적 경험이 긍정적인 감정과 동기 부여를 초래하는 중복되는 신경 경로를 공유하기 때문일지도 모른다.

해설 주어진 문장에서 부사절 접속사 because가 이끄는 절의 주어 emotional experiences가 복수형 명사이며 이는 과거분사구인 elicited by music and everyday behaviors에 의해서 수식받고 있다. 따라서 복수형 명사 주어인 experiences에 맞추어 shares는 share로 수정해야 한다.

0749 In the broadest sense, myths are stories — usually whole groups of stories — that can be true or partly true as well as false; regardless of their degree of accuracy, however, myths frequently express the deepest beliefs of a culture.

0750 그들은 나에게 많은 질문을 했는데, 그중 대부분은 답할 수 없었다.
→ They asked me a lot of questions, most of what I couldn't answer.

0751 Most importantly, adoptable pets find homes, and sick or dangerous animals are humanely relieved of their suffering.

0752 Jamie learned from the book that World War I had broken out in 1914.

0753 There are dozens of salient differences between first and second language learning; the most obvious difference, in the case of adult second language learning, are the tremendous cognitive and affective contrast between adults and children.

친절 & 꼼꼼 정답 및 해설

0749

| 정답 | O | 출제포인트 | 146 주격관계대명사 |

해석 가장 넓은 관점에서, 신화는 거짓뿐 아니라 진실이거나 부분적으로 진실일 수 있는 이야기들, 주로 이야기들의 덩어리 전체이다. 그러나 그들의 정확성의 정도와는 상관없이, 신화들은 종종 문화의 가장 심오한 믿음들을 표현한다.

해설 주어진 문장의 that ~ false는 관계사절로 선행사 stories를 수식하고 있으며 that 이후의 문장이 주어가 없는 불완전한 형태이다. 따라서 that은 주격관계대명사로 적절하게 사용되었다. 이때 '— usually whole groups of stories —'은 삽입된 형태로 stories의 의미를 더하고 있다.

0750

| 정답 | X (what → which) | 출제포인트 | 148 목적격관계대명사 |

해설 주어진 문장은 They asked me a lot of questions와 I couldn't answer most of them(= a lot of questions)을 콤마(,)와 관계대명사를 사용해 계속적 용법으로 연결한 문장이다. 선행사인 a lot of questions가 사물이고 관계대명사절의 내에 목적어가 없으므로, what 대신 사물을 나타내는 목적격관계대명사 which가 들어가야 옳다. 따라서 what은 which로 수정되어야 한다. 즉, 관계대명사 which는 most of와 함께 most of which 형태로 선행사 a lot of questions 뒤에 위치해 계속적 용법으로 수식해야 옳은 문장이다.

0751

| 정답 | O | 출제포인트 | 098 형용사 vs. 부사 |

해석 가장 중요한 것은, 입양이 가능한 동물들이 집을 찾고, 아프거나 위험한 동물들은 인도적으로 그들의 고통에서 벗어나게 된다.

해설 주어진 문장에서 문맥상 '입양 가능한 동물'이라는 의미로 형용사 adoptable이 명사 pets를 적절하게 수식하고 있다. 더해, 등위접속사 and는 「A and B」 구조로 adoptable pets ~ homes와 sick or ~ suffering을 병렬구조로 연결하고 있다.

0752

| 정답 | X (had broken out → broke out) | 출제포인트 | 046 불변의 시제 |

해석 Jamie는 제1차 세계 대전이 1914년에 발발했다고 책에서 배웠다.

해설 제1차 세계 대전과 같은 과거의 역사적 사실은 항상 단순 과거시제로 표현해야 한다. 따라서 주어진 문장의 대과거 시제로 표현된 had broken out은 과거시제인 broke out으로 수정해야 한다.

0753

| 정답 | X (are → is) | 출제포인트 | 180 주어 - 동사 수일치 |

해석 제1 언어 학습과 제2 언어 학습 사이에는 수십 가지의 두드러진 차이가 있다. 성인의 제2 언어 학습의 경우, 가장 분명한 차이는 성인과 아동 사이의 엄청난 인지적, 정서적 차이이다.

해설 주어진 문장의 :(세미콜론) 이후의 문장은 앞선 문장에 대한 추가적인 설명이 이어질 때 사용한다. 해당 문장의 the most ~ children에서 주어는 단수 명사 the most obvious difference이므로 are를 단수 형태의 동사 is로 수정해야 한다.

0754 In 1984, Wilson published Biophilia, which was followed by another book, The Biophilia Hypothesis, edited by Kellert and Wilson, in 1995.

0755 A week's holiday has been promised to all the office workers.

0756 나는 아직 오늘 신문을 못 읽었어. 뭐 재미있는 것 있니?
→ I have not read today's newspaper yet. Is there anything interested in it?

0757 Yawning is catching.

친절 & 꼼꼼 정답 및 해설

0754

| 정답 | O | | 출제포인트 | 125 현재분사 vs. 과거분사 |

해석 1984년에 Wilson은 Biophilia를 출간하였고, 이어서 1995년에 Kellert와 Wilson에 의해 편집된 The Biophilia Hypothesis라는 또 다른 책이 출간되었다.

해설 주어진 문장의 edited는 과거분사로서 수식 대상인 another book, The Biophilia Hypothesis는 '편집된' 대상이므로 수동을 나타내는 과거분사 edited가 적절하게 사용되었다.

0755

| 정답 | O | | 출제포인트 | 049 완료시제의 수동태 |

해석 일주일간의 휴가가 모든 사무직 근로자들에게 약속되었다.

해설 주어진 문장의 주어인 A week's holiday(일주일간의 휴가)는 직원들에게 '약속된' 것이므로 완료 수동태인 has been promised로 적절하게 사용되었다.

0756

| 정답 | X (interested → interesting) | | 출제포인트 | 125 현재분사 vs. 과거분사 |

해설 주어진 문장에서 감정 상태를 나타내는 과거분사 interested(흥미 있는)는 수식 대상인 anything을 수식하는 것은 적절하지 않다. 문맥상 anything은 감정을 유발하는 대상이므로 현재분사 interesting(흥미로운)의 감정 유발 분사로 수식하는 것이 적절하다. 따라서 interested는 현재분사 interesting으로 수정해야 한다.

0757

| 정답 | O | | 출제포인트 | 097 형용사 포함 기출 표현 |

해석 하품하는 것은 전염성이 있다.

해설 catching은 '전염성이 있는'을 뜻하는 형용사이다. 주어진 문장에서 catching은 주격 보어로 문맥에 맞게 사용되었다.

0758 안보와 경제외교 강화가 우리의 주요 관심사이다.

→ Our major concern is strengthening security and economic diplomatic.

0759 It is argued that the biomedical view of organ transplantation as a bounded event, which ends once a heart or kidney is successfully replaced, conceal the complex and dynamic process that more accurately represents the experience of receiving an organ.

친절 & 꼼꼼 정답 및 해설

0758

정답 X (diplomatic → diplomacy)　　　　**출제포인트** 161 등위(상관)접속사의 병렬구조

해설 주어진 문장의 strengthening은 동명사로 사용되었으며 be동사의 주격 보어로 바르게 사용되었다. 그러나 이후에 등위접속사 and는 병렬구조로 동일 품사를 연결해야 하는데 주어진 문장에서는 명사 security와 형용사 diplomatic이 병렬구조를 이루고 있지 않다. 더해, 형용사 economic이 수식하고 있으므로 diplomatic을 명사 diplomacy로 수정해야 한다.

0759

정답 X (conceal → conceals)　　　　**출제포인트** 180 주어 - 동사 수일치

해석 일단 심장이나 신장이 성공적으로 이식되면 종료되는 경계성 사건으로 장기 이식을 보는 생물 의학적인 관점은 장기를 받아들이는 경험을 더욱 정확하게 나타내는 복잡하고 역동적인 과정을 숨기고 있다는 주장이 있다.

해설 주어진 문장에 사용된 conceal은 that이 이끄는 명사절 that the biomedical view ~ an organ의 문장 중 동사에 해당되며, 이때 주어는 the biomedical view로 단수형 명사이다. 주어인 view 이후의 of organ ~ replaced는 단지 수식어구 해당되므로 동사의 수에 영향을 미치지 않는다. 따라서 conceal은 3인칭 단수형인 conceals로 수정해야 한다. 더해, It is argued that ~ an organ은 「가주어 - 진주어」 구조로 주어 자리에 가주어인 It이 쓰였으므로 진주어를 이끄는 명사절 접속사 that이 쓰인 것은 알맞다. 마지막으로 부사 accurately는 관계대명사 that절의 동사 represents를 적절하게 수식하고 있다.

Random Day 08

▌주어진 문장이 어법상 또는 주어진 해석상 옳다면 O, 옳지 않다면 X를 하고 바르게 고치시오.

0760 The amygdala and the insula or insular cortex are two representative brain structures most close linked with emotions.

0761 Princeton University offers a tuition-free, nine-month "Bridge Year" in which students can elect doing a service project outside of the U.S.

0762 모든 정보는 거짓이었다.
→ All of the information were false.

0763 The key to understanding economics is accepting what there are always unintended consequences.

0764 My father was in the hospital during six weeks.

📖 친절 & 꼼꼼 정답 및 해설

0760

정답 X (close → closely)　　　**출제포인트** 099 주의해야 할 부사의 형태

해석 편도체와 대뇌 피질은 감정과 가장 밀접하게 연결된 두 가지 대표적인 뇌 조직이다.

해설 주어진 문장의 structures를 수식하는 과거분사 linked를 부사 close가 수식하고 있다. 이때 부사로 쓰인 close는 '(시간, 거리) 가깝게'의 의미이다. 해당 문장에서처럼 문맥상 '(관계) 긴밀하게, 밀접하게'의 의미로 사용되기 위해서는 부사 closely로 수정해야 한다.

0761

정답 X (doing → to do)　　　**출제포인트** 106 목적어로 to부정사를 취하는 동사

해석 Princeton University는 학생들이 미국 밖에서 봉사 프로젝트를 하는 것을 선택할 수 있게 하는, 학비가 무료인 9개월간의 "Bridge Year"를 제공한다.

해설 주어진 문장의 elect는 「elect + to 동사원형」 형태로 목적어로 to부정사를 취하는 동사이므로 doing을 to do로 수정해야 한다. 더해, in which 이후의 문장은 완전한 형태이므로 「전치사 + 관계대명사」는 적절하다.

0762

정답 X (were → was)　　　**출제포인트** 180 주어-동사 수일치

해설 주어진 문장의 information은 불가산명사이므로 단수 취급한다. 따라서 were를 was로 수정해야 한다.

0763

정답 X (what → that)　　　**출제포인트** 152 that vs. what

해석 경제를 이해하는 것의 비결은 항상 의도치 않은 결과가 있다는 점을 받아들이는 것이다.

해설 관계대명사 what은 뒤따라오는 문장이 불완전하며 선행사가 존재하지 않는 특징이 있다. 주어진 문장의 what 이후의 절인 there ~ consequences가 완전하므로 관계대명사 what은 accept의 목적어 절로 옳지 않다. 따라서 해당 문장의 what을 that으로 수정해야 한다. 이때 접속사 that은 타동사 accept의 목적어절을 이끄는 명사절 접속사로 쓰인다.

0764

정답 X (during six weeks → for six weeks)　　　**출제포인트** 028 during vs. for

해석 우리 아버지는 6주간 병원에 계셨다.

해설 주어진 문장에 「기수 + 가산명사」 형태의 불특정 기간인 six weeks가 제시되었으므로 during six weeks는 for six weeks로 수정해야 한다. 이때 시제는 과거시제 또는 현재완료시제를 사용할 수 있다.

0765 Whichever way you choose, you will need to compare like for like.

0766 그는 사형이 폐지되어야 하는지 아닌지에 대한 에세이를 써야 한다.
→ He has to write an essay on if or not the death penalty should be abolished.

0767 The intensity of a color is related to how much does gray the color contain.

0768 Supplements on the market today includes those that use natural herbs or synthetic ingredients.

0769 In contrast, an industrial worker who has to work in areas which the possibility of a flash fire exists would have a very different set of hazards and requirements.

친절 & 꼼꼼 정답 및 해설

0765

| 정답 | O | 출제포인트 | 154 복합관계대명사 |

해석 당신이 어떤 방법을 선택하든지, 같은 방법으로 비교해야 할 것이다.

해설 주어진 문장의 whichever는 복합관계형용사로 명사와 결합하여 부사절을 이끌 수 있다. 주어진 문장은 Whichever가 명사 way를 수식하고 있으며 부사절 Whichever ~ choose를 이끌고 있으므로 어법상 적절하다.

0766

| 정답 | X (if → whether) | 출제포인트 | 162 명사절 접속사 |

해설 주어진 문장의 접속사 if는 '~인지 아닌지'의 의미로 쓰일 때 바로 이어서 or not과 함께 쓰일 수 없으며, 전치사의 목적어로도 사용할 수 없다. 따라서 if를 whether로 수정해야 한다.

0767

| 정답 | X (how much does gray the color contain → how much gray the color contains) |
| 출제포인트 | 170 간접의문문 |

해석 색의 명암은 그 색이 얼마나 많은 회색을 포함하고 있는지와 관련된다.

해설 명사절의 역할을 하는 간접의문문은 「의문사 + 주어 + 동사」 형태이다. 주어진 문장에서 how much ~ contains는 전치사 to의 목적어 역할을 하는 간접의문문에 해당되므로 how much does gray the color contain을 how much gray the color contains 수정해야 한다. 더해, how는 의문부사로 형용사 much를 올바르게 수식하고 있다.

0768

| 정답 | X (includes → include) | 출제포인트 | 180 주어 - 동사 수일치 |

해석 오늘날 시판되는 보조식품에는 천연 허브나 합성 재료를 사용한 것들이 포함된다.

해설 주어진 문장의 주어는 복수 명사인 Supplements이므로 수일치에 따라 동사는 복수형 동사를 사용해야 한다. 따라서 includes는 include로 수정해야 한다.

0769

| 정답 | X (which → where) | 출제포인트 | 158 관계대명사 vs. 관계부사 |

해석 대조적으로, 돌발성 화재가 존재할 가능성이 있는 곳에서 일해야 하는 산업 노동자는 매우 다른 세트의 위험과 요구 사항을 가지고 있을 것이다.

해설 주어진 문장의 관계사절 which ~ exists가 수식하는 선행사가 장소를 나타내는 areas이며 which 이후의 절이 완전하므로 관계대명사 which는 옳지 않다. 따라서 관계대명사 which는 관계부사 where로 수정해야 한다.

0770 시스템 업그레이드를 위해 해야 될 많은 일이 있다.
→ There is a lot of work to be done for the system upgrade.

0771 Japanese tourists came here but few stayed overnight.

0772 It's easier to stay home in comfortable exercise clothes or a bathrobe than getting dressed for yet another business meeting!

0773 당신은 런던에 가본 적이 있나요?
→ Have you ever gone to London?

0774 친절한 사람이어서, 그녀는 모든 이에게 사랑받는다.
→ Been a kind person, she is loved by everyone.

친절 & 꼼꼼 정답 및 해설

0770

| 정답 | O | 출제포인트 | 112 to부정사의 형용사적 용법 |

해설 주어진 문장의 to be done은 명사 work를 수식하는 to부정사의 형용사적 용법으로 사용되었다. work는 의미상 '행하여지는' 대상이므로 to부정사의 수동태 to be done이 적절하다.

0771

| 정답 | O | 출제포인트 | 092 수량형용사 |

해석 일본 관광객들이 여기에 왔지만, 하룻밤 묵는 사람은 거의 없었다.
해설 주어진 문장에서 few는 '거의 없는 사람들' 또는 '소수의 것들'을 뜻하는 대명사로 옳게 사용되었으며, 이때 few는 복수 취급한다. 주어진 문장의 few는 few tourists를 의미한다.

0772

| 정답 | X (getting → to get) | 출제포인트 | 137 비교 대상 일치 |

해석 또 한 번의 비즈니스 미팅을 위해 옷을 차려입는 것보다 편안한 운동복이나 목욕 가운을 입고 집에 있는 것이 더 쉽다!
해설 주어진 문장의 easier ~ than으로 보아 비교급 비교가 사용된 문장임을 알 수 있다. 비교 대상은 동일한 품사 형태로 쓰여야 하므로 to stay와 병렬구조를 이루도록 than 이후의 getting은 to get으로 수정해야 한다.

0773

| 정답 | X (gone → been) | 출제포인트 | 036 과거 vs. 현재완료 |

해설 「have been to」는 '~에 가본 적이 있다'를 뜻하며 경험을 나타낸다. 반면에 「have gone to」는 '~에 가버리다(그래서 없다)'를 뜻하며 결과를 나타내며, 주어로는 1인칭과 2인칭을 사용하지 못한다. 주어진 문장은 2인칭 you의 '경험'을 묻고 있으므로 gone을 been으로 수정해야 한다.

0774

| 정답 | X (Been → Being) | 출제포인트 | 127 분사구문 |

해설 주어진 문장은 'As she is a kind person, she is loved by everyone.'에서 As절이 분사구문으로 변환된 형태이다. 여기서 주절의 주어 she는 문맥상 '친절한'의 주체이므로 분사는 능동을 나타내는 현재분사가 사용되어야 한다. 따라서 Been은 Being으로 수정되어야 옳다.

0775 Were it not for water, all living creatures on earth would have been extinct.

0776 그는 문자 메시지에 너무 정신이 팔려서 제한속도보다 빠르게 달리고 있다는 것을 몰랐다.
→ He was so distracted by a text message to know that he was going over the speed limit.

0777 Scientists warn we cannot take our forest for granted.

0778 그것은 10개의 요소로 구성되어 있다.
→ It consists ten elements.

0779 Urban agriculture (UA) has long been dismissed as a fringe activity that has no place in cities; however, its potential is beginning to realize.

친절 & 꼼꼼 정답 및 해설

0775

정답 X (would have been → would be)　　**출제포인트** 066 if 생략 가정법

해석 물이 없다면, 지구상의 모든 살아있는 생명들은 멸종될 것이다.

해설 현재 사실을 반대로 가정하는 가정법 과거의 「If it were not for ~」구문에서 If가 생략되면 종속절은 의문문 어순으로 바뀐다. 즉, 종속절의 동사 were가 주어 앞으로 도치되면서 Were it not for의 형태가 된다. 이때 가정법 과거의 주절은 「would + 동사원형」으로 쓰여야 한다. 따라서 would have been은 would be로 수정해야 한다.

0776

정답 X (so → too 또는 to know → that he couldn't know)　　**출제포인트** 165 so ~ that 주요 표현

해설 주어진 우리말 해석에 맞게 '너무 ~해서 …할 수 없다'의 의미를 만들기 위해, 「too ~ to …」구문이나 「so ~ that 주어 cannot[can't] …」구문으로 수정해야 한다. 시제를 반영해 다음의 두 방법으로 의미를 나타낼 수 있다.
① He was too distracted by a text message to know that he was going over the speed limit.
② He was so distracted by a text message that he couldn't know that he was going over the speed limit.
따라서 so를 too로 수정하거나, to know를 that he couldn't know로 수정해야 한다.

정혜쌤's Tip 해당 문제는 밑줄이 제시되지 않은 경우 2가지 해설이 가능하니 유의하세요.

0777

정답 O　　**출제포인트** 022 동사 take의 다양한 쓰임

해석 과학자들은 우리가 숲을 낭연한 것으로 여겨서는 안 된다고 경고한다.

해설 「take ~ for granted」는 '~을 당연한 것으로 여기다'를 뜻하는 관용표현으로 for 뒤의 granted는 옳게 쓰였다. 또한, 주어진 문장은 문맥상 our forest가 take의 목적어로 적절하게 사용되었다.

0778

정답 X (consists → consists of)　　**출제포인트** 006 타동사로 착각하기 쉬운 자동사

해설 consist는 자동사로 목적어를 가질 수 없다. '~로 구성되다'를 뜻할 때는 consist of로 사용하므로 주어진 문장의 consists는 consists of로 수정해야 한다.

0779

정답 X (to realize → to be realized)　　**출제포인트** 117 to부정사의 태

해석 도시 농업(UA)은 오랫동안 도시에서 설 곳이 없는 비주류 활동으로 치부되어왔다; 그러나 그것의 잠재력이 인식되기 시작하고 있다.

해설 주어진 문장의 주어는 its potential이며 동사는 is beginning에 해당된다. 해당 동사는 다시 목적어로 to부정사인 to realize를 갖고 있다. 그러나 문맥상 문장의 주어와 동사 realize의 관계는 수동이므로 to부정사의 수동태로 써서, to realize를 to be realized로 수정해야 한다.

0780 Valuable vacant land rarely sits idle and is often taken over — either formally, or informally — and made productive.

0781 Music therapy can be broadly defined as being 'the use of music as an adjunct to the treatment or rehabilitation of individuals to enhance their psychological, physical, cognitive or social functioning'.

0782 많은 다른 선택권이 있었다.
→ There was a number of different options.

0783 He spends much of the movie try to answer these questions.

0784 Darwin knew far less about the various species he collected on the Beagle voyage than do experts in England at the time who classified these organisms for him.

친절 & 꼼꼼 정답 및 해설

0780

정답 O　　　　**출제포인트** 051 불완전타동사의 수동태

해석 귀중한 공지는 좀처럼 놓이고 있지 않으며, 공식적으로든 비공식적으로든 종종 점유되어 있고, 생산적이 된다.

해설 주어진 문장의 and made productive는 made 앞에 중복되는 be동사 is가 생략된 형태이다. 불완전타동사 make가 수동태로 전환될 때 목적격 보어로 쓰인 형용사는 그대로 동사 뒤에 위치하므로, 형용사 형태인 productive는 적절하다.

0781

정답 O　　　　**출제포인트** 161 등위(상관)접속사의 병렬구조

해석 음악 요법은 광의로 '그들의 심리적, 육체적, 인지적, 또는 사회적 기능을 향상시킬 수 있는 개인의 치료 또는 재활에의 보조 도구로서 음악의 사용'으로 정의될 수 있다.

해설 주어진 문장에서 functioning은 '기능, 작용'을 뜻하는 명사로 사용되었으며 to enhance의 목적어로 사용되었다. 주어진 문장의 형용사 psychological, physical, cognitive, social은 「A, B, C, or D」 구조로 functioning을 수식하고 있다.

0782

정답 X (was → were)　　　　**출제포인트** 183 a number of vs. the number of 수일치

해설 주어진 문장의 a number of는 '많은 ~'를 뜻하며 복수 가산명사를 수식하므로 options는 옳게 사용되었다. 단, 주어진 문장은 유도부사구문인 「there + be동사」이므로, 복수형 주어 options에 수일치 해 동사 was를 were로 수정해야 한다.

0783

정답 X (try → trying)　　　　**출제포인트** 124 동명사 주요 표현

해석 그는 이 질문들에 답하려고 애쓰는 데 영화의 많은 부분을 쓴다.

해설 「spend + 목적어[시간, 돈] + (in) ~ing」는 '~하는 데 (돈이나 시간을) 사용하다[쓰다]'를 뜻하는 관용표현이다. 따라서 주어진 문장의 try는 trying으로 수정해야 한다.

0784

정답 X (do → did)　　　　**출제포인트** 137 비교 대상 일치

해석 Darwin은 그를 위해 이러한 유기체들을 분류했던 그 시대 영국의 전문가들이 한 것보다 Beagle 여행에서 그가 수집했던 다양한 종들에 대해 훨씬 더 조금 알고 있었다.

해설 주어진 문장이 과거 Darwin 시대에 대한 내용을 서술하고 있으므로 과거 시제를 사용해야 적절하다. 문맥상 'Darwin knew~'와 'experts knew~'를 비교하고 있으므로 than 이후의 do는 did로 수정해야 한다. 이때 접속사 뒤에 대동사 do를 사용할 경우 「주어 + 동사」가 「동사 + 주어」의 어순으로 도치될 수 있다.

0785 그녀의 얼굴에서 미소가 곧 사라졌다.
→ The smile soon faded from her face.

0786 The author whom you criticized in your review has written a reply.

0787 You can write on both side of the paper.

0788 Many New Yorkers wanted to have a bridge directly connected Manhattan and Brooklyn because it would make their commute quicker and safer.

0789 Of the billions of stars in the galaxy, how much are able to hatch life?

친절 & 꼼꼼 정답 및 해설

0785

정답 O **출제포인트** 006 타동사로 착각하기 쉬운 자동사

해설 주어진 문장에서 fade는 자동사로 적절하게 사용되었다. 「fade from」은 '~에서 사라지다, ~에서 희미해지다'를 뜻한다.

0786

정답 O **출제포인트** 148 목적격관계대명사

해석 당신의 리뷰에서 당신이 비판한 작가가 답장을 썼다.

해설 주어진 문장에서 관계사 whom의 선행사는 사람인 The author이고 관계사절이 동사 criticized의 목적어가 없는 불완전한 형태이므로 사람을 나타내는 목적격관계대명사 whom이 적절하게 사용된 것을 알 수 있다. 또한, 단수 주어 The author에 수를 일치시킨 단수 형태의 동사 has written도 적절하게 사용되었다.

0787

정답 X (side → sides) **출제포인트** 185 수량형용사 - 명사 수일치

해석 당신은 종이의 양면에 써도 된다.

해설 주어진 문장의 both는 복수 가산명사 앞에 사용되므로, 주어진 문장의 side를 sides로 수정해야 한다.

0788

정답 X (connected → connecting) **출제포인트** 125 현재분사 vs. 과거분사

해석 많은 뉴욕 사람들은 Manhattan과 Brooklyn을 직통으로 연결하는 다리를 원했는데, 그것이 자신들의 통근을 더 빠르고 더 안전하게 해줄 것이기 때문이었다.

해설 주어진 문장의 connected는 a bridge를 수식하는 분사이며 connect는 목적어가 필요한 타동사이다. connected의 목적어 역할을 하는 Manhattan and Brooklyn이 목적어로 위치하고 있으므로 connected를 능동의 의미를 갖는 현재분사 connecting으로 수정해야 한다.

0789

정답 X (much → many) **출제포인트** 092 수량형용사

해석 은하계에 있는 수십억 개의 별들 중, 얼마나 많은 것들이 생명체를 부화시킬 수 있는가?

해설 주어진 문장의 동사 are는 주어로 복수 명사를 취해야 한다. 주어진 문장은 문맥상 '얼마나 많은 별들'이 주어가 되어야 하므로 how many (stars)가 적절하다. 따라서 해당 문장의 stars는 복수형 가산 명사로 수를 나타내는 형용사 many(많은)로 수식해야 하므로 양을 나타내는 형용사 much를 many로 수정해야 한다.

0790 We mean all of those occasions that involve the presence of strangers, such as viewing television in public places like bars, go to concerts or dance clubs, or reading a newspaper on a bus or subway.

0791 He was more skillful than any other baseball players in his class.

0792 상관이 생각하는 것과는 반대로, 절대 이 프로젝트를 일주일에 끝낼 수 없다.
→ Contrary to what the boss thinks, there is no way we can't get this project done in a week.

0793 Globally, pedestrians constitute 22% of all road traffic fatalities, and in some countries this proportion is as high than two thirds of all road traffic deaths.

친절 & 꼼꼼 정답 및 해설

0790

정답 X (go → going)　　　**출제포인트** 161 등위(상관)접속사의 병렬구조

해석 우리는 술집과 같은 공공장소에서 텔레비전을 보거나, 콘서트나 댄스 클럽에 가거나, 버스나 지하철에서 신문을 읽는 등 낯선 사람들이 있는 것과 관련된 모든 경우들을 의미한다.

해설 등위접속사 or는 「A, B, or C」의 형태로 병렬구조를 이룬다. 주어진 문장의 구전치사 such as의 목적어인 동명사구 viewing과 reading을 병렬구조로 연결하고 있으므로 중간의 go 또한 동명사구 형태가 되어야 한다. 따라서 go는 going으로 수정해야 한다.

0791

정답 X (baseball players → baseball player)　　　**출제포인트** 144 최상급 대용 표현

해석 그는 반에서 다른 어떤 야구 선수보다 더 능숙했다.

해설 비교급을 이용한 최상급 표현은 「비교급 + than any other + 단수 명사」로 나타낸다. 따라서 주어진 문장의 baseball players는 baseball player로 수정해야 한다.

0792

정답 X (we can't → we can)　　　**출제포인트** 166 이중 부정 금지 접속사

해설 '~할 방법이 없다'를 뜻하는 「there is no way」에는 부정의 의미가 이미 포함되어 있으므로 이중 부정에 유의해야 한다. 주어진 문장은 there is no way가 사용되었으나 부정 표현인 can't가 사용되었으므로 옳지 않은 문장이다. 따라서 we can't에서 not을 삭제해 we can으로 수정해야 한다.

0793

정답 X (as high than → as high as 또는 higher than)　　　**출제포인트** 134 원급 비교　136 비교급 비교

해석 전 세계적으로, 보행자들은 모든 도로 교통 사망자들의 22%를 차지하며, 몇몇 국가들에서 이 비율은 모든 도로 교통 사망자들의 2/3에 해당할 만큼 높다 [2/3 보다 더 높다].

해설 주어진 문장의 high는 be동사 is의 주격 보어 역할을 하는 형용사로 사용되었다. 원급 비교 문장으로서 원급 형용사 high는 앞선 as에 의해서 수식받고 있으며 또한 비교 대상도 전치사 as 이후에 제시되어야 한다. 따라서 as high than은 as high as로 수정되어야 한다. 또는 비교 대상을 비교급으로 보아 형용사 high의 비교급인 higher를 이용해서 as high than을 higher than으로 수정할 수 있다.

정혜쌤's Tip 해당 문장은 원급 비교 또는 비교급 비교 두 가지로 수정할 수 있으니 주의하세요.

0794 Wooden spoons are excellent toys for children, and so do plastic bottles.

0795 Harry's decision retire from politics was not completely unexpected.

친절 & 꼼꼼 정답 및 해설

0794

정답 X (do → are)   **출제포인트** 177 '또한 그렇다 / 그렇지 않다'의 표현

해석 나무 숟가락은 아이들에게 매우 좋은 장난감이고 플라스틱병 또한 그렇다.

해설 '~ 또한 그렇다'를 뜻하는 표현은 「so + 동사 + 주어」로 표현할 수 있다. 이때 동사의 종류는 앞선 동사의 종류에 따라 결정된다. 따라서 주어진 문장은 앞선 문장이 be동사인 are가 사용되었으므로, do를 are로 수정해야 한다.

0795

정답 X (retire → to retire)   **출제포인트** 112 to부정사의 형용사적 용법

해석 정계에서 은퇴하겠다는 Harry의 결정은 완전히 뜻밖은 아니었다.

해설 주어진 문장의 본동사는 was이므로, 문맥상 retire는 decision을 수식하는 준동사로 '정계에서 은퇴하겠다는 Harry의 결정'의 의미를 갖는 to부정사의 형용사적 용법으로 수정해야 한다. 따라서 retire는 to retire로 수정해야 한다.

Random Day 09

주어진 문장이 어법상 또는 주어진 해석상 옳다면 O, 옳지 않다면 X를 하고 바르게 고치시오.

0796 I like people who look me in my eye when I have a conversation.

0797 The first action its inhabitants took against neighboring villages set in motion a process that was both constrained by reality and filling with unintended consequences.

0798 내가 전화해서 그에게 그것을 가지고 오라고 하겠다.
→ I'll call and ask him to bring over it.

0799 However, the inability to remember your name and identity are exceedingly rare in reality.

0800 When a viewer looks at her eyes, the mouth is in peripheral vision, that sees in black and white.

친절 & 꼼꼼 정답 및 해설

0796

정답 X (my → the)　　**출제포인트** 087 정관사 the

해석 나는 대화할 때 내 눈을 보는 사람들을 좋아한다.

해설 주어진 문장에서 '~의 눈을 보다'는 「look + 목적격 + in the + 신체 부위」로 표현하며 신체 부위 앞에는 소유격이 아닌 정관사 the를 사용해야 한다. 따라서 my를 the로 수정해야 한다. 더해, 관계대명사절 who look ~ eye가 사람을 나타내는 선행사 people을 수식하고 있으며 관계대명사절이 주어가 없는 불완전한 형태이므로 관계대명사 who의 쓰임은 적절하다.

0797

정답 X (filling → filled)　　**출제포인트** 161 등위(상관)접속사의 병렬구조

해석 그곳의 주민이 이웃 마을에 대항하여 취한 최초의 행위가 현실에 의해 속박당하면서도 의도하지 않을 결과로 가득한 과정에 시동을 걸었다.

해설 주어진 문장에서 주격관계대명사절 that ~ consequences가 선행사 a process를 수식하고 있다. 관계사절의 동사는 등위상관접속사 「both A and B」 구조로 filling을 filled로 수정해 수동태 was both constrained와 (was) filled로 병렬구조를 표현하는 것이 어법상 적절하다. 따라서 filling을 filled로 수정해야 한다. 해당 문장의 주어는 The first action이며, 이후의 its inhabitants ~ villages는 took의 목적어가 없는 목적격관계대명사절로 주어인 action을 수식하고 있다. 따라서 문장의 동사구는 과거시제 set in motion에 해당된다.

0798

정답 X (bring over it → bring it over)　　**출제포인트** 081 부정대명사 vs. 지시대명사

해설 bring over는 '~을 가져오다'를 뜻하는 타동사구로 목적어가 대명사일 때는 「타동사 + 대명사 + 부사」의 어순으로 사용한다. 따라서 주어진 문장의 bring over it은 bring it over로 수정해야 한다. 더해, and는 등위접속사로 동일 품사의 단어를 연결해야 한다. 주어진 문장에서는 조동사 뒤에 나오는 동사원형 call과 ask를 적절하게 연결하고 있다. 또한, ask는 불완전타동사로 목적격 보어로 to부정사를 취하므로 to bring 또한 적절하게 사용되었다.

0799

정답 X (are → is)　　**출제포인트** 180 주어 - 동사 수일치

해석 하지만, 당신이 당신의 이름과 신분을 기억하지 못하는 것은 현실에서는 매우 드물다.

해설 주어진 문장에서 주어는 the inability이며 to remember ~ identity는 the inability를 수식하는 to부정사구이다. 따라서 동사 are는 단수 주어에 수일치 해 단수 형태의 동사 is로 수정해야 한다.

0800

정답 X (that → which)　　**출제포인트** 146 주격관계대명사

해석 관람객들이 그녀의 눈을 볼 때, 입은 흑백으로 보이는 주변부 시야에 있다.

해설 주어진 문장의 that은 peripheral vision을 선행사로 하는 주격관계대명사로 이때 peripheral vision은 사물에 해당하므로, that 또는 which를 사용할 수 있다. 그러나 주격관계대명사 앞에 콤마(,)를 통해서 앞선 선행사를 부가 설명하는 관계대명사의 계속적 용법으로 사용되었음을 알 수 있다. 계속적 용법은 관계대명사 that을 사용할 수 없으므로, that을 which로 수정해야 한다.

0801 Not only have the number of baseball players increased but so have the values of the players.
○○○

0802 그는 지금 자신에게 화가 나 있다.
○○○
→ He is angry with himself now.

0803 If I realized what you were intending to do, I would have stopped you.
○○○

0804 Strange as it may seem, the Sahara was once an expanse of grassland supported the kind of animal life associated with the African plains.
○○○

0805 Typically, there are social rules that governs how we interact with those around us and with the media product.
○○○

친절 & 꼼꼼 정답 및 해설

0801

정답 X (have → has)　　　**출제포인트** 188 도치 구문의 수일치

해석 야구 선수들의 수가 증가해 왔을 뿐만 아니라 선수들의 가치도 증가해 왔다.

해설 주어진 문장의 부정어 Not only가 강조되어 문장 맨 앞에 위치하고 있으므로, 이후의 문장의 어순은 의문문 어순으로 도치되어야 한다. 이때 주어가 단수인 the number of baseball players이므로 단수 동사로 has increased로 수일치가 되어야 한다. 따라서 have를 has로 수정해야 한다. 더해 but 이후의 문장에서도 so가 강조되어서 이후의 문장의 어순은 의문문 어순이어야 한다. 주어는 the values of the players로 복수이므로 복수 동사 have가 적절하게 도치되었다.

0802

정답 O　　　**출제포인트** 080 재귀대명사

해설 주어진 문장의 angry with는 '~에게 화가 나다'를 의미하며 주어와 동일한 대상을 표현할 때 재귀대명사를 사용하므로 himself는 적절하게 사용되었다.

0803

정답 X (If I realized → Had I realized 또는 If I had realized)　　　**출제포인트** 066 if 생략 가정법　063 가정법 과거 vs. 가정법 과거완료

해석 네가 무슨 일을 하려는지 내가 알아차렸더라면, 나는 너를 말렸을 거야.

해설 주어진 문장은 주절의 시제인 would have stopped와 종속절의 what you were로 볼 때, 과거 사건에 대한 반대 상황을 가정하는 가정법 과거완료 문장임을 알 수 있다. 해당 문장은 가정법 과거완료 형태인 「If + S + had p.p.~ , S + 조동사 과거형 + have p.p. …」에서, If가 생략된 구조로, 주어와 동사가 도치되어 「Had + S + p.p. ~, S + 조동사 과거형 + have p.p. …」로 나타내야 한다. 따라서 주어진 문장의 If 대신에 Had로 수정하거나 평서문 어순대로 If I had realized로 수정해야 한다. 또한, 주어진 문장의 what you ~ do는 realized의 목적어로 쓰인 간접의문문으로 「의문사 + 주어 + 동사」의 어순으로 어법상 옳게 사용되었다.

0804

정답 X (supported → supporting)　　　**출제포인트** 125 현재분사 vs. 과거분사

해석 이상하게 보일지 모르지만, 사하라 사막은 한때 아프리카 평원과 관련된 종류의 동물의 삶을 지탱하는 광활한 초원이었다.

해설 주어진 문장의 support는 '~을 지원하다, 지탱하다'의 의미의 타동사이다. 문맥상 grassland는 support가 분사로 쓰여서 '동물의 삶을 지탱하는 초원'이라는 능동적 의미로 수식하는 것이 적절하다. 따라서 과거분사 supported를 능동의 의미를 가진 현재분사 supporting으로 수정해야 한다.

0805

정답 X (governs → govern)　　　**출제포인트** 189 관계대명사의 선행사와 관계절 동사와의 수일치

해석 전형적으로, 우리가 우리 주변의 사람들과 그리고 미디어 제품과 어떻게 상호 작용하는지를 지배하는 사회적 규칙들이 있다.

해설 주어진 문장에서 주격관계대명사절 that govern ~ product가 유도부사구문의 주어인 선행사 social rules를 수식하고 있다. 주어인 social rules가 복수 명사이므로 유도부사 이후의 동사인 are 올바르게 수일치 하고 있다. 그러나 주격관계대명사 that 이후의 동사 governs는 선행사 social rules와 옳지 않게 수일치 되어 있으므로, 단수 동사 governs를 복수 동사 govern으로 수정해야 한다. 더해, how we interact는 govern의 목적어로 사용된 간접의문문으로 적절하게 사용되었다.

0806 네가 내는 소음 때문에 내 집중력을 잃게 하지 말아라.
○○○
→ Don't let me distracted by the noise you make.

0807 예산은 처음 기대했던 것보다 약 25퍼센트 더 높다.
○○○
→ The budget is about 25% higher than originally expecting.

0808 Cars and planes have made it easy and comfortably for us to travel.
○○○

0809 그는 오늘 아침에 늦게 일어났다.
○○○
→ He woke up lately this morning.

0810 Academic knowledge isn't always that leads you to make right decisions.
○○○

친절 & 꼼꼼 정답 및 해설

0806

정답 X (distracted → be distracted) **출제포인트** 018 사역동사

해설 주어진 문장의 사역동사 let은 불완전타동사로 「let + 목적어 + 목적격 보어」 형태로 쓰일 수 있다. 이때 목적격 보어로 과거분사를 취할 수 없으며 원형부정사를 취한다. 따라서 해당 문장에서처럼 목적격 보어가 목적어와 수동의 관계를 나타내는 경우 「be + p.p.」 형태로 써야 한다. 따라서 distracted는 be distracted로 수정되어야 한다.

0807

정답 X (expecting → expected) **출제포인트** 125 현재분사 vs. 과거분사

해설 주어진 문장의 than 이하의 문맥상 예산이 '원래 기대되었던 것'이므로 원문은 than it(= the budget) was originally expected로 수동태 문장이다. 이때 접속사 than 뒤에 주어와 be동사가 생략되어서 expecting은 expected로 수정해야 한다.

0808

정답 X (comfortably → comfortable) **출제포인트** 110 to부정사의 가목적어

해석 자동차와 비행기는 우리가 여행하는 것을 쉽고 편안하게 해주었다.

해설 make는 불완전타동사로 쓰일 때 목적어 자리에 가목적어 it을 사용하고 진목적어는 문장의 뒤로 이동시킨다. 주어진 문장은 가목적어 it과 진목적어 to travel이 적절하게 사용되었으며 for us는 to부정사의 의미상 주어이다. 그러나 목적격 보어 자리에 형용사 easy가 쓰인 것으로 보아 and 이후의 품사도 병렬구조로 형용사여야 하므로, comfortably는 comfortable로 수정해야 한다.

0809

정답 X (lately → late) **출제포인트** 099 주의해야 할 부사의 형태

해설 주어진 우리말 해석처럼 '늦게'를 표현하기 위해서는 부사 late가 적절하다. lately는 부사로 '최근에'를 나타내므로 적절하지 않다. 따라서 lately를 late로 수정해야 한다.

0810

정답 X (isn't always that leads you → isn't always what leads you 또는 doesn't always lead you)
출제포인트 152 that vs. what

해석 학문적 지식이 항상 당신이 올바른 결정을 내리도록 이끄는 것은 아니다 [이끌지는 않는다].

해설 주어진 문장의 leads를 주격관계대명사 that으로 본다면 그에 맞는 선행사가 없으므로 that을 선행사를 포함한 관계대명사 what으로 수정해서 what leads you to make로 볼 수 있다. 또는 동사 leads를 문맥상 본동사로 보아 일반 동사 부정문으로 Academic knowledge doesn't always lead you to make right decisions.으로 볼 수도 있다.

0811 His survival over the years since independence in 1961 does not alter the fact that the discussion of real policy choices in a public manner has hardly never occurred.

0812 내일 아침 일찍 저를 반드시 깨워주세요.
→ Be sure to wake up me early tomorrow morning.

0813 There he stands, waved his arms in time with the music, and the orchestra produces glorious sounds, to all appearances quite spontaneously.

0814 가능한 한 빨리 제가 결과를 알도록 해주세요.
→ Please let me known the result as soon as possible.

0815 내 컴퓨터가 작동을 멈췄을 때, 나는 그것을 고치기 위해 컴퓨터 가게로 가져갔어.
→ When my computer stopped to work, I took it to the computer store to get it fixed.

친절 & 꼼꼼 정답 및 해설

0811

정답 X (hardly 또는 never 삭제)   출제포인트 100 빈도부사

해석 1961년의 독립 이후 여러 해 동안 그의 생존은 진정한 정책 선택에 대한 논의가 공식적인 방식으로 거의 일어나지 않았다는 사실을 바꾸지 않는다.

해설 hardly는 '거의 ~아니다[없다]'를 뜻하는 부정 부사로 부정어와 함께 사용될 수 없다. 주어진 문장은 hardly와 부정을 나타내는 never를 같이 사용해 이중 부정이 되어 옳지 않은 문장이다. 따라서 hardly 또는 never를 삭제해야 한다. 더해, over는 '~동안'이라는 의미로 옳게 사용되었다.

0812

정답 X (wake up me → wake me up)   출제포인트 081 부정대명사 vs. 지시대명사

해설 주어진 문장의 wake up은 '~을 깨우다'를 뜻하는 타동사구로 목적어가 대명사일 때는 「타동사 + 대명사 + 부사」의 어순으로 사용한다. 따라서 해당 문장의 wake up me를 wake me up으로 수정해야 한다. 또한, 「be sure to + 동사원형」은 '반드시 ~을 하다'를 뜻하는 표현으로 적절하게 사용되었다.

0813

정답 X (waved → waving)   출제포인트 127 분사구문

해석 그는 그곳에 서서 음악에 맞춰 팔을 흔들고 오케스트라는 장엄한 소리를 만들어 내는데, 어느 모로 보나 아주 자연스럽게 보인다.

해설 주어진 문장의 waved his arms in time with the music은 분사구문으로 생략된 주어는 분사구문 앞에 위치한 he에 해당된다. 이때 he와 waved는 수동의 관계가 아니라, '팔을 흔드는' 능동의 관계이므로 능동 분사구문이 적절하다. 따라서 waved를 waving으로 수정해야 한다.

0814

정답 X (known → know)   출제포인트 018 사역동사

해설 주어진 문장의 사역동사 let은 불완전타동사 「let + 목적어 + 목적격 보어」 형태로 쓰일 수 있다. 이때 목적격 보어로 과거분사를 취할 수 없으며 원형부정사를 취한다. 해당 문장에서처럼 목적격 보어가 목적어와 능동의 관계를 나타내는 경우 원형부정사 형태로 써야 한다. 따라서 known은 know로 수정되어야 한다.

0815

정답 X (to work → working)   출제포인트 107 목적어로 동명사를 취하는 동사

해설 「stop + to 동사원형」은 '~을 하기 위해 멈추다'를 뜻하며, 「stop + ~ing」는 '~하는 것을 멈추다'를 의미한다. 주어진 문장은 컴퓨터가 '작동하던 것을 멈추었다'라는 내용이므로 동명사 목적어를 사용해 stopped working이 적절하다. 따라서 to work는 working으로 수정해야 한다. 더해, 준사역동사 get의 목적어인 it(= computer)과 목적격 보어인 fix는 서로 수동 관계에 있으므로 과거분사 fixed로 목적어를 수식하는 것이 적절하다.

0816 Although most creatures communicate, human speech is more complex, more creative, and used more extensively than the communication systems of other animals.

0817 Little did we think three months ago that we'd be working together.

0818 나의 집은 5년마다 페인트칠 된다.
→ My house is painted every five year.

0819 They shouldn't feel so bad because so many lucky animals are saved from a dangerous life on the streets, why they're at risk of traffic accidents, attack by other animals or humans, and subject to the elements.

0820 I regret to inform you that your loan application has not approved.

친절 & 꼼꼼 정답 및 해설

0816

| 정답 | O | 출제포인트 | 161 등위(상관)접속사의 병렬구조 |

해석 대부분의 생물이 의사소통하지만, 인간의 말은 다른 동물들의 의사소통 체계보다 더 복잡하고, 더 창의적이며, 더 광범위하게 사용된다.

해설 주어진 문장의 주어는 human speech이고 동사는 is이다. 등위접속사 and를 사용해 3개의 보어 complex, creative, used를 「A, B, and C」 구조로 연결하고 있으며 등위접속사 병렬구조에서 반복되는 동사는 생략할 수 있다. human speech는 '사용되는' 대상으로 보어 자리에 수동형이 쓰여야 적절하므로 동사가 생략된 과거분사 (is) used는 적절하다.

0817

| 정답 | O | 출제포인트 | 176 부정부사 도치 |

해석 3개월 전에는 우리가 함께 일하게 될 것이라고는 생각조차 못 했다.

해설 주어진 문장은 부정어 Little(전혀 ~않다)이 문두에 위치하면서 주어와 동사가 도치가 된 문장이다. think 같은 일반동사가 쓰인 문장의 도치는 「조동사(do, does, did) + 주어 + 동사원형」 구조로 사용된다. 문장의 시제는 ago(~전에)로 보아 과거인 것을 알 수 있으므로 원래 문장인 We little thought three months ago ~에서 Little did we think three months ago ~로 올바르게 도치되었으므로 적절하다.

0818

| 정답 | X (year → years) | 출제포인트 | 186 every vs. each 수일치 |

해설 「every + 수사 + 복수 명사」는 '매 ~마다'를 뜻한다. 따라서 주어진 문장의 year는 years로 수정해야 한다.

0819

| 정답 | X (why → where) | 출제포인트 | 156 관계부사 |

해석 그들은 그렇게 안 좋게 느끼지 말아야만 하는데 왜냐하면 많은 운 좋은 동물들이 교통사고, 다른 동물들이나 인간들의 공격, 그리고 자연 요소의 대상의 위험에 있는 길 위의 위험한 삶으로부터 구조되기 때문이다.

해설 주어진 문장의 when 이후 절의 문장 구조가 완벽하므로 관계부사를 사용하는 것이 적절하나 장소를 나타내는 선행사 streets를 수식 하고 있으므로 관계부사 why를 관계부사 where로 수정해야 한다. 더해 주어진 문장의 accidents, attack, subject는 「A, B, and C」 형태의 병렬구조를 이루고 있다.

0820

| 정답 | X (has not approved → has not been approved) | 출제포인트 | 049 완료시제의 수동태 |

해석 당신의 대출 신청서가 승인되지 않았음을 알리게 되어 유감입니다.

해설 approve는 타동사로 '~을 승인하다'를 뜻한다. 주어진 문장은 문맥상 '대출 신청서가 승인되지 않았다'라는 수동의 의미가 되도록 동사는 has not been approved가 되어야 옳다. regret은 '유감스럽게 생각하다'라는 의미의 동사로, 목적어로 동명사가 오면 이미 지난 일에 대한 후회를, to부정사가 오면 앞으로 일어날 일에 대한 유감을 나타내므로 regret to inform you는 옳게 사용되었다. 이에 더해, 「inform + 목적어 + that + 주어 + 동사」의 형태도 적절하게 사용되었다.

0821 나는 단 한 푼의 돈도 낭비할 수 없다.
→ I can afford to waste even one cent.

0822 과거 경력 덕분에 그는 그 프로젝트에 적합하였다.
→ His past experience made him suited for the project.

0823 After lots of trial and error, Richard finally created a system of flashing LED lights, powered by an old car battery that was charged by a solar panel.

0824 Bakers have been made come out, asking for promoting wheat consumption.

0825 그것은 나에게 지난 24년의 기억을 상기시켜준다.
→ It reminds me for the memories of the past 24 years.

친절 & 꼼꼼 정답 및 해설

0821

정답 X (can → can't) **출제포인트** 056 조동사의 쓰임

해설 afford는 '~할 여유가 있다, ~할 형편이 되다'라는 뜻으로 I can afford ~는 '나는 ~할 여유가 있다[형편이 된다]'를 뜻한다. 주어진 문장은 I can afford를 사용하였으나 주어진 우리말 해석이 부정형인 '~할 수 없다'이므로 can을 can't로 수정해야 한다.

0822

정답 O **출제포인트** 018 사역동사

해설 주어진 문장의 사역동사 make는 불완전타동사로 「make + 목적어 + 목적격 보어」 형태로 쓰일 수 있다. suit은 타동사로 '~에 적합하게 하다'를 뜻하며 주어진 문장의 문맥상 과거의 경험에 의해 그가 '적합하게 된' 것이므로 과거분사 형태의 목적격 보어 suited로 목적어인 him을 수식하는 것이 적절하다. 또는 suited 자체를 형용사로 보아 '~에 적합한, 알맞은'이라는 뜻으로 사용되었다고 보아도 적절하다.

0823

정답 O **출제포인트** 125 현재분사 vs. 과거분사

해석 많은 시행착오 후에, Richard는 마침내 태양 전지판에 의해 충전된 낡은 자동차 배터리에 의해 작동되는 반짝이는 LED 불빛 시스템을 완성했다.

해설 주어진 문장에서 powered는 앞의 a system of flashing LED lights를 수식하고 있는데, 이는 ' ~ a system of flashing LED lights, which was powered ~'에서 주격관계대명사와 be동사가 생략된 구조이다. 즉, a system of flashing LED lights는 '작동되는' 대상이므로 수동을 의미하는 과거분사가 알맞게 쓰였다. 더해, powered 다음에 'by an old car battery that was charged by a solar panel(태양 전지판에 의해 충전된 낡은 자동차 배터리에 의해)'로 보아 수동의 의미를 가지는 과거분사 'powered(작동되는, 동력이 있는)'가 옳게 사용되었다는 것을 판단할 수도 있다.

0824

정답 X (come out → to come out) **출제포인트** 051 불완전타동사의 수동태

해석 제빵업자들은 밀 소비 장려를 요구하며 밖으로 나오게 되었다.

해설 사역동사로 쓰인 make가 「make + 목적어 + 목적격 보어[원형부정사]」의 능동태에서 목적어를 주어로 사용하는 수동태가 될 때 「목적어 + be made + 목적격 보어[to부정사]」로 쓰여 목적격 보어가 to부정사로 바뀐다. 따라서 주어진 문장의 come out은 to come out으로 수정해야 한다.

0825

정답 X (for → of) **출제포인트** 025 동사의 구조 파악

해설 「remind + A + of + B」는 'A에게 B를 상기시키다'를 뜻한다. 주어진 문장은 우리말 해석에 맞게 적절하게 for를 of로 수정해야 한다.

0826 She is seeing her family doctor tomorrow to check the result of the medical check-up she had a month ago.

0827 The Christmas party was really excited and I totally lost track of time.

0828 In that respect, we can be said to be constantly managing risk in everything what we do.

0829 I would love to see you tonight if you will have finished your work.

친절 & 꼼꼼 정답 및 해설

0826

| 정답 | O | 출제포인트 | 041 시간의 부사구에 따른 시제 판단 |

해석 그녀는 내일 그녀가 한 달 전에 했던 건강 검진의 결과를 확인하기 위해 그녀의 주치의를 보러 갈 예정이다.

해설 예정되어있는 가까운 미래시제를 의미하는 표현으로 현재진행형을 사용할 수 있다. 따라서 주어진 문장의 is seeing은 적절하게 사용되었다. 이때 see her family doctor는 '의사의 진찰을 받다'의 의미에 해당된다. 또한, 주어진 문장의 the medical check-up과 she had ~ ago 사이에는 목적격관계대명사 that 또는 which가 생략되어있으며, 목적격관계대명사절 she had ~ ago가 선행사 the medical check-up을 적절하게 수식하고 있다.

0827

| 정답 | X (excited → exciting) | 출제포인트 | 125 현재분사 vs. 과거분사 |

해석 크리스마스 파티는 정말 재미있었고 나는 시간 가는 것을 완전히 잊었다.

해설 감정형분사에는 감정을 제공하는 사람 또는 사물을 수식하는 현재분사형(-ing)과 감정의 상태를 나타내 사람을 수식하는 과거분사형(-ed)이 있다. 주어진 문장의 주어인 The Christmas party(크리스마스 파티)는 감정을 제공하는 주체이므로 현재분사 형태의 감정형 분사가 사용되어야 한다. 따라서 excited는 exciting으로 수정해야 한다.

0828

| 정답 | X (what → that) | 출제포인트 | 152 that vs. what |

해석 그러한 관점에서, 우리는 우리가 하는 모든 것에서 지속적으로 위험을 관리한다고 말할 수 있다.

해설 선행사를 포함하는 관계대명사 what은 선행사가 올 수 없다. 주어진 문장에서는 everything이라는 선행사가 있으며 뒤따라오는 문장이 불완전하므로 목적격관계대명사 that을 사용해야 적절하다. 따라서 what을 that으로 수정해야 한다. 참고로, 일반적으로 선행사가 -thing으로 끝나는 경우에는 관계대명사 which는 사용하지 않으므로 that을 사용해야 한다.

0829

| 정답 | X (will have finished → should finish) | 출제포인트 | 064 가정법 미래 vs. 가정법 현재 |

해석 만약 네가 일을 끝마친다면 나는 오늘 밤에 너를 만나고 싶다.

해설 가정법 미래 형태는 미래에 일어나기 어렵거나 드문 사건에 대한 조건을 나타내는 표현으로 「If + 주어 + should + 동사원형, 주어 + will[would] + 동사원형」의 구조를 갖는다. 따라서 주어진 문장의 will have finished는 should finish로 수정해야 한다. 또는 가정법 현재로 미래에 대한 단순 조건 형태로 보아 종속절의 동사는 현재시제로, 주절의 동사는 조동사의 현재 형태로 수정하여 I will love to see you tonight if you have finished your work.로도 나타낼 수 있다.

0830 몇 가지 문제가 새로운 회원들 때문에 생겼다.
→ Several problems have raised due to the new members.

0831 Bees are exposed to many dangerous things.

친절 & 꼼꼼 정답 및 해설

0830

정답 X (have raised → have arisen 또는 have been raised) **출제포인트** 014 혼동하기 쉬운 동사의 불규칙 변화

해설 주어진 문장의 raise(~을 일으키다)는 타동사이므로 목적어가 필요하나 동사 뒤에 목적어 없이 전치사구 due to ~ members가 사용되었으므로 옳지 않은 문장이다. 따라서 raise는 문맥상 '(사건 등이) 발생하다'를 뜻하는 자동사 arise의 능동태 또는 타동사 raise의 수동태로 수정해야 한다. 따라서 have raised는 have arisen 또는 have been raised가 되어야 옳다.

0831

정답 O **출제포인트** 048 능동태 vs. 수동태

해석 벌은 많은 위험한 것들에 노출되어 있다.

해설 expose(~에 노출시키다)는 타동사이며, 해당 문장에서는 주어인 벌이 '노출되는' 대상이므로 수동형인 are exposed가 적절하게 사용되었다. be exposed to는 '~에 노출되다'를 뜻하는 표현이며 해당 표현에서 to는 전치사로 이후에 명사 또는 동명사가 온다.

Random　Day 10

▎주어진 문장이 어법상 또는 주어진 해석상 옳다면 O, 옳지 않다면 X를 하고 바르게 고치시오.

0832 그녀는 사임할 수밖에 없었다.
→ She had no alternative but to resigning.

0833 Amnesia most often results from a brain injury that leaves the victim unable to form new memories, but with most memories of the past intact.

0834 그는 내가 일을 열심히 했기 때문에 월급을 올려 주겠다고 말했다.
→ He said he would rise my salary because I worked hard.

0835 I would, therefore, recommend Mrs. Ferrer for the post what you advertise.

0836 The enhanced design, called a Voltaic pile, was made by stacking some discs made from these metals between discs made of cardboard soaked in sea water.

친절 & 꼼꼼 정답 및 해설

0832

정답 X (resigning → resign)　　　　**출제포인트** 120 to부정사 주요 표현

해설 「have no alternative but to + 동사원형」은 부정사 관용표현으로 '~할 수밖에 없다, ~ 외에는 대안이 없다'를 뜻한다. 특히 but 이후에 'to + 동사원형'을 쓰므로 주의해야 한다. 따라서 주어진 문장의 resigning을 resign으로 수정해야 한다.

0833

정답 O　　　　**출제포인트** 131 with 분사구문

해석 기억 상실증은 과거의 기억의 대부분은 손상되지 않은 채, 환자가 새로운 기억을 형성할 수 없게 하는 뇌손상으로 나타나는 경우가 가장 흔하다.

해설 「with + 목적어 + 분사」는 '목적어가 분사인 채로'를 뜻하는 with 분사구문 표현이다. 이때 분사가 being인 경우 being이 생략되어 「with + 목적어 + 수식어(형용사, 부사구, 전명구)」로 사용되기도 한다. 주어진 문장의 with most memories of the past intact는 past 이후에 분사 being이 생략된 표현으로 형용사 intact의 쓰임은 적절하다.

0834

정답 X (rise → raise)　　　　**출제포인트** 014 혼동하기 쉬운 동사의 불규칙 변화

해설 주어진 문장의 rise(오르다)는 완전자동사로 목적어를 가질 수 없다. 해당 문장은 rise 이후에 목적어 my salary가 사용되었으므로 옳지 않은 문장이다. 따라서 rise는 '~을 올리다'를 뜻하는 완전타동사 raise로 수정해야 한다.

0835

정답 X (what → which 또는 that)　　　　**출제포인트** 152 that vs. what

해석 그러므로 당신이 게재한 공고에 대해 Ferrer 부인을 추천하고 싶습니다.

해설 관계대명사 what은 선행사를 포함한 관계대명사로 뒤따라오는 문장은 불완전하며 선행사는 제시되지 않아야 한다. 주어진 문장에서 what 이후의 you advertise는 목적어가 없는 불완전한 형태이나 what 이전에 선행사 역할을 하는 post가 있으므로 what은 적절하지 않다. 따라서 what은 목적격관계대명사 which 또는 that으로 수정해야 한다.

0836

정답 O　　　　**출제포인트** 125 현재분사 vs. 과거분사

해석 볼타의 전지라고 불리는 이 향상된 디자인은 바닷물에 적신 판지로 만들어진 판지 사이에 금속으로 만들어진 판지를 쌓아서 만들어졌다.

해설 과거분사구 called ~ pile이 주어 The enhanced design을 수식하고 있다. The enhanced design은 볼타의 전지라고 '불리는' 대상이므로 수동의 의미를 갖는 과거분사 called가 문맥상 적절하게 쓰였다. 또한, 문장 전체의 동사는 was made로 옳게 사용되었으며, 더해 해당 문장의 some discs는 과거분사구인 made~ metals가 수식받아 '이러한 금속으로 만들어진 몇 개의 판'으로 적절하게 사용되었다.

0837 그녀는 이틀에 한 번 머리를 감는다.
→ She washes her hair every another day.

0838 Humans have an inborn affinity for nature that goes beyond the tangible benefits we derive from the microbes, plants, and animals of the biomes which we live.

0839 기다리게 해서 제가 무례했습니다.
→ It was rude for me to have kept you waiting.

0840 The wave of research in child language acquisition led language teachers and teacher trainers to study some of the general findings of such research with a view to drawing analogies between first and second language acquisition, and even to justify certain teaching methods and techniques on the basis of first language learning principles.

0841 The novel was so excited that I lost track of time and missed the bus.

친절 & 꼼꼼 정답 및 해설

0837

정답 X (another → other) **출제포인트** 083 some - others

해설 주어진 우리말 해석처럼 '이틀에 한 번'을 뜻하는 표현으로는 'every other day'가 적절하므로 another를 other로 고쳐야 옳다. '습관'을 나타내는 표현에 현재시제인 washes를 사용한 것은 적절하다.

0838

정답 X (which → in which 또는 where) **출제포인트** 149 전치사 + 관계대명사

해석 인간은 우리가 살고 있는 생물군계의 미생물, 식물, 그리고 동물로부터 얻는 실재적인 이익을 넘어서는 자연에 대한 선천적인 친밀감을 지니고 있다.

해설 주어진 문장의 목적격관계대명사 which의 관계대명사절 내의 전치사는 관계대명사 앞으로 이동해 「전치사 + 관계대명사」의 형태로 사용할 수 있으며 「전치사 + 관계대명사」 이후의 문장은 완전해야 한다. 주어진 문장은 the biomes which we live in에서 전치사 in이 앞으로 이동하여 the biomes in which we live가 되어야 하므로 which를 in which로 수정해야 한다. 또는 「전치사 + 관계대명사」를 대신하는 관계부사를 사용할 수 있는데, 해당 문장에서 선행사 the biomes는 문맥상 장소를 나타내므로 관계부사 where를 사용해 the biomes where we live로 수정해도 무방하다.

0839

정답 X (for me → of me) **출제포인트** 115 to부정사의 의미상 주어

해설 to부정사의 의미상 주어는 보통 「for + 목적격」으로 나타내지만, rude와 같이 사람의 성질을 나타내는 형용사 뒤에서는 의미상 주어로 「of + 목적격」을 사용한다. 따라서 주어진 문장은 의미상의 주어 for me를 of me로 수정해야 한다. 더해, 가주어 it과 진주어 to have ~ waiting은 적절하게 사용되었다.

0840

정답 X (justify → justifying) **출제포인트** 124 동명사 주요 표현

해석 아동 언어 습득에 대한 연구의 물결은 언어 교사들과 교사 교육 담당자들로 하여금 제1 언어 습득과 제2 언어 습득 사이의 유사성을 도출하기 위해서 심지어 제1 언어 학습 원리에 기초한 특정 교육 방법과 기법을 정당화하기 위해서 그러한 연구의 일반적인 발견의 일부를 연구하도록 이끌었다.

해설 「with a view to」는 '~할 목적으로'를 뜻하는 관용표현으로 to는 전치사이다. 주어진 문장은 문맥상 '유사성을 도출하는 것'과 '정당화하는 것'을 접속사 and로 연결하여 병렬 구조화하여야 하므로, 「with a view to」 이후에는 동명사 drawing과 justifying이 오는 것이 적절하다. 따라서 해당 문장의 justify를 justifying으로 수정해야 한다.

0841

정답 X (excited → exciting) **출제포인트** 125 현재분사 vs. 과거분사

해석 그 소설이 너무 재미있어서 나는 시간 가는 줄 몰랐고 버스를 놓쳤다.

해설 감정형분사에는 감정을 제공하는 사람 또는 사물을 수식하는 현재분사형(-ing)과 감정의 상태를 나타내 사람을 수식하는 과거분사형(-ed)이 있다. 주어진 문장에서는 사물인 novel은 문맥상 감정을 제공하는 주체이므로 excited를 exciting으로 수정해야 한다.

0842 The broker recommended that she bought the stocks immediately.
○○○

0843 나는 유럽 여행을 준비하느라 바쁘다.
○○○
→ I am busy prepared for a trip to Europe.

0844 The laptop allows people who is away from their offices to continue to work.
○○○

0845 Since they are so obviously of great benefit, we might expect to find that over the centuries humans would increase the number and quality of the animals they kept.
○○○

0846 동물학자들은 그 개가 집으로 어떻게 성공적으로 돌아올 수 있었는지 여전히 혼란스러워하고 있다.
○○○
→ Zoologists are still confusing about how the dog managed to find its way back home.

친절 & 꼼꼼 정답 및 해설

0842

정답 X (bought → (should) buy)　　**출제포인트** 058 당위의 조동사 should 생략

해석 그 중개인은 그녀가 그 주식을 즉시 매입할 것을 권했다.

해설 주어진 문장의 요구 동사 recommend가 권고, 강요 등의 의미를 지닐 때 이후 that절의 동사는 당위성을 나타내는 조동사 should가 쓰여 「should + 동사원형」이 되어야 한다. 이때 should는 생략할 수 있으며, should가 생략되는 경우 that절의 동사는 주어의 인칭, 수 그리고 시제와 관계없이 동사원형으로 그대로 남아 있게 된다. 따라서 bought는 (should) buy로 수정해야 한다.

0843

정답 X (prepared → preparing)　　**출제포인트** 124 동명사 주요 표현

해설 「be busy ~ing」는 동명사 관용표현으로 '~하느라 바쁘다'를 뜻한다. 따라서 주어진 문장의 prepared는 preparing으로 수정해야 한다.

0844

정답 X (is → are)　　**출제포인트** 189 관계대명사의 선행사와 관계절 동사와의 수일치

해석 노트북은 사무실 밖에 있는 사람들이 일을 계속해서 할 수 있게끔 한다.

해설 주격관계대명사 who가 이끄는 절의 동사는 선행사인 people과 수를 일치시켜야 한다. 따라서 복수 명사 people에 수일치 해 is는 are로 수성해야 한다. 더해, 'allow + 목적어 + to부정사」는 '목적어가 ~하게끔 허락하다'를 뜻하며 주어진 문장은 allows의 목적격 보어로 to continue가 알맞게 쓰였다.

0845

정답 O　　**출제포인트** 074 전치사 + 추상명사

해석 그들이 너무나 명백하게 이롭기 때문에, 우리는 아마 수 세기 동안 인간들이 그들이 소유했던 동물들의 수와 질을 증가시켰을 것임을 알아낼 것이라고 예상할 수도 있다.

해설 「of + 추상명사」는 형용사의 뜻을 나타낸다. 주어진 문장의 of great benefit은 greatly beneficial과 같은 의미로 적절하게 사용되었다.

0846

정답 X (confusing → confused)　　**출제포인트** 125 현재분사 vs. 과거분사

해설 주어진 문장의 주어인 Zoologists는 사람으로 감정을 느끼는 주체이므로 감정형분사는 과거분사 형태인 confused가 사용되어야 한다. 따라서 confusing을 confused로 수정해야 한다.

Random Day 10

0847 Moreover, because skilled communicators know that people equating the lack of eye contact with deception, they deliberately maintain normal eye contact when they lie so the other person won't get suspicious.

0848 나는 은퇴 후부터 내내 이 일을 해 오고 있다.
→ I had been doing this work ever since I retired.

0849 The volcano locates in the center of Gulf National Park, where many people come to camp and climb.

0850 Lewis Alfred Ellison, a small-business owner and a construction foreman, died in 1916 after an operation to cure internal wounds suffering after shards from a 100-lb ice block penetrated his abdomen when it was dropped while being loaded into a hopper.

0851 학위가 없는 것이 그녀의 성공을 방해했다.
→ Her lack of a degree kept her advancing.

친절 & 꼼꼼 정답 및 해설

0847

정답 X (equating → equate)　　**출제포인트** 001 주동사의 자리 파악

해석 게다가, 숙련된 의사소통자는 사람들이 눈 맞춤의 부족을 속임수와 동일시한다는 것을 알고 있기 때문에, 상대방이 의심을 갖지 않도록, 거짓말을 할 때 의도적으로 보통의 눈 맞춤을 유지한다.

해설 주어진 문장의 종속절인 because절의 주어는 communicators이며 동사는 know에 해당된다. 해당 동사 know는 목적절로 명사절 that을 취하고 있으며, that 이후 문장의 주어는 people인데 이를 서술하는 적절한 동사가 존재하지 않으므로, 현재분사 equating을 동사 형태인 equate로 수정해야 한다.

0848

정답 X (had been doing → have been doing)　　**출제포인트** 047 since 구문

해설 「since 주어 + 동사(과거시제), 주어 + 현재완료(진행)시제」는 과거에서부터 지금까지 진행되고 있는 동작이나 상태를 나타낼 때 사용한다. 이때 주절에는 현재완료나 현재완료진행형으로 표현할 수 있다. 종속절인 since 이하에서 과거시제가 사용되었고, 주어진 우리말 해석에서 '은퇴 후부터 내내' 이 일을 하고 있다고 하였으므로 had been doing은 have been doing으로 수정해야 한다.

0849

정답 X (locates → is located)　　**출제포인트** 048 능동태 vs. 수동태

해석 그 화산은 많은 사람들이 캠핑하고 오르기 위해 오는 Gulf National Park의 중심에 위치하고 있다.

해설 주어진 문장의 locate는 타동사로 '~을 위치시키다'를 뜻한다. 해당 문장의 문맥처럼 '위치하다'의 뜻으로 locate를 사용하려면 수동태가 적절하다. 따라서 locates는 is located로 수정해야 한다.

0850

정답 X (suffering → suffered)　　**출제포인트** 125 현재분사 vs. 과거분사

해석 작은 회사의 소유자이면서 건설 현장 감독이었던 Lewis Alfred Ellison은, 호퍼에 실리던 도중에 떨어진 100파운드 무게의 얼음덩어리에서 떨어져 나온 파편 조각이 그의 복부를 관통한 후에 입은 내상을 치료하는 수술 후 1916년에 사망했다.

해설 suffer는 '(상해를) 입다'라는 뜻의 타동사이다. 주어진 문장에서 suffering의 수식을 받는 명사 wounds는 suffer와 수동의 관계이므로 suffering은 과거분사인 suffered로 수정해야 한다. 또한, penetrated는 접속사 after가 이끄는 절의 동사로 적절하게 사용되었다. 더해, while being ~ hopper는 접속사가 살아있는 분사구문으로 부사절인 while it was loaded into a hopper가 분사구문으로 올바르게 사용되었다.

0851

정답 X (kept her advancing → kept her from advancing)　　**출제포인트** 008 전치사 from과 함께 사용되는 완전타동사

해설 「keep + 목적어 + (on) ~ing」는 '목적어가 계속 ~하게 하다'라는 의미이므로 주어진 우리말 해석과 일치하지 않는다. '목적어가 ~하는 것을 방해하다'라는 표현은 「keep + 목적어 + from ~ing」로 나타낸다. 따라서 해당 문장의 her 이후에 from을 추가해 kept her from advancing으로 수정해야 한다.

0852 The winged fairies of Grimm and Andersen have brought more happiness to childish hearts than all another human creations.

0853 The rings of Saturn are so distant to be seen from Earth without a telescope.

0854 우리가 도착했을 때 영화는 이미 시작했었다.
→ The movie has already started when we arrived.

0855 Elizabeth Taylor had an eye for beautiful jewels and over the years amassed some amazing pieces, once declaring "a girl can always have more diamonds."

0856 Their biophilia hypothesis is that humans have a universal desire to be in natural settings.

친절 & 꼼꼼 정답 및 해설

0852

정답 X (another → the other)　　　**출제포인트** 144 최상급 대용 표현

해석 Grimm과 Andersen의 날개 달린 요정들은 다른 모든 어떤 인간의 창작물보다 어린이들의 마음에 더 많은 행복을 가져다주었다.

해설 비교급으로 최상급을 나타낼 때 「비교급 + than all the other + 복수 명사」의 구조로 나타낸다. 따라서 주어진 문장의 another는 the other로 수정해야 한다.

0853

정답 X (so distant to be seen → too distant to be seen 또는 so distant that they cannot be seen)

출제포인트 165 so ~ that 주요 표현

해석 지구에서 망원경 없이 관찰되기에 토성의 고리는 너무 멀리 있다.

해설 '너무 ~해서 …할 수 없다'의 의미로, 「too ~ to …」 구문이나 「so ~ that 주어 cannot[can't] …」 구문으로 표현할 수 있다. 따라서 주어진 문장의 so distant to be seen을 too distant to be seen으로 수정하거나, so distant that they cannot[can't] be seen으로 수정해야 한다.

0854

정답 X (has → had)　　　**출제포인트** 042 시제 일치

해설 주어진 문장은 문맥상 '영화가 시작한 것'이 '우리가 도착하기' 이전에 일어난 일이므로 과거완료로 표현해야 한다. 따라서, has already started는 had already started로 수정해야 한다. 더해, 부사인 already가 had와 과거분사 started 사이에 위치한 것은 적절하다.

0855

정답 O　　　**출제포인트** 127 분사구문

해석 Elizabeth Taylor는 아름다운 보석을 보는 안목이 있었고 수년 동안 몇몇 놀라운 보석들을 모았으며, 한 번은 "여자는 언제나 더 많은 다이아몬드를 가질 수 있죠."라고 단언했다.

해설 주어진 문장의 declaring ~ diamonds는 동시상황을 나타내는 분사구문이다. a girl can always have more diamonds라고 말한 주체가 Elizabeth Taylor 자신이므로 능동의 의미를 가진 현재 분사구문으로 declaring ~은 적절하다.

0856

정답 O　　　**출제포인트** 162 명사절 접속사

해석 그들의 생명애 가설은 인간은 자연환경에 있고자 하는 보편적인 욕구를 지니고 있다는 것이다.

해설 주어진 문장에 사용된 접속사 that이 이끄는 명사절은 보어 역할을 할 수 있다. 해당 문장에서 that 이하 문장이 완전하므로 that절이 명사절로 사용되었음을 알 수 있다. 따라서 that은 적절하게 사용되었다.

0857 Further evidence of the genetic basis of shyness is the fact that parents and grandparents of shy children more often say that they were shy as children as parents and grandparents of non-shy children.

0858 폭우로 인해 그 강은 120cm만큼 상승했다.
→ Owing to the heavy rain, the river has raised by 120cm.

0859 I must leave right now because I am starting work at noon today.

0860 나는 당연히 모두 동의할 것이라고 생각한다.
→ I take for granted that everybody will agree.

0861 This simple and practical device did no harm to lions, so human beings, cattle, and lions were finally able to make peace with one another.

친절 & 꼼꼼 정답 및 해설

0857

정답 X (as → than) **출제포인트** 136 비교급 비교

해석 수줍음의 유전적 근거에 대한 추가적인 증거는 수줍음이 많은 아이들의 부모나 조부모들이 그렇지 않은 아이들의 부모나 조부모보다 더 자주 그들이 어릴 때 수줍음을 탔다고 말한다는 사실이다.

해설 주어진 문장의 비교급 비교를 사용하여, parents and grandparents of shy children과 parents and grandparents of non-shy children을 비교 대상으로 비교하고 있다. 또한, 비교급 형태의 부사인 more often이 동사 say를 수식하고 있으므로 as를 than으로 수정해야 한다. as children은 '어렸을 때'를 의미하는 표현으로 원급 비교로 쓰이지 않았으므로 주의해야 한다. 더해, the fact는 that 이하의 문장이 동격절로 수식받고 있다.

0858

정답 X (has raised → has risen) **출제포인트** 014 혼동하기 쉬운 동사의 불규칙 변화

해설 주어진 문장에 사용된 raise는 타동사로 반드시 목적어를 포함하여 '~을 올리다'의 의미로 사용된다. 해당 문장에서는 목적어가 제시되어 있지 않으므로 옳지 않다. 따라서 자동사 rise(오르다)를 이용해서, has raised를 has risen으로 수정해야 한다. 더해, owing to는 구전치사이므로 Owing to 뒤에 명사구인 the heavy rain이 온 것은 적절하며, 또한 전치사 by는 '정도' 또는 '차이'를 나타내기 위해 사용한 것으로 문맥상 옳다.

0859

정답 O **출제포인트** 042 시제 일치

해석 나는 오늘 정오에 일을 시작할 것이기 때문에 지금 당장 떠나야만 한다.

해설 왕래발착동사 start는 현재 진행 중인 상황을 나타낼 때뿐만 아니라, 실현 가능성이 큰 미래의 약속이나 계획 등에 대해 언급할 때 미래시제 대신 현재진행시제로 사용될 수 있다. 따라서 주어진 문장의 am starting은 문맥상 적절하게 사용되었다.

0860

정답 X (take for granted → take it for granted) **출제포인트** 022 동사 take의 다양한 쓰임

해설 「take it for granted that + 주어 + 동사」는 '~을 당연하게 여기다'를 뜻하는 관용표현이다. 이때 사용된 it은 가목적어이며, that 이하가 진목적어에 해당된다. 따라서 주어진 문장에서 take for granted는 take it for granted로 수정해야 한다.

0861

정답 O **출제포인트** 082 one - another - the other

해석 이 간단하고 실용적인 장치는 사자들에게 어떠한 해도 끼치지 않았고, 인간들, 소 떼들, 그리고 사자들이 마침내 서로서로 평화를 찾을 수 있었다.

해설 주어진 문장의 one another는 '(셋 이상에서) 서로'를 뜻하는 표현으로 적절하게 사용되었다. 이에 더해 do no harm은 '해가 되지 않다'를 뜻한다.

0862 This belief may reflect the way amnesia is usually portraying in movies, television, and literature.

0863 This guide book tells you where should you visit in Hong Kong.

0864 우리는 내일 여기서 그녀를 만나기로 되어있다.
→ We are to meet her here tomorrow.

0865 커피 세 잔을 마셨기 때문에, 그녀는 잠을 이룰 수 없다.
→ Having drunk three cups of coffee, she can't fall asleep.

0866 They used to loving books much more when they were younger.

0867 그 클럽은 입소문을 통해서 인기를 얻었다.
→ The club became popular by word of mouth.

친절 & 꼼꼼 정답 및 해설

0862

| 정답 | X (portraying → portrayed) | 출제포인트 | 048 능동태 vs. 수동태 |

해석 이러한 믿음은 보통 영화, 텔레비전, 문학에서 기억 상실증이 묘사되는 방법을 반영할 수 있다.

해설 주어진 문장은 관계부사절 amnesia is ~ literature가 선행사 the way를 수식하고 있으며, 관계부사절의 amnesia는 문맥상 '묘사되는' 대상이므로 수동태로 나타내야 한다. 따라서 portraying은 과거분사인 portrayed로 수정해야 한다. 더해, 빈도 부사 usually는 be동사 뒤에 옳게 위치하고 있다.

0863

| 정답 | X (where should you → where you should) | 출제포인트 | 170 간접의문문 |

해석 이 안내 책자는 홍콩에서 어디를 방문해야 하는지 여러분에게 말해 준다.

해설 주어진 문장의 tell은 수여동사로 「tell + 간접목적어 + 직접목적어」의 형태로 쓰인다. 의문사 where가 이끄는 절은 직접목적어 절에 해당되며 이때 「의문사 + 주어 + 동사」의 간접의문문 어순이어야 한다. 따라서 where should you는 where you should로 수정해야 한다.

0864

| 정답 | O | 출제포인트 | 112 to부정사의 형용사적 용법 |

해설 「be to + 동사원형」은 to부정사의 형용사적 용법으로 예정, 의무, 가능, 운명, 의도를 나타낸다. 주어진 문장은 우리말 해석에 맞게 '~하려고 하다'를 뜻하는 '예정'의 의미로 적절하게 사용되었다.

0865

| 정답 | O | 출제포인트 | 129 완료 분사구문 |

해설 주어진 문장의 문맥상 커피를 마신 것은 과거의 일이고 그 결과 현재 잠을 이룰 수 없는 것이므로, 완료 분사구문 'Having drunk ~'가 적절하게 사용되었다.

0866

| 정답 | X (loving → love) | 출제포인트 | 057 would vs. used to |

해석 그들은 더 어렸을 때 책을 훨씬 더 많이 좋아했다.

해설 「used to + 동사원형」은 '(과거에) ~이었다, ~했다'를 뜻하며 과거의 규칙적인 동작이나 상태를 설명할 때 사용한다. 따라서 주어진 문장은 when they ~ younger로 보아 '책을 훨씬 더 좋아했다'가 문맥상 적절하므로 loving을 love로 수정해야 한다.

0867

| 정답 | O | 출제포인트 | 035 전치사 관용표현 |

해설 주어진 문장의 by word of mouth는 '입에서 입으로, 입소문을 통해서'라는 관용표현으로 주어진 우리말 해석에 맞게 적절하게 사용되었다.

Random Day 11

▎주어진 문장이 어법상 또는 주어진 해석상 옳다면 O, 옳지 않다면 X를 하고 바르게 고치시오.

0868 Looking back, scientists have uncovered a mountain of evidence what Mayan leaders were aware for many centuries of their uncertain dependence on rainfall.

0869 너는 비가 올 경우에 대비하여 우산을 갖고 가는 게 낫겠다.
→ You had better take an umbrella in case it will rain.

0870 그의 소설들은 읽기가 어렵다.
→ His novels are hard to read.

0871 Children who enjoy writing are often interested in seeing their work in print.

0872 The whole family is suffered from the flu.

친절 & 꼼꼼 정답 및 해설

0868

정답 X (what → that) **출제포인트** 152 that vs. what

해석 과거를 돌이켜 보면서, 과학자들은 마야의 지도자들이 강우에 대한 자신들의 불안정한 의존 상태에 대해 여러 세기 동안 알고 있었다는 산더미 같은 증거를 발견해 왔다.

해설 관계대명사 또는 의문대명사 what은 이후의 절이 불완전해야 한다. 그러나 해당 문장의 what 이후의 절이 완전한 문장 구조를 이루고 있으므로 옳지 않다. 따라서 추상 명사 evidence의 동격 명사절을 이끌 수 있는 접속사 that을 사용하는 것이 적절하다. 따라서 what을 that으로 수정해야 한다.

0869

정답 X (will rain → rains) **출제포인트** 039 시간, 조건의 부사절에서의 시간의 표현

해설 주어진 문장의 in case (that)은 '~에 대비해서'를 뜻하는 조건의 부사절을 이끄는 접속사로 that은 생략할 수 있다. 그러나 시간과 조건을 나타내는 부사절에서는 현재가 미래를 대신하므로 will rain은 rains로 수정해야 한다. 이에 더해, 「had better + 동사원형」은 '~하는 것이 낫다'를 뜻하는 조동사 표현으로 동사원형 take가 알맞게 쓰였다.

0870

정답 O **출제포인트** 095 이성 / 인성 / 난이 형용사

해설 난이 형용사 hard가 사용된 문장이다. 난이 형용사가 사용된 문장에서 주어가 가주어 It일 때 「It be + 형용사 + (for + 목적격) + to + 동사원형(+목적어)」의 문장 구조로 사용된다. 이때 to부정사는 부사적 용법으로 사용되어 난이 형용사를 후치 수식하며 '~하기에 …한'을 뜻한다. 따라서 주어진 문장은 적절하게 사용되었다

0871

정답 O **출제포인트** 181 명사 - 대명사 수일치

해석 글쓰기를 즐기는 아이들은 종종 인쇄된 자신들의 작품을 보는 것에 관심이 있다.

해설 주어진 문장의 대명사 their가 가리키는 대상은 문장의 주어 Children으로 적절하다. 더해, 주격관계대명사절 who enjoy writing이 주어 Children을 수식하고 있으며, Children은 복수 명사이므로 관계사절의 동사 enjoy와 주절의 동사 are가 복수 형태의 동사로 적절하게 사용되었다.

0872

정답 X (is suffered from → is[are] suffering from 또는 suffers[suffer] from)
출제포인트 054 수동태로 쓸 수 없는 동사

해석 가족 모두가 독감으로 고생하는 중이(었)다.

해설 suffer from(~으로 고통받다)은 수동형으로 쓸 수 없는 동사이다. 따라서 주어진 문장의 is suffered from은 is suffering from이나 suffers from이 옳다. 이에 더해, family는 군집 명사로 가족 구성원들 하나하나를 의미하는 경우 복수로 취급할 수 있으므로 are suffering from 또는 suffer from으로 수정해도 무방하다. 참고로, suffer가 타동사로 쓰이는 경우 '~을 경험하다'라는 의미이며 대개 수동형으로 사용하지는 않는다.

0873 그녀는 조만간 요금을 내야만 할 것이다.
○○○
→ She will have to pay the bill sooner or later.

0874 Most of us, however, have a great deal of control over which we're looking at.
○○○

0875 Experts point out that when choosing between multivitamins, those contained natural herbs
○○○ may not necessarily be better than those with synthetic ingredients.

0876 거의 모든 식물의 씨앗은 혹독한 날씨에도 살아남는다.
○○○
→ The seeds of most plants are survived by harsh weather.

0877 Included in this series are "The Enchanted Horse," among other famous children's stories.
○○○

친절 & 꼼꼼 정답 및 해설

0873

| 정답 | O | 출제포인트 | 136 비교급 비교 |

해설 주어진 문장의 sooner or later는 비교급 관용표현으로 '조만간'을 뜻한다.

0874

| 정답 | X (which → what) | 출제포인트 | 152 that vs. what |

해석 그러나, 우리 중 대부분은 우리가 보고 있는 것에 대해 많은 통제권을 가지고 있다.

해설 주어진 문장의 which 이전에 선행사가 존재하지 않으며, which 이후 절이 전치사 at의 목적어가 없는 불완전한 형태이므로 선행사를 포함하는 관계대명사 what을 사용하는 것이 적절하다. 따라서 which를 what으로 수정해야 한다.

0875

| 정답 | X (contained → containing) | 출제포인트 | 125 현재분사 vs. 과거분사 |

해석 전문가들은 복합 비타민 중에서 선택할 때 천연 허브를 함유한 것이 합성 성분을 함유한 것보다 반드시 낫다고는 할 수 없다고 지적한다.

해설 주어진 문장에서 contained는 문맥상 multivitamins를 지칭하는 those를 수식하고 있다. those contained 이후 목적어인 natural herbs가 있으며 those(멀티 비타민)는 천연 허브를 '함유하는' 것이므로 능동의 의미를 갖는 현재분사 containing이 적절하다. 따라서 contained는 containing으로 수정해야 한다.

0876

| 정답 | X (are survived by → survive / most → almost all (the)) | 출제포인트 | 048 능동태 vs. 수동태 102 most vs. almost |

해설 survive는 타동사로 쓰일 때 능동태로 사용되어 '~에도 살아남다, 견뎌 내다'를 뜻한다. 주어진 문장의 우리말 해석이 '~에도 살아남는다'라고 제시되었으므로 수동태로 쓰인 are survived by는 능동태인 survive로 수정해야 한다. 또한, 주어진 해석이 '거의 모든'이므로 most를 almost all (the)로 수정해야 한다. The seeds of almost all (the) plants survive harsh weather.가 되어야 한다.

정혜쌤's Tip almost all plants는 '거의 모든 식물'을 나타내며, 99%의 비율을 나타낼 수 있습니다. 그에 비해 most plants는 '대부분의 식물'을 나타내며, 51%의 비율을 나타낼 수 있습니다. 두 표현은 비슷한 의미를 가지고 있지만 백분율적인 차이가 있습니다.

0877

| 정답 | X (are → is) | 출제포인트 | 188 도치 구문의 수일치 |

해석 이번 시리즈에는 다른 유명한 동화들 중에서도 "The Enchanted Horse"가 포함되어 있다.

해설 주어진 문장은 "The Enchanted Horse," among other famous children's stories, is included in this series.에서 보이는 'included ~ series'를 강조하여 문미로 위치시킨 후, 뒤 문장의 어순이 도치된 형태이다. 이때 주어는 작품명인 "The Enchanted Horse,"이므로 단수 취급하여 도치된 동사는 단수 동사로 제시해야 한다. 따라서 are를 is로 수정해야 한다.

0878 그가 말한 것의 많은 부분이 이 분야에서 사실로 여겨진다.
→ Many of what he says are considered true in this field.

0879 The future and the long-term relationship should be kept in mind when a decision is being made.

0880 비용을 제외하고, 그 계획은 훌륭한 것이었다.
→ Apart from its cost, the plan was a good one.

0881 She insists that he not be accepted as a member of our board.

0882 그는 나를 도와줄 정도로 충분히 친절하지는 않다.
→ He is not enough kind to help me.

친절 & 꼼꼼 정답 및 해설

0878

정답 X (Many of what he says are → Much of what he says is 또는 Many of the things that[which] he says are)

출제포인트 180 주어-동사 수일치

해설 주어진 문장의 주어인 '그가 말한 것의 많은 부분'을 표현하기 위해서 선행사를 포함한 관계대명사인 what을 이용하고 있다. 이때 문맥상 what이 이끄는 절은 단수 취급하는 '그가 말한 것'이므로, 복수를 지칭하는 대명사인 Many와 복수동사인 are는 사용될 수 없다. 따라서 Many of what he says are는 Much of what he says is로 수정해야 하며, 만약 복수 대명사 Many를 그대로 사용하고자 한다면 전치사 of의 목적어 what he says를 복수형인 the things that[which] he says로 수정해야 하며, 이때는 동사 are를 그대로 사용할 수 있다.

0879

정답 O

출제포인트 048 능동태 vs. 수동태

해석 결정할 때는 미래와 장기적 관계를 염두에 두어야 한다.

해설 주어진 문장의 when절의 주어인 a decision은 결정이 '되는' 것이므로 수동태가 오는 것이 적절하다. 현재진행시제의 수동태는 「be동사 + being p.p.」로 표현하므로 is being made는 적절하게 사용되었다.

0880

정답 O

출제포인트 035 전치사 관용표현

해설 주어진 문장의 Apart from은 '~을 제외하고'를 뜻하는 이미이 구전치사로 문맥상 적절하게 사용되었다. 이에 대해, 부정대명사 one은 일반적으로 앞서 언급된 특정하지 않은 단수 보통명사의 반복을 피하기 위해 사용된다. 주어진 문장에서는 앞서 언급된 plan 대신에 one이 알맞게 사용되었다.

0881

정답 O

출제포인트 058 당위의 조동사 should 생략

해석 그녀는 그가 우리 위원회의 구성원으로 받아들여져서는 안 된다고 주장한다.

해설 동사 insist(주장하다)의 목적어로 쓰인 that절이 당위의 의미를 가질 때 that절의 동사는 「should + 동사원형」으로 쓰는 것이 원칙이나 조동사 should를 생략하고 동사원형만 쓸 수 있다. 주어진 문장은 insist가 목적어로 that절을 취하고 있으며 문맥상 당위의 의미를 나타내는 that절의 동사가 (should) not be accepted로 적절하게 사용되었다.

0882

정답 X (enough kind → kind enough)

출제포인트 101 enough / 양태부사의 위치

해설 주어진 문장에 사용된 enough는 형용사나 부사를 수식할 때 후치 수식하며, 명사를 수식할 때 전치 수식한다. 해당 문장에서 형용사 kind를 수식하므로 kind 뒤에 enough가 위치해야 한다. 따라서 enough kind는 kind enough로 수정되어야 한다.

0883 He asked me why did I keep coming back day after day.

0884 People tend to think that stereotypes are honest reflections of that they see in the world.

0885 학생들을 설득하려고 해 봐야 소용없다.
→ It is no use to trying to persuade the students.

0886 Hidden from the audience — especially from the musical novice — are the conductor's abilities to read and interpret all of the parts at once, to play several instruments and understand the capacities of many more, to organize and coordinate the disparate parts, to motivating and communicate with all of the orchestra members.

0887 상층의 공기에 일단 끌려 들어가면 곤충, 씨앗 등은 쉽게 다른 곳으로 운반될 수 있다.
→ Once drawing into the upper air, insects, seeds, and the like can easily be carried to other parts.

친절 & 꼼꼼 정답 및 해설

0883

정답 X (why did I keep → why I kept)   **출제포인트** 170 간접의문문

해석 그는 나에게 왜 매일 같이 계속해서 돌아오는지 물었다.

해설 주어진 문장에 사용된 의문사 why가 이끄는 의문사절은 ask의 직접목적어로 사용되었으므로 간접의문문 어순인 「의문사 + 주어 + 동사」로 쓰여야 적절하다. 따라서 Why did I keep은 Why I kept로 수정해야 한다. 더해서 keep은 동명사를 목적어로 취하는 동사로 「keep ~ing」는 '계속 ~하다'를 뜻하며, 해당 문장의 kept는 목적어로 동명사 coming을 가지며 문맥상 적절하게 사용되었다.

0884

정답 X (that → what)   **출제포인트** 152 that vs. what

해석 사람들은 고정관념들이 그들이 세상에서 보는 것에 대한 정직한 반영이라고 생각하는 경향이 있다.

해설 「tend to + 동사원형」은 '~하는 경향이 있다'를 뜻하는 표현으로 주어진 문장은 tend 이후에 to think가 적절하게 사용되었다. 그러나 that 이후에 오는 문장은 see의 목적어가 없는 상태이며 전치사 of의 목적어인 선행사가 없으므로, 선행사를 포함한 관계대명사 what으로 '그들이 보는 것'을 뜻하는 표현을 사용해야 한다. 따라서 that은 what으로 수정해야 한다.

0885

정답 X (to trying → trying)   **출제포인트** 123 There is no use -ing

해설 「It is no use (in) ~ing」는 동명사 관용표현으로 '~해 봐야 소용없다'를 뜻한다. 따라서 주어진 문장의 It is no use 이후의 to trying은 trying으로 수정해야 한다.

0886

정답 X (to motivating → to motivate)   **출제포인트** 161 등위(상관)접속사의 병렬구조

해석 청중들, 특히 음악적 초심자들에게 숨겨진 것은 지휘자가 모든 부분을 동시에 읽고 해석하고, 여러 악기를 연주하고, 더 많은 기능을 이해하고, 이질적인 부분들을 조직하고 조화시키고, 모든 오케스트라 단원들과 소통하고 동기 부여를 하는 능력이다.

해설 주어진 문장의 보어인 hidden from the audience가 문두로 나오면서 동사인 are와 주어인 the conductor's abilities가 도치된 문장이다. 해당 문장의 to read and interpret, to play ~ and understand, to organize and coordinate와 to motivating and communicate는 the conductor's abilities를 수식하는 to부정사의 병렬구조로 사용되어야 한다. 따라서 to motivating은 to motivate로 수정해야 한다. 더해 understand, coordinate와 communicate는 to가 생략된 형태로 사용할 수 있으므로 적절하게 사용되었다.

0887

정답 X (drawing → drawn)   **출제포인트** 127 분사구문

해설 주어진 문장의 우리말 해석상 '일단 끌려 들어가면'으로 제시되어 있으므로, 종속절의 Once (insects, seeds, and the like are) drawn into the upper air에서 주어와 be동사가 생략되어, 접속사가 살아있는 분사구문이 됨을 알 수 있다. 따라서 drawing은 drawn으로 수정해야 한다. 더해, 주절의 주어인 insects, seeds, and the like는 '운반되는' 대상이므로 수동태 be carried가 알맞게 쓰였다.

0888 내 고양이 나이는 그의 고양이 나이의 세 배이다.
○○○
→ My cat is three times as old as his.

0889 Knowing as the Golden City, Jaisalmer, a former caravan center on the route to the Khyber
○○○
Pass, rises from a sea of sand, its 30-foot-high walls and medieval sandstone fort shelters carved spires and palaces that soar into the sapphire sky.

0890 그는 나의 팔을 붙잡고 도움을 요청했다.
○○○
→ He grabbed me by my arm and asked for help.

0891 This standard of proof contrasts with civil cases, which the claimant generally needs to show
○○○
a defendant is liable on the balance of probabilities.

0892 그는 승진을 위하여 열심히 일했으나 결국 실패했다.
○○○
→ He worked hard for the promotion only to fail.

친절 & 꼼꼼 정답 및 해설

0888

| 정답 | O | 출제포인트 | 134 원급 비교 |

해설 주어진 문장에서 배수를 나타낼 때 「배수사 + as ~ as」 형태의 원급 비교를 활용할 수 있다. 주어진 문장은 원급 비교인 as old as 앞에 배수사 three times가 적절히 사용되었다. 또한, 소유대명사 his(그의 것)는 문장의 주어인 My cat과 비교 대상인 '그의 고양이'에 해당하는 표현으로 his cat이라는 명사 반복 표현 대신 적절하게 사용되었다.

0889

| 정답 | X (Knowing → Known / shelters → sheltering) | 출제포인트 | 127 분사구문 |

해석 황금 도시로 알려진 Jaisalmer는 Khyber 고개로 가는 길에 있는 과거 캐러밴(대상 행렬)의 중심지였던 곳으로, 모래 바다 위에 솟아 있으며, 그곳의 30피트 높이의 성벽과 중세의 사암으로 된 요새는 사파이어 빛 하늘로 솟아오른 조각된 첨탑과 궁전을 보호한다.

해설 주어진 문장의 주어인 Jaisalmer는 Golden City(황금 도시)로 '알려진' 것이므로 Knowing을 수동의 의미를 나타내는 과거분사 Known으로 수정해야 한다. 더해, 주어진 문장에서 본동사는 rises이고 its 30-foot-high walls 앞에 접속사가 없으므로 또 다른 동사인 shelters가 나오는 것은 올바르지 않다. 따라서 shelters는 its 30-foot-high walls and medieval sandstone fort를 주어로 하는 독립분사 구문이 되어야 하는데 주어와 shelter가 능동 관계이므로 현재분사 sheltering으로 수정해야한다.

0890

| 정답 | X (my → the) | 출제포인트 | 087 정관사 the |

해설 grab, catch, pull, take, seize, hold 등 접촉을 나타내는 동사들 「동사 + 목적격 + by + 정관사 + 신체 부위」로 사용할 때 '~의 신체 부위를 …하다'의 의미로 쓰인다. 이때 주의할 것은 소유격을 사용한 by my arm이 아니라 정관사 the를 쓴다는 점이다. 따라서 주어진 문장의 my를 the로 수정해야 한다.

0891

| 정답 | X (which → where) | 출제포인트 | 158 관계대명사 vs. 관계부사 |

해석 이러한 증거의 기준은 민사 사건과는 대조되는데, 일반적으로 민사 사건에서는 피고가 개연성의 균형에 책임이 있다는 것을 원고가 입증해야 한다.

해설 주어진 문장의 which 이후에 'the claimant ~ probabilities'는 완전한 문장으로 선행사인 civil cases(민사 사건)를 수식하고 있다. 따라서 불완전한 문장을 이끄는 관계대명사 which는 장소, 경우를 나타내는 관계부사 where로 수정해야 한다.

0892

| 정답 | O | 출제포인트 | 113 to부정사의 부사적 용법 |

해설 「only to + 동사원형」은 결과를 나타내는 to부정사구로 '그 결과[결국] ~했다'를 뜻한다. 주어진 문장은 우리말 해석에 맞게 적절하게 사용되었다.

0893 In the last five years, the idea has been gained more traction in the U.S. — particularly among Americans admitted to selective colleges and universities.

0894 우리 인생에서 시간보다 더 소중한 것은 없다.
→ Nothing is more precious as time in our life.

0895 가난한 사람들을 위하여 자선 바자회를 열자는 그의 아이디어는 성공을 거두었다.
→ His idea to hold a charity bazaar for the poor paid off.

0896 We drove on to the hotel, from whose balcony we could look down at the town.

0897 그는 며칠 전에 친구를 배웅하기 위해 역으로 갔다.
→ He goes to the station a few days ago to see off his friend.

친절 & 꼼꼼 정답 및 해설

0893

정답 X (has been gained → has been gaining) **출제포인트** 048 능동태 vs. 수동태

해석 지난 5년 동안, 그 아이디어는 미국 내에서, 특히 선발제 대학과 대학교에 입학 허가를 받은 미국인들 사이에서 점점 더 호응을 얻고 있다.

해설 주어진 문장에서 in the last five years라는 기간을 나타내는 전치사구가 사용되었으므로 현재완료가 사용되어야 한다는 것을 알 수 있으나 동사구 이후에 more traction이라는 목적어가 왔으므로 목적어를 가질 수 있는 능동으로 사용되어야 함을 알 수 있다. 그러나 해당 문장의 동사는 has been gained로 현재완료의 수동태이므로 현재완료의 진행형인 has been gaining으로 수정해야 한다. 더해, admit은 '입학을 허가하다'를 뜻하는 타동사인데 해당 문장에서 admitted 다음에 목적어 없이 전명구인 to selective colleges and universities가 제시되었으므로 수동의 의미를 나타내는 과거분사 admitted로 사용되어 앞선 Americans를 옳게 수식하고 있다.

0894

정답 X (more precious as time → as[so] precious as time 또는 more precious than time)

출제포인트 144 최상급 대용 표현

해설 주어진 문장은 원급과 비교급을 이용한 최상급의 표현에 해당된다. 원급을 사용할 경우 「부정 주어 + is as[so] ~ as …」로, 비교급을 사용할 경우 「부정 주어 + is more ~ than …」으로 최상급을 나타낼 수 있다. 따라서 주어진 문장은 more precious as time을 as[so] precious as time 또는 more precious than time으로 수정해야 한다.

0895

정답 O **출제포인트** 112 to부정사의 형용사적 용법

해설 주어진 문장의 주어는 His idea, 동사는 paid off이다. paid off는 pay off(성공하다)의 과거형으로 「자동사 + 부사」 형태의 구동사이다. 이에 더해, to hold는 idea를 수식하는 to부정사의 형용사적 용법으로 적절하게 사용되었으며 「the + 형용사」는 '~하는 사람들'을 뜻하므로 주어진 문장의 the poor는 '가난한 사람들'이라는 의미로 적절하게 사용되었다.

0896

정답 O **출제포인트** 150 소유격 관계대명사

해석 우리는 호텔까지 차를 몰고 갔는데, 그곳의 발코니에서 우리는 마을을 내려다볼 수 있었다.

해설 주어진 문장에서 선행사인 the hotel을 수식하는 소유격 관계대명사 whose가 계속적 용법으로 옳게 사용되었다.

0897

정답 X (goes → went) **출제포인트** 041 시간의 부사구에 따른 시제 판단

해설 주어진 문장에는 과거를 나타내는 시간의 부사구 a few days ago가 제시되었으므로, 동사는 3인칭 단수의 현재시제 동사인 goes가 아니라, 과거시제 동사인 went로 수정해야 한다. 더해, to see off his friend는 to부정사의 부사적 용법으로 적절하게 사용되었다.

0898 그 식당은 진짜 소고기 맛이 나는 채식 버거를 판다.
→ The restaurant sells veggie burgers that tastes like real beef.

0899 그 병원에서의 그의 경험은 그녀의 경험보다 더 나빴다.
→ His experience at the hospital was worse than her.

0900 Having reached these conclusions, rightly or wrongly, he now has a set of prototypes and constructs for understanding and interpreting Ann-Chinn's behavior.

0901 그 섬에는 약 3백 명이 산다.
→ About three hundreds people live in that island.

0902 Scarcely we had finished our project when the manager gave us another one.

0903 나는 그가 그렇게 유명한 음악가가 되리라고는 전혀 생각하지 못했다.
→ Hardly did I dream before he became such a famous musician.

친절 & 꼼꼼 정답 및 해설

0898

정답 X (tastes → taste)　　　**출제포인트** 189 관계대명사의 선행사와 관계절 동사와의 수일치

해설 주어진 문장의 주격관계대명사절 that tastes ~ beef가 선행사 veggie burgers를 수식하고 있다. 이때 선행사와 주격관계사절의 동사는 수일치 해야 한다. 따라서, 선행사인 veggie burgers는 복수형이므로 tastes를 taste로 수정해야 한다.

0899

정답 X (her → hers)　　　**출제포인트** 137 비교 대상 일치

해설 「소유격 + 명사」를 대신하기 위해 '~의 것'을 뜻하는 소유대명사 mine, yours, his, hers, ours, theirs를 사용할 수 있다. 주어진 문장은 His experience(그의 경험)와 her experience(그녀의 경험)를 비교하고 있는데, '그녀의 경험' 대신 '그녀의 것'인 소유대명사 hers로 대신할 수 있다. 따라서 her를 hers로 수정해야 한다.

0900

정답 O　　　**출제포인트** 129 완료 분사구문

해석 옳든 그르든 이러한 결론에 도달한 그는 이제 Ann-Chinn의 행동을 이해하고 해석하기 위한 일련의 초기 모델과 구조를 가지고 있다.

해설 주어진 문장의 Having reached는 완료 분사구문으로 주절의 현재 시제 동사인 has보다 이전에 있었던 동작을 나타낼 때 사용한다. 해당 문장의 문맥상 주절의 '초기 모델과 구조를 갖는 것' 이전에 '이러한 결론에 도달한 것'이므로 적절하게 사용되었다.

0901

정답 X (hundreds → hundred)　　　**출제포인트** 076 수량명사

해설 주어진 문장에 사용된 수를 나타내는 단위명사는 hundred는 수사와 함께 사용될 때 단수 명사로 쓰여 「수사 + 단수 단위명사 + 복수 명사」 형태이다. 따라서 hundreds를 hundred로 수정해야 한다.

0902

정답 X (we had → had we)　　　**출제포인트** 040 '~하자마자' 구문

해석 우리가 프로젝트를 끝내자마자 매니저가 우리에게 다른 것을 주었다.

해설 주어진 문장은 '~하자마자 …했다'를 뜻하는 「Scarcely had + S + p.p. ~ when[before] + S + 과거형 동사 ~」의 구조로 쓰여, 부정어인 Scarcely가 문두에 위치하므로 뒤따라오는 문장의 어순은 의문문 어순으로 도치되어야 한다. 따라서 we had를 had we로 수정해야 한다.

0903

정답 X (before → that)　　　**출제포인트** 040 '~하자마자' 구문　176 부정부사 도치

해설 주어진 문장은 「Hardly + had + 주어 + p.p., 주어 + 과거동사」의 '~하자마자 …하다' 표현으로 착각할 수 있으나, 해당 문장은 주어진 우리말 해석으로 보아 '하자마자'구문이 아님을 알 수 있다. 주어진 문장은 주어진 우리말 해석에 맞게 Hardly가 강조된 도치 구문으로 보는 것이 적질하다. 따라서 before를 dream의 목석어 역할을 하는 명사절의 접속사 that으로 수정해야 한다.

Random Day 12

주어진 문장이 어법상 또는 주어진 해석상 옳다면 O, 옳지 않다면 X를 하고 바르게 고치시오.

0904 Rarely Jason is sensitive to changes in the workplace.

0905 The speaker said a few thing that was interesting.

0906 Some of our dissatisfactions with self and with our lot in life are based on real circumstances, and some are false and simply perceive to be real.

0907 그는 그가 듣고 있는 것을 거의 믿을 수 없었다.
→ He could not hardly believe what he was hearing.

0908 보증이 만료되어서 수리는 무료가 아니었다.
→ Since the warranty has expired, the repairs were not free of charge.

친절 & 꼼꼼 정답 및 해설

0904

정답 X (Rarely Jason is sensitive → Rarely is Jason sensitive)　**출제포인트** 176 부정부사 도치

해석 Jason은 직장에서의 변화에 별로 민감하지 않다.
해설 부정어인 Rarely가 문두로 이동하여 강조하고 있으므로, 뒤따라오는 문장은 의문문 어순이 되어야 한다. 따라서 Rarely Jason is sensitive는 Rarely is Jason sensitive로 수정해야 한다.

0905

정답 X (thing that was → things that were)　**출제포인트** 185 수량형용사 - 명사 수일치

해석 발표자는 흥미로운 몇 가지를 이야기했다.
해설 주어진 문장에서 a few는 복수 가산명사를 수식하는 수량형용사이다. 따라서 주어진 문장의 a few thing을 a few things로 수정해야 하며, 선행사 a few things를 수식하는 주격관계대명사절의 동사 was 또한 복수 형태인 were로 수정해야 한다.

0906

정답 X (perceive → perceived)　**출제포인트** 161 등위(상관)접속사의 병렬구조

해석 인생에서 자기 자신과 우리의 운명에 대한 우리의 불만족 중 일부는 실제 상황에 기반한 것이며, 일부는 사실이 아니고 그저 실제라고 인식되는 것이다.
해설 주어진 문장의 등위접속사 and 이후 주어 some이 가리키는 것은 dissatisfactions(불만족들)이며 문맥상 불만족은 '인식되는' 수동의 관계이므로 perceive는 과거분사 perceived로 수정해야 한다. 또한, 등위접속사 and는 동일 문장 성분을 연결하는 병렬구조를 이끌기 때문에, 주어인 some을 수식하는 주격 보어인 형용사 false와 병렬구조를 이룰 수 있는 형용사 역할을 하는 과거분사 perceived가 적절하다. 이에 더해, 등위접속사 and가 절과 절을 연결하는 연결사로서 some are false and (some are) simply perceived~로도 볼 수 있다.

0907

정답 X (not 삭제)　**출제포인트** 100 빈도부사

해설 주어진 문장의 hardly는 빈도부사이므로 조동사 뒤에 알맞게 사용되었으며 '거의 ~않다'를 뜻하는 부정의 의미를 나타내므로 다른 부정어와 함께 쓰지 않기 때문에 not을 삭제해야 한다. 더해, 주어진 문장의 what he was hearing은 believe의 목적어 절로 선행사를 포함한 관계대명사 what이 옳게 사용되었다.

0908

정답 X (has expired → had expired)　**출제포인트** 047 since 구문

해설 과거 시점보다 더 이전에 발생한 사건을 언급할 때 대과거(과거완료, had p.p.)를 사용한다. 주어진 문장은 '보증이 만료된 것'이 '수리를 한' 시점보다 더 이전에 발생한 일이므로 대과거로 표현하는 것이 적절하다. 따라서 has expired를 had expired로 수정해야 한다. 이때 사용된 since는 '~이래로'가 아니라 '~ 때문에'의 의미로 쓰임에 유의하자.

0909 For instance, it is considered rude in our culture, or at least aggressive, read over another person's shoulder or to get up and change TV channels in a public setting.

0910 그의 스마트 도시 계획은 고려할 만했다.
→ His plan for the smart city was worth considered.

0911 Each year, more than 270,000 pedestrians lose their lives on the world's roads.

0912 I wrote passionate letters of love to him with an intensity for which I never knew before.

0913 상어로 보이는 것이 산호 뒤에 숨어 있었다.
→ What was appeared to be a shark was lurking behind the coral reef.

친절 & 꼼꼼 정답 및 해설

0909

정답 X (read → to read) **출제포인트** 114 to부정사의 가주어

해석 예를 들어, 우리 문화에서는 다른 사람의 어깨 너머로 책을 읽거나, 공공장소에서 일어나서 TV 채널을 바꾸는 것은 무례하거나, 적어도 공격적으로 여겨진다.

해설 주어진 문장의 문맥상 read가 포함된 문장의 주어 it은 가주어이며 read over ~ to get up and change TV channels in a public setting이 진주어이다. 따라서 read는 진주어 형태인 to read로 수정해야 하며 to get up and change와 병렬구조를 이루어야 한다.

0910

정답 X (considered → considering) **출제포인트** 124 동명사 주요 표현

해설 「be worth ~ing」는 '~할 가치가 있다'를 뜻하는 관용표현으로 worth 뒤에는 동명사가 와야 한다. 따라서 주어진 문장의 considered는 considering으로 수정해야 한다.

0911

정답 O **출제포인트** 180 주어-동사 수일치

해석 매년, 27만 명이 넘는 보행자들이 전 세계의 도로에서 그들의 목숨을 잃는다.

해설 주어진 문장에서 매년(Each year) 일어나는 일이라고 서술하고 있으므로 현재시제 동사 lose(잃는다)는 적절하게 사용되었다. 더해 주어는 복수 명사 more than 270,000 pedestrians이므로 복수 형태의 동사 lose가 적절하다.

0912

정답 X (for which → which 또는 that) **출제포인트** 148 목적격관계대명사

해석 나는 전에 알지 못했던 강렬함으로 그에게 열정적인 사랑의 편지를 썼다.

해설 주어진 문장에 사용된 for which는 「전치사 + 관계대명사」로 이어지는 문장이 완전한 형태여야 한다. 그러나 관계사절인 I never knew before에서 knew의 목적어가 없으므로 해당 문장은 옳지 않다. 전치사 for를 삭제하고 목적격관계대명사 which 또는 that을 써서 문맥상 '내가 전에 알지 못했던 강렬함'의 의미로 사용해야 적절하다.

0913

정답 X (was appeared → appeared) **출제포인트** 054 수동태로 쓸 수 없는 동사

해설 appear(~처럼 보이다)는 불완전 자동사로 쓰여서 「appear + to 동사원형」의 형태로 사용되며, 이때 수동태가 불가하다. 주어진 우리말 해석에서 '상어로 보이는 것'이라고 하였고 문장의 시제는 과거이므로 was appeared를 appeared로 수정해야 한다. 더해, 주어진 문장의 주어는 명사절 What appeared ~ shark이며 명사절은 단수 취급하므로 주절의 동사 was는 적절하게 사용되었다.

0914 When you find your tongue twisted as you seek to explain to your six-year-old daughter why she can't go to the amusement park that has been advertised on television, then you will understand why we find it difficult wait.

0915 우리 지구는 끝없는 우주에서 하나의 작은 점에 불과하다.
→ Our earth is a mere speck in the boundless universe.

0916 You should choose the research method what best suits the outcome you want.

0917 I used to break my leg in a soccer game three months ago.

0918 그의 담당 의사는 그에게 술도 담배도 허락하지 않았다.
→ His doctor allows him either to drink or to smoke.

친절 & 꼼꼼 정답 및 해설

0914

정답 X (wait → to wait)　　　　　**출제포인트** 110 to부정사의 가목적어

해석 당신이 6살짜리 딸에게 TV에서 광고된 놀이공원에 왜 갈 수 없는지 설명할 이유를 찾으며 당신의 혀가 꼬이는 것을 깨닫게 될 때, 당신은 왜 우리가 기다리기 어렵다고 생각하는지 이해할 것이다.

해설 불완전타동사 find는 「find + 가목적어(it) + 목적격 보어 + 진목적어[to부정사]」 형태로 사용될 수 있다. 주어진 문장의 will understand의 목적어인 간접의문문 why가 이끄는 절의 동사 find는 가목적어 it을 취하고 있으므로, 진목적어 wait를 to wait로 수정해야 한다. 또한, when 부사절의 twisted는 5형식 동사로 사용된 find의 목적격 보어로 목적어인 tongue과 목적격 보어가 수동 관계이므로 과거분사 twisted가 적절하며, six years old는 명사를 수식할 경우 six-year-old처럼 year를 단수형으로 쓰는 것이 옳다. 마지막으로 that has ~ television은 선행사 amusement park를 수식하는 주격관계대명사절로 뒤따라오는 문장이 주어가 없는 불완전한 형태이므로 적절하게 사용되었다.

0915

정답 O　　　　　**출제포인트** 089 형용사의 용법

해설 mere는 '단지 ~에 불과한'을 뜻하는 한정사로 반드시 명사 앞에 쓰인다. 주어진 문장에서는 mere가 명사 speck(반점)을 앞에서 수식하고 있으므로 적절하게 사용되었다.

0916

정답 X (what → which 또는 that)　　　　　**출제포인트** 152 that vs. what

해석 당신은 당신이 원하는 결과에 가장 적합한 연구 방법을 선택해야 한다.

해설 관계대명사 what은 뒤따라오는 문장이 불완전하며 선행사가 존재하지 않는 특징이 있다. 주어진 문장의 what은 뒤따라오는 문장이 주어가 없는 불완전한 형태이며 선행사 the research method가 존재하고 있으므로 적절하지 않다. 따라서 what을 주격관계대명사 which 또는 that으로 수정해야 한다. best는 관계대명사절의 동사 suits를 수식하는 부사로 사용되었음에 유의해야 한다. 더해, the outcome you want는 the outcome과 you want 사이에 목적격관계대명사가 생략된 형태로 목적격관계대명사절 you want가 선행사 the outcome을 수식하고 있다.

0917

정답 X (used to break → broke)　　　　　**출제포인트** 057 would vs. used to

해석 나는 3개월 전에 축구 경기에서 다리가 부러졌다.

해설 「used to + 동사원형」은 '~하곤 했다'를 뜻하며 과거의 규칙적 동작이나 상태를 언급할 때 사용한다. 주어진 문장은 '3개월 전(three months ago)'이라는 과거의 특정 시간에 발생한 사건에 관해 말하는 문장이므로 단순 과거시제를 사용해야 한다. 따라서 used to break을 broke로 수정해야 한다.

0918

정답 X (either to drink or to smoke → neither to drink nor to smoke)

출제포인트 161 등위(상관)접속사의 병렬구조

해설 주어진 문장의 우리말 해석이 '(둘 다) 허락하지 않았다'라는 부정 표현이므로 상관접속사 either ~ or를 부정 표현인 neither ~ nor로 바꾸어야 한다. 따라서 either to drink or to smoke는 neither to drink nor to smoke로 수정해야 한다.

0919 She is someone who are always ready to lend a helping hand.

0920 I'll take over the cooking from you while you will walk the dog.

0921 These mutant seeds have been spread intentionally, which means that the plants have become artificial species not found in nature, having bred to keep their seeds intact.

0922 At night, the lights could be seen from outside the stable and took turns flashing, that appeared as if people were moving around with torches.

0923 무서운 영화를 좋아한다면 이것은 꼭 봐야 할 영화이다.
→ If you like scary movies, this is a must-see movie.

친절 & 꼼꼼 정답 및 해설

0919

정답 X (are → is)　　　　　**출제포인트** 189 관계대명사의 선행사와 관계절 동사와의 수일치

해석 그녀는 항상 도움을 줄 준비가 되어 있는 사람이다.

해설 주어진 문장의 someone을 수식하는 주격관계대명사절의 동사인 are는 선행사인 단수 명사 someone과 수일치 해야 하므로, are를 is로 수정해야 한다. 더해, 「be ready to + 동사원형」은 '~할 준비가 되어 있다'를 뜻하며 lend[give] a hand는 '도움을 주다'라는 표현으로 주어진 문장에서 hand는 비유적으로 '도움, 도움의 손길'을 의미한다.

0920

정답 X (will walk → walk)　　　　　**출제포인트** 039 시간, 조건의 부사절에서의 시간의 표현

해석 네가 강아지를 산책시키는 동안 내가 요리를 맡을게.

해설 시간이나 조건을 나타내는 부사절에서는 현재가 미래를 대신한다. 주어진 문장은 시간을 나타내는 접속사 while이 이끄는 부사절에 미래시제인 will walk가 사용되었으므로 옳지 않다. 따라서 will walk는 walk로 수정해야 한다.

0921

정답 X (having bred → having been bred)　　　　　**출제포인트** 127 분사구문

해석 이러한 돌연변이 씨앗은 의도적으로 퍼져 나갔는데, 이는 식물이 자연에서 발견되지 않는 인위적인 종이 되어 자신들의 씨앗을 온전히 유지하도록 재배됨을 의미한다.

해설 breed(~을 재배하다, 키우다)는 타동사로 목적어를 갖는 동사이다. 그러나 having bred to keep에 목적어가 없으므로 수동형 분사구문이 되어야 한다. 따라서 having bred를 having been bred로 수정해야 한다. to keep ~ intact는 문맥상 부정사의 부사적 용법으로 사용되었음에 유의해야 한다. 이에 더해, which는 계속적 용법의 관계대명사로 앞 절 These mutant ~ intentionally를 선행사로 하며 뒤따라 오는 문장 means that ~ nature가 불완전한 문장이므로 적절하다.

0922

정답 X (that → which)　　　　　**출제포인트** 146 주격관계대명사

해석 밤에는, 불빛을 외양간 바깥에서부터 볼 수 있었고 번갈아 가며 깜박거렸는데, 이는 마치 사람들이 횃불을 들고 돌아다니는 것처럼 보였다.

해설 주어진 문장의 that 이하의 문장이 주어가 없이 불완전하므로 관계대명사로 쓰였음을 알 수 있다. that 앞에 콤마(,)가 있으므로 계속적 용법임을 알 수 있으나, that은 계속적 용법으로는 사용될 수 없다. 따라서 that은 which로 수정해야 한다. 이때 'the lights ~ flashing'이 계속적 용법 관계대명사 which의 계속적 용법의 선행사에 해당된다.

0923

정답 O　　　　　**출제포인트** 097 형용사 포함 기출 표현

해설 주어진 문장의 must-see는 '꼭 보아야 할, 볼 만한'이라는 뜻으로 적절하게 사용되었다.

0924 Performing from memory is often seen have the effect of boosting musicality and musical communication.

0925 환자들과 부상자들을 돌보기 위해 더 많은 의사가 필요했다.
→ More doctors were required to tend sick and wounded.

0926 그들은 한 시간에 40마일이 넘는 바람과 싸워야 했다.
→ They had to fight against winds that will blow over 40 miles an hour.

0927 멀리 가기도 전에 우리는 소나기를 만났다.
→ We had gone far before we were caught in a shower.

0928 By 1955 Nikita Khrushchev had been emerged as Stalin's successor in the USSR.

친절 & 꼼꼼 정답 및 해설

0924

정답 X (have → to have)　　　　　**출제포인트** 051 불완전타동사의 수동태

해석 암기하여 연주하는 것은 종종 음악성과 음악적 소통을 향상시키는 효과가 있는 것으로 여겨진다.

해설 지각동사 see는 「see + 목적어 + 목적격 보어(원형부정사)」의 능동 형태에서 수동태로 변환하면 「주어 + be seen + 목적격 보어[to 부정사]」로 쓰인다. 주어진 문장은 불완전타동사 see의 수동태로 쓰이면서 목적격 보어의 형태가 원형부정사 형태이므로, have를 to have로 수정해야 한다.

0925

정답 X (sick and wounded → the sick and the wounded)　　　　　**출제포인트** 087 정관사 the

해설 주어진 문장의 tend는 '돌보다, 보살피다'라는 뜻의 타동사로 목적어가 필요하다. 따라서 주어진 문장의 형용사인 'sick and wounded'를 목적어로 사용하기 위해서는 명사로 바꾸어야 한다. 형용사를 「the + 형용사」의 형태로 쓰면 '~한 사람들'이라는 뜻의 복수 보통명사가 되므로 sick and wounded는 the sick and the wounded로 수정해야 한다.

0926

정답 X (will blow → blew)　　　　　**출제포인트** 042 시제 일치

해설 주어진 문장에서 주절의 시제가 had to fight로 과거이므로, 선행사인 winds를 수식하는 관계대명사절 that will blow ~ an hour의 시제도 문맥상 과거가 되어야 한다. 따라서 will blow를 blew로 수정해야 한다.

0927

정답 X (had gone → had not gone)　　　　　**출제포인트** 037 과거 vs. 과거완료

해설 「S + had + 부정어 + p.p. ~ before[when] + S + 과거동사」는 '~하지 않아[~하기도 전에] …하고 말았다'를 뜻하는 관용표현이다. 주어진 문장은 우리말 해석에 맞게 had gone을 had not gone으로 수정해야 한다.

0928

정답 X (had been emerged → had emerged)　　　　　**출제포인트** 054 수동태로 쓸 수 없는 동사

해석 1955년경 Nikita Khrushchev는 구소련에서 Stalin의 후계자로서 등장했다.

해설 emerge(나타나다, 등장하다)는 수동태로 사용할 수 없는 완전자동사이다. 따라서 had been emerged를 had emerged로 수정해야 한다.

0929 The extent of Mary's knowledge on various subjects astound me.

0930 Little he knew that so many things would change.

0931 지난여름 나의 사랑스러운 손자에게 일어난 일은 놀라웠다.
→ What was happened to my lovely grandson last summer was amazing.

0932 When we and others does this together, we are able to communicate with one another.

0933 During the first half of their three-thousand-year reign, the Mayans continued to build larger underground artificial lakes and containers stored rainwater for drought months.

친절 & 꼼꼼 정답 및 해설

0929

| 정답 | X (astound → astounds) | 출제포인트 | 180 주어-동사 수일치 |

해석 다양한 주제들에 대한 Mary의 지식의 범위는 나를 놀라게 한다.
해설 주어진 문장의 주어는 The extent로 3인칭 단수이다. 따라서 동사 astound는 주어에 수일치 해 astounds로 수정해야 한다.

0930

| 정답 | X (he knew → did he know) | 출제포인트 | 176 부정부사 도치 |

해석 그는 그렇게 많은 것들이 바뀔 것이라는 것을 거의 알지 못했다.
해설 주어진 문장은 부정어 Little을 강조한 부정어 강조 구문으로 이어지는 문장의 어순이 의문문 어순이어야 한다. 따라서 해당 문장의 he knew는 did he know로 수정되어야 한다.

0931

| 정답 | X (was happened → happened) | 출제포인트 | 054 수동태로 쓸 수 없는 동사 |

해석 주어진 문장에 사용된 happen(일어나다)은 자동사이므로 수동태를 사용할 수 없다. 따라서, was happened는 happened로 수정해야 한다. 이에 더해, 주어진 문장의 주어는 명사절인 What happened ~ summer로 절이 주어로 사용될 때 단수 취급하므로 단수 형태의 동사 was의 쓰임은 적절하다. 또한 amazing은 감정형 분사로, 감정을 제공하는 사물에 대해서는 현재분사를 사용하므로 적절하게 사용되었다.

0932

| 정답 | X (does → do) | 출제포인트 | 180 주어-동사 수일치 |

해석 우리와 다른 사람들이 이것을 함께 할 때, 우리는 서로 의사소통할 수 있다.
해설 주어진 문장의 When이 이끄는 종속절의 주어가 we and others로 복수 명사에 해당되므로 복수형 동사 do가 옳다. 따라서 does는 do로 수정해야 한다.

0933

| 정답 | X (stored → to store) | 출제포인트 | 112 to부정사의 형용사적 용법 |

해석 3천 년 통치의 전반부 동안 마야인들은 건기에 대비해 빗물을 저장하는 더 큰 규모의 지하 인공 호수와 수조를 계속 만들었다.
해설 주어진 문장의 stored는 문맥상 to build의 목적어인 larger underground artificial lakes and containers를 수식하면서 목적어 rainwater를 취할 수 있는 것으로 수정해야 한다. 즉 '빗물을 저장하는 더 큰 규모의 지하 인공 호수와 수조'의 의미로 사용되기 위해서는 부정사를 사용해서, stored는 to store로 수정해야 한다.

0934 우리가 영어를 단시간에 배우는 것은 결코 쉬운 일이 아니다.
○○○
→ It is by no means easy for us to learn English in a short time.

0935 He realized this was the design feature he needed to solve his problem.
○○○

0936 당신이 부자일지라도 당신은 진실한 친구들을 살 수는 없다.
○○○
→ Rich as if you may be, you can't buy sincere friends.

0937 Brain imaging studies have shown that when humans watch other people yawn, brain areas known to be involved in social function are activated.
○○○

0938 나는 그를 전에 어디에서도 본 기억이 없다.
○○○
→ I don't remember to see him anywhere before.

친절 & 꼼꼼 정답 및 해설

0934

정답 O   **출제포인트** 095 이성 / 인성 / 난이 형용사

해설 해당 문장에 사용된 easy는 난이 형용사로 「It + be동사 + 난이 형용사 + (for + 목적격) to 동사원형」 형태의 문장으로 사용한다. 이때 It은 가주어, to 동사원형은 진주어에 해당된다. 주어진 문장은 가주어 It과 진주어 to learn ~ time이 적절하게 사용되었으며, to부정사의 의미상 주어로 「for + 목적격」이 적절하게 사용되었다. 더해, by no means는 '결코 ~이 아닌'을 뜻하며 부사 역할을 하는 전명구로 동사 is와 보어 easy 사이에 알맞게 삽입되었다.

0935

정답 O   **출제포인트** 113 to부정사의 부사적 용법

해석 그는 이것이 그의 문제를 해결하기 위해 필요한 디자인적 특징이라는 것을 깨달았다.

해설 주어진 문장의 to solve는 목적을 나타내는 to부정사의 부사적 용법으로 적절하게 사용되었다. 주어진 문장의 he needed는 원래 that he needed에서 목적격관계대명사가 생략된 관계사절에 해당된다. 이때 선행사 the design feature를 수식하고 있으므로 to solve가 needed의 목적어로 쓰인 to부정사가 아님에 유의해야 한다.

0936

정답 X (as if → as)   **출제포인트** 174 양보의 접속사 도치

해설 주어진 문장의 as if는 '마치 ~인 것처럼'이라는 뜻의 접속사이므로 주어진 우리말 해석과 일치하지 않는다. '~일지라도'라는 양보의 의미가 되려면 「형용사 / 명사 + as + 주어 + 동사」의 어순이 되어야 하므로 주어진 문장에서 as if를 as로 수정해야 한다.

0937

정답 O   **출제포인트** 164 부사절 접속사

해석 뇌 이미지 연구는 사람들이 다른 사람들이 하품하는 것을 볼 때, 사회 기능과 연관되었다고 알려진 뇌의 영역이 활성화된다는 것을 보여줬다.

해설 주어진 문장의 have shown의 목적어 역할을 하는 명사절은 that brain ~ activated이다. 이때 when ~ yawn은 명사절 내의 부사절로 사용되었음에 주의해야 한다.

0938

정답 X (to see → seeing)   **출제포인트** 109 목적어의 형태에 따라 의미가 달라지는 동사

해설 「remember + ~ing」는 '(과거에) ~한 것을 기억하다'를 뜻하며, 「remember + to 동사원형」은 '(미래에) ~할 것을 기억하다'를 뜻한다. 주어진 문장은 우리말 해석과 부사 before(전에)에 맞게 to see를 seeing으로 수정해야 한다.

0939 이 책은 내가 읽어본 최고의 소설 중 하나이다.

→ This book is one of the best novels I have never read.

0940 Word processors were considered to be the ultimate tool for a typist in the past.

친절 & 꼼꼼 정답 및 해설

0939

| 정답 | X (never → ever) | 출제포인트 | 142 최상급 |

해설 주어진 문장에 사용된 「the 최상급 + of 복수 명사 + that + 주어 + have + ever + p.p.」는 '지금까지 …한 것 중에 가장 ~한'의 의미의 관용어구이다. 따라서 해당 문장에서는 never 대신에 ever로 수정해야 한다.

0940

| 정답 | O | 출제포인트 | 051 불완전타동사의 수동태 |

해석 워드프로세서는 과거에 타이피스트에게 궁극의 도구로 여겨졌다.

해설 「be considered to be + 명사/형용사」는 '~로 여겨지다'를 뜻한다. 주어진 문장은 「to be + 명사」 형태인 to be the ultimate tool이 보어로 적절하게 사용되었다. ultimate는 명사 tool을 수식하는 형용사이다.

Random Day 13

▎주어진 문장이 어법상 또는 주어진 해석상 옳다면 O, 옳지 않다면 X를 하고 바르게 고치시오.

0941 I am so fearful of being deserted what I won't venture out and take even minimal risks.

0942 P2P lending is the practice of lending money to individuals or businesses through online services that match lenders-investors directly with borrowers, enabled both parties to go around traditional providers such as banks.

0943 If she had been at home yesterday, I would visit her.

0944 Language is the primary means by which people communicate with one another.

0945 나는 눈 오는 날 밖에 나가는 것보다 집에 있는 것을 더 좋아한다.
→ I prefer to staying home than to going out on a snowy day.

친절 & 꼼꼼 정답 및 해설

0941

| 정답 | X (what → that) | 출제포인트 | 165 so ~ that 주요 표현 |

해석 나는 버림받는 것이 너무 두려워서 모험하거나 최소한의 위험조차 감수하지 않을 것이다.

해설 주어진 문장은 문맥상 「so + 형용사 / 부사 + that …」은 '매우 ~해서 …하다'를 뜻하는 관용표현에 해당된다. 또한, 해당 문장의 what 이후에는 문장이 완전하므로 what이 쓰인 것이 적절하지 않음을 알 수 있다. 따라서 what을 that으로 수정해야 한다.

0942

| 정답 | X (enabled → enabling) | 출제포인트 | 127 분사구문 |

해석 P2P 대출은 채권자 및 투자자를 대출자와 직접적으로 연결해 주는 온라인 서비스를 통해 개인 혹은 사업체에 돈을 빌려주는 관행으로, 양 당사자들이 은행과 같은 전통적인 대출 공급자들을 피해 가는 것을 가능하게 해준다.

해설 주어진 문장에서 enabled가 접속사 없이 연결되어 있으므로 분사구문이라는 것을 알 수 있다. 「enable + 목적어 + to부정사」는 '목적어가 ~하는 것을 가능하게 하다'를 뜻하며 enabled 다음에 목적어인 both parties가 나오므로 능동형 분사구문을 사용해야 함을 알 수 있다. 따라서 enabled는 enabling으로 고쳐야 한다.

0943

| 정답 | X (would visit → would have visited) | 출제포인트 | 063 가정법 과거 vs. 가정법 과거완료 |

해석 만약 그녀가 어제 집에 있었다면, 나는 그녀를 방문했을 텐데.

해설 가정법 과거완료 구문은 과거 사실과 반대되는 가정을 할 때 쓰인다. 주어진 문장은 과거를 나타내는 시간의 부사 yesterday로 보아 가정법 과거완료 구문인 「If + 주어 + had p.p. ~, 주어 + 조동사 과거형 + have p.p.」의 문장 구조에 해당되므로, would visit를 would have visited로 수정해야 한다.

0944

| 정답 | O | 출제포인트 | 149 전치사 + 관계대명사 |

해석 언어는 인간이 서로 의사소통하는 주요 수단이다.

해설 목적격관계대명사가 which일 때 관계대명사절의 전치사는 관계대명사 앞으로 이동해 「전치사 + 관계대명사」의 형태로 사용할 수 있으며, 이때 「전치사 + 관계대명사」 이후의 문장은 완전해야 한다. 주어진 문장은 the primary means which people communicate by with one another에서 전치사 by가 앞으로 이동하여 the primary means by which people communicate with one another가 되었으며, by which 이후의 문장 people communicate with one another가 완전한 문장이므로 옳은 문장이다.

0945

| 정답 | X (to staying home than to going out → staying home to going out 또는 to stay home rather than (to) go out) | 출제포인트 | 137 비교 대상 일치 |

해설 'B보다 A를 선호하다'는 의미로 「prefer A to B」를 쓸 때, A와 B는 명사 또는 명사 상당어구가 오며 병렬구조가 되어야 하고, '~보다'의 의미로 than이 아니라 전치사 to가 사용되었음에 유의해야 한다. 따라서 주어진 문장의 to staying home than to going out은 staying home to going out으로 수정해야 한다. 또는 prefer를 타동사로 보아 목적어로 to부정사를 사용할 경우 연결사 rather than을 이용해서, to stay home rather than (to) go out으로 수정할 수 있다.

0946 The number of car accidents are on the rise.

0947 우리는 그 일을 이번 달 말까지 끝내야 한다.
→ We have to finish the work until the end of this month.

0948 나의 어머니는 종종 영화를 보는 중에 잠이 드신다.
→ My mother often falls asleep while watched a movie.

0949 Moreover, when performers receive and react to visual feedback from the audience, a performance can become truly interactive, involving genuine communication between all concerned.

0950 이 편지를 받는 대로 곧 본사로 와 주십시오.
→ Please come to the headquarters as soon as you will receive this letter.

친절 & 꼼꼼 정답 및 해설

0946

정답 X (are → is)　　　　**출제포인트** 183 a number of vs. the number of 수일치

해석 자동차 사고의 수가 증가하고 있다.
해설 주어진 문장의 주부에 사용된 「the number of + 복수 가산명사」는 '~의 숫자'를 의미하며 단수 취급한다. 따라서 해당 문장에서는 '자동차 사고의 수'를 나타내는 단수 명사로 사용되어 are를 is로 수정해야 한다.

0947

정답 X (until → by)　　　　**출제포인트** 029 until vs. by

해설 주어진 문장의 전치사 until은 '~까지 (쭉)'이라는 의미로 시간의 '계속'을 나타내므로 주어진 문장처럼 기한의 '완료'를 나타내는 의미로 사용되는 것은 어색하다. 따라서 until을 완료의 의미를 지닌 전치사 by(~까지)로 수정해야 한다.
정혜쌤's Tip until과 by는 의미상 차이가 있으니 아래 예문과 함께 학습하세요.
① until: We'll be on vacation until next week. (다음 주까지 (쭉) 휴가 중일 겁니다.)
② by: Please submit your report by Friday. (금요일까지 보고서를 제출해주세요.)

0948

정답 X (watched → watching)　　　　**출제포인트** 127 분사구문

해설 주절과 접속사절의 주어가 동일할 때 접속사절을 분사구문으로 변환할 수 있다. 주어진 문장의 우리말 해석처럼 '~ while she was watching ~'을 단순 분사구문 'watching ~', 또는 접속사가 살아있는 분사구문인 'while watching ~'으로 변환할 수 있다. 따라서 해당 문장의 watched는 watching으로 수정해야 한다.

0949

정답 O　　　　**출제포인트** 127 분사구문

해석 또한, 공연자가 청중의 시각적 피드백을 받고 그것에 반응할 때, 공연은 당사자 일동 사이에서 진정한 의사소통을 포함하여, 진정으로 상호 작용을 하게 된다.
해설 주어진 문장의 involving genuine ~ concerned는 분사구문으로 사용되었으며 involving 이후에 목적어 genuine communication이 따라오고 문맥상 '~을 포함하여'가 적절하므로 현재분사 involving을 사용한 것은 적절하다.

0950

정답 X (will receive → receive)　　　　**출제포인트** 039 시간, 조건의 부사절에서의 시간의 표현

해설 주어진 문장의 as soon as는 시간의 부사절을 이끄는 접속사로, 해당 종속절의 동사가 미래를 나타내는 경우 현재시제로 반드시 표현해야 한다. 따라서 해당 절의 will receive는 receive로 수정해야 한다. 또한 주절인 'Please ~ headquarters'는 명령문으로 쓰였음에 주의해야 한다.

0951 The first coffeehouse in western Europe opened not in a center of trade or commerce but in the university city of Oxford, in which a Lebanese man naming Jacob set up shop in 1650.

0952 Such a society would be so rife with rumor, alarm, and lies which the errors of our journalism would by comparison seem models of truth.

0953 그는 사람들이 생각했던 만큼 인색하지 않았다는 것이 드러났다.
→ It turns out that he was not so stingier as he was thought to be.

0954 In recent years, peer-peer (P2P) lending has become the poster child of the alternative finance industry.

0955 나는 너의 답장을 가능한 한 빨리 받기를 고대한다.
→ I look forward to receive your reply as soon as possible.

친절 & 꼼꼼 정답 및 해설

0951

정답 X (man naming Jacob → man (who was) named Jacob) **출제포인트** 125 현재분사 vs. 과거분사

해석 서유럽 최초의 카페는 무역 혹은 상업의 중심지가 아니라 옥스퍼드 대학 도시에서 문을 열었는데, 그곳에서 Jacob이라는 이름을 가진 레바논 남성이 1650년에 가게를 차렸다.

해설 name은 '이름을 지어 주다, 명명하다'라는 의미의 타동사이다. 주어진 문장의 a Lebanese man은 Jacob이라는 '이름이 붙여지는' 관계로 수식 대상과 수식어의 관계가 수동의 관계에 해당된다. 따라서 man naming Jacob은 man (who was) named Jacob으로 수정해야 한다.

0952

정답 X (which → that) **출제포인트** 165 so ~ that 주요 표현

해석 그러한 사회는 루머, 경멸, 거짓으로 가득 차서 우리의 저널리즘의 오류가 비교적 진실의 모형처럼 보일 것이다.

해설 주어진 문장에서 which 이하의 절이 완전한 것으로 보아, 관계대명사 which가 적절하지 않음을 알 수 있다. 또한, 해당 문장의 문맥상 '원인과 결과'를 나타내는 「so ~ that …」 구문에서 형용사 또는 부사를 수식할 때 사용되는 so가 존재하는 것으로 보아, '너무 ~해서 …하다'라는 의미의 「so ~ that …」 구문임을 알 수 있다. 따라서 which를 that으로 수정해야 한다.

정혜쌤's Tip would와 seem 사이에 by comparison은 전명구에 해당되며, 강조를 위해 조동사 뒤에 있는 경우이니 주의하세요.

0953

정답 X (stingier → stingy) **출제포인트** 134 원급 비교

해설 '~만큼 …하지 않다'라는 의미는 「not so[as] + 형용사 + as」의 원급 비교 구문으로 나타낼 수 있다. 따라서 주어진 문장의 비교급 stingier는 원급인 stingy로 수정해야 한다.

0954

정답 O **출제포인트** 041 시간의 부사구에 따른 시제 판단

해석 최근에, P2P 대출은 대체 금융 산업의 전형이 되어 왔다.

해설 주어진 문장의 in recent years는 과거의 어느 시점에서 현재까지를 나타내는 시간 부사구로 현재완료시제인 has become의 쓰임은 적절하다.

0955

정답 X (receive → receiving) **출제포인트** 124 동명사 주요 표현

해설 「look forward to」는 '~을 고대하다'를 뜻하는 관용표현이다. 주어진 문장에서 to는 전치사이므로 목적어로 동명사 또는 명사가 온다. 따라서 동사원형 receive는 동명사 receiving으로 수정해야 한다.

0956 식사를 마치자마자 나는 다시 배고프기 시작했다.
→ No sooner I have finishing the meal than I started feeling hungry again.

0957 All assignments are expected to turn in on time.

0958 Upon arrived, he took full advantage of the new environment.

0959 She destined to live a life of serving others.

0960 It's the only fortress city in India still functioning, with one quarter of its population lived within the walls, and it's just far enough off the beaten path to have been spared the worst ravages of tourism.

친절 & 꼼꼼 정답 및 해설

0956

정답 X (I have finishing → had I finished)   **출제포인트** 040 '~하자마자' 구문

해설 부정어가 문두에 사용되면 뒤따라오는 문장의 어순이 의문문 어순으로 도치된다. '~하자마자 …했다'는 「No sooner had + S + p.p. ~ than + S + 과거 동사…」의 형태로 나타내며 시제, 어순 그리고 접속사의 종류에 유의해야 한다. 주어진 문장은 부정어 No sooner가 문두에 위치하나 뒤따라오는 어순이 의문문 어순이 아니며, 시제 또한 had p.p. 형태가 아니므로 옳지 않은 문장이다. 따라서 No sooner I have finishing을 No sooner had I finished로 수정해야 한다.

0957

정답 X (to turn → to be turned)   **출제포인트** 117 to부정사의 태

해석 모든 과제는 제시간에 제출되어야 한다.

해설 주어진 문장에 사용된 부정사의 turn in(제출하다)은 「타동사 + 부사」 형태의 타동사구이며 문장의 주어인 All assignments(모든 과제)는 '제출되는' 대상이므로 수동 형태의 부정사를 사용해야 한다. 「타동사 + 부사」 형태의 타동사구가 수동태가 될 때 부사는 그대로 남아 수동태를 이루는 것에 유의해야 한다. 따라서 to turn을 to be turned로 수정해야 한다. 더해서 「be expected to 동사원형」은 '~할 것으로 기대되다'라는 표현으로 불완전타동사 expect의 능동태 문장인 「expect + 목적어 + to 동사원형」의 수동태 형태로 옳게 사용되었다.

0958

정답 X (Upon arrived → Upon arriving)   **출제포인트** 040 '~하자마자' 구문

해석 도착하자마자, 그는 새로운 환경을 충분히 이용했다.

해설 upon은 전치사로 명사 또는 동명사를 목적어로 취하며 「upon ~ing」는 '~하자마자'를 뜻하는 관용표현이다. 따라서 주어진 문장의 Upon arrived는 Upon arriving으로 수정해야 한다.

0959

정답 X (destined to live → is[was] destined to live)   **출제포인트** 048 능동태 vs. 수동태

해석 그녀는 남을 돕는 삶을 살아갈 운명이다[이었다].

해설 주어진 문장의 destine은 '~을 예정해 두다'라는 의미의 타동사이며 수동태로 쓰여 '(운명으로) 정해지다, 운명 짓다'의 의미를 나타낸다. 따라서 destined to live를 is[was] destined to live로 수정해야 한다.

0960

정답 X (lived → living)   **출제포인트** 131 with 분사구문

해석 그곳은 인구의 4분의 1이 성벽 안에 살면서 여전히 제 기능을 하는 인도 내의 유일한 요새 도시이고, 그곳은 (사람들이 많이 밟아) 다져진 길에서 벗어나 충분히 멀리 있어서 관광업으로 인한 최악의 파괴를 면했다.

해설 with 분사구문은 「with + 명사 + 분사」의 구조로 사용하며 명사와 분사의 관계가 능동일 때 현재분사를 사용하며, 수동일 때 과거분사를 사용한다. 주어진 문장은 명사 one quarter of its population과 live가 능동의 관계이므로 현재분사를 사용하는 것이 적절하다. 따라서 lived는 현재분사 living으로 수정해야 한다.

0961 그 장난감 자동차를 조립하고 분리하는 것은 쉽다.
→ It is easy to assemble and take apart the toy car.

0962 Domesticated animals are the earliest and most effective 'machines' available to humans.

0963 요즘에는 신문들이 광고에서 훨씬 더 적은 돈을 번다.
→ Nowadays, newspapers make very less money from advertisements.

0964 I'm pleasing that I have enough clothes with me.

0965 내가 축구 경기를 시청하는 동안, 내 남편은 다른 TV로 영화를 보았다.
→ While I watched a soccer match, my husband watches a movie on the other TV.

친절 & 꼼꼼 정답 및 해설

0961

정답 O   **출제포인트** 114 to부정사의 가주어

해설 주어가 구 또는 절로 길어질 때 주어 자리에 가주어 It을 쓰고 진주어는 뒤로 이동시킨다. 주어진 문장은 가주어 It과 진주어 to assemble ~ car가 적절하게 사용되었다.

0962

정답 O   **출제포인트** 146 주격관계대명사

해석 가축화된 동물들은 인간들이 이용할 수 있는 가장 초기의(가장 오래된) 그리고 가장 효과적인 '기계들'이다.

해설 주어진 문장의 available to ~ humans는 「주격관계대명사 + be동사」가 생략된 구문이다. 'machines' that are available to humans에서 that are가 생략되어 형용사구 available to humans가 'machines'를 후치 수식하고 있다.

0963

정답 X (very less → much[a lot, still, (by) far, even] less)   **출제포인트** 143 비교급 / 최상급 강조 부사

해설 비교급을 강조하는 표현은 much, a lot, still, far, even 등을 사용해 나타낼 수 있다. 주어진 문장은 비교 표현인 less를 최상급을 수식하는 very가 수식하고 있으므로 옳지 않다. very를 much[a lot, still, (by) far, even] 등으로 수정해야 한다.

0964

정답 X (pleasing → pleased)   **출제포인트** 125 현재분사 vs. 과거분사

해석 나는 내가 충분한 옷을 가지고 있어서 기쁘다.

해설 감정형분사가 사람의 감정 상태를 나타낼 때 과거분사형(-ed)을 사용하며 감정을 제공하는 사물 또는 사람의 상태를 나타낼 때는 현재분사형(-ing)을 사용한다. 주어진 문장에서는 I의 감정 상태인 '기쁜'을 나타내야 하므로, pleasing을 pleased로 수정해야 한다.

0965

정답 X (watched → was watching / watches → watched)   **출제포인트** 042 시제 일치

해설 주어진 문장의 종속절인 I watched a soccer match(내가 축구 경기를 시청했다)는 과거시제인데, 동시상황을 나타내는 접속사 while절 이후에 주절의 동사는 현재시제 watches에 해당되므로 시제 일치가 되지 않았다. 과거에 두 가지 사건이 동시에 발생할 때 종속절은 주로 과거진행시제로, 주절은 과거시제로 표현하므로 while절에 watched는 was watching으로, 주절의 watches는 watched로 수정해야 한다.

0966　My hat was blown off by the wind while walking down a narrow street.

0967　In addition, memorization can enable use of direct eye contact with an audience who is more convincing than reference to the score.

0968　He noticed as they danced around him that there were holes at the tips of spears.

0969　나는 매달 두세 번 그에게 전화하기로 규칙을 세웠다.
→ I made it a rule to call him two or three times a month.

0970　The world's first digital camera created by Steve Sasson at Eastman Kodak in 1975.

친절 & 꼼꼼 정답 및 해설

0966

정답 X (while walking down a narrow street → while I was walking down a narrow street)

출제포인트 127 분사구문

해석 내가 좁은 길을 걷고 있을 때, 바람 때문에 모자가 날아갔다.

해설 문장의 종속 접속사절의 주어와 주절의 주어가 같은 경우 종속절의 주어와 be동사를 생략하고 「접속사 + 분사」 형태로 쓸 수 있다. 그러나 주어진 문장에서 주절의 주어는 My hat이고 while이 이끄는 종속절의 주어는 문맥상 I로 서로 다르므로 종속절의 주어와 be동사를 생략할 수 없다. 따라서 while walking down a narrow street를 while I was walking down a narrow street로 수정해야 한다.

0967

정답 X (who → which 또는 that)   출제포인트 146 주격관계대명사

해석 게다가, 암기는 관객과의 직접적인 시선 접촉을 가능하게 하는데, 그것은 악보를 참고하는 것보다 설득력이 있다.

해설 who는 사람을 나타내는 선행사를 수식하는 관계대명사이다. 주어진 문장에서 관계사절 who is ~ score가 수식하는 선행사는 문맥상 직전에 제시된 an audience(청중)가 아니라 direct eye contact(시선 접촉)에 해당된다. 따라서 who는 사물을 수식하는 주격관계대명사 which 또는 that으로 수정해야 한다.

0968

정답 O   출제포인트 159 접속사의 역할

해석 그는 그들이 그의 주위에서 춤을 출 때 창끝에 구멍이 있다는 것을 알아차렸다.

해설 주어진 문장의 that there ~ spears는 동사 noticed의 목적어 절에 해당되며 명사절 접속사 that이 적절하게 사용되었다. 더해, 동사 noticed와 that 사이의 as they ~ him은 부사절에 해당된다.

0969

정답 O   출제포인트 021 동사 make의 다양한 쓰임

해설 '~하는 것을 규칙으로 세우다'라는 의미를 뜻할 때는 「make it a rule + to 동사원형」 형태의 관용표현이 사용된다. 따라서 주어진 문장의 made it a rule to call은 옳게 사용되었다. 또한 부정관사가 기간을 나타내는 단어 앞에 오면 '~마다'라는 뜻으로 쓰이기도 한다. 주어진 문장에서 a month는 '매달'이라는 뜻으로 적절하게 사용되었다.

정혜쌤's Tip 「make it a rule + to 동사원형」에서 it은 가목적어이며, to 동사원형 이하가 진목적어인 것도 알아두세요.

0970

정답 X (created → was created)   출제포인트 048 능동태 vs. 수동태

해석 세계 최초의 디지털카메라는 1975년 Eastman Kodak사의 Steve Sasson에 의해 만들어졌다.

해설 주어진 문장의 주어인 '디지털카메라'는 '만들어진' 대상이며, 전명구인 'by Steve Sasson'으로 행위자를 나타내고 있으므로 수동태를 쓰는 것이 적절하다. 따라서 created를 was created로 수정해야 한다.

0971 통화의 가치는 대개 한 국가 경제의 힘을 반영한다.
○○○
→ A currency's value reflects usually the strength of a country's economy.

0972 They didn't believe his story, and so did I.
○○○

0973 Designed as a serpent to coil around the wrist, with its head and tail covering with diamonds and having two hypnotic emerald eyes, a discreet mechanism opens its fierce jaws to reveal a tiny quartz watch.
○○○

0974 너는 내게 전화해서 일에 늦을 거라고 알렸어야 했다.
○○○
→ You supposed to phone me and let me know you were going to be late for work.

0975 Top software companies are finding increasingly challenging to stay ahead.
○○○

친절 & 꼼꼼 정답 및 해설

0971

정답 X (reflects usually → usually reflects)　　**출제포인트** 100 빈도부사

해설 빈도부사는 조동사, be동사 뒤 그리고 일반동사 앞에 위치한다. 주어진 문장은 빈도부사 usually가 일반동사 reflects 뒤에 위치하므로 옳지 않다. reflects usually를 usually reflects로 수정해야 한다.

0972

정답 X (so → neither)　　**출제포인트** 177 '또한 그렇다 / 그렇지 않다'의 표현

해석 그들은 그의 이야기를 믿지 않았고, 나도 믿지 않았다.

해설 긍정문에 대한 동의 표현으로 '역시 ~ 하다'의 의미로는 「so + (대)동사 + 주어」, 부정문에 대한 동의 표현으로 '역시 ~하지 않다'의 의미로는 「neither + (대)동사 + 주어」의 형태로 표현한다. 주어진 문장은 and 이전에 부정문이 제시되었기 때문에 그에 대한 동의 표현으로 so did I를 쓴 것은 적절하지 않으므로, so를 neither로 수정해야 한다.

0973

정답 X (covering → covered)　　**출제포인트** 131 with 분사구문

해석 다이아몬드로 뒤덮인 머리와 꼬리, 그리고 최면을 거는 듯한 두 개의 에메랄드 눈을 가진 뱀이 손목 주위를 휘감도록 디자인된 잘 볼 수 없는 기계 장치가 작은 수정 시계를 드러내 보이기 위해 강렬한 턱을 벌린다.

해설 with 분사구문은 「with + 명사 + 분사」의 구조로 사용하며 명사와 분사의 관계가 능동일 때 현재분사를 사용하며, 수동일 때 과거분사를 사용한다. 주어진 문장에서 its head and tail(그것의 머리와 꼬리)이 diamonds(다이아몬드)로 '뒤덮여 있는' 수동의 관계를 의미하므로, 과거분사가 적절하다. 따라서 covering을 covered로 수정해야 한다.

0974

정답 X (supposed → were supposed)　　**출제포인트** 048 능동태 vs. 수동태

해설 「be supposed to + 동사원형」은 '~해야 한다, ~하기로 되어 있다'라는 뜻을 가진 표현이다. 주어진 문장은 '전화해서 알렸어야 했다'는 의미이므로 supposed를 were supposed로 수정해야 한다. 더해, 사역동사 let은 「let + 목적어 + 목적격 보어[원형부정사]」의 구조로 사용하므로 let me know는 적절하게 쓰였다.

0975

정답 X (are finding increasingly → are finding it increasingly)　　**출제포인트** 110 to부정사의 가목적어

해석 최고의 소프트웨어 회사들은 앞서 나가는 것이 점점 더 힘들다는 것을 알아 가고 있다.

해설 find는 3형식 완전타동사로 사용할 수 있으나, 주어진 문장처럼 「find + 형용사」 형태의 불완전자동사로 쓸 수 없다. 해당 문장은 문맥상 find의 진목적어로 to stay ahead를, find의 목적격 보어로 형용사 challenging을 볼 수 있다. 이에 가목적어 it을 사용해 「find + 가목적어(it) + 목적격 보어 + 진목적어(to부정사)」 형태로 볼 수 있다. 따라서 are finding increasingly를 are finding it increasingly로 수정해야 한다.

0976 I convinced that making pumpkin cake from scratch would be even easier than making cake from a box.

0977 수요가 공급을 초과하면 가격이 오르고 그 반대가 되면 내린다.
→ Prices go up when demand exceeds supply, and vice versa.

친절 & 꼼꼼 정답 및 해설

0976

| 정답 | X (convinced → was convinced) | 출제포인트 | 048 능동태 vs. 수동태 |

해석 나는 처음부터 호박 케이크를 만드는 것이 (믹스) 상자로부터 케이크를 만드는 것보다 훨씬 쉬울 것이라고 확신했다.

해설 convince는 4형식으로 「convince + 사람(대상) + that ~」의 형태로 사용될 수 있다. 주어진 문장은 convinced가 목적어 없이 바로 that절을 취했으므로 옳지 않으며, 문맥상 '(주어)가 ~라고 설득되다'라는 의미이므로, convinced는 수동형인 was convinced로 수정되어야 한다. 이에 더해, 주어진 문장의 from scratch는 '처음부터'라는 의미를 지니며 even은 비교급을 강조하는 부사로 적절하게 사용되었다. than 뒤의 making은 앞서 제시된 that 뒤의 making과 병렬구조를 이루므로 적절하다.

0977

| 정답 | O | 출제포인트 | 105 부사 기출 표현 |

해설 「vice versa」는 '거꾸로, 반대로'를 뜻하는 표현이다. 주어진 문장은 우리말 해석에 맞게 적절하게 사용되었다.

Random   Day 14

■ 주어진 문장이 어법상 또는 주어진 해석상 옳다면 O, 옳지 않다면 X를 하고 바르게 고치시오.

0978 I should go this morning, but I was feeling a bit ill.

0979 대다수의 기관에서 가장 중요한 것은 유능한 관리자들을 두는 것이다.
→ What matters most in the majority of organizations are having competent managers.

0980 He went out, with his dog following behind.

0981 The press, that lays no claim to scientific accuracy, is not easily forgiven its errors.

0982 Over time, he fits the behavior consistent with his prototypes and constructs into the impression what he has already formed of her.

친절 & 꼼꼼 정답 및 해설

0978

정답 X (go → have gone)   **출제포인트** 060 조동사 + have p.p.

해석 나는 오늘 아침에 갔어야 했지만, 조금 아팠어. (그래서 못 갔어.)

해설 해당 문장에 사용된 조동사 should는 과거의 후회나 유감을 나타낼 때 should have p.p.로 쓰며 '~했어야 했는데 (하지 못했다)'라는 의미로 사용된다. 해당 문장에서는 but 이후의 문장을 통해서 과거에 '아팠음'을 알 수 있고, 이는 문맥상 '과거에 갈 수 없었음'을 유추할 수 있다. 따라서 but 이전의 문장은 후회와 유감을 나타내므로, 문맥상 go를 have gone으로 수정해야 옳다.

0979

정답 X (are → is)   **출제포인트** 182 명사구 - 명사절 주어 수일치

해설 주어진 문장의 What matters ~ organizations는 명사절이므로 3인칭 단수 취급을 한다. 따라서 동사는 단수 동사가 되어야 하므로 are를 is로 수정해야 한다. 이에 더해, 주어진 문장의 having competent managers는 동사의 진행형이 아닌 '유능한 관리자를 두는 것'을 뜻하는 동명사구로 사용되었음에 주의해야 한다.

0980

정답 O   **출제포인트** 131 with 분사구문

해석 그는 밖으로 나갔고 그의 개가 뒤따라왔다.

해설 주어진 문장에 사용된 with 분사구문은 「with + 목적어 + 분사」 형태로 나타내며 '~한 채로'라는 의미로 동시 상황을 나타낸다. 이때 목적어와 분사의 관계가 능동이면 현재분사를, 수동이면 과거분사를 사용한다. 주어진 문장에서 목적어인 dog는 '따라가는 중'이므로 능동의 의미로 알맞게 사용되었다.

0981

정답 X (that → which)   **출제포인트** 146 주격관계대명사

해석 과학적 정확성을 주장하지 않는 언론은 그 오류를 쉽게 용서받지 않는다.

해설 주어진 문장의 that은 선행사인 The press를 수식하는 주격관계대명사절을 이끈다. 그러나 관계대명사 that은 콤마(,)와 함께 쓰여 계속적 용법으로 사용할 수 없다. 따라서 주어진 문장의 that은 which로 수정해야 한다. 더해 is not ~ errors 는 수여동사 forgive의 수동태로 its errors는 보류 목적어에 해당된다.

0982

정답 X (what → that 또는 which)   **출제포인트** 152 that vs. what

해석 시간이 흐르면서, 그는 그의 초기 모델과 일치하는 행동에 맞추고 그가 이미 그녀에 대해 만들어 놓은 인상으로 구축해 간다.

해설 what 앞에 선행사 the impression이 있으며, 뒤따라오는 문장에서 동사 have already formed의 목적어가 없는 불완전한 형태이므로 목적격관계대명사 that 또는 which를 쓰는 것이 적절하다. 따라서 what을 that 또는 which로 수정해야 한다.

0983 식사가 준비됐을 때, 우리는 식당으로 이동했다.
→ The dinner being ready, we moved to the dining hall.

0984 I became such wrapped up in myself that I could not see what was really going on.

0985 Whether the risk assessment involves decisions about a major corporate initiative or just making the decision walk down the street, we are always anticipating, identifying, and evaluating the potential risks involved.

0986 A challenge in reading a text is to gain a deep understanding of what the text might mean, despite of the obstacles of one's assumptions and biases.

0987 인간은 환경에 자신을 빨리 적응시킨다.
→ Human beings quickly adapt themselves to the environment.

친절 & 꼼꼼 정답 및 해설

0983

정답 O **출제포인트** 127 분사구문

해설 주어진 문장의 The dinner ~ ready는 부사절 When the dinner was ready를 분사구문으로 바꾼 것이다. 접속사 When은 생략하고 주절과 종속절의 주어가 다르므로 종속절의 주어 The dinner는 그대로 남아 있다. was는 주절의 동사 moved와 시제가 일치하기 때문에 being이 된다. 따라서 주어진 문장은 독립분사구문으로 적절하게 사용되었다.

0984

정답 X (such → so) **출제포인트** 165 so ~ that 주요 표현

해석 나는 내 자신에게 너무 사로잡혀 있어서 정말 무슨 일이 일어나고 있는지 알 수 없었다.

해설 원인과 결과를 나타내는 「so/such ~ that …」 구문에서 형용사 또는 부사를 수식할 때는 so를 사용하며 명사를 수식할 때는 such를 사용한다. 주어진 문장에서 wrapped는 과거분사로 보어 자리에서 형용사의 역할을 하므로, such를 so로 수정해야 한다.

0985

정답 X (walk → to walk) **출제포인트** 112 to부정사의 형용사적 용법

해석 위험 평가가 주요 기업의 주도권에 대한 결정 또는 단지 거리를 따라 걸어갈지를 결정하는 것과 관련되든 간에, 우리는 항상 관련된 잠재적 위험을 예상하고 확인하고 평가하고 있다.

해설 사역동사 make는 목적어와 목적격 보어의 관계가 능동일 때 「make + 목적어 + 목적격 보어[원형부정사]」 형태로 쓰인다. 주어진 문장에서 사역동사의 make가 포함된 making the decision은 이어지는 walk와 문맥상 능동의 관계로 목적격 보어로 쓰였다면 '결정이 걸어가도록 만드는 것'의 의미이므로 문맥상 어색하다. 따라서 walk가 명사 decision을 to부정사의 형용사적 용법으로 수식하여 'just making the decision to walk down the street'이 되어 '단지 거리를 따라 걸어갈지를 결정하는 것'으로 보는 것이 문맥상 적절하다. 따라서 walk는 to walk로 수정해야 한다. 더해 Whether절의 동사 involves는 decisions와 making the decision ~ street을 문맥상 목적어로 취하고 있다.

0986

정답 X (despite of → despite 또는 in spite of) **출제포인트** 035 전치사 관용표현

해석 텍스트를 읽는 것에 있어서 한 가지 도전은 한 사람의 가정들과 편견들이라는 장벽에도 불구하고 그 텍스트가 무엇을 의미하는 것인지에 대한 깊은 이해를 얻는 것이다.

해설 despite(그럼에도 불구하고)는 of가 필요 없는 전치사이다. 따라서 주어진 문장의 despite of를 despite로 수정하거나 of를 포함해 in spite of로 수정해야 한다.

0987

정답 O **출제포인트** 080 재귀대명사

해설 「adapt oneself to」는 '~에 적응하다, 자신을 ~에 적응시키다'를 뜻한다. 주어진 문장에서 주어 Human beings와 adapt의 목적어가 같은 대상이므로 재귀대명사 themselves가 적절하게 사용되었다.

0988 Many leave their homes as they would on any given day never to return.

0989 My final exams are starting next week, so I've got to study hard.

0990 It interprets fear, helps distinguish friends from foes, and identifies social rewards and how to attain it.

0991 A drowning man will ask for help.

0992 바깥 날씨가 추웠기 때문에 나는 차를 마시려 물을 끓였다.
→ Being cold outside, I boiled some water to have tea.

친절 & 꼼꼼 정답 및 해설

0988

| 정답 | O | 출제포인트 | 113 to부정사의 부사적 용법 |

해석 많은 사람들이 어느 날 그러하듯 집을 떠났다가 결국 다시는 돌아오지 못한다.

해설 주어진 문장의 never to return은 to부정사의 부사적 용법 중 결과를 의미하는 표현으로 '~했으나 결국 …하지 못하다'를 뜻한다.

0989

| 정답 | O | 출제포인트 | 042 시제 일치 |

해석 기말고사가 다음 주에 시작되므로, 나는 열심히 공부해야 한다.

해설 왕래발착동사는 실현 가능성이 큰 미래의 약속, 계획 등을 미래 부사와 함께 현재진행형으로 나타낼 수 있으므로, 주어진 문장의 are starting next week는 적절하게 사용되었다. 또한, 해당 문장의 have got to는 '~해야 한다'를 뜻하며 have to와 동일하게 사용될 수 있다.

0990

| 정답 | X (it → them) | 출제포인트 | 181 명사 - 대명사 수일치 |

해석 그것은 두려움을 해석하고 적과 친구를 구별하도록 돕고, 사회적 보상과 그것들을 어떻게 얻는지를 확인한다.

해설 주어진 문장의 마지막에 있는 it은 social rewards를 지칭하므로 복수를 나타내는 대명사인 them으로 수정해야 한다. 더해, 등위접속사 and를 활용해 동사 interprets, helps, identifies를 「A, B, and C」 구조로 적절하게 사용되었다. 또한, help는 완전타동사로 「help + 동사원형」 또는 「help + to 동사원형」으로 사용될 수 있으므로 주어진 문장의 helps distinguish는 「help + 동사원형」 형태로 적절하게 사용되었다.

0991

| 정답 | O | 출제포인트 | 125 현재분사 vs. 과거분사 |

해석 물에 빠진 사람은 도움을 요청할 것이다.

해설 주어진 문장의 현재분사 drowning은 주어인 man을 수식해서 '물에 빠진 사람'을 나타내며, 또한 ask for는 '~을 요청하다'의 의미로 적절하게 사용되었다.

0992

| 정답 | X (Being cold outside → It being cold outside) | 출제포인트 | 127 분사구문 |

해설 주어진 문장은 부사절이 포함된 Because it was cold outside, I boiled some water to have tea.에서 부사절을 분사구문으로 변환한 문장이다. 부사절을 분사구문으로 바꿀 때 주절의 주어와 부사절의 주어가 같지 않으면 생략할 수 없다. 따라서 주어진 문장의 부사절의 비인칭 주어 it은 생략할 수 없으므로 분사구문으로 만들 때 주어를 그대로 명시하여 It being cold outside가 되어야 한다. 이를 독립분사구문이라고 한다. 따라서, Being cold outside를 It being cold outside로 수정해야 한다.

0993 This book is intended for educators, new or veteran, interested in enhancing student understanding and design more effective curricula.

0994 A horse should be fed according as its individual needs and the nature of its work.

0995 독서와 정신의 관계는 운동과 신체의 관계와 같다.
→ Reading is to the mind that exercise is to the body.

0996 It would be difficult imagine life without the beauty and richness of forests.

0997 그들의 좋은 의도가 항상 예상된 결과로 이어지는 것은 아니다.
→ Their good intention does not always lead to expected results.

친절 & 꼼꼼 정답 및 해설

0993

| 정답 | X (design → designing) | 출제포인트 | 161 등위(상관)접속사의 병렬구조 |

해석 이 책은 학생들이 이해하는 것을 더 강화하는 것과 더 효과적인 교육 과정을 디자인하는 것에 관심이 있는 신입이거나 베테랑인 교육자들을 위해 의도된 것이다.

해설 '주어진 문장의 「interested in~」 표현에서 in은 전치사이므로 이후에는 명사나 명사구가 나와야 한다. 따라서 주어진 문장의 design은 enhancing과 병렬구조를 이루어 designing으로 수정해야 한다.

0994

| 정답 | X (according as → according to) | 출제포인트 | 160 접속사 vs. 전치사 |

해석 말은 개별 요구와 일의 성질에 따라 먹이를 공급받아야 한다.

해설 주어진 문장의 접속사 according as는 목적어로 명사절을 가져야 하지만 해당 문장에서는 according as 이하에 목적어로 명사구인 'its individual ~ work'가 제시되었으므로 옳지 않다. 따라서, 해당 문장의 according as를 구전치사인 according to로 수정해야 한다. 한편, 해당 문장의 주어인 A horse는 먹이를 공급받는 대상이므로 수동태인 should be fed가 알맞게 쓰였다.

0995

| 정답 | X (that → what) | 출제포인트 | 152 that vs. what |

해설 주어진 문장에 사용된 「A is to B what C is to D」는 'A와 B의 관계는 C와 D의 관계와 같다'를 나타내는 관용표현으로 해당 문장의 that은 what으로 수정해야 한다.

0996

| 정답 | X (imagine → to imagine 또는 imagining) | 출제포인트 | 114 to부정사의 가주어 |

해석 숲의 아름다움과 풍요로움이 없는 삶을 상상하기는 어렵다.

해설 주어진 문장은 가주어 It이 사용된 문장으로 진주어로 to부정사나 동명사를 사용할 수 있다. 따라서 해당 문장의 imagine은 to imagine 또는 imagining으로 수정해야 한다. imagining은 명사로 쓰여 '이미지화'를 뜻하고 있으며, image의 동사형 형태가 아님에 유의해야 한다.

0997

| 정답 | O | 출제포인트 | 084 부분 부정, 전체 부정 |

해설 부정어 not이 전체를 나타내는 표현인 always와 함께 쓰이면 '항상 ~한 것은 아니다'를 뜻하는 부분 부정 표현이 된다. 따라서 주어진 문장은 우리말 해석에 맞게 올바르게 사용되었다.

0998 월급을 두 배 받는 그 부서장이 책임을 져야 한다.

→ The head of the department, who receives twice the salary, have to take responsibility.

0999 The producers did not have the funds to hire many actors, so Mel Blanc resorted to create different voices and personas for the show as needed.

1000 The requiring reports are a burden on a company's administrative staff.

1001 I don't have some objections to make.

1002 악천후의 경우에는 모든 비행기가 연착될 수 있다.

→ All airplanes are subject to delay in the event of bad weather.

친절 & 꼼꼼 정답 및 해설

0998

정답 X (have → has) **출제포인트** 180 주어 - 동사 수일치

해설 주어진 문장의 주격관계대명사 who가 이끄는 절이 선행사 The head를 수식하고 있는 형태이다. The head는 '우두머리, 부서장'의 의미로 사람을 의미하므로 who를 사용하였으며, 이어지는 3인칭 단수 동사 receives로 옳게 수일치 되었다. 그러나 문장의 주어이기도 한 The head에 따른 본동사 역시 3인칭 단수 동사여야 하므로, have를 has로 수정해야 한다.

0999

정답 X (create → creating) **출제포인트** 124 동명사 주요 표현

해석 당시 제작자들은 여러 명의 배우를 고용할 돈이 없어서 Mel Blanc는 쇼에 필요한 다른 목소리와 페르소나를 만들어 내는 것에 의지했다.

해설 「resort to」는 '~하는 것에 의지하다'을 뜻한다. 주어진 문장의 to는 전치사이므로 동사 create가 아니라 동명사 creating이 목적어로 사용되어야 한다. 따라서 create를 creating으로 수정해야 한다.

1000

정답 X (requiring → required) **출제포인트** 125 현재분사 vs. 과거분사

해석 요구되는 보고서들은 회사 관리 직원들의 부담이다.

해설 주어진 문장에서 주어인 reports를 수식하는 분사는 문맥상 '요구되는 보고서'를 의미해야 하므로, 현재분사 requiring을 과거분사 required로 수정해야 한다.

1001

정답 X (some → any) **출제포인트** 092 수량형용사

해석 나는 제기할 이의가 없다.

해설 형용사인 some과 any는 각각 문장의 종류에 따라 구별되어 사용된다. 긍정문, 청유문에서는 some을 부정문, 조건문에서는 any를 사용한다. 주어진 문장은 부정문이므로 some을 any로 수정해야 한다.

1002

정답 O **출제포인트** 124 동명사 주요 표현

해설 「be subject to ~」는 '~의 대상이다'의 의미로, to는 전치사이므로 목적어로 명사 혹은 동명사가 올 수 있다. 주어진 문장의 delay는 명사와 동사의 형태가 같은 단어이다. 주어진 문장에서 delay는 명사로 쓰여 전치사 to의 목적어 자리에 적절하게 사용되었다.

1003 네가 말하고 있는 사람과 시선을 마주치는 것은 서양 국가에서 중요하다.

→ Making eye contact with the person you are speaking to are important in western countries.

1004 The paper charged her with use the company's money for her own purposes.

1005 I wish I am a bit taller.

1006 Utilizing with other techniques, animals can raise human living standards very considerably, both as supplementary foodstuffs (protein in meat and milk) and as machines to carry burdens, lift water, and grind grain.

친절 & 꼼꼼 정답 및 해설

1003

정답 X (are → is)　　　　　　　　　**출제포인트** 182 명사구 - 명사절 주어 수일치

해설 주어진 문장의 주어는 동명사구인 Making ~ to이므로 단수 취급하여 동사는 3인칭 단수 동사인 is로 쓰여야 한다. 따라서 are를 is로 수정해야 한다. 더해, the person과 you are speaking to 사이에는 목적격관계대명사 whom[that]이 생략되었다. 생략된 관계대명사 whom이 이끄는 절은 반드시 불완전한 형태여야 하므로, you are speaking to에서 전치사 to의 목적어가 없는 불완전한 형태로 적절하게 쓰였다.

정해쌤's Tip 「speak to + 대상」은 '~에게 말하다'를 뜻하며 전치사 to가 반드시 함께 쓰여야 목적어를 가질 수 있다는 점에 주의하세요.

1004

정답 X (use → using)　　　　　　　　**출제포인트** 121 동명사의 역할

해석 그 신문은 자신의 목적을 위해 회사의 돈을 사용했다고 그녀를 비난했다.

해설 「charge A with B」는 'A를 B로 비난하다'를 뜻하며 with는 전치사이므로 목적어로 명사나 동명사를 갖는다. 주어진 문장은 명사구 the company's money ~가 문맥상 use의 목적어 역할을 하고 있다. 따라서 전치사 with의 명사 목적어 기능과 동사로서 목적어를 갖는 역할을 동시에 할 수 있도록 동사와 명사의 기능을 함께하는 동명사가 필요하므로 use를 동명사 using으로 수정해야 한다.

1005

정답 X (am → were)　　　　　　　　**출제포인트** 067 I wish 가정법

해석 나는 좀 더 키가 컸으면 좋겠다.

해설 주어진 문장에 사용된 I wish 가정법은 「I wish + that 주어 + were ~」로 현재 사실에 대한 가정을 나타낼 때 사용할 수 있다. 따라서 가정을 나타내는 종속절의 시제는 am 대신에 were로 수정해야 한다. 이때 가정법 과거에서 종속절에 be동사의 과거형은 were를 사용한다는 점에 주의해야 한다.

1006

정답 X (Utilizing → Utilized)　　　　　**출제포인트** 127 분사구문

해석 다른 기술들과 함께 이용되면서, 동물들은 보조적인 음식 재료(고기와 우유의 단백질)로서 그리고 짐을 실어 나르고 물을 끌어 올리고 곡식을 가는 기계로서 모두 인간의 생활 수준을 아주 상당히 올릴 수 있다.

해설 주어진 문장의 분사구문 Utilizing with other techniques의 주어는 주절의 주어 animals와 의미상 동일해 생략되었다. utilize(~을 이용하다)는 타동사이므로 목적어를 수반해야 하는데 Utilizing 이후에 목적어가 없으므로 수동 분사구문이 되어야 한다. 또한, 문맥상으로도 주어 animals는 인간에 의해 '이용되는' 객체이므로 수동 분사구문이 사용되어야 한다는 것을 알 수 있다. 따라서 Utilizing은 Utilized로 수정해야 한다. 이에 더해 to carry는 to부정사의 형용사적 용법으로 사용되었으며 명사 machines를 수식하고 있다.

1007 나는 5년 후에 내 사업을 시작할 작정이다.
→ I'm aiming to starting my own business in five years.

1008 The investigation had to be handled with the utmost care lest suspicion be aroused.

1009 서울의 교통 체증은 세계 어느 도시보다 심각하다.
→ The traffic jams in Seoul are more serious than that in any other city in the world.

1010 Never again lions crossed Richard's fence.

1011 나는 긴급한 일로 자정이 5분이나 지난 후 그에게 전화했다.
→ I called him five minutes shy of midnight on an urgent matter.

친절 & 꼼꼼 정답 및 해설

1007

정답 X (starting → start)　　　　**출제포인트** 120 to부정사 주요 표현

해설 「aim + to 동사원형」은 '~할 작정이다, ~하는 것을 목표로 하다'를 뜻하는 표현이다. 따라서 주어진 문장의 starting은 start로 수정되어야 한다. 더해, 시간의 경과를 나타내어 '~ 후에'라고 말할 때 전치사 in을 사용할 수 있다.

1008

정답 O　　　　**출제포인트** 164 부사절 접속사

해석 의심이 생기지 않도록 그 조사는 극도로 주의하여 처리되어야 했다.

해설 주어가 사물인 The investigation이므로 문맥상 '처리된'을 뜻하는 수동태로 적절하게 사용되었다. 또한, 접속사 lest가 이끄는 절에서 조동사 should는 생략할 수 있으므로 종속절에서 동사원형만 남아 be aroused(생겨나다)가 쓰인 것은 적절하다. 더해, lest는 '~하지 않도록, ~하지 않으려고'를 뜻하는 부정의 의미를 지니므로 부정 부사를 사용하지 않은 것도 적절하다.

1009

정답 X (that → those)　　　　**출제포인트** 137 비교 대상 일치

해설 주어진 문장의 주어는 The traffic jams로 복수형이다 비교급 비교를 활용해 '서울의 교통 체증들'과 '다른 도시의 교통 체증들'을 비교하고 있으므로 The traffic jams를 대신하는 지시대명사 또한 복수형 those로 제시해야 한다. 따라서, that을 those로 수정해야 한다.

1010

정답 X (lions crossed → did lions cross)　　　　**출제포인트** 176 부정부사 도치

해석 다시는 사자들이 Richard의 울타리를 건너지 못했다.

해설 부정어인 Never가 문두에 위치하면 주어와 동사가 도치된다. cross는 일반동사이고 문장의 시제는 과거이므로 대동사 do를 사용하고, 과거시제이므로 lions crossed는 did lions cross로 고쳐야 한다.

1011

정답 X (shy of → after)　　　　**출제포인트** 105 부사 기출 표현

해설 주어진 문장의 shy of는 '~이 모자라는'을 뜻한다. 주어진 우리말 해석은 '자정이 5분이나 지난 후'인데 five minutes shy of midnight로 나타내었으므로 우리말 해석과 일치하지 않는다. 따라서 주어진 문장의 shy of를 after로 수정해야 한다.

1012 Moreover, they acquire them "naturally," without special instruction, despite not without significant effort and attention to language.

1013 뒤쪽은 너무 멀어요. 중간에 앉는 걸로 타협합시다.
→ The back is too far away. Let's promise and sit in the middle.

1014 It also founded that commercial operators — not the middle-class New Yorkers in the ads — were making millions renting spaces exclusively to Airbnb guests.

친절 & 꼼꼼 정답 및 해설

1012

정답 X (despite → (al)though)　　**출제포인트** 160 접속사 vs. 전치사

해석 게다가, 비록 어느 정도의 노력과 언어에 대한 관심이 없다면 아니기는 하겠지만, 그들은 특별한 교육이 없이도 그것들[모국어]을 "자연적으로" 습득한다.

해설 전치사 despite는 목적어로 명사나 명사구가 와야 하므로 despite 다음에 not without ~으로 시작하는 전치사구가 위치하는 것은 어법상 올바르지 않다. 원래 문장은 (al)though it is not without significant ~로 부사절의 주어와 be동사인 it is가 생략된 형태이다. 따라서 (al)though not without significant ~ 로 표현하는 것이 적절하므로 despite는 (al)though로 수정해야 한다.

1013

정답 X (promise → compromise)　　**출제포인트** 011 주의해야 할 3형식, 4형식 동사

해설 promise는 '~을 약속하다'라는 의미로 주로 타동사로 쓰인다. 주어진 우리말 해석이 '타협합시다'이므로 주어진 문장의 promise는 '타협하다'를 뜻하는 compromise로 수정해야 한다.

1014

정답 X (also founded → was also found 또는 also found)　　**출제포인트** 014 혼동하기 쉬운 동사의 불규칙 변화

해석 광고안의 중산층 뉴요커들이 아닌 상업적인 사업자들이 독점적으로 Airbnb 투숙객들에게 공간을 대여해 주면서 많은 돈을 벌고 있었던 것이 또한 발견되었다[그것은 또한 발견했다].

해설 '주어진 문장의 문맥상 that절 이하가 발견된 것이므로 '설립하다'를 뜻하는 동사 found가 아니라 '찾다, 발견하다'라는 뜻의 동사 find를 사용해야 문맥상 적절하다. it/that 진주어 가주어 문장으로 보고 that절 이하가 사실이 '발견된' 것이므로 수동태로 동사 형태를 바꾸는 것이 어법상 적절하다. 따라서 also founded는 was also found로 수정해야 한다. 또는 주어 It이 일반 주어로 사용되어 '그것'이라는 의미로 쓰여 '내용을 알아낸 주체'로 본다면, 능동태로 also founded를 also found로 수정하는 것도 역시 가능하다. '찾다, 발견하다'를 뜻하는 find의 3단 변화 형태는 find(현재, 원형) - found(과거) - found(대과거)이며, '설립하다'를 뜻하는 found의 3단 변화 형태는 found(현재, 원형) - founded(과거) - founded(대과거)이다. 타동사 사이의 구별인 만큼 해석에 주의해야 한다.

MEMO

MEMO